U0133892

〔英〕温斯顿·丘吉尔

二战回忆录

战争降临美国

〔英〕温斯顿·丘吉尔◎著

蔡　亮◎译

吉林出版集团股份有限公司 | 全国百佳图书出版单位

图书在版编目（CIP）数据

　　战争降临美国 /（英）温斯顿·丘吉尔著；蔡亮译
. -- 长春：吉林出版集团股份有限公司，2023.7
（二战回忆录）
　　ISBN 978-7-5581-7135-2

　　Ⅰ.①战… Ⅱ.①温… ②蔡… Ⅲ.①丘吉尔（
Churchill，Winston Leonard Spencer 1874-1965）—回忆
录②第二次世界大战—史料 Ⅳ.① K835.167=5 ② K152

　　中国版本图书馆 CIP 数据核字（2022）第 005053 号

　　审图号：GS（2021）134 号

二战回忆录
ZHANZHENG JIANGLIN MEIGUO

战争降临美国

著　　者：〔英〕温斯顿·丘吉尔
译　　者：蔡　亮
出版策划：崔文辉
项目统筹：郝秋月
责任编辑：姜婷婷
出　　版：吉林出版集团股份有限公司（www.jlpg.cn）
　　　　　（长春市福祉大路 5788 号，邮政编码：130118）
发　　行：吉林出版集团译文图书经营有限公司
　　　　　（ http：//shop34896900.taobao.com ）
电　　话：总编办 0431-81629909　　营销部 0431-81629880/81629900
印　　刷：三河市兴国印务有限公司
开　　本：720mm×1000mm　1/16
印　　张：32.5
字　　数：470 千字
版　　次：2023 年 7 月第 1 版
印　　次：2023 年 7 月第 1 次印刷
书　　号：ISBN 978-7-5581-7135-2
定　　价：88.00 元

印装错误请与承印厂联系　　电话：0316-7151807

致　　谢

　　我应该再次感谢丹尼斯·凯利先生、伍德先生、迪金上校、艾伦海军准将、陆军中将亨利·博纳尔爵士、爱德华·马什爵士。我之前的各卷就是在他们的帮助下完成的。我也要感谢其他许多审阅过原稿并且提出了意见的人。

　　在本卷的写作中，伊斯梅勋爵和其他朋友依然给了我帮助。

　　我能将某些官方文件的原文复制在本书中，有赖于英王陛下的同意，我再次表示感谢。按法律规定，这类文件的王家版权属于英王陛下政府文书局局长。本书所刊载的某些电文，考虑到保密的因素，应英王陛下的要求，由我根据原来的意思加以了改动，但是并没有改变原来的含义。

温斯顿·斯宾塞·丘吉尔

序　言①

　　本卷仍然只是为第二次世界大战提供材料，一如我之前所写的各卷。我曾是英国首相，并兼任负有特殊的军事责任的国防大臣，因此，我也是以这样的身份去讲述这段历史的。我在军事问题上负有直接责任，所以在讲述和英国有关的战役时，我的叙述比较详尽。至于同盟国的战争情况，考虑到历史的公正性，我认为应该由他们国家的历史学家去讲述，或者将来由另一些写作世界通史的英国历史学家讲述。我只能把盟国的斗争用作背景，在这种程度上去描述战争情况。而且，即便是这样，我也不能做到比例均匀地去叙述各个同盟国的情况。基于上述原因，我只能将本国的历史写得更真实。

　　我当时用以指挥作战和处理英国政事的一些指令、电报和备忘录，仍然是我讲述这段历史的主要根据和线索。我毫不怀疑在本卷随着事件的发展而引用的这些原始文件，比我在事情水落石出之后所写出的任何著作叙述得更加真实。我同时相信，这些文件资料中可以清晰地呈现当时发生的事情和我的想法。当然，里面有一些意见和预测后来被证明是错的，但是，它们仍可以作为判断我个人在这场战争中的功过的依据，而这也是我所愿意看到的。在当时，我们的知识能力有限，但仍必须解决一些实际问题。我相信，读者在阅读整个文件后，会了解到我们当时这种处境的。

---

　　①　本册及下册《战争降临美国》在英文原版中同属一卷。——译注

我刊载的一些备忘录，多是政府各部门对我的函电的答复。它们原本篇幅冗长，但是，我不能把整个文件照搬下来，况且，很多时候我也没有这一权力。为了避免造成我的引用会有指责个别人的嫌疑，我很谨慎地处理这些答复资料，尽可能在引用每个文件后做一番概括性的讲解。不过，总的来看，凡是刊载的文件资料都是可以反映出当时的情况的。

本卷仍然会提到大规模的战争。如果将在俄国前线进行的战斗和法兰西的战役放在一起比较，在这两个战场双方投入的师的数量是差不多的。大规模的军队在战线各个据点上死拼，死伤不计其数。相比于这次大战中的其他地区，俄国前线的杀戮战况绝对是最残酷的。但是，我不会随意叙述德国和俄国之间的战斗的，我只能在谈到英国和西方盟国的战争背景时才会谈到这一点。因为，俄国的这段战争历史，特别是1941年和1942年这两年的战事，有关俄国人的痛苦和荣耀，外国人不方便记录。当然，尽管如此，我们还是应该努力用英文记录下这段英雄史实，并以一种客观冷静的心态，仔细地研究它。这一尝试，不应该因为苏联政府已经获得了它应得的荣誉而被人们放弃。

在希特勒进攻俄国之前的一年是一个时期。前半年，大不列颠及其帝国坚持独立奋战，不断投入军力，后半年，受到日本猛烈攻袭的美国成为我们坚定的同盟。自此之后，我开始了和罗斯福总统的电函沟通，联盟行动的基础由此形成。我们不仅制订了联合作战计划，而且推测了战争结果。卷书，正是以整个英语世界的国家建立伟大的有效的同盟合作关系为结尾的。

温斯顿·斯宾塞·丘吉尔
写于肯特郡威斯特罕的恰特威尔庄园
1950 年 1 月 1 日

目　　录

在苏联和美国参战之前，

英国人民经历了艰苦卓绝的鏖战。

第一章　我们的苏联伙伴

希特勒攻苏联计划——苏联对英国提出的条件——"马上建立第二战场"——俄国不懂登陆战——我发电报给斯大林——军事使团出访莫斯科——海军的往来——提议建立军事联盟——斯大林要求尽快建立第二战场——我们有理有节的回应——我们努力为俄国部队提供支援——一万吨橡胶——准备和斯大林建立友好关系的努力完全白费——德军攻击的扩大——俄国对波兰的态度——我们的态度——起初俄国在拖累我们

　　这场战争的价值和关联因为希特勒攻击苏联而发生了变化。苏联的偏见遮住了他们的眼睛，很多为了自身安危，在弄清全局、透彻分析的基础上该启动的必需的措施都没启动。另一边，因为不在意他人的命运，他们得到了时间，于是 1941 年 6 月 22 日，当考验的时刻降临，他们的实力远比希特勒料想的强。可是不光希特勒，就连他的将领们，也因为苏联大军在苏芬之战里显露的拙劣的战略战术而产生了误解。尽管这样，苏联还是因为被打了个措手不及，在战争开始的时候严重受创。这一记叙只是告诉读者，俄国军民当时所加入的这场新的大战的鲜明特点。

　　从波罗的海到黑海整条边界就是被划出的德国战线。里布指挥的北路集团军群有二十九个师——其中装甲师有三个，摩托化师有三个——将从东普鲁士攻向列宁格勒。博克统领的中路集团军群拥有五十个师——其中装甲师九个、摩托化师六个——将从波兰的北部朝斯摩棱斯克进军。龙德施泰特统领的南路集团军群有四十一个师——其中装甲师五个、摩托化师三个——将从波兰南部推向第聂伯河下游。在此之外，还留着很快就能集结的二十六个师充当普通储备部队。援助攻击的飞机超过两千七百架。北边为声援主攻，向列宁格勒进发的波兰师有十二个。南边顺着普鲁特河严守的罗马尼亚大军有十一个师，除此，还有六个师参与南路集团军群的攻击。总共有一百六十四个师朝东直压过来。

按现有的最可信的资料，俄国为抵抗入侵的大军，派出了一百一十九个师，以及起码五千架飞机。另外，在芬兰、高加索和俄罗斯中部，还有六十七个师可资调派。尽管俄国的部队和德国的部队在数量上近乎相同，可德国的装甲兵团一深入推进，俄军就马上撤退了，他们的空军也遭到了重创。其他受袭的国家都被攻占了，只有俄国有地域广阔这一无与伦比的优势。此次将再次证明，这是他的救世主。德国大军在第一个月所向披靡，深入俄国国境三百英里。在激烈的战斗之后，斯摩棱斯克沦陷——俄国部队在激烈的战斗中曾激烈反抗，不过列宁格勒守住了，基辅也还在俄军的掌控之中。

*　　*　　*

在被希特勒攻击之前，苏联政府好像只关注自身。这种想法在之后自然变得愈发明显。直到现在，眼见 1940 年法国战线垮塌，眼见 1941 年我们为开启巴尔干战线白白使劲，他们也不为所动。他们曾经在经济上极大地帮助了纳粹德国，还在很多重要性稍小的地方帮了他们，现在，在遭遇了欺骗和突袭之后，德国金光闪闪的利刃也悬在了他们自己的头上。他们的初衷和长久的策略是让大不列颠及其帝国提供所有可能的支援。在过去八个月里，苏联一直为斯大林有机会和希特勒分享大不列颠帝国的蓝图所迷惑，因此没留意德国在东欧聚集部队的进展。他们以紧迫啰唆的言辞坚决呼吁不列颠——它正持续地遭受敌人侵袭——将英国部队极其缺少的武器交给他们。他们极力催促美国将我们正等待着的大量的军需物资给他们运过去。更重要的是，他们甚至在1941年夏天就高喊，英国应当无视危险和伤亡让部队在欧洲登陆，建立第二战场。人数不多的英国共产党始终在指控"资本主义和帝国主义的战争"，此时居然马上改了口风，开始在大墙上、木板墙上写口号——"立即建立第二战场"。

这种极其可怜也无耻的事，我们并不曾让其干扰我们的心绪，我们关注着俄国民众因为俄国政府带来的灾祸而做出的无畏牺牲，还有他们积极守护国家的情形。这能弥补一切，只要战争没有结束。

＊　　＊　　＊

敌人守卫森严的海岸，想让一支部队登陆并提供援助，免不了要打一场登陆战，而这种战斗的性质，俄国人完全不懂，甚至美国人那时也大部分都不清楚里面的难度。发动攻击的地方，除了一定要在海上占上风，空中也必须占上风。另外，还有至关重要的第三个要素。大批专门的登陆艇，特别是各种样式的坦克登陆艇，想在强悍的敌军阵地上成功登陆，这是基本要素。就像上文已经描述过，下文还将描述的那样，我们早就为了建一支这样的登陆艇部队而做出了最大的努力。就算是数量有限的小型登陆艇部队，也没办法在1943年夏天之前就准备好，至于它的实力，就像眼下一般民众所知道的那样，得等到1944年才可以彻底显露。如今我们走进的这个时间段，也就是1941年秋，我们尚未拿到欧洲制空权，只拿到了德国防守最严密的加来海峡的制空权。至于登陆艇，还仅仅处于制造之中。在英国，我们甚至连一支如同我们在法国的土地上要抵抗的敌军那种强悍的、经过严格训练、配有精密武器的部队都没建成。可是关于第二战场这件事的荒谬的言论和错误的论调仍旧如同瀑布一般倾泻下来。确实，这一点，想在此时，或者所有其他时刻，让苏联政府相信，都不可能。斯大林之后有一次甚至跟我提议说，要是英国人没有胆量，此事他可以派三四个军团来完成。

因为船舰以及别的物质资源的不足，我们无力按照他的说法行动。

＊　　＊　　＊

德国发动攻击那天，我对俄国和全世界进行了广播演讲，对此，苏联政府完全没有反应，只有《真理报》和俄国别的政府部门刊登了部分演讲稿，并让我们招待一个俄国军事使团。顶级官员的缄口不言让人尴尬，因此，我觉得我需要打破这一僵局。考虑到自战争爆发到现在苏联和西方盟国间发生的所有的事，又想到二十年前我和布尔什维克革命政府间曾经经历的事，他们或许感到惭愧，这我非常明白，所以我给斯大林发电报，表示只要我们能力所及，我们会全力帮助俄国民众。

温斯顿·丘吉尔致斯大林先生　　　　　　　　　　1941 年 7 月 7 日

这里，听闻俄国军队面对纳粹毫无道理的残酷进攻，展开了如此顽强勇敢的反击，我们感到十分高兴。俄国部队和民众的英勇和顽强我们全都钦佩。在时间、地区，以及我们日渐增多的物资所及的范围内，我们会尽量支援你们。战争持续的时间越长，我们能做出的支援就会越多。我方空军正夜以继日地对我们可以抵达的所有德国占区和德国领土进行强力的攻击：昨天白天就过海发动了四百架次左右的攻击。周六晚上，两百余架重型轰炸机对德国的城市发动了攻击，其中某些轰炸机一架就装了三吨炸弹。昨晚有两百五十架左右的轰炸机参与行动。轰炸将不会中断。如此，我们期望可以逼希特勒调一些空军力量回西欧，让你们的压力可以不那么大。在此之外，我方海军部已经遵照我的意思预备在北冰洋展开一次重要的活动了。我期望英国和俄国的海军自此可以建立往来。与此同时，因为我们沿挪威海岸清扫，很多为了攻打俄国正朝北面行驶的装着各类物资的船舰已经遭到拦截。

我们欢迎俄国军事使团来访，共商日后的计划。

只有持续作战，我们才能剿灭这些暴徒。

第一步，按照苏联政府认可的道路和苏联的军事指挥部建立联系，这是显而易见的。所以，等得到了我们不可或缺的新同盟国的认可，将立即派一个权限很大的军事使团出访莫斯科。两国海军建立往来，也是件急事。7月10日，我将以下的备忘录交给了海军部：

首相致海军大臣及第一海务大臣　　　　　　　　　1941年7月10日

　　派一支小规模的混合型英国舰队去北冰洋和俄国海军建立往来并携手战斗，看上去完全有需要。此事应在我们所定方案付诸实施之前完成。一支名为英国舰队的船队开往北冰洋，这对俄国的海军和陆军展开的全面反抗或许很有帮助，并且会让很多英国人不用流血牺牲。

　　要是俄国人不管怎样，直至冬日将至的时候，还能守住阵地，并一直作战，那我们得到的好处将不可限量。俄国和德国如果很快媾和，会让我国的大部分人民觉得沮丧。他们只要持续抵抗，在哪儿打无关紧要。俄国民众已经显示了他们是值得帮的，因此我们一定要付出，宁愿冒险，也得让他们保持住士气，就算有难度，并且这些困难我们也清楚，我们仍要这么做……毫无疑问，那支舰队应当开赴阿尔汉格尔斯克。

　　对于这件事，希望务必尽早相告。

＊　　　＊　　　＊

我们也想在这一开始的时段将两国组建军事同盟的普遍基础建立起来。

首相致斯塔福德·克里普斯爵士　　　　　　　　　1941年7月10日

　　首相的如下电文，请马上转呈斯大林先生：

　　"1.克里普斯大使曾经对你同他举行的会谈的过程进行了汇报，并分两项罗列提案中英俄共同宣言的内容。即：（1）不严格限定数量或者属性的往来。（2）所有国家都不单独媾和。我曾经马上启动战时内阁大会。参会的还有如今这里的新西兰自治领总理弗雷泽先生。我们得和加拿大、澳大利亚和南非所有的自治领协商，可是，与此同时我却甘愿对你做出承诺，你所提出的这份共同宣言，我们绝对支持。在我们看来，只要我们拿到了各自治领的回复，就该马上签名，之后就宣告给全世界。

"2. 供你本人参考，我们预备发布包含如下内容的声明：联合王国国王陛下政府和苏联政府双方一致认可以下宣言：（1）两国政府彼此承诺，在如今的对德战争里彼此提供所有援助。（2）两国政府彼此承诺，在此次战争中，除非双方一致认可，否则，不与敌方谈判，也不签署停战协议或者和约。

"3. 由于一定要和自治领协商，所以先不将电文原稿发给斯大林。不过，这有利于让你了解我们的态度，并为你提供斯大林或许需要的一切解释。"

两国外交部之间曾有官方电报往来，不过直接来自斯大林先生的电文，我直至 7 月 19 日才首次接到。那天，麦斯基先生，苏联的驻伦敦大使来拜访我，提交的电文如下：

斯大林致温斯顿·丘吉尔先生　　　　　　　　　　1941 年 7 月 18 日
　　感谢你发来的两份私人电报。
　　两国政府之所以能达成一致观点，起源就是你的电文。就像你说的那句理由充足的话，苏联和大不列颠在共同抵抗希特勒德国的战斗里已经变成了伙伴。虽然有难度，但我坚信我们两个国家将有足够的能力去剿灭我们一致的对手。

或者，我应该说苏联部队在战场上的情况仍旧紧张。德国部队因为这两件事——希特勒出人意料地撕毁互不侵犯协议，还有他忽然攻打苏联——得了好处，直到现在，苏联部队还能感觉到它造成的后果。

苏联部队抵抗的地点要是敖德萨、卡梅涅茨—波多尔斯基、明斯克一域和列宁格勒周边，而非基希涅夫、利沃夫、布列斯特、考那斯和维堡等地，那么，抵抗德军的情况会好很多倍，这显而易见。

所以，我认为，要是能在西面（也就是法国北部）以及北面（也就是北极地区）建立一个抵抗希特勒的战场，那苏联和英国的军事局势会得到极大的好转。

在法国北面建立战场不仅可以绊住东欧的部队，与此同时，还能让希特勒无法进攻英国。建立这样一个战场合乎英国部队和英国南方所有民众的期望。

我完全清楚建立这样一个战场需要承受的那些难题。可我认为虽然有难度，但这个战场仍然应该建立，因为这不仅对我们一致的事业有好处，对大不列颠自身也是有益的。希特勒的大军已经调往东欧，且还不够时间去加固其在东欧的占区，所以现在这个时间建立这个战场最合适。

在北边建立一个战场就更加简单了。此间，英国那边只派海军和空军动手即可，不用派炮兵或者部队登陆。苏联的陆军、海军和空军将参加这场战斗。英国要是可以自挪威志愿军中调一个轻装师或者更多的力量参与这一战线，以便在挪威北面组织抵抗德国，我们自当欢迎。

如此，我们刚开始互通消息，俄国就极力催促建立第二战场，且在我们之后的信件交流中，一直无视物质资源的限制，一再说起这件事，只有极北地区除外。这封首次接到的斯大林的电文，里面包含了苏联在立场上我仅见的愧悔的表示。在这份电文里他主动解释了苏联加入我们这边，解释了在战争开始前，他对希特勒的退让，并且就像我在上本书曾经记述的那样，对俄国将德国布置的武装力量尽力拦在波兰西部，以夺得时间，以让俄国普遍的军事势力得以足够发展在战略上的必要性进行了强调。这一论调我从未忽视过，所以我能用熟知的言辞进行回应。

温斯顿·丘吉尔致斯大林先生　　　　　　　　　　1941 年 7 月 20 日

1. 收到你的电报，我感到十分高兴，很开心可以从不少方面了解到俄国部队为了保护国家而展开的无畏的战斗和多次强力反攻。我完全明白，逼敌人在一条朝西前进的战线上布置兵力战斗，从而损耗其部分开始行动的力量，因为这样，你们在军事方面已经获益了。

2. 虽然我们要在一切力量所及的方面，为你们提供有用的帮助，可我希望你们明白我方在物资和地理环境上承受的制约。自俄国遭到德军攻击的第一天开始，我们就认真分析过攻打德国占区下的法国和低地国家的可能。我方的三军参谋长完全找不到方法去进行对你们或许多少有些帮助的大规模行动。仅仅在法国，德国就有四十个师，并且在过去的一年里，德国人已经毫不懈怠地沿法国海岸线布置了防线，因此到处都是大炮、铁丝网、堡垒和海滩地雷。我们眼下只有一块地方，即从敦刻尔克到布洛涅，是握有空中优势，并能用战斗机进行掩护的。这块区域布满了碉堡，很多重型大炮掌控着海上的大门，其中不少重型大炮，其射程能穿越海峡。晚上黑暗的时间连五小时都不到，可就算这段时间，探照灯也把整个区域都打亮了。想强行登陆也会因为牺牲太大而后撤，而小型的进攻只会让我们双方得到弊大于利的结果。敌人不用从攻俄的战场上调一支部队，或者，尚未调一支部队，就已经获得了战斗的胜利。

3. 我们已经各自为战超过一年了，这你肯定没忘。并且，就算我们的资源日渐增多，且从当下开始将迅速增多，可我方的陆军和空军在国内以及中东所处的状况都是非常紧张的。另外，尽管我方海军的力量强劲，可关系到我方命运的大西洋战役，为了守住那些在德国潜艇和"福克乌尔夫式"轰炸机围困下前行的运输舰队，已经花费了我们所有的力气。

4. 所以我们不得不在北方寻找所有能快速支援的机会。我方海军参谋部在以往的三周中，就曾经计划用舰载飞机在挪威和芬兰以北攻击德国船舰的活动，想以此毁掉敌军自海上运送部队去攻打你方北极侧翼的阴谋。首先，我们已经提示你方参谋部，在7月28日至8月2日，也就是我们预备攻击的时间，将俄国的船舰开出某个水域。其次，我们的巡洋舰和驱逐舰正被派往斯皮茨伯根群岛，在那儿，它们可以和你们的海军携手攻击敌方船舰。第三，我们正准备调一支潜艇队去拦截德国在北极沿岸的船舰，虽然这一活动因为北极极昼而非常危险。第四，我们正预备派一艘布雷舰装载各类物资前往阿尔汉格尔斯克。

我们眼下力所能及的事就是这些。我期望我们可以做更多。在我告诉的你这些就算公开也不会造成损害以前，请一定严格保密。

5. 事实上，挪威轻装师是不存在的。并且在北极的极昼里，要是没有先得到数量众多的战斗机在空中的掩护，不管是英国部队还是俄国部队都没法在德国的占区登陆。这种冒险的行为的惨痛经验，我们去年在纳姆索斯，今年在克里特岛就已经有了。

6. 为了获得更多的进展，我们正考虑派几支英国战斗机中队到摩尔曼斯克驻守。这件事首先得输送一批高射炮过去，之后再运飞机去那儿。可以从航空母舰上飞过去一些飞机，另外那些可以用船运过去。等这些飞机扎好营，我们在斯皮茨伯根群岛驻守的舰队就能开赴摩尔曼斯克，协助你方的海军展开行动了。我们认为德国已经派了一队强悍的俯冲轰炸机部队是有道理的，我们若想进入这一地区，就得将这些轰炸机打掉。所以我们一定要按部就班地走。不过想完成所有这些事得花上几周的时间。

7. 你若是想到别的建议，不管是什么，请别犹豫，马上告诉我们。我们也在想办法攻击我们一致的敌人。

*   *   *

我从一开始就尽量以武器和军用物资来援助俄国，一边儿在美国提供的资源里大批转让，一边儿又直接让英国付出。9月初用英舰"阿尔戈斯"号将几乎等同于两个"旋风式"战斗机中队的飞机送去了摩尔曼斯克，帮助俄国守护这一海军根据地，并同这一地区的俄国部队携手。这些战斗机中队到了9月11日就已经行动起来，且无畏地战斗了三个月。在我们刚开始结盟的时候，我们能做的事不多，这我是清楚的，因此我想以礼节去弥补这个空白。

温斯顿·丘吉尔致斯大林先生 　　　　　　　　　　　1941年7月25日

1. 我愉快地跟你说，虽然我们的战斗机实力将严重受损，但战时内阁已经议定将及早送二百架"战斧式"战斗机去俄国。这些飞机里，从这儿运去阿尔汉格尔斯克的有一百四十架，从美国提供给我们的物资里调拨过去的有六十架。至于储备的配件和组装飞机的美国人的详情，还得和美国政府协商。

2. 数量为两三百万的双短筒靴用不了多长时间将在我国准备好，用船运走。今年我们还会想办法提供大量的橡胶、锡、羊毛、呢绒、黄麻、铅和虫胶片。我们正认真考量你对原料的所有其他需要。要是这里提供不了，或数量不够，我们会和美国协商。

详情自当通过平时的官方渠道告知。

3. 我们正用钦佩和激动的心关注着俄国的圣战。我们得到的所有的情报都告诉我们，敌人严重受创，有很多顾虑。我们会用越来越多的力量持续对德国进行空袭。

橡胶稀缺而珍贵，可对于橡胶，俄国的需求量极大。我们甚至用上了为数不多的储藏。

温斯顿·丘吉尔致斯大林先生   1941 年 7 月 28 日

 1. 橡胶，我们会从这儿或者从美国用最便捷、最迅速的航线运送过去。请明确说清要用的橡胶是哪一种，还有你想从哪条航线运送过去。前期指令已经下达……

 2. 俄国部队为守护国家而展开的神圣的抗战，将所有人凝聚到了一起。德国将迎来一个恐怖的遭到轰击的冬天，他们遭遇的重创将是前所未有的。在之前的电文里我说过海军正在展开行动。在神圣的战斗里，你感受到了我们在提供更多帮助上的难度，这让我十分感激。我们自会尽力而为。

温斯顿·丘吉尔致斯大林先生   1941 年 7 月 31 日

 在我亲自处理之后，眼下已布置妥当，一万吨橡胶将自我国运去俄国北方的一个口岸。

 虽然我国的储量也不多，且得花一些时日才能补充好，但考虑到你们急需，我们仍旧冒险从我国的储存里调拨了这个数。运载了这批橡胶和一些别的物资的英国船舰，应该会在一周或者最多十天之内装好货物，并将在海军部安排好护航舰之后立即驶往你们北方的一个口岸。这一万吨并不在已从马来亚调拨过去的那一万吨橡胶之内。

＊ ＊ ＊

我用尽了所有力量，试图借助频繁亲密的私人通信，建立起如同我和罗斯福总统间建立起的那种让人欣喜的关系。在和莫斯科的频繁的联系里，我遭遇了不少挫折，偶然才能听见一句顺耳的话。发过去的电文有不少次都没得到回应，或者被放置了很多天才有回复。

苏联政府有种观点，觉得他们在自己的土地上，为了自身的存亡而战，是赏赐给我们的极大的恩德。这场仗他们打得越久，我们欠的债就越多。这种看法并不公正。在长时间的通信里，有两到三次，我必须要以坦率的言辞进行抗议，尤其是抗议不能妥善地使用我们的海员，为了将物资运去摩尔曼斯克和阿尔汉格尔斯克，这些海员承受了如此大的危险。可我近乎一直在遭受恐吓和指责，只以"耐心地耸耸肩"作为回应，因为对于所有必须和克里姆林宫来往的人而言，"忍耐是证明资质的标志"。并且斯大林和他的坚忍不屈的俄罗斯民族所承受的压力，我也时常可以理解。

＊　　＊　　＊

入侵俄国的德国大军已经深深地插进了俄国领地。然而希特勒与总司令勃劳希契的意见在 7 月末产生了本质的矛盾。勃劳希契觉得，布置在莫斯科前方的提摩盛科集团军群是俄国的主力部队，因此一定要先将其打垮。正统派的战斗方针就是如此。所以勃劳希契坚持占领莫斯科，因为它是全俄的军事、政治和工业的神经中枢。希特勒完全不认可。他想夺得土地，并在最广泛的战线上打垮俄国部队。北方，他提出要夺取列宁格勒；南方，他提出要拿下顿涅茨河流域的工业区、克里米亚半岛和通往俄国高加索石油产区的通道。在这期间，夺取莫斯科的活动可以等一等。

希特勒的陆军将领们在激烈地争论之后，都被希特勒压制下来。在得到了中路的支援后，德国北路集团军群奉命迅速进攻列宁格勒；而中路集团军群则奉命采取防守之势，按照指令，这一集团军群派出了一个装甲兵团去包围因龙德施泰特所率部队追赶而渡过第聂伯河的俄部侧翼。德军在此次行动中所向披靡、无往不利。到了 9 月初，俄国的部队在科诺托普—克列米安楚格—基辅这一三角形地区设立一个庞大的袋形阵地，在 9 月整整一个月的拼死战斗中，俄国战死或被抓的人数达到五十多万。这样的成绩，德军在北边就拿不到了，虽然围住了列宁格勒，但却没能夺取。希特勒的策略是错误的。此时，他又决定调回中路。包围列宁格勒的军队接到指令，调遣机动部队和一部分援助的空军去声援再次展开的对莫斯科的攻击。那个曾经被派去南方声援龙德施泰特的装甲兵团，又返程参与此次攻击。过去曾被舍弃的从中路突破的方案到了9月末，又再次预备施行了。南方的各集团军此时则朝顿河下游向东进发，进而窥探高加索。

＊　　　＊　　　＊

俄国如何看待波兰，成了我们和苏联早期关系中的本质问题。

对于身处海外的波兰人而言，德国攻打俄国这件事是意料之中的。波兰的秘密工作者自1941年3月起就跟伦敦的波兰流亡政府汇报过德军在俄国西部边疆聚集的消息。苏俄和波兰流亡政府的关系在战争爆发的背景下出现本质的改变是免不了的。最初的问题是：1939年8月的德苏条约里关于波兰的条例，要废除到哪种地步，才不会影响已经达成的英俄军事联盟的统一性。等整个世界都知道德国攻打俄国的消息，就再没有什么事比重建1939年已经切断了的波俄关系更要紧的了。在英国的帮助下，7月5日，两国政府在伦敦进行了谈判。波兰的代表是波兰流亡政府总理西科尔斯基将军，俄国出任代表的是驻英国的苏联大使麦斯基先生。波兰人的目标有如下两个：1939年德国和俄国议定的分割波兰的条约，苏联政府要表示无效；在夺取波兰东部地区之后，俄国送往苏联的全部波兰的俘虏和普通民众应该予以释放。

会谈在7月整整一个月的时间里一直处于冷硬的氛围里。俄国人态度强硬，一切合乎波兰人期望的切实的责任他们都不肯担负。在俄国看来，有关其西部疆界之事，不该讨论。在遥远的未来，在欧洲的对抗行为终了，可以指望俄国人能公正地处理此事吗？从一开始，英国政府就觉得进退两难。对波兰的承诺是我们和德国开战的直接原因。我们有责任维护我们第一个同盟国的权益。在战争的这个时间段里，我们是无法认可俄国1939年夺取波兰土地是合理合法的。眼下，1941年的夏天，俄国在对德战争中加入我方阵营还不足两周，在这个时候，我们不能对我们遭受重大胁迫的新的同盟国进行威逼，就算只是说一句虚言，舍弃它祖祖辈辈都相信的对其国家安危最要紧的那些和它的边疆临近的地域。这件事没办法处理。波兰未来的领土问题不得不搁置,等局势改善了再去处理。我们要去说服西科尔斯基将军,让他相信苏联真心会在以后处理俄国和波兰的关系,一切以将来为目的的书面承诺都不必在此时坚持获得,这个工作可不讨巧。就我这边而言,我真心希望在首要同盟国在共同对抗希特勒战斗的朋友关系的这种体验深化之后,领土问题可以在谈判桌上凭借友好的协商来处理。这是战争的危急之秋,前方正在交火,在这个时候,所有的事都只能服从于此种军事努力——增加一致性。并且,眼下以留在俄国的几千名波兰人为根基,重燃的那支波兰部队,在此次战争里,将起到极大的效用。这点,俄国那边预备以一种谨慎的态度表示赞成。7月30日,波俄政府间在数次激烈的辩论之后签订协议,外交关系得以重建,而且将在俄国的领地上建立一支归苏联政府最高指挥部统领的波兰部队。并没有说起关于疆界的问题,只有一句含糊的话:1939年变更波兰领地的《德俄条约》"已经无效"。7月30日,我方外交大臣正式照会波兰政府,就我方的态度进行了说明:

兹《苏波协议》签订之机,我愿借此时机告诉你,遵照联合王国与波兰1939年8月25日签署的互助协议的条令,联合王国国王陛下政府未同苏联签署任何会左右苏联和波兰关系的协议。而波兰自1939年8月到现在的一切领土变化,我也愿意向你承诺,英王陛下政府均不承认。

当天,艾登先生在下院引用了此项照会,还说:

在《苏波协议》的第一节里,苏联政府表示认同1939年关于变更波兰领土的《苏德条约》已经无效。1940年9月5日首相曾在下院就英王陛下政府对此类事件的立场进行了简要介绍,他那时说,不是各个方面自主表达赞同和诚意的一切领土更改，英王陛下政府都不会认可。自1939年8月到现在的波兰领土的更改也适用于这点，因此，在正式照会里，我如此告知了波兰政府。

而且，在回应这一质询的结尾，艾登先生说："刚刚我读给本院的双方的照会，不曾谈及由英王陛下政府做出的对疆界之事的任何承诺。"

此事就进行到这儿。同年秋，波兰人开始了收拢他们在苏联集中营里还活着的同胞的悲惨的工作。

*   *   *

俄国加入战斗我们是欢迎的，可是俄国的参与并没有马上就帮到我们。德国的部队如此强悍，看上去，他们在不少月中都能一边儿保持了入侵英国的威胁，一边儿向俄国境内深入推进。差不多每个掌权的武装人员都觉得，用不了多长时间俄国的部队就会被战胜，且大多数将会被打垮。苏联政府使得自己的空军在地面忽然遇袭，俄国的武装筹备又远没到完善的程度，这让他们在一开始就身处逆境之中。俄国部队严重受创。虽然做了顽强的反抗，战斗也指挥得精干又独断，对于人命的伤亡完全不顾虑，还在德国部队推进的地区进行了无情的游击战，但是，列宁格勒以南一千二百英里长的整条俄军战线，仍旧出现了后撤四百到五百英里左右的全面败退。这一切——苏联政府的实力、俄国民众的顽强、在人员上他们不可预计的潜能、他们辽阔的土地、俄国冬天的寒冷——都是让希特勒大军最后被毁的要素。可1941年这些要素还没显露出来。1941年9月，罗斯福总统曾表示，俄国部队的战线可以守住，莫斯科丢不了，那个时候，大家觉得他胆子真大。俄国人民的神圣的实力和爱国之心证明了这一观点。

甚至在1942年8月，我访问莫斯科并在那里举行会议之后，曾随同我前往的布鲁克将军还附和这样的看法：德军将越过高加索山脉，并将控制里海区域。因此，我们曾以可能的最大规模去准备一次叙利亚和波斯的防御战。相比于我的军事参谋们，我对俄国的反抗能力的态度要更积极一些。在莫斯科，斯大林曾经对我承诺说，他会坚守高加索战线，德军一兵一卒都到不了里海。对此，我毫不怀疑。然而，苏联很少告诉我们他们的资源和目的，因此一切关于这两件事的可能的看法，都仅仅是揣测。

确实，因为俄国参战，德国撤走了对大不列颠的空袭，而且入侵大不列颠的危险也变小了。因此在地中海一域我们得到了极大的救援。不过在另一边，我们必须做出最多的牺牲，并且送大量资源出去。我们的武装总算精良起来了。我们的武器制造厂总算持续制造出了各式军用产品。在埃及和利比亚殊死战斗的我方的军队，对新型武器，特别是飞机和坦克的需求非常紧急。英国国内的部队，正殷殷期盼着很早就对他们承诺过的新型武器。现在我们总算能将种类日渐增多的新型武器持续不断地提供给他们了。就在这个时候，我们却必须把大量的武器和包括橡胶、汽油在内的种种重要资源分出去。我们肩负着筹备英国供应物资，特别是美国供应物资的运输舰队迎着北极航线的各种危险和寒冷开赴摩尔曼斯克和阿尔汉格尔斯克的责任。实际上，这一切的美国供应品都调拨于已经或者即将顺利渡过大西洋提供给我们自身使用的供应品。为了大量抽调这些资源，为了在美国日渐增多的援助资源无法持续运到的背景下，我们在西部沙漠的战斗不会受到影响，我们只能对那些因谨慎而不得不做的准备工作进行约束了，这些准备工作是因为日本的危险日渐增大，所以要对马来半岛和我们东方国家及其附属地区予以保护。

俄国的反抗摧毁了德国的力量，且对日耳曼民族的有生力量造成了致命伤，对于这个历史即将证实的结论，我们是完全认同的。可是仍旧要明确指出：在俄国参与战斗之后的一年多的时间里，有人说俄国是助力，而在我们心中，说它是负累更合适。尽管这样，我们仍期待这个强国和我们一起战斗。而且，我们全都认为，就算苏联大军退至乌拉尔山，俄国产生的作用也还是非常大的，并且它若持续战斗，它将起到最宏大的关键的作用。

第二章 非洲之战的间隙及图卜鲁格守卫战

7月2日奥金莱克将军被任命为司令——在西部沙漠展开进攻的必要性——7月6日我发的电文——奥金莱克的条件太高——"英国"师——延迟四个半月——过于担心北方侧翼——7月19日三军参谋长发的电文——同日我发的电文——7月23日奥金莱克冷淡的回复——他来伦敦——我违心的赞同——德国对隆美尔的境况和北非的前路的看法——孟席斯先生返国——对于战时内阁的组建，我们看法不同——孟席斯先生下台——我致电给他——与法丁先生的政府的关系——提出将澳大利亚师撤离图卜鲁格的要求——撤换了一个澳大利亚旅——澳大利亚非要全部撤换——9月17日我致电奥金莱克将军——他想要辞职——持续跟法丁先生请求——接连被拒——法丁先生的政府垮台——卡尼斯先生的工党掌权——有关图卜鲁格的再次倡议——再次被拒——我们接受了澳大利亚的条件——撤换部队时损失惨重——皇家海军保卫图卜鲁格的行动

实际上，7月2日，奥金莱克将军已经当上了中东司令，并于7月5日正式上任了。我怀着极大的期望联系了我们的新任总司令。

首相致奥金莱克将军　　　　　　　　　　　　　1941 年 7 月 1 日

　　在紧急时刻，你肩负起了神圣的统御工作。等所有的真相呈现在你眼前，你就得决定是不是要再次在西部沙漠发动攻击，若发动攻击，应该在什么时候发动。你应该尤其关注图卜鲁格的局势，尤其关注敌军声援利比亚的进度，以及敌军短时间专注于对俄国的攻击。叙利亚那边若放松了军事活动将造成的棘手的困境，你也应当研究一下，并对这两个战场或者其中的一个战场进行决断。你应该确定这些活动是不是可以协同到一起，还有怎样协同。这些问题的紧迫性，你自然会极大地感受到。我们将非常高兴能接到你及早汇报的消息。

　　次日又发了如下电文过去：

首相致奥金莱克将军　　　　　　　　　　　　　1941 年 7 月 2 日

　　我们期望叙利亚一清剿完，你会愿意派威尔逊去西部沙漠，不过如何决断自然由你决定。

　　后来再次提出的这个提议没能被认可，真是十分可惜。

　　7 月 4 日奥金莱克将军就我的第一份电文做出了回应。他答应只要守住叙利亚，并且我们在伊拉克的地位也随之再次稳固起来，就可以准备在西部沙漠展开进攻。不过对取胜而言，数量充足的装甲军不可或缺。他预计装甲师得有两个或者三个，另外，还得有个摩托化师。这次进攻，目标是将敌军赶出北非，由于后勤那边的原因，只能分成若干部分进行。再次夺取昔兰尼加是第一个目标，这也得一部分一部分完成。在最后，这位将军说，同一时间既在西部沙漠行动，又在叙利亚行动，将"致使两条战线全部失败"。

　　在我看来，介绍以下我们整体看见的情况是聪明的做法。

首相致奥金莱克将军   1941 年 7 月 6 日

1. 完成叙利亚的行动，我是认可的，而且，我们这边一直相信守住叙利亚对保证或者抢回塞浦路斯而言是不可或缺的基础。叙利亚的事，人们希望能很快解决，并且在塞浦路斯你也应该不会遇到妨碍。随着事件的发展，对西部沙漠的攻击应该暂时压后，而尽量先专注于这两方面的战斗，对此我们已经有了足够的认知。

2. 尽管这样，西部沙漠在今年秋天仍是守护尼罗河流域的关键战场。我方海军若想对敌军海路运输的物资实施有效行动，就必须夺回昔兰尼加东面的机场。

3. 韦维尔将军在他 4 月 18 日的电文里说过，他有六个受过训的装甲兵团在等候坦克。我们会决定运送坦克给"老虎"计划，这是一个重要的原因。在此之外，眼下还有三个坦克团的人正从好望角绕过来。所以，虽然你和韦维尔都着重说明，对这些已经受过训的装甲军团要给予更多的训练，我们却对你们对装甲车的需求有了足够的认知。按照我们的估算，你们的制造厂若是得到了恰当管理，那你到 7 月末就能有五百辆巡逻坦克、步兵坦克和美国巡逻坦克，除此之外，还有数量众多的各式轻型坦克和装甲车。

4. 在 7、8 两个月份，坦克的供给情况并不会得到改善，除非美国运来一些，国内也做了少量的补充。要知道，从 9 月 1 日开始，我们不得不一心一意地反抗侵略，所以就算是等到 7、8 月份之后，总参谋部也不会愿意将大量的坦克从好望角绕路运去非洲（这是眼下仅有的运输路线），这是理所当然的，如此，就使得这些坦克直至 10 月初之前都无法发挥效力，不管是在国内，还是在国外。过了 10 月，美国提供的军火应该可以增多，所以我们这里的形势就能改善。可是在那之前，可以发生不少事。

5. 我们眼下得到的消息表示，有大量的意大利部队在声援利比亚，不过没多少德军，或者说并没有德军。然而，俄国战线若被打垮，那用不了多久这种局势或者就会发生变化，以致危害到你，至于国内遭到的侵略威胁，也并未变少。

6. 空军援助的数量，我们已经和你说了。看上去，你在7、8两个月，以及9月的部分时间里或许能得到显著的空军优势。不过，之后，俄国战线若垮了，肯定会有大量的德国空军闲下来进而到非洲声援。敌军若是没想攻打俄国，仅仅是装模作样，那9月，他们就能在你方西线夺得空中优势。

7. 另外，还有个问题是关于图卜鲁格的。我们这里没办法推断图卜鲁格在两个月之内对进攻行动有什么价值，或者在这段时间里，可能会出现什么情况。看上去，夺取或者彻底封锁图卜鲁格，是［他们］全面攻打埃及的一个必需的预备程序。

8. 就全部这些看法而言，你的情况在9月的下半个月之后会比现在好，很难发现，会更糟糕的机会很大。我坚信，用不了多久，你就会对整件事有完备的考量……

9. 对于空军，为了对所有首要战斗有益这一目标，我认为你的方案必须限制中东所有空军的运用。自然，必须记得，空军肩负着战略重责，像在塞卢姆战争里出现过的把空军耗费在为陆军进行小范围的掩护上的那种情况，一定不能发生。在电文里，你提到了声援陆军的飞机、声援海军的飞机和在特殊战略工作上使用的飞机，问比例应该如何。这应该随时让每个总司令协商安排。不过这些安排不应该对妥善地支援你已经拟定好的战斗方案造成损害。大家不禁会觉得，我方的空中优势在塞卢姆之战代号"战斧"里被浪费了，并且，在敌军派出了所有可以派遣的坦克去打败我方的沙漠进攻时，驻图卜鲁格的我们的军队却什么都没做。

7月 15 日，奥金莱克将军做出回复，说，他预备及早调一个师去支援塞浦路斯，他已经知道夺回昔兰尼加有多重要了，可是他无法保证，过了 9 月还能守住图卜鲁格。对于受过训的六个团的装甲军成员，他表示，刚刚运过去的美国坦克的特性和设施，使得有关战斗策略的施行办法发生了变化，所以必须给些时间去学这些科目。到 7 月末，他将拥有大概五百辆的巡逻坦克、步兵坦克和美国坦克，对此，他表示认同。不过，每场仗都要百分之五十的坦克做候补，如此工厂里要有百分之二十五的坦克，用来对战斗损耗进行及时填补又要百分之二十五的坦克。这个要求算得上是标准过高，将领们只能在天堂才能享受到这种便利了。何况，提出此种便利的人也未必能得到。奥金莱克重申，进行单独训练和集体训练的时间，还有培养让战斗更有效所必备的合作精神的时间一定要给。在他看来，沙漠并非死战的战场，北方战线（也就是德国途经土耳其、叙利亚和巴基斯坦的攻击）才是。

从如上电文中可以清楚地看出，我们两人的意见严重不统一。这让我非常沮丧。这位将军开始的一些决定也让人无法理解。英国的五十师因为我长时间的坚持总算运去了埃及。敌人坚持宣称，英国的策略是决不使用自己的部队战斗，而要让所有他国的部队战斗，如此就可以让联合王国的人免于流血牺牲了，我对此事感觉非常敏锐。实际上，英国部队在中东（希腊和克里特岛也算在内）的死伤，超过了我们一切的部队加在一块儿的死伤。可是常用的军队名称造成了一种错误的和事实不符的感觉。印度师里三成步兵，以及所有炮兵均为英国人，可它的名字不是英国—印度师。在战斗中冲在最前沿的装甲军全都来自英国，可是这在军队的名号上是显示不出来的。一而再再而三地嘱咐增加"英国"字眼的命令，无法取代已经成了习惯的做法。英国第六师不少营都参与过激战，可因为情况紧急这个师不曾设立一个统一的整体。这件事并不小。"英国"部队在所有对战争情况的报道里都很少被提及，这个真实情况，让敌人的嘲讽更真实。所以不仅是美国，连澳大利亚也出现了对我们不好的评价。我曾希望第五十师开赴埃及的布置，可以在抵挡这些来自各个方面的责难时发挥作用。这个师因为奥金莱克将军的决定被派去了塞浦路斯，这看上去是个惨剧，而且还会变成我们无故遭到指控的原因。这支优良的军队居然被这么安排，国内三军的众参谋长从军事层面上分析，也一样觉得奇怪。确实，这和我们能够明白的所有战略理论都不匹配。

奥金莱克将军做的另一个决定，远比这个要严重，即延迟所有在西部沙漠对隆美尔的攻击，开始是延迟三个月，最后延迟了超过四个半月。6月15日，韦维尔启动"战斧"行动是说得通的，因为尽管我们严重受挫，从而撤回了原本的阵地，可德国在这一整段漫长的时间里却全然无法朝前推进，由于他们的运输线遭受了来自图卜鲁格的危险，必需的装甲兵团，甚至炮弹没办法运过来进行支援，致使隆美尔除了凭借自己的毅力和威信死守，做不了别的。他因为部队的物资问题非常犹豫，因此人员只能一点点增。在这种背景下，英国不但有充足的公路、铁路和海面运输线路，在兵力和供应物资上也持续以远超德军的速率在增强，有什么理由不持续和他战斗呢？

在抓到机会的时候，相对于用一系列不起眼的战斗让敌人受到损耗，将领们通常更喜欢在准备好所有的事后，自己选个时机正正式式地开战。和冒险相比，他们当然更喜欢稳操胜券。可他们却没能记得，战争是永远打不完的，它像火一般每天都在烧，不仅仅存在于一个战场，还对战争的整个局势造成了持续变更的结果。此时，俄国部队正身处艰辛困苦的时刻。

我认为第三个错误的观点是太看重北边的侧翼。确实该对这个侧翼保有最高的警醒，而且，在巴勒斯坦和叙利亚应该做不少防守上的筹备，构建坚实的防线。不过，没用多长时间，这一区域的形势就远远好过6月了。叙利亚被攻占。伊拉克的动乱已被压制。我们的部队占领了沙漠里的全部首要据点。特别是，德国和俄国的战争给了土耳其信心。除非这场战斗决出胜败，否则，德国就不会要求自己的部队从土耳其借路。因为英国和俄国的行为，用不了多久，波斯就会加入同盟国的战线。这会让我们可以平安地度过冬天。在这个时间段，整体局势对我们在西部沙漠启动关键性的行动是有好处的。

*　　*　　*

三军参谋长 7 月 19 日发电报给奥金莱克将军：

三军参谋长致奥金莱克将军　　　　　　　　　　1941 年 7 月 19 日

　　你说，除非得到了最少两个，最好三个，经过恰当训练的装甲师，否则不会考虑在西部沙漠发动进攻。由于我们必须将敌人在 8 月或者 9 月进攻我国国境视为明显的可能，所以在德国攻打俄国之前，一切大量的巡逻坦克，在此我们都决不会考虑进行支援。由于可能用不了多久就会被打垮，所以我们无法表示，这种可能已经彻底没有了。不过，要是支援坦克能够夺回昔兰尼加，并得到这一战斗成果的所有好处，那我们愿意进行尝试……在 7 月 15 日你发来的电文里，对 9 月后图卜鲁格是否能够守住表示怀疑。所以我们相信，以夺回昔兰尼加为目的展开的一切攻击都应该在 9 月之前。以我们的估算，直至 9 月，甚至在 9 月之后，我方相对的空军势力也能持续增长，不过这自然是由眼下俄国的战果决定的。

　　按如上考量，从这儿看，最迟 9 月末发动攻击，就算不是夺取昔兰尼加的唯一的机会，也是极好的机会。我们要是马上额外给你运一百五十辆巡逻坦克过去，你能这么做吗？这些坦克，据我们估算，在 9 月 13 日到 20 日间可以运达苏伊士。我们也计划用 W.S. 第十一号运输舰队运四万名士兵给你，你可以自己决定，我们供应给你的士兵和供应物资里，你最想要的是什么。另一边，要是你觉得 9 月末无法在西部沙漠展开攻击，那我们以为，除非我们事实上已经确定敌军今年不会展开攻击，否则借调进口粮食的船舰，还把第一装甲师拆开运一百五十辆坦克给你，没什么道理。

我私人也发了封有着相同内容的电文给他：

首相致奥金莱克将军　　　　　　　　　　　　1941 年 7 月 19 日

1. 你 7 月 15 日针对我 6 月发的那份电文的复电，不管是三军参谋长，还是战时内阁国防委员会，都曾考虑了不短的时间。如今，三军参谋长将他们的观点告知了你，我们的看法全然相同。

2. 看上去，你若能在 9 月中从这里和美国再拿到一大批坦克，加上其他大宗支援，那么，你就能以它们为储备，借助这支储备力量，既能在到达目的地的时候加速进攻，又能在失手的时候守住埃及。

3. 国防委员会见到第五十师，也就是你手里的那个完备的新的英国师，居然在塞浦路斯岛藏着，做着看上去完全是防守性的工作，所以感到非常重视，弄不明白为什么不能让别的部队来。

4. 在他们看来，最早在 9 月末之前，德国会从北面对叙利亚、巴勒斯坦和伊拉克发动攻击，这种可能是不存在的。国防委员会相信波斯处在德国人渗入和诡计的更大危机里，所以应该在那儿展开强劲的行动。不过此事属于韦维尔将军职务范围之内，他显然有意展开行动，正受到这里殷切和谨慎的关注。

5. 因为德国和俄国的战事而得到的间隙时间，我们要是不使用起来，以恢复昔兰尼加的形势，那可能就再也没有这种机会了。自我方部队在塞卢姆落败，已过了一个月的时间，想再次行动，或者还得用时一个月。在这段时间里，肯定有足够的时间去训练。看上去，在形势尚未变得不利于我们之前，理当在西部沙漠展开一场激烈的大规模血战，这种不如此就无法取胜的危险，应该冒。

你若再次展开进攻，我们仍认为应该让威尔逊担负指挥之责，除非你预备亲自指挥。

7月23日，奥金莱克将军对我的电文做了回复。他说，他是经过了最谨慎的考虑才决心派第五十师去塞浦路斯岛的。"是什么原因让我这么做，且在我看来毋庸置疑的那些翔实的原因，你要是想知道，我可以发电报跟你说。对于此类的布置之事，我希望我可以全权负责。"在他看来，德军或许会在9月的前半个月经安纳托利亚攻打叙利亚。

德国正专注于进攻俄国的战争，借这一时机攻打利比亚的敌军，这我完全认同，可是我不得不再次强调，我认为我们当前可用的人员和物资都不充足，凭借它们展开攻击这种战斗行为，并不合理。最后，可以发动的极可能获胜的进攻的时间，就近乎理所当然地推了更久的时间。想要成功，怎么能不冒险？要是冒险的理由充足，我就愿意冒险。

他最后说：

我现在的想法是：首先，我们应该迅速巩固在塞浦路斯和叙利亚的地位，并维持住我们在叙利亚的地位。其次，所有的师和旅都急需重新整顿和更新装备，这些项工作得抓紧进行，这些师和旅除了曾经在希腊、克里特岛、利比亚、厄立特里亚和叙利亚，遭受了人员和配备的损失，而且在不少场所，也没被当作编队使用，而是当成小型力量来用。第三，和负责人一起加速改进给养、调度和维修等相关后勤机构，使其现代化发展。第四，确保我方装甲军团的训练和配置；若缺了这些部队，是没办法发动进攻的。第五，在利比亚发动的攻击，积极地为它展开侦察和规划，中东的各个总司令7月19日发给三军参谋长的电文里曾经提过这一点。我坚信计划的成果，至于夺取胜利必不可少的供应物资，我希望近日你能再提供一些。

*   *   *

此时，我不由得生出这样的感觉：奥金莱克将军生硬的态度对我们一直努力的事业而言，没什么好处。那些从战争开始到现在出版的图书告诉我们，开罗战斗参谋部里的一些实权人物对派大军开赴希腊的策略，感到非常沮丧。这个策略，韦维尔将军曾经如何满心欢喜地全然认可，他们不知道，战时内阁和三军参谋长曾经如何试探着就这一问题向他发问——差点儿被拒，他们更不清楚。有传言说，韦维尔曾经被某些政府人员引上了歧路，而那一系列的挫败就发生在他听从了他们的主张之后。如今，在赢得了很多场仗以后遭遇挫折时，被罢免成了对其良善的秉性的回报。我相信，在这些顾问中有种浓烈的感情：这位新任的司令，应该按部就班，一步步来，而不该使自己因为受到了逼迫就做了可怕的险行。奥金莱克将军肯定受到了这种情绪的影响。已经可以清楚地看出，光靠通信事情是不会有多少发展了。

首相致奥金莱克将军   1941 年 7 月 23 日

一切你发给我们的电文，以及我们发给你的电文都表示，我们需要面对面地谈一谈。三军参谋长十分期待。希望你带上一两个参谋人员即刻过来，只要不是眼下战局让你实在无法离开。你不在的那段时间（这件事应该严守机密），可以让布莱梅暂代你的职位。

奥金莱克肯来。不管从哪个方面看，他在伦敦的短暂停留都是有好处的。不管是战时内阁的成员，还是和三军参谋长，或者是陆军部，他都处得非常好。在首相郊区的府邸，他和我过了一个长周末。如今，我们的未来怎样，和这位优秀将领的才华有很大关系。在我们深入了解了他，他也熟知了英国的战斗机关的高层，并看见战斗机关工作得如此顺遂之后，我们增加了对彼此的信赖。另一边，我们也没办法让他丢掉预备在 11 月 1 日发动一次悉心布置的进攻，进而长时间延迟的决定。这场被命名为"十字军战士"的进攻，将会是我们一场史无前例的大战。他凭借翔实的论述确实动摇了我的参谋们的观点。不过，他却没能说服我。然而，奥金莱克将军毋庸置疑的才华，他论述的才能，他尊贵、肃穆的品质，让我相信或者终究他是对的，而且就算不对，也没有谁比他更合适了。所以我答应11月发动攻击，并努力想让此次攻击可以取胜。他没接受我们的劝说——若此战来临，让梅特兰·威尔逊将军来指挥，对此，我们感到可惜。他更喜欢艾伦·坎宁安将军——经过阿比西尼亚的多场胜仗，他得到了极高的名望。虎头蛇尾的事没有尝试的价值，所以我们必须尽力将事情弄好。于是我们认可了他的决议，因此也担负了一部分他的责任。

＊　　　＊　　　＊

德国最高指挥部对隆美尔的境遇的态度，如今我们已经全都了解了。他们十分钦佩他的胆量和显露出这种胆量的那些神乎其神的成绩，可就算这样，他们也觉得他有极大的危险。除非得到强援，否则一切更大的危险，他们都决不会让他冒。他或者能凭借自身的威信，从他身处的危险期里蒙混过去，等德国最高统帅部为他提供力所能及的最大支援。他的运输线有一千英里长，直至的黎波里。班加西这个口岸离得最近，对于起码拿到部分物资和新部队而言，是有用的。不过，的黎波里也好，班加西也罢，不管到哪儿，都一定会在运输中损失得越来越多。本来就很占便宜的英国部队的人数，还在每日增多。德国部队的坦克仅仅在特性和编制上占优。他们的空军稍弱。因为炮弹非常稀缺，他们很担心炮弹不够射。图卜鲁格好像成了隆美尔身后的生死劫难，我国部队什么时候都能从这里发动攻击，斩断他们的运输线。他们弄不明白我们的攻击方案，到底是从图卜鲁格进攻，还是用主力攻击。不过，他们会因为过去的每天而感到侥幸，除非我们出击。

德国和意大利于1941年6月2日在伯伦纳山隘进行磋商。凯特尔元帅和卡瓦勒罗将军是军事上的首要成员。在秋天之前，没办法进攻埃及，对此,凯特尔表示认同。在此次进攻中,应该只用少量装备精良的特种部队,而非大规模使用部队。发动攻击的部队的数量应该是四个装甲师,其中德国师两个,另外,还得有摩托化师三个。消耗食物的人不能有一点多余,只能按照食物的数量限定参战士兵的人数。卡瓦勒罗将军说,服役于非洲部队的意大利师消耗极大,士兵和装备损失了四到六成。车的情形极糟,帕维亚师仅有二十七辆卡车。

凯特尔觉得,为了在敌军攻打物资供应口岸和物资供应站时,可以更好地进行防守,装备高射炮和海岸大炮这一需求更紧急。第二,由于夺取图卜鲁格是将来行动最要紧的条件之一,所以把支援给非洲部队的大炮队运过来也是重要的。眼下不能夺取这个地方,是因为德国部队没有重型炮。而且,不说提供作战部队,在开始进攻之前,大量的物资也一定要准备好,还得预备好运输队。只是德国非洲大军每个月就得四五万吨物资,另外,意大利部队也需要物资。意军能拿到非洲大军用不上的所有车辆。德国运输机没多少舱是能用的。由于德国空军正从西西里岛撤离,所以意军不得不亲自去守护海上和海岸的运输。为了守卫海岸及海岸运输,正往北非调集更强悍的德国空军。

对于德国军事首长的这些言论,卡瓦勒罗将军表示感谢。他也好,墨索里尼也好,都认同他的见解。守住自身当前的阵地是意大利最要紧的工作。北非的防御部队的人数太少。必须撤换下围攻图卜鲁格的部队,让其修整一段时间。塞卢姆的形势常常会出现险情。

德国空军战斗参谋部 8 月汇报说:

> 我方北非部队物资供应不足的情况是众所周知的……班加西港的吸纳能力就是到了现在也没能彻底使用。自收复德尔纳起,因英国而被毁的地方,尚未在港口区进行修复……拜尔迪耶港也必须修葺。所以,我们必须告诉意大利人,让其马上展开必需的行动。通过班加西、

德尔纳和拜尔迪耶输入供应品是完全有需要的。这可以分担一部分的黎波里港的负担，降低从的黎波里沿岸到班加西这段沿岸运送的危险性。非洲的交通情形非常糟糕，使得我们使用从的黎波里到班加西的陆路运输线路的难度越来越大。若从这个方面来说，看上去就更要紧了。

只要东欧战事不停，就没办法支援地中海一域的空军。

8月末，希特勒在俄国前线的司令部里举办了一次大会，凯特尔和卡瓦勒罗将军受邀出席。凯特尔说，除非已经夺取了图卜鲁格，否则不能将北非的形势视为定局。对非洲进行的输送若是没遇到什么阻碍，那9月中即可准备好用于攻打德国的部队。卡瓦勒罗将军回复说，元首已下令尽快展开攻击图卜鲁格的筹备工作。9月中旬意军肯定还完不成进攻的准备工作，要准备就绪，差不多得等到9月末。

实际上，9月末他们也没准备好。德军也好，意军也罢，谁都没能在10月完成准备工作，11月也没完成。即便如此，在遭到进攻时，他们还是有能力抵抗。

8月29日，德、意的参谋部的主张趋近相同，觉得：

近日，是没办法自利比亚攻打苏伊士运河的。就算秋天拿下了图卜鲁格，从实力对比而言，这么做也不合适。这对所有小型目标的攻击也一样适合，因为只要朝东迈一步，我们本就不足的物资供应情况就会变得更糟，而英国的物资供应情况却会变得更好。

德国联络参谋部1941年9月9日在对时局进行评述的时候说：

虽然图卜鲁格持续遭到德意空军的进攻，可那里的形势整体上变化不大。截至目前，我们尚未拦住敌军，让其不能在夜里用驱逐舰和小舰艇为这一据点运送物资……据非洲空军司令部所言，在防空实力上，图卜鲁格已变得极其强悍，比马耳他岛的也没差多少……英国防守大军的数次攻击，强也好，弱也好，好像都是想找出包围圈的薄弱环节。这是在预备冲出包围圈，预计这将与南边战线日后的进攻一起发动……

＊　　＊　　＊

有关延迟进攻的军事辩论我已经介绍了。我仍旧不得不将我们的想法写下来：在沙漠，奥金莱克将军推迟了四个半月才和敌军交火，这件事非但不对，还是惨剧。

我们和澳大利亚政府之间的不同看法，在这章里也一定要予以记述。在守卫埃及的整个战斗中，澳大利亚勇敢的大军发挥了重要作用。

＊　　＊　　＊

5月，澳大利亚总理孟席斯先生拜别我们。再没有什么事比他长时间待在英国更可贵的了。在两个紧急的月份里，他曾参加战时内阁，和我们一起下了不少最艰难的决议。战时内阁的组建，以及我在指挥战斗里使用的权限这么大，都让他觉得不快。他多次针对这两点向我提意见，我也说了自己无法认同其观点的原因。他想建立一个配有四个自治领的使者的国家战时内阁。在他从加拿大回国的路上，他曾用书面形式将自己的提议正式交给麦肯齐·金先生、史默兹将军和弗雷泽先生。不过，他们全都不支持这种变革，而且麦肯齐·金先生还特地引用了宪法里的强大论据来拒绝，不肯让加拿大因派出了使者而为伦敦的某个会议做的决定负责。

温斯顿·丘吉尔致澳大利亚总理　　　　　　　　　　1941年8月19日

你若能再来我们这里考察，在你待在这里的那段时间，作为总理参加我们的会议，没什么比这更让人欢迎的了，这是用不着说的。任

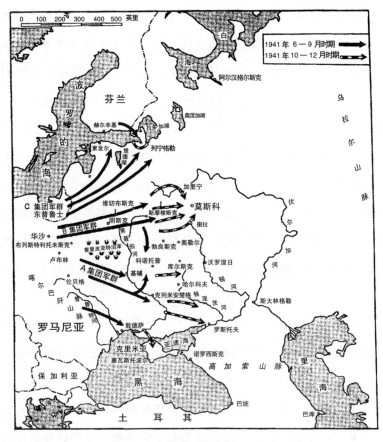

德国进攻俄国图

何一个自治领总理，我们都期待他以这种办法来和我们共享责任。让自治领总理之外的内阁成员加入战时内阁，这实现不了，因为战时内阁会因自治领的使者而多出太多人，会使相关单位出现某些我们意料之外的大变化。我的考察显示，让一个自治领自己派阁员在战时内阁里当它们的代言人，别的自治领也不会认可。你在制订计划的时候，我希望你别忘了这几点。献上我最诚挚的问候。

然而，澳大利亚政府没过多久就出现了严重变革。糟糕的事这么多，紧随其后，联邦内阁在战斗调度上自然有着不同看法。就孟席斯先生出访伦敦而进行投票，并未获得澳大利亚工党的认可。考虑到政府内外的这些意见，他将辞职信交给了他的同事，还说可以在澳大利亚的全国性的内阁中工作。澳大利亚工党于 8 月 25 日否决了此项提议，还提出要让政府卸任。孟席斯先生 28 日离任，继任者为副总理法丁先生。因为没了最精干的人，澳大利亚政府受到了损害，在议会里，只拿到了一票的多数，而且在这一危急之秋，它又遭遇了一个想要地方政权的反对派。虽然我和他之前存在之前说过的不同见解，可听说孟席斯先生下台，我还是觉得十分可惜。我们二人虽然意见极不相同，可我们的关系却一点儿都不差。他参加战时内阁两个月，所获得的对我方事物、战争情况的了解，还有我们跟他构筑的所有关系都没有了，我认为这件事十分可惜。因此，我发了如下电文给他：

温斯顿·丘吉尔首相致孟席斯先生　　　　　　　　　1941 年 8 月 28 日

　　尽管我极力避免干扰到澳大利亚的政务，但我还是要跟你说，听说你辞职，我十分难受。你在这波涛汹涌的两年里曾掌握政权，在澳大利亚最不稳的时候，还来了我们这儿跟我们一块儿。对于你显露出来的胆量，对于你提供的援助，我们都十分感谢。我们的私交让我受益良多。相似的经历，我也有；就在我可以让澳大利亚和新西兰大军有极大的机会在达达尼尔海峡取胜的时候，我却被免了海军大臣一职。处在此种情况下，清楚自己已经尽忠职守，竭尽所能了，到底是种慰藉。请你接受我夫人和全家人的问候。

＊　　　＊　　　＊

　　我连忙和法丁先生建立亲密的个人联系，还将我们对战时内阁的组建，以及日本的危险的看法告诉给他。

温斯顿·丘吉尔致澳大利亚总理　　　　　　　　　1941 年 8 月 29 日

　　你现在已经担负起了你神圣的职责，请允许我献上最诚挚的祝愿，愿你成功，且向你做出承诺，我和我的同事会尽全力以我们和孟席斯先生一起做事时的那种友善的精神和诚意与你协作。听说现在孟席斯先生在你的带领下出任国防协调部长一职，这真让我们高兴。

　　我之后按照我的同事的意思，从国家和宪法两个角度，就孟席斯先生提的那些问题予以详尽说明。这收录在本书附录[①]里。我们和法丁先生的政府的关系，以及之后的和卡尼斯先生的工党政府的关系，都比不上我们和它之前政府的关系，不像它那样融洽，且出现了一种会影响到我们战斗努力的重大的不同见解。因为反对党的重压，新政府对图卜鲁格的澳大利亚师的情况十分重视。为了应对澳大利亚的舆论需要，他们想将他们派去中东的部队聚成一支军队，好让他们得到休息和对纪律、配备进行整顿的机会。他们还担心据点里的那支军队"身体素质下降"，担心他们因为身体素质持续下降，以及无法抵挡敌军猛烈的攻击而引发严重灾祸的危险。于是他们提出要求：马上派别的部队把这些澳大利亚军队换下来。对于此种改动，奥金莱克极不赞成，他说难以撤换，说这会扰乱他新的进攻方案。我尽力让这位将军别担心。

首相致奥金莱克将军　　　　　　　　　　　　　1941 年 9 月 6 日

　　我坚信，若坦率地将现实情况呈现在澳大利亚人眼前，他们就不会这么办了。我们不想损害到你对图卜鲁格的供给和你的别的共同行动。若接受他们的提议会造成这种结局，那我会告诉他们真相。一切

---

　　①　附录 (6)。——原注

有失颜面的事，澳大利亚都不会同意。自然，若此事影响不大，那我们自当让他们得偿所愿。

在我看来，我们的兄弟政府也应该得到详细的解释。这些电文同样可在附录^①里看到。

*　　*　　*

按照我的建议，奥金莱克将军曾经想办法把驻守在图卜鲁格的澳大利亚步兵团里的一个旅撤出，换成了波兰旅。因为所有战舰都遭受了敌军飞机的攻击，海军因此承受极大的风险。最后，这位总司令中断了这一行动，给出的原因是：这或许会"让西部沙漠的进攻耽搁得更久"。"所以我提议，"他说，"要果断消除大量撤换驻守在图卜鲁格的澳大利亚人的想法，并马上派一个步兵坦克营支援守军。"我将他的电文转交给了法丁先生，且对他做了如下请求：

温斯顿·丘吉尔致澳大利亚总理　　　　　　　　1941年9月11日

1. 奥金莱克将军针对替换图卜鲁格的澳大利亚部队这件事发给我本人的电文全文，我现在发给你。因为我绝对相信你能妥善处理此事，所以我才如此做。奥金莱克将军的这封电报，是和中东战区的海空军司令商量很久才产生的。

2. 从他的电文里你会发现，事实上，就算你非要替换在图卜鲁格的澳大利亚部队，这项任务也无法按时实现，使你能在这个月按照你希望的那样告诉联邦议会。在没有月亮的9月其实只能撤走一半，另外一半得等到10月的下半个月才能撤走。此时，恰好赶上所有有关进攻的筹备都趋向焦灼的时候，与此同时，空军的筹备工作，也使他

---

① 附录（6）。——原注

们必须集合所有力量去攻打敌军的后方、物资供应站和机场。何况不管怎样，你都不能告诉联盟议会任何事，因为只要你示意民众会替换澳大利亚部队，敌军就会在你们部队撤走的时候，用飞机猛攻图卜鲁格口岸及沿岸。不过，你若非撤走澳大利亚部队不可，我们自然会无视必定会遭受的损害和对未来的影响下达指令。死守图卜鲁格直至胜利降临，是澳大利亚的荣耀。这份荣耀若没被抢走，在上帝的帮助下，将永远归它所有。我坚信你会认真考虑，你在历史面前夺走澳大利亚这一荣耀将担负的重责。

3. 我必须请你小心，对以后的行动和军队的调动严守机密。总司令之所以把相关信息告诉我们，是因为要接替澳大利亚军队就不得不告诉我们。

最后白费力气，我只得做如下回复：

温斯顿·丘吉尔致法丁先生　　　　　　　　　1941 年 9 月 15 日
　　会马上按你的意愿下达指令。现在，守密之事对大家都非常要紧。

我致电奥金莱克说：

首相致奥金莱克将军　　　　　　　　　　　1941 年 9 月 17 日
　　澳大利亚的态度让我伤心，不过我早就怕那种论调——我们看上去只让自治领的部队来打中东的所有的战斗——会引发澳大利亚和全球做出恶性的言论反应了。我因为这个理由（先不说支援你的意愿），曾经持续催促派些英国的步兵师出去。我们因为你派英国第五十师去塞浦路斯岛的决定而感到难过，这你是知道的。我清楚你派这个师去那里的时候，认为塞浦路斯岛这个地方极不安全，可是德国攻打俄国已经使形势发生了变化，所以我坚信，你会接着研究是否还让英国师做这个看上去没什么危险的防守工作……

我期望澳大利亚撤军不会使你的进攻再次延迟。形势已经变得更糟。敌人的汽油供给远多于从前。现在在非洲装甲军已经成了非洲装甲集团军。你想等再多一个旅，你或者会看到敌人又多了一个师。你的运输车的行动和物资供应站的布置，敌军肯定会留意到。这场进攻决定着1942年中东之战的全部未来，还有我们和土耳其、俄国的关系。

因为法丁政府不肯放弃他们的条件，奥金莱克将军觉得受到了极大的羞辱，甚至想要离职，原因是澳大利亚政府不相信他。此事，那时不管从哪方面而言，都是不利的。

我请奥利弗·利特尔顿先生，当时驻开罗的国务大臣，想办法调停。

首相致国务大臣　　　　　　　　　　　　　　1941年9月18日

1. 奥金莱克觉得我们和他的看法不一样，关于图卜鲁格的澳大利亚部队之事，这怎么可能？我的一连串电文，里面尤其是9月11日我发给法丁又抄送给奥金莱克，如今又给你抄送过去的电文证明，为了让澳大利亚打消在现在这个时候从前线撤离的决定，我们是如何全力劝说的。何况奥金莱克回国的那段时间，我特地鼓舞他，让他别因为不需要的撤换损害到图卜鲁格的防守。

2. 澳大利亚的决定让我吃惊，我相信若将实情展现出来，他们会放弃这一决定的。我们应该理解这个政府，它只拿到了一票的多数，还面对着凶狠的反对党，里面起码有一部分主张孤立主义。

3. 最重要的是，大不列颠和澳大利亚间明面上是不该存在争执的，所以必须压制所有个人情感，保持表面的万众一心。英国的步兵师不曾在以往的战争中出现，以致大家和澳大利亚觉得我们只用自治领的部队战斗会出现问题，多半是这个原因。

　　4. 我正给奥金莱克发电报跟他说，三军参谋长绝对认可他在军事方面的主张。

　　如此，个人层面的矛盾暂时没有了，然而想在10月把最后那批澳大利亚部队撤走的现实行动这件事，仍等着我们处理。

首相致奥金莱克将军　　　　　　　　　　　　　　1941年9月29日
　　如今，所有的事都由这场仗决定。你想要的时间，敌军可能会给。但延迟的每一天，都来自于更广泛的区域里更昂贵的牺牲。我们要夺取土耳其，这一行动或者取决于昔兰尼加之战的胜利。
　　为了不对你的行动造成影响，我希望可以说服澳大利亚政府，不在没有月亮的10月把他们仅剩的两个旅撤出图卜鲁格。

　　此时，我将整个形势告诉给法丁先生，再一次提出激烈请求。回复是强硬的，可此时，在一次有关预算的投票里，法丁先生的政府被打败，因此，在卡尼斯先生的带领下组建了澳大利亚工党政府——一样只拿到了一票的多数。我连忙发电给我的新总理去建立友善的关系。

首相致澳大利亚总理　　　　　　　　　　　　　　1941年10月8日
　　你在总领联邦机要的时候致电给我，我表示感激。请允许我满怀诚挚地向你献上同样的美好祝愿。你可以相信，我们会以最亲近的信赖和友好为基础，与你协作。

　　然而，新政府也拒绝了我们的请求，因此，这个让人不快的插曲最好就都写了吧。

首相致奥金莱克将军　　　　　　　　　　　　　　1941 年 10 月 5 日

　　没能从上一任澳大利亚政府手里获得任何关于免于再次"超额承担"（替换图卜鲁格的澳大利亚部队）的事的有利回复，我感到可惜，而且我还没联系上新政府，不过我期望"十字军战士"行动不会被耽误。

＊　　　＊　　　＊

　　等了一段恰当的时间之后，我针对图卜鲁格的事，发电报给卡尼斯先生。

首相致澳大利亚总理　　　　　　　　　　　　　　1941 年 10 月 14 日

　　我在发给你们上一任总理的电文里说的事，我认为我应当请你再想一想。奥金莱克将军又一次发电过来，说在将要降临的战斗结束之前，剩下的澳大利亚军队要是能留在图卜鲁格，会给他很大的帮助和方便。我已经说过的那些论点，我不愿意重复，可是，我还要再补上一句：你要是可以答应，那么，一切超额或者不恰当的风险，你们的部队都不用去冒，与此同时，我们会十分诚挚地觉得，这是眼下战斗里的一种友善的行为。

首相致奥金莱克将军　　　　　　　　　　　　　　1941 年 10 月 14 日

　　1. 我曾经提过，要是剩下的澳大利亚部队的替换能拖到"十字军战士"行动之后，对你很有好处，所以今天早上，我将附加（上面的）电文给澳大利亚政府发了过去。这个新政府或许肯为你提供你想要的方便。他们若这么做，我会替澳大利亚和历史感到开心。他们的决议，我这一两天就能知道，并会将情况告诉你。

　　2. 有关俄国的情报越来越危险。如今，所有的事就都得靠你了。

　　卡尼斯先生的政府顺从了他们上一任的决断，于是，我只能告诉奥金莱克将军，替换澳大利亚部队的任务非做不可。

＊　　　＊　　　＊

　　图卜鲁格被围困的那段时间，虽然敌人的空袭一直都在，并且强度越来越大，可海军的援助从未缺席。何况由于我方飞机当时还在遥远的东面的地区，所以无法用战斗机保护这个口岸。没多久，一般的商船就无法航行于去往埃及的航道上了，所以所有物品都只能用驱逐舰和小型舰在没有月亮的晚上运往那边。过了 7 月，因为多了"阿布泰尔"号和"拉托那"号这两艘极速布雷舰，这条图卜鲁格航线的情形得到了极大的改善。在保证武器和物资的提供之外，这座被围的要塞，还有大量的部队被运进去或者运出来，还运送了各式新型武器，坦克也在其中。海军一共送过去三万四千名驻守士兵、七十二辆坦克、九十二门大炮、三万四千吨军用物资。另外，不算伤兵和俘虏，他们还送进、送出近乎等量的部队。这项艰难且不可或缺的任务，让海军失去了一艘布雷舰、两艘驱逐舰，还有二十二艘别的船舰，另外，还有十八艘船舰严重受损。被击沉或者受损的还有九条商船和医疗船两条。图卜鲁格的守军因为这些牺牲，在敌人持续的进攻下坚守了二百四十二天。这段时间，不管是从整个战役的角度，还是从将要展开的进攻角度来说——尤其是后者，这座要塞都在战略上发挥了有益且明显的作用。

＊　　　＊　　　＊

　　10 月 25 日晚，在极其危险的情况下，那两个澳大利亚政党殷殷期盼的行动开始了，损失惨重。我发电将这一消息告诉了卡尼斯先生。

首相致澳大利亚总理　　　　　　　　　　　1941 年 10 月 27 日

　　昨晚，我方海军船舰在开往图卜鲁格装载剩余那批一千二百人的澳大利亚部队时，受到了敌方飞机的袭击，我方的新快速布雷舰"拉托那"号受创沉没，驱逐舰"英雄"号严重受损。感谢上苍，你们的士兵没在船上。我尚未得到我方的人员伤亡数量，按照坎宁安海军上将的汇报，在下次（11月）没有月亮的时间之前，想把这一千二百名士兵运出来是不可能的。你的期望，已经竭尽人力去实现了。

首相致澳大利亚总理　　　　　　　　　　　　　1941 年 10 月 27 日

　　幸好英舰"拉托那"号只装载了三十八名别的兵将去图卜鲁格。剩下的大概一千人都在三艘伴随驱逐舰里。敌方飞机从十九点到二十二点三十分大致进行了十五次低空轰炸。死伤人数是：英舰"拉托那"号上海军将士失踪四人，受伤一人，船员失踪二十五人，受伤十七人。陆军将士失踪六人；其他将士失踪七人，受伤一人。英舰"英雄"号并无死伤。让我们欣慰的是，敌方飞机的袭击发生的时间不是替换行动的初期。

＊　　　＊　　　＊

　　必须将这件事描述出来，这让我觉得难过。这件事不可能永远不说。另外，曾经发生了什么，这件事是如何产生的，澳大利亚的民众有知道的权利。另一边，不能忘记的是，先说他们遭受的严苛的政党体系的限制，在这个时候，澳大利亚的每届政府也没道理相信英国来指挥战斗，何况，他们的队伍在沙漠侧翼被攻破的时候，还有在希腊之战里承担的风险，也让他们非常着急。我们必须永远铭记澳大利亚圣洁的初衷。它因为这一初衷，将三个仅存的整师，也就是澳大利亚成年男性的精粹派到中东战斗，也必须铭记在中东的数次战斗里，澳大利亚部队勇猛的战果。

第三章　我同罗斯福的会晤

我国领导层战略上的不同见解——1941 年的入侵问题——约翰·蒂尔爵士 5 月 6 日的文件——国内装甲部队的力量和处境——别的让人担心的原因——5 月 13 日我做出的回复——我的意见占优势——哈里·霍普金斯的第二次到访——美国因入侵之事忧心，且质疑我们想固守中东的战略——7 月 24 日我们召开的会谈——美国军官的主张——英国众志成城——是新加坡，还是开罗？——若在开罗那么做，那在新加坡也得制订常驻国务大臣方案——达夫·库伯先生奔赴远东的任务——对日本施压——我和罗斯福总统预备在纽芬兰会面——霍普金斯到访莫斯科的任务——一次快乐的航行——"威尔士亲王"号抵达会面地点——和罗斯福总统的会面——8 月 10 日周日清晨

在本书和之前的各本书中，我都曾多次提到敌军进攻不列颠的事。不过，这件事帝国总参谋长约翰·蒂尔爵士于 1941 年 5 月以引人注目的威信又提了一次。5 月 6 日，他把如下重要文件交给我，并将副本给了他的海军同事和伊斯梅将军。要是依照此项提议，则代表着彻底回到了防御的位置，将派不出去任何支援的武装力量，只剩帮中东或远东征召战士。我们的一切可以主动出击的军队将会消失。确实，既然我们的中东装甲部队每个月惯常都要损耗五十辆装甲车，若不填充，就难以为

继，那奥金莱克将军别说自己攻击，还将有很大可能在实力上被敌军压制。

中东与联合王国安全的关系

1941 年 5 月 6 日

1. 侵占的可能似乎已经暂时降低了。不过只要德国的陆军和空军撤离巴尔干战场，就能在六到八周之内聚集攻打我国。因为美国的援助越来越高，敌军肯定全神贯注地等候有利之机，来打这场有机会让自己获胜的战争。

2. 巴尔干和利比亚两地地形差异巨大，德军在这样两个地方获得的战果再次表明，在强劲的空军援助下，装甲军的实力极其强悍。此次战争中，这种配合由始至终影响了所有战场。防守上，由于敌人发动攻击的地点难以预料，所以只能承受兵力无法聚拢带来的劣势，并且能不能获胜的关键因素自然是确保反攻的坦克、反坦克武器和飞机的大批储存。

3. 经过严密考察，三军参谋长近日预计，敌军攻击我国的装甲部队兵力是六个装甲师，总共大概有两千四百辆坦克。我绝对认可我军总司令的看法，他觉得，想要抵御此种规模的攻击，确保大不列颠的平安，总计得要六个装甲师和四个陆军坦克旅（也就是大概需要二千六百辆坦克）。为了回击从东英吉利、肯特郡，还有苏塞克斯郡海岸各自渗透进来的敌军，东面属区和东南属区应该分别布置里面的两个装甲师和两个陆军坦克旅。剩下的两个装甲师可以当作候补，其中，专门指定一个师去北部留用。

之后，他对国内装甲部队体系直到 1941 年 6 月的情况进行了介绍，他说为确保本国防御而留存的坦克总量大概是一千二百五十辆，其中，轻型坦克有一百五十辆，教练用坦克四百九十辆，在这些坦克里，接到消息后三周就能参战的有三百六十辆。他详尽地解释了专门训练装甲大军的必要性，而且，又说：

6. 我们海岸线很长，防御不够坚实，在那里防守的步兵大军被分散在宽阔的阵地上，一个师得防御四十五英里那么长的防御线，所以掌控的纵深有限。我方的海岸障碍出众，可是那些师掌握的反坦克炮连指标的半数都达不到，反坦克地雷也不够用。德国的装甲部队装在专门的登陆艇里，肯定可以登陆。皇家空军的工作非常多，我们又没有专门设计培训的空军能和陆军的轰炸严密合作。德国空军会不惜一切代价在前进的路上夺得空中优势。所以，装甲部队强悍且快速的回击能力，将是我们陆地防御的首要凭仗。不过，算上训练这一原因，按照我的估算，我国的装甲部队到 6 月将抵得上三个力量充足的装甲师，借此和敌军的六个装甲师抗衡。

7. 觉得德国没掌握制海权，觉得我们的空军可以在敌方远征军尚未启程，在海岸上的时候就将其消灭，或者觉得攻克不了这种规模登陆的技术难题，以致小看了敌军装甲部队发动强攻的可能，就凶险了。得用五到七天，才能在我国边境海域聚集足够数量的海军舰艇。超过六个口岸遭到袭击，我方轰炸机就无法有效应对，就算受袭的口岸是六个，也得天气好才行。就像敌军没能凭借空袭阻碍我们在敦刻尔克登陆一般，我们也没办法用空袭击退敌人的登陆活动。敌军若是连必然遭受的重创都不管了，那我方战机是没办法彻底压制敌军的轰炸机的，并且德国的计划应该会有这么一步——将我方战机歼灭在基地里，这是毋庸置疑的。而登陆的技术难题，德国人已经证明过很多次了，他们在拟订方案和研发特殊装置上，有着卓绝的技巧和严谨性，并且他们得到了周密部署的时间。给养的事，应该不会如同预计的那样，对他们的物资造成极大的损耗。在短时间内，装甲部队并不需要太多的粮食和汽油，而且在当地，敌军就能得到想要的量。

8.在挪威和比利时，我们都小瞧了德国人的实力。近日发生在利比亚和巴尔干的事，再一次告诉我们要有去了解并攻克最难的事的能力。

9.我认为失去埃及的祸患不会发生，而且这个灾祸，除非经过了最严酷的战争，否则，我们不会甘心承受。可是丢了埃及，战争也不会终结。只要侵占成功一次，就足以让我们遭受最终的失败了。所以影响极大的不是埃及，是联合王国，因此，联合王国一定要把防守放在首位。埃及在前后顺序上，也不能排在第二，新加坡作为最后的屏障，其安危应该先于埃及，这已是我们一致认可的一条作战宗旨，可是新加坡的防御仍远达不到标准。

10.在战争中，冒险必不可少，可是所承担的风险应该适当。我们绝对不能因为重点地区的安全性变小而犯错。要是有需要，我们只得在机会消失之前，先将非重点地区的损失降下来。

11.大不列颠的防御和守护爱尔兰、夺取大西洋众岛的事密不可分。在保护大不列颠安全这件事上，我认为就算不曾超额，也已经到了顶点。依我看，在以后的三个月里，不该从国内往外运更多坦克了，应该以保持已经在中东或者正运去中东路上的坦克的储量为限度。就算是这个数，按照一个月损耗十分之一算，每个月运过去的坦克大概也得五十辆。

拿到这份文件，我感到吃惊，一周之后，以争执的口吻做以下回复：

首相致帝国总参谋长   1941 年 5 月 13 日

1.5 月 6 日你呈交的文件，有不少地方我都认可，不过也有不少说辞，我并不相信。你在第八条里，说我们的军事参谋们曾经小看了德国在挪威、比利时和利比亚的实力，这我绝对赞同。其中，比利时这个例子最明显。可是，我从没听哪个英国军人说过马其诺防线的支线是薄弱的，或者不赞成英国攻占比利时。我说这点，仅仅是想要证明，就算是最有经验的军事泰斗，在战争的神秘莫测里，他的看法有时也可能并不正确。

2.……我估计，相比于失去新加坡，你宁可失去埃及与尼罗河流域，宁可我们在那儿聚集的五十万大军屈服或者被消灭。我却并不这么认为，并且，在我看来，我们也不会失去新加坡。守护新加坡所需的队伍，仅仅是在尼罗河流域对抗德意志部队所需兵力的一小块。我曾经告诉过你布置在新加坡的防御的政治依据。即，日本要是参加战斗，那美国绝对有机会投入我们这一阵营，并且，不管怎样，日本也不会一上来就攻击新加坡，因为，相比于将自己的巡洋舰和战列巡洋舰部署到东方的贸易航线上，围攻新加坡对我们伤害不大，对他们却有不小的危险。

自然，日本人此时还没在印度支那站稳。

3. 我不清楚，德国在巴尔干众国的行径，能否成为证据证明"他们解决了最大难题的才能"，只当成对历史视角的一个磨炼，我的想法刚好与之相反。在完全没有反抗的情形下，德国人聚集了一支强军攻打南斯拉夫，那时南斯拉夫尚未进行军事调动，且遭遇了其战前政府的背叛。那时候，意大利全歼希腊的部队，意军夺取了希腊，因此，我们其实是独自承受他们绝对上风的攻击，那时，我们的装甲车仅有他们的五分之一，事实上，还没有空军。德国虽然拿到了这些轻松取得的好处，却没能有效地制止我国部队高明的脱逃和再次上船，这件事没能让我心生惧意，却激发了我的信心。

4.第十条所说的金玉良言要看所用的局势到了什么地步。不过，我希望最后那句和埃及眼下的形势完全无关。

我见到不少政府，因为听见顶级军事专家做了如此严重的评判而丧失斗志。可是我在劝说我政治上的同事时，却什么难题都没遇到，而且，自然了，我有海军和空军首长的支持。所以我的意见取胜，因此，对中东的支援没有降低，并且源源不断地输送过去了。读者会发现我甚至觉得不必强调那些驳斥德国人有机会成功侵占不列颠那类主张的证据。约翰·蒂尔爵士自己肯定也发现这方面的言论和他的意见不同，因此发出警告后，就再没说过此事。

不过，过了两个月，又从别的角度说起此事。7月中，总统第二次派哈里·霍普金斯来英国。他问我的第一个问题就是希特勒侵俄出现的新形势，还有我们预备按照租借条例从美国获得一切供应物资因这个新形势而发生的变化。第二，美国的某个将军在十分方便的情况下做了些观察，最后提交了一份质疑我们抵抗侵略能力的汇报。总统因此感到忧虑。所以，第三，前面已经说过，我们想坚守埃及和中东，总统对于此事是否睿智产生了更多的疑问。我们是否会因为想做的太多而一无所有？最后，是想办法让我和罗斯福尽快在某个地方见面的事。

霍普金斯此次不是一个人来的。留在伦敦的还有不少美国陆军、海军的高级将领，名义上是关于租借法案的，尤其是格姆利海军上将，他参与我方海军部的常规活动，一起分析大西洋之战的事，还有为处理此事，美国要承担的责任。7月24日，我在唐宁街十号和霍普金斯的那群人，还有三军参谋长开了一次会。除格姆利海军上将，陪同霍普金斯一起参会的还有被叫做"特别观察员"的钱尼陆军少将，美国大使馆陆军军官李准将。艾夫里尔·哈里曼才结束埃及的行程回来，在埃及停留的那段时间，他按照我的命令，对我们全部的军事布置进行了考察。此时，他也和霍普金斯一起参加了会议。

霍普金斯说，"在美国肩负着重要职务，并对防御策略进行决断"的那些人觉得，中东这个阵地，英国守不住，可英国正为了守住这一阵地付出极高的代价。在他们看来，此次战争的成败取决于大西洋之战，因此应将所有力量都放在它身上。他说，总统觉得敌人在哪儿，就应该在哪儿跟敌人打，总统更支持在中东打。英国的四个问题，钱尼将军是按如下顺序排列的：守护联合王国和大西洋航线；新加坡的防守以及通往澳大利亚和新西兰的航道的防守；普通海洋航道的防守；中东的防御。这些问题全都十分关键，可他按照这种顺序进行排列。李将军支持钱尼将军的主张。格姆利上将说，要是美国武器大批次运去中东，他怕中东的交通线不安全。大西洋的战争会不会因此被削弱？

之后，我让英国三军参谋长谈谈他们的想法。第一海务大臣谈了他认为相比于去年，今年更有信心把一支敌方部队消灭的原因。空军参谋长说，皇家空军和德国空军的比率远高于去年9月，还说，近来我们损毁敌人起航港口的能力已经增加了。帝国总参谋长也用充满信心的口吻陈述见解，说相比于去年9月，英国陆军的增强不可胜数。随后，我介绍了汲取在克里特岛的经验教训之后，为守护机场采用的特殊举措。我请我们的客人去所有他们感兴趣的机场考察。"敌军也许会用毒气，不过，若是如此，反倒对他们自己不好，因为我们已筹备好马上反击。或者，他们会在海岸上建造堡垒，但这些堡垒都是我们聚集的目的地。毒气战也会延伸到敌军自己的国家。"之后，我邀请蒂尔发表对中东的看法。他谈及的看法和他5月写的稿件完全相同，他对于让我们非留在那里不可的几个理由进行了强力的说明。

辩论结束之后，我认为我们的美国朋友已经被我们说服了，而且对于我们之间的团结一心印象深刻。

＊　　＊　　＊

尽管如此，日本若是向我们宣战，我们对自己国家的防御存有的信心却没办法延伸到远东。这些令人忧心的事，也让约翰·蒂尔爵士觉得焦躁。我仍旧这样感觉：在蒂尔的心里，开罗的重要性比不上新加坡。这确实是个让人悲伤的事，就像是让你选，让你的儿子被杀，还是让你的女儿被杀。就我而言，我认为马来亚出现的任意一种突发事件所引发的损失，都比不过丢了埃及、苏伊士运河以及中东的五分之一。把为埃及战斗这样的想法丢弃，是我无法忍受的，因此我决定宁可在马来西亚扛下所有敲诈。这种想法，我的同事们也认同。

在我看来，有必要再派国务大臣去远东。驻远东国务大臣和战时内阁维持最紧密的联系，可以帮各个总司令和地方总督分担重担，并配合我们处理迅速累积起来的重大政治问题。我的朋友兼同事达夫·库伯先生，是那时的新闻大臣。他按照自己所处中央的看法掌握全局。1938 年慕尼黑协定之后，他因顽固的个性离开了海军大臣一职。他辩才好，文采也佳。他有军事方面的阅历，在 1914 到 1918 年的战争里，他在近卫步兵第一团做军官。所有这些加在一块儿，让他有了最佳的资质。他在 7 月 21 日被调职为兰开斯特公爵郡大臣，新闻大臣一职由布伦丹·布雷肯先生接任。他于 8 月初途经美国奔赴远东，他的夫人黛安娜夫人随同。他直至 10 月末才回去新加坡，之后发了报告过来。

＊　　＊　　＊

这么多个月以来，英国和美国一直在紧密配合中应对着日本。日本在 7 月末已经实现了对印度支那的武装攻占。他们的部队因为这一明目张胆的侵略行径已经处在此种形势之中了：可以对马来西亚的英国人、菲律宾的美国人和东印度的荷兰人发动攻击。总统 7 月 24 日向日本提出应该让印度支那向中立发展，并将日军撤走的要求，以此为整体解决的开端。为让这些意见更受重视，他下达了将日本在美国的一切资产冻结的行政指令。

这让所有商业活动都瘫痪了。与此同时，英国政府也展开了行动，荷兰政府在两天后行动起来。荷兰对这个举措的认同，代表着瞬间斩断了对日本影响极大的石油供给。

＊　　＊　　＊

哈里·霍普金斯在 7 月下半个月的某个下午来了唐宁街的花园，我们一块儿在阳光下安坐。他张嘴就说，总统非常希望能和我在某个僻静的口岸一类的地方见面。我当即回复说，我可以肯定内阁会同意让我放假的。如此，所有的事都迅速部署妥当。地点定在纽芬兰的普拉森西亚湾，时间是 8 月 9 日。随后，给我们最新战列舰"威尔士亲王"下达预备起航的指令，我十分期待和罗斯福见面。截至目前，我已经和他越来越密切地通了近两年的信。何况我们的会面会告诉大家：英美两国凝聚得日渐紧密，我们的敌人会因此感到忧虑，日本会因此慎重考虑，我们会因此热血沸腾。等待处理的事情非常多：美国插手大西洋的事、支援俄国的事、我们本身给养供给的事，最要紧的是，日本危险性越来越高的事。

前海军人员致罗斯福总统　　　　　　　　　1941 年 7 月 25 日

我休假的事已经得到了内阁的认可。我正进行相关部署，你要是没什么不便，我会在 8 月 4 日动身，大概在 8 号、9 号、10 号这段时间与你会面。切实的秘密会面的地点之后再定。详细情况海军部将以平时的联络渠道告知。和我一同前去的，还有第一海务大臣庞德海军上将、帝国总参谋长蒂尔和空军副参谋长弗里曼。对于这个将有益于将来的谈话，我对它期待极高。

我同伊斯梅说："你和波特尔得照看工作，决不能离开。"

跟我一同前往的，还有外交部亚历山大·卡多根爵士，国防部彻韦尔勋爵、霍利斯上校与雅各布上校，以及我的私人顾问。另外，还有技术和行政机关以及计划部门的不少高官。总统说他将带着美国三军首长和国务院萨姆拉·威尔斯一同参会。当时大西洋上的德国潜艇很多，保密级别必须极高。为了保证机密，总统名义上是在假期游览，其实在海里换了巡洋舰"奥古斯都"，而他的游艇则留在后边充当迷雾。此时，哈里·霍普金斯健康情况非常差，不过经罗斯福同意，借路挪威、瑞典和芬兰，经过一段让人疲累也危险的长久飞行，出访莫斯科，好从斯大林那儿直接对苏联的形势和需求有最翔实的了解。他会在斯科帕湾登上"威尔士亲王"号。

在首相郊区的府衙附近，我是坐上了那辆装载了我们这些人（还有不少电报解译人员）的长长的专列。我们在斯科帕湾从一艘驱逐舰上了战列舰"威尔士亲王"号。

"威尔士亲王"号和几艘保护它的驱逐舰在8月4日傍晚进入了无边无际的大西洋。我发现经过漫长的航行和莫斯科艰难的会谈，哈里·霍普金斯已经筋疲力尽。确实，两天前，他到斯科帕时，一点儿精神都没有，庞德海军上将甚至让他马上上床，还让他留在那儿休息。尽管如此，他却像平时那般高兴，在航行里渐渐恢复了精神，并把他出访莫斯科的整个过程同我说了。

前海军人员致罗斯福总统　　　　　　　1941年8月4日至5日
　　从俄国回来的时候，哈里已经筋疲力尽，不过眼下又有精神了。我们会在路上让他复原。我们才出发。上一次的大战，德国人就是在二十七年前的今日发起的。这次，我们一定要漂漂亮亮地打上一场。大战出现两次已经太多了。对于我们的会面，我抱有极高的期望。献上我最诚挚的问候。

　　螺旋桨上方的那些舱房很大，船在港湾停着的时候，没有比它更舒适的了，不过等在海上遭遇澎湃的波浪，就摇得让人浑身难受了，因此，我搬去了舰队司令在舰桥上的舱房，在那儿办公、休息。我们的利希，帅气又可爱，有着英国水手该有的所有品格，我非常喜欢他。唉！没过四个月，他同他的不少同伴，就和他那艘非常棒的战舰淹没在浪涛下了。第二天，海浪非常大，我们必须减速，要不然就只能把我们的驱逐舰护航队丢下了。第一海务大臣庞德海军上将下了指令。从此，我们就用高速独自继续前行。有汇报说，曾经遇见了几艘德国潜艇，为了避开它们，我们于是绕大弯迂回前进。船上禁止出现无线电波的响声。我们可以接收电报，不过我们某段时间只可以偶尔说一句。于是，我暂停了每天的工作，还生出了一种陌生的无聊感，从战争开始以来，这是从未出现过的。我已经有很多个月没看本休闲读物了，这还是首次。驻开罗的国务大臣奥利弗·利特尔顿曾经送了本名为《皇家海军霍恩布洛尔上校》①的书给我，我觉得这本书还挺有意思的。在一个合适的机会，我发电报跟他说："我觉得霍恩布洛尔很不错。"中东司令部居然因此担心起来，那儿的人觉得"霍恩布洛尔"是个他们不知道的特别的行动暗号。

因为海上风浪大，后甲板用不了，不过我每天在各舱房进出三四次，还从通往舰桥的每个梯子上上下下，所以运动量还是够的。晚上，有个电影院很棒，我们这些人和那些不当值的将士在那儿播放最新出的最好的电影。卡多根在自己的日记里写："用过晚饭，看电影《汉密尔顿夫人》。棒极了。首相看了五次，仍旧非常感动。电影放完，他和大家说：'诸位，这部电影的情节和你们自己经历的那些大事非常像，因此，我觉得它会让你们觉得有意思的。'"本次航程有个让人愉悦的插曲。

* * *

在舰桥上那间狭窄但舒服的舱房和床铺上休息的时候，我按照自己分析过的有关春季作战的所有汇报，考虑未来在沙漠地区的战斗。我在思虑

---

① 福雷斯特（C.S.Forester）写的一本小说。——原注

中拟定了一份备忘录给三军参谋长，里面的第一句我十分中意："在战场上，大炮第一重要的地位已经被重型装甲坦克夺走了，在此次战争中，哪位司令能率先将其恢复，哪位司令官就能名传千古。"在本书相关部分，将可以看见这句话。①

艾德礼先生在我不在职的这段时间，以代理首相之名行权，他担心我的安危。他怕消息万一漏出半分，敌人将派军舰"提尔皮茨"截击"威尔士亲王"。

首相致掌玺大臣　　　　　　　　　　　　　　　　1941 年 8 月 6 日

　　在我看来，消息泄露的危险不大。要是（下院）哪个人直接发问，应该对提问者提出不能问的要求。不过，他若是一定要问，应如此回复："有关谣言的事，我没有回答的义务。"至于"提尔皮茨"号的事，这么好的运气怕是不会有的。我敢说返程的时候，罗斯福会为我们海上航行的安全做考量。眼下，我们已经有了新的驱逐舰护卫队。

在动身之前，我觉得有关为俄国提供美国供应物资的整件事，最好交由比弗布鲁克勋爵帮我们料理。我担心丢了殷殷期盼且紧急需要的物资。因此，临走的时候，留了下面的指令：

首相致爱德华·布瑞奇斯爵士、伊斯梅将军和机要室

　　　　　　　　　　　　　　　　　　　　　　　1941 年 8 月 3 日

　　10 号或 10 号左右，有一架从伦敦启程的飞机或许将护送着比弗布鲁克勋爵去我们那儿。这架飞机在信函和紧急公文之外，还会装载外交部各部门最要紧的电文，这些电文或许已经译释完成。一定要派

---

　　① 见原著第三本第 442 页。——原注

精干之人进行挑选，并将电文装到一个够重的箱子里，万一飞机遭遇不幸，可以扔进海里。

此事定要做好。

在海上的时候，我发了下面这封电文：

首相致比弗布鲁克勋爵   1941 年 8 月 7 日

你若愿意，我十分期待你的到来，到达的时间，请布置在 11 日下午或者 12 日清晨，不过没必要的风险，请不要去冒。或者，你能在这边（美国）多呆一段时间就最好不过了。

*　　*　　*

8 月 9 日（星期六）上午九点，我们到了在纽芬兰普拉森西亚湾的见面地点。

首相呈国王陛下   1941 年 8 月 9 日

为了践行我微小的职责，我已经平安到达，将在今天上午拜见总统。

海军按照惯例彼此敬礼，在此之后，我登上军舰"奥古斯都"号向罗斯福总统致意。总统用整套礼节来迎接我。在两国国歌奏响的时候，他的儿子埃里奥特扶着他起立，之后，为我送上了最热情的欢迎词。我呈上了国王的信件，将我们这些人介绍给他认识。然后，总统和我、萨姆拉·威尔斯和亚历山大·卡多根爵士，还有两方的顾问们各自谈论起来。我们停留的那几天，差不多一直在磋商，没什么停顿，有时是单对单，有时候召开规模较大的会谈。

周日（8 月 10 日）早上，罗斯福先生协同其顾问和数百名美国海军和海军陆战队的各层将士代表，登上了"威尔士亲王"号，在后甲板上和我们一块儿做礼拜。这次礼拜，我们所有人都认为它是我们两国人民有着相同信仰的一种非常感人的体现。参与此次礼拜的所有的人都会铭记，那个阳光明媚的清晨，在拥堵的后甲板上展现出来的情景——英美两国国旗悬挂在祭坛上；英美两国牧师一起诵读祷告文；英美两国级别最高的海陆空军将领变成了统一的整体聚集在我和总统身后；密密麻麻的英美两国水军彻底融为一体，他们用同一本《圣经》，一起激动地进行着双方都熟识的祷告和唱诗。

《海上遇险歌》和《基督徒进军歌》是我亲自选的两首赞美诗。最后，我们唱了《上帝是我们千古的保障》这首诗，我们因麦考利的著作而记起，这首诗是铁骑军将约翰·汉普登的遗体送进坟冢时曾唱的那首。似乎每个字词都在拨动心弦。这是人生的神圣时刻。没过多久，唱诗的人差不多有一半死在了战场上。

第四章　大西洋宪章

我草拟的大西洋宪章原文——罗斯福总统的更改意见——8 月 11 日
我们的磋商——有必要保证帝国特惠权——大西洋众岛屿的事——在
对日政策上，我们达成共识——8 月 11 日我呈交外交部和内阁的报
告——内阁的快速回应——大西洋宪章最终完成稿——英美联合致电
斯大林——我发送的有关美国供应物资的备忘录——帕维斯先生因飞
机失事罹难——8 月 12 日我呈交内阁的汇报——国王和内阁的祝贺电
文——写给澳大利亚总理的报告——去冰岛——我于 8 月 19 日返回
伦敦

在我们刚见面的某次会谈里，罗斯福总统曾同我说，在他看来，我们
最好能制定一个联合声明，对一些一般准则进行界定，好让我们的政策可
以顺着同一条路的指引。这是一个非常有益处的提议，我急于也愿意听从，
于是，在第二天（8 月 10 日）给了他一份声明大纲的初稿，原文如下：

英美两国有关准则的共同声明

为探寻和商议如何在纳粹和德国入侵面前，守护自己国家的安全，
并消除因德国侵略而引发的全世界各国人民的灾难，美利坚合众国总
统与联合王国国王陛下政府的代表首相丘吉尔先生召开会议。在他们

看来，应当宣布一些双方均认可的准则，指引他们制定策略，并借此希望世界的未来更加光明。

第一，他们的国家不会在土地和别的方面进行扩充。

第二，非民族自愿表述的土地变动，两国不予支持。

第三，在哪种形式的政府下生存，各国人民有选择权，两国表示尊重。他们只关注确保言论自由和思想自由的权利，若没有这种权限，就谈不上选择。

第四，两国会努力让首要产品得到公正恰当的划分，至于划分的范围，将涉及世界上的各个国家，而非仅仅是它们自身疆域之内。

第五，两国探寻和平。这种和平除了要将纳粹的暴政永远消除，还会借助有力的世界机构，让所有国家和民族能在本国的土地上使人民丰衣足食，在远渡重洋的时候，不用担心遭遇非法攻击，也不必去扛起军事装备的重担。

鉴于一切有关我保守的"旧世界"主张的谣传，和有消息说总统因此事感到难过，我可以将后来被叫作"大西洋宪章"的那份稿件原稿的本质和宗旨写下来，是英国这边提出，出自我本人之手。

8月11日这天，必定工作繁忙。

首相致海军部　　　　　　　　　　　　　　　1941 年 8 月 11 日

应该在随后二十四小时之内，尽量将这里发出的电文译释出来。

我们早上谈话的时候，总统拿了份改动稿给我，我们以这份稿件为基础展开磋商。和我的原稿出入较大的只有第四条（有关资源获取的事）。罗斯福总统想把这句"不歧视，且在公正的前提下"加进去。他又额外加了两条：

第六，两国探寻在公共海域能保证安全的和平。

第七，两国坚信，世界所有国家都必须听从不用暴力的宗旨。因为只要那些在国外恐吓或者有机会恐吓付诸暴力的国家，仍在使用陆军、海军和空军，未来的和平就维系不了。两国坚信，解除这种国家的武装非常重要。两国会采用更多切实有效的办法，以减轻崇尚和平的各国人民在武器装备上的重担。

在我们对这份稿件进行探讨以前，总统表示，按照他的想法，应该在华盛顿和伦敦同时（或许是 8 月 14 日）发表一份简洁的通告。通告里包含如下几点：总统和首相曾经在海上进行了磋商；他们曾经带了自身的顾问参会；他们的顾问曾经就依照租借法案对所有民主国进行支援的事进行了磋商；有关海军和陆军层面的谈判，不曾超出美国国会所授权限把哪种将来的责任扛上身。随后，通告又说，首相和总统曾就世界文明的一些准则进行过探讨，且双方支持针对这些准则发一项宣言。我指出，没必要在这种通告里特别把不曾扛起责任这句说出来。德国会因此乘虚而入，中立国和战败国也会因此感到失望。这句话，我们也不愿意听到。所以我非常想让总统将这份通告的内容只局限在支援民主国家的乐观的地方，特别是，由于他说到租借法案而让自己已经立得住脚了。这个建议，总统同意了。

随后就仔细探讨声明的改进稿。双方没花多少力气就认可了几个小变动。问题主要出现在第四条和第七条，尤其是第四条。对于这条，我当即表示，"不轻视"这个字眼，或许会变成指责渥太华协定的借口，因此我不便同意。这份声明的文稿肯定得上交本国政府，并且，若眼下的用词不变，就必须呈送给所有的自治领政府。我无法期望它能被认可。萨姆拉·威尔斯先生表示，事情的关键就在这里，而且，这条展现了美国国务院在以往九年极力追求的梦想。我只得说起，八十年来，英国在美国持续增加的关税面前非要自由贸易的体验。我们曾同意我们所有的殖民地尽力进口外国货物，就连大不列颠附近沿海的商业活动也向整个世界的商业竞争敞开。美国不断地推行贸易保护政策，就是我们得到的全部回应。听见这些话，威尔斯先生好像有些不知所措。我接着说，要是能加上"在适当地考虑两国现有责任的前提下"，去掉"不歧视"，且用"贸易"替换"市场"，那我就能将声明的稿件呈送英王陛下政府，并能对他们可以赞同抱有一点指望。总统明显受到了不小的触动。他没再坚持自己的意见。

对于第七条的那些理论，我表示尽管我认同这份声明的稿件，但英国的言论会由于声明里完全不曾流露出会组建一个世界机构以保证战后和平的想法而觉得沮丧。我同意尽量找个合适的改进计划，并在那天的晚些时候对总统提议，在第二句插入"在构建一个更普遍、更长久的一般安全体制之前"这段话。

*　　*　　*

两方的海军、陆军首长也一直在召开会谈，并在普遍领域里达成一致。我曾经简单地和总统说过德国侵占伊比利亚半岛的危机，还介绍了我们抵抗这种行为，夺取加那利群岛的方案，也就是"朝圣者"计划。之后，我将此次磋商的概要发电报告诉了艾登先生。

首相致外交部　　　　　　　　　　　　　　　　1941 年 8 月 11 日

1. 萨拉查博士曾经写了封信给总统。信里说，万一葡萄牙被德国入侵，他希望亚速尔群岛可以成为他本人和他的政府的退路。又说，他的国家和英国同盟关系源远流长，所以他希望在其被逼停留于亚速尔群岛的那段时间，英国能提供庇护。

2. 不过，英国要是因为别的地方的事情太多，顾不上他，他可以接受美国的帮助，来替代英国的庇护。这一提议，总统完全不反对，希望这种预估情形发生的时候，英国将职责变更的消息告诉萨拉查博士。上面的部署也适用于佛得角群岛。

3. 我跟总统说，我们预备实行名为"朝圣者"的战斗计划。或许德国尚未进攻伊比利亚半岛，我们就要被逼行动起来了，行动期间会极其繁忙。我表示，尽管"朝圣者"计划未必一定会让这个半岛出现危险，可出现的机会也不小；又问他，我们启动"朝圣者"计划展开的各种部署，对于他履行第一条里说的义务，是不是会产生妨碍。他回复说，既然"朝圣者"计划不会威胁到葡萄牙，那就影响不到他的活动。

4. 总统相信葡萄牙各岛若受到威胁，他会视为有采取措施的必要，所以我们的意见达成了一致，觉得由于德国人为抢占先机，会更想在那些地方展开行动，所以若推行"朝圣者"计划，那些岛屿肯定会受到威胁。

5. 在这种背景下，他仍同意支援葡萄牙在大西洋的岛屿，并为这一目标留一支强军。

我曾将上述内容拿给总统过目，他觉得这是对真实情况的正确介绍。

＊　　　＊　　　＊

之后，在当天，我们的议题转向了远东那边。7月26日对日本展开的经济制裁曾让东京发生了动荡。对日本施行的经济制裁有多强劲，我们这里怕是没有一个人意识到。近卫公爵马上想办法重建外交会谈。因此，8月6日，驻华盛顿的日本大使野村海军大将将关于全面处理纠纷的提议送交国务院。日本承诺不再朝东南亚扩张，还说，等处理好"中国事件"（他们起的名字，用来指称对中国的战争），会撤离印度支那。交易的条件是，美国得答应和日本重建贸易联系，并帮助日本在西南太平洋拿到它想要的所有资源。这个提议显然用词狡诈，借此提议，日本能在现在拿到它可以拿到的所有东西，却什么责任都不用为以后负。毫无疑问，这是内阁给近卫的良策。已经清楚的事，我们没必要在"奥古斯都"号上的会议桌上讨论。

在会谈里，我发给艾登先生的电文，足以证实此事。

首相致外交大臣　　　　　　　　　　　　1941 年 8 月 11 日

以下是日本那边的形势：

1. 前段时间，总统曾建议日本，在美国、日本、英国、中国和别的国家的共同担保下，让印度支那和暹罗朝着中立发展。日方回复（等解决完更紧要的电文，自会马上通过电报送上电报全文）称，接受不入侵暹罗和撤离印度支那的方针。不过，额外提了不少完全不能认可的要求。比如，要等"中国事件"处理好，才从印度支那撤军，这代表，除非蒋介石被绞死，否则就不撤兵。还进一步提出，认可日本在这些地区身份更高。还提出在这些地方，美国不能再进行任何武装筹备，还想要撤掉经济制裁。

2. 总统希望，针对这些不便承认的条款展开磋商，进而拖延时间，比如，拖三十天，在这段时间里，我们可以让我们在新加坡的局势得到好转，却让日本必须静止不动。不过，他会对日本提出这种要求：在磋商的那段时间，不进行入侵行为，不将印度支那当成入侵中国的据点。他将维持所有的那些对抗日本的经济举措。这些磋商看上去成不了，不过总统认为赢得多一个月的时间是非常珍贵的。我自然说日本将蒙骗他，将极力图谋入侵中国，或者斩断中缅运输线。可是，这件事你可以这么看：他们觉得该从这些方面展开磋商，并且，考虑到美国和日本以往的情形，也应该承认这一真相。

3. 在进行这些磋商的时候，有关暹罗和印度支那向中立方向发展的提议，总统会再次提出。

4. 总统大概会在海上巡视不到一周，然后返航，到时，他会给日本大使一份照会。在照会的末尾，他会插入这段我草拟的话：

"日本在西南太平洋一域任何进一步入侵行动，都会导致一种情况，美国政府只能启动抵抗举措，就算因此导致美国和日本开战，也管不得了。"

他还想加一些言论进去，大概意思是，苏联显然是美国的友国，在西北太平洋一域出现的争端，美国也一样关注。

5.由于，日本除非愿意答应总统提的要求（接着接受经济制裁，日本不展开行动，不侵占暹罗），否则就是想继续展开武装行动，同时，日本又在外交上假意周旋。我们应该声援总统，并想办法让荷兰人也真心诚意地加入进来，这样做才是对的。

刚刚在第四条里说的最后那段提的要求，在此种背景下，将极大地发挥效用，而且，相似的声明也将完全起效。此事也该随时告知苏联政府。得告诉他们我们正做着的帮助中国人的事，或许不太安全，但我们可以以含糊的言辞承诺给他们，我们的所有举措，都曾经顾虑过他们的安危。

6.按照所有这些理由，我觉得已经制定的行为准则，我们应当予以支持，并告诉给各个自治领让他们明白，这是朝着以整体的力量抵制日本入侵，迈出的一大步。

*　　*　　*

我发电将会晤中的所有关键问题的详细梗概告诉了艾德礼先生。

首相致掌玺大臣　　　　　　　　　　　　1941 年 8 月 11 日

第一，海军第四条计划（美洲和冰岛间的大西洋海域由美国海军接收管理）已经处理妥当。

第二，总统预备采取行动和"朝圣者"计划合作，或者采取和"朝圣者"计划彼此应和的对我们益处极大的举措。

第三，他预备和日本展开磋商，以此来赢取时间（例如一个月）。日本在这段时间之内，将不会对印度支那采取更多的武装行动，也不进攻暹罗。他已经答应，会以我草拟的一个十分严重的警示作为其照会的结尾……

第四，总统将在完全发布会谈信息的时候（或许是14号或15号），发表我（代表英王陛下政府）和他署名的联合声明，好借这个好机会阐述那些鼓舞着英国和美国的一般原则。我将他拟定的声明文件随同电报一起发过去。你会发现，和所有这种声明拟订时一样，它也遇上了必定要遇到的难题。为了践行我们在渥太华担负的责任，不会危及国家特惠权的未来，第四条明显需要修改。等战争结束，经济得以整体处理，整个世界果断调低关税，并解除贸易壁垒的时候，就能动手处理这条了。不过，现在我们处理不了。我坚信，他为了及早达成共识，是不会反对我们的改动建议的。

第七条具有最明显的现实价值。毫无疑问，总统准备解除犯罪国家的军备，且在一个不确定的长时间里，保持英美合作的强劲的海军和空军武装。

有鉴于我们对世界同盟和别的世界机构的看法，我提议在"必须"这个词后边进行如下改动："在构建更普遍和更长久的一般安全体制之前。"

如此改动，会让他觉得有点儿厌恶，不过他极其看重联合声明，他认为联合声明会对美国言论的整体趋向产生影响，因此我相信他不会反对。

对我们这边而言，那些无关紧要的不同意见提出来就太草率了。这个声明，我们一定要将其视为某种短期的、一定程度上阐述了战争目标的文件，好让所有国家切实清楚我们公正的目标，可不是表示在获胜之后我们要构建的那种完善的系统。

你应当将所有战时内阁的成员和你觉得必须参会的别的什么人召集到一起，在今天晚上开个会，也请你及早告诉我你们的看法。其中，别的事项的详细情况，以及卡多根的会议报告，会马上发电告知。我担心联合声明若无法发布，总统会十分恼怒，或许会损害到我们的重要权益。

我原本想 12 日下午走，可是如今，我们两方都准备晚走二十四小时。

这些电文，我大概下午两点才口述好。在这之后的十二小时里，战时内阁将把最有帮助的回复电文发给我，这是所有相关人员的功劳。之后我得到消息，我的电文到伦敦时已经是后半夜了，不少官员都睡了。尽管这样，第二天凌晨一点四十五分战时内阁大会仍得以召开，所有人都参了会，还有那时在英国的新西兰总理彼得·弗雷泽先生也出席了。经过完全磋商，刚过凌晨四点，他们就拍了封电报给我，说期待这一建议，且针对第四条（在全球商贸上不区别对待）额外给了一种提议，另外，针对社会安全之事又加了一条。此时，我得到消息，总统已经认可了我 8 月 11 日提给他的全部改动字眼。

*   *   *

8 月 12 号，大概是中午，为了和总统在声明的最终模式上达成共识，我去见了他。我将针对第四条的改动告诉给总统，不过，他宁可采取已经得到认可的用词，我也同意了这点。内阁想加进去的那个有关社会安全的条款，他完全赞成。关于用词上的修改，得到了两方的一致认可，就这样，声明终稿完成。

美国总统和英国首相的联合声明

1941 年 8 月 12 日

美利坚合众国总统和联合王国首相曾进行磋商，相信应该将关于两国政策的一些一致准则予以发布，他们期望以这些准则为基础，让世界的未来更加美好。

第一，他们的国家不追求疆域和别的方面的扩充。

第二，非民族自愿表述的土地变动，两国不予支持。

第三，各国人民有权选择在哪种形式的政府下生存，两国表示尊重；两国支持一切被强行夺去主权和自治权的民族夺回这些权益。

第四，在恰当顾及自身现有责任的基础上，两国尽量让所有国家，不管是大国，还是小国，是获胜国，还是落败国，在相同待遇下展开交易，并在整个世界中获取其发展经济的必备资源。

第五，为了让每个国家都能改进劳动规范，繁荣经济，拥有社会安全，两国愿意在经济层面上推动所有国家实现最全面的协作。

第六，两国希望在纳粹暴政被彻底打倒之后，看见这么一种和平被构建出来，可以让所有民族能在自己的土地上丰衣足食，确保所有地方的全部民众都能过上没有恐惧、富足的日子。

第七，这种和平应该让任何人都能在公海上顺利航行。

第八，两国认为，全球所有国家根据现实和精神上的理由必须舍弃对暴力的使用。要是在本国疆域之外做出恐吓、侵略行为的国家，或有机会做出恐吓侵略行为的国家，仍旧使用陆军、海军、空军装备，就无法确保将来的和平。两国认为，这种国家的武备，必须在构建更普遍和更长久的一般安全体制之前消除。为了减轻崇尚和平的各国民众的武器重担，两国也将支持和呼吁所有别的切实有效的举措。

8月12日清晨，内阁又开了一次会，我在这之后才拿到会议结果的电文。那封电报解释了内阁为什么会对第四条存疑。不过，我认为在最终稿里，那句"在恰当顾及自身现有责任的基础上"，其实约束了整条，已经足够来保证我方的态度。

这份联合声明，对未来有很大影响，其意义重大不言而喻。明面上，美国仍然属于中立国，却和一个参战国一起公布了一份这种声明，只说这一实情，就让人震惊了。声明里含有"等纳粹暴政被彻底打倒"的句子（这是按照我原文里的那句所写），这是一种挑衅，在平常，这种挑衅代表着战争行为。最后，末尾那条的现实价值不可小看。这一条明白且显著地宣布，战争结束之后，美国会和我们团结一致，共同维系全球秩序，直至构建出某种相对不错的局势。

＊　　　＊　　　＊

总统和我自己也拟定了一封共同署名的电报给斯大林。

罗斯福总统和丘吉尔首相致斯大林　　　　　　　　　　1941 年 8 月 12 日

从莫斯科回来之后，哈里·霍普金斯上交了份汇报，借着分析这份汇报的机会，讨论在你们正顽强地和纳粹进行抗争的时候，我们要怎样声援你们才最有效果。如今，我们正全力协作，尽可能地为你们提供最迫切需要的资源。不少装载了供应物资的船舶已经从我们的口岸开走，用不了多久，开出去的货船会更多。

由于在彻底获胜之前，我们还有一段既长又艰辛的路要走，所以，眼下我们不得不思考一个时间更久的政策。要是不能彻底获胜，我们的拼搏与付出，就是徒劳。

很多战线都在开战，并且，除非战争终结，否则还有机会产生更多的战线。尽管我们有不少物资，可也不是无穷无尽的，所以，这些物资到底什么时候用，用在哪里，才能让我们最大限度地一致努力，这种问题一定会出现。在军事物品和原材料上，也一样适合。

除非完全清楚我们下决定时候要考量的要素有哪些，否则是没办法确定你们军队和我们军队的种种需求的。我们提议在莫斯科准备一场会谈，以便快速对我们整合的资源怎样划分进行界定。为了直接同你商量这些事，我们会派高级使者参会。你要是不反对召开这个会谈，我们得跟你说，在这一会谈有结果之前，我们会继续及早将军用产品和原料运过去。

对于打败希特勒主义来说，苏联勇敢而坚定的反抗有多要紧，我们完全了解，所以我们认为，不管在什么情形下，我们都一定要快速行动，马上把以后划分我们整合到一起的资源的计划制订出来。

＊　　　＊　　　＊

比弗布鲁克勋爵期望拿到我出国时送出的邀约。与此同时，帕维斯先生对我们来说也是必需的，不管怎样，他都得回华盛顿去。在我看来，比弗布鲁克和帕维斯（在不少方面，他都是加拿大的代表）聚在一处，会带来一个极好的时机，来处理我们咬牙和苏联共享物资的事，这件事应该做，也免不了要做。我也期望比弗布鲁克可以对美国的所有制造量进行促进和扩展。因为料到了他们会来，我草拟了一份备忘录。[①]比弗布鲁克和帕维斯前后差几个小时，分别从普勒斯特维克坐两架飞机启程。坐哪架，两人机会一样。比弗布鲁克安全到达纽芬兰机场，从长途火车下来后，12号早上见到了我。帕维斯和机上的别的乘客全部遇难，飞机起飞不过几分钟，就撞上一座高度有限的山，进而全部罹难。帕维斯手里有很多英国、美国和加拿大的情报，而在与他们配合的协作中，他始终充当着谋士的角色，所以他的死亡是个极大的损失。马克斯到了之后，我将这个可怕的消息告诉了他。他静了一会儿，什么都没说。现在是战争时期啊。

＊　　　＊　　　＊

下面的电文，概括了我最后一次会谈的结论：

首相致掌玺大臣　　　　　　　　　　　　　　　　1941 年 8 月 12 日

　　1.我的电文，内阁回复得非常快，请代我表示感谢。我曾经将你们另外写的第四条条款拿给总统过目，不过他宁可保持已经获得认可的用词。两句中间到底有什么切实的差异，我本人不曾发现。那句"顾及当

---

　　①　附录（7）——原注

前责任"确保了我们和自治领的关系。由于所有国家在找到相对好些的处理办法之前，都会用他们觉得合适的方法，保持原有的关税或者收税的权限，所以我们不觉得廉价劳动力的竞争会产生什么影响。

2. 你们新增的第五条，总统欣然认可，不过，你会发现，谈及"不足"的地方，也就是第六条最后，是遵照总统的本意布置的。除此，还加了一点修饰的字眼、和内容无关的句子。

3. 我们曾强调总统发给日本的照会里那句言辞锋利的警告。所有人都担心国务院会放缓照会的语气，不过总统曾切实答应会用锐利的言辞。

4. 因为俄国是饿徒饭桌期待的客人，因为我们本身和美国的部队有制订方案进行大量填充的需求，修改美国的制造方案，让美国的制造得以增加，就变成了火烧眉毛的事。总统预备不用多久就请国会批准五十亿美元的租借法案。总统期待比弗布鲁克去华盛顿，并且，我坚信，这一步现实且必需。罗斯福和丘吉尔共同署名给亲爱的老约①发的电文，你也瞧瞧。我认为他们会让遣哈里曼当使者，因此我提议，让比弗布鲁克做我们的使者，去莫斯科或有俄国政府的一切地方。在俄国的会谈，我希望可以过了9月上旬再开，因为我们期望到那个时候，能知道冬天俄国的战线会在哪里。

5. 他们马上会再运送十五万支步枪给我们，我又提出提高重轰炸机和坦克的比例。我期望他们能承担所有的海上运输任务，并让美国驾驶员在英国和西非运送，里面有不少人能留下跟我们一块儿做战斗演习。

6. 你利落的行为，让我得以在今天（12日）起身回国。总统派美国驱逐舰和我们一起出发，这些驱逐舰不是当护航舰用的，不过只要

---

① 指斯大林。斯大林全名为：约瑟夫·维萨里奥诺维奇·斯大林。——译注

出事，就能和我们一起行动。里面有一艘驱逐舰，小富兰克林①就在上面服役，他还奉命在我在冰岛②的那天，充当与我联络的联络官。我们将在冰岛一起对英美军队进行考察。

7. 现在，比弗布鲁克勋爵正和哈里曼坐飞机去美国。

8. 我坚信，我的同事们会认为我此次出行有不少的斩获。我坚信我已经和我们崇高的伙伴建立了真挚的私人友情。

国王在我动身之前，发了封祝贺电文给我。在航行中，我回复了他的这封电文以及别的电文。

首相呈国王陛下　　　　　　　　　　　　　　　　1941 年 8 月 13 日

收到陛下的祝贺，十分感激。掌玺大臣将送上关于谈判经历的所有电报的全文。我已经和总统建立了最深厚的私人友情，我坚信陛下会觉得谈判的结局表明此次出行是有好处的。总统曾写了封私人信件让我交付陛下，期望 19 日（周二）共进午餐的时候，我可以当面奉上。

艾德礼先生曾作为内阁的代表发电报过来，我又回了封电报给他。

首相致掌玺大臣　　　　　　　　　　　　　　　　1941 年 8 月 13 日

1. 感谢你发电报过来。知道你要亲自播报政府宣言和联合声明，我很高兴。在序言和正文中间，请你加上一个清楚的间隔，你可以说：“现在，我将诵读联合声明正文。”照我看，只发声明就完全能让报纸沸腾了，

---

① 指的是富兰克林·D.罗斯福，罗斯福最小的儿子。——原注

② 为了不和 Ireland（爱尔兰）弄混，我曾告诉英国官员一定要将 Iceland（冰岛）写成 Iceland (c)。这确实是个必需的避免混同的办法。——原注

我完全不用做出评价。我或许会在回来之后的周日晚上进行广播，到那个时候，美国那边对于我们的磋商和声明，应该已经有了明确的回应。

只要有需要，可以给新闻界一切秘密引导，不过，他们肯定会发现，联合声明里的最大的事就是：最终打倒纳粹政权；让所有侵略国除去装备，可英国和美国仍旧保有武装力量。我们的伙伴和对手在这方面的对错，最好让他们去分析。

2. 告诉你一个秘密：为了庇护我返国，总统在海上一直待到周末。我跟他说，不需要如此，可他一定要这么做。

3. 我们最关注的事，就是人们对于这些事有什么看法。

4. 你在国会结束时发表的那份有关战争情况的演讲精彩绝伦，读到它，我十分高兴。

我将以下电文给澳大利亚总理孟席斯先生发了过去：

首相致孟席斯先生　　　　　　　　　　　　　1941 年 8 月 15 日

1. 大西洋会议的相关电文，你肯定已经看到了。在我看来，我们做的事，你是会支持的。总统承诺我会以双方都认可的言辞警告日本。我们只要获悉他已经照此办理，就得和他站在一起明确宣布，若日本和美国开战，就意味着，它也要和英国，还有英国的自治领开战。我正和艾登部署此事，你将从平常的联络渠道得到消息。你会发现，总统的警告中有日本若攻打俄国这一情形，因此斯大林或许也会加入，自然，荷兰也不会袖手旁观。这个中国也参加的共同战线若能建立，我坚信，日本会乖巧一阵子，不过，重要的是用最果决的言辞，维持最坚定的团结。

2. 美国海军正有力地接手从美国到冰岛那段大西洋水域的管理，如此，我们的防御压力就小了一些，近乎省下了五十艘驱逐舰和驱潜快艇。用不了多久，这些舰艇就能在本国海域和南大西洋上使用了。

除了在某个地方，因为有汇报说附近发现了德国潜艇，而换了航线，去冰岛的路上都平安顺利。这段路，我们仅有两艘美国驱逐舰护航，其中一艘驱逐舰上，总统的儿子海军少尉小富兰克林·D.罗斯福也在上面。15号，我们遇见了我国的一支联合运输船队，这支船队由七十三艘船构成，它们在好运地开过了大西洋那段航路之后，层次分明，整齐划一。这是让人激动的情景。商船上的那些海员看见"威尔士亲王"号也非常开心。

8月16日（周六）早上，我们到了冰岛，停靠在赫瓦尔斯湾，从这儿换驱逐舰去雷克雅未克。在我到港口时，有很多人前来欢迎。我们留在那儿的那段时间，所有认出我们的人都过来热烈地欢迎我们，我们下午走的时候，激情澎湃的情形到了顶点，欢呼声和掌声此起彼伏。大家跟我说，在雷克雅未克的街上，这种欢呼声和鼓掌声很难听到。

我在冰岛的议会大楼做了简短的访问，向掌权者和冰岛的内阁人员致敬，之后对英美部队进行联合检阅。三人一排的一列长队走过去，那时《美国海军进行曲》的旋律，在我的脑海中留下了极深的印象，进而在我的脑中回响了很久。我抽时间去考察了我们正搭建的新机场，观看了那些奇特的温泉和借温泉布置的温室。我马上想出，可以用这些温泉帮雷克雅未克供暖，并想办法甚至在战争时期就施行这一计划。知道这一方案已经变成了现实，我很开心。部队向我和站在我身边的总统的儿子敬礼，此次检阅又给英国和美国的同心协力树立了一个显著的示范。

在回了赫瓦尔斯湾之后，我考察了"拉米伊"号，又给停靠在港口的英美船舰上的船员讲了话。"赫克拉"号和"丘吉尔"号驱逐舰也在这些舰艇之中。

在此次让人精疲力竭的长期出行之后，在沉沉的夜色里，我们动身前往斯科帕湾。一路顺利。18日早上到了这一港湾，次日，我返回伦敦。

第五章　对俄国的援助

俄国勇者和将至的冬天——比弗布鲁克勋爵热烈呼吁支援俄国——我们在首要军备上的付出——比弗布鲁克和哈里曼代表团——8 月 29 日我致电斯大林——他的回复——我和麦斯基大使的会面——某种恐吓的立场——我对斯大林的回应——我同罗斯福说了自己的忧虑——9 月 5 日致电斯塔福德·克里普斯爵士——斯大林又一次发电报过来——白日做梦的提议——我的响应——比弗布鲁克勋爵坐"伦敦"号动身前往阿尔汉格尔斯克——9 月 21 日我致电斯大林——比弗布鲁克代表团在莫斯科——冷漠招待——和美国人的诚挚往来——有关用物资支援俄国的议定书——运输船队源源不绝地驶向阿尔汉格尔斯克——莫斯科坚决要开辟第二战场——俄国战争的危险——10 月 28 日我致电斯塔福德·克里普斯爵士——一份直率的阐述——冬天为俄国大军设立关卡——丘吉尔夫人的"援俄基金"

此时，俄国前线那里已经过了两个月，德国部队曾发动过不少次激烈的攻击，可是，此时，事情的另一面显现出来了。俄国虽然受到了重创，但他们仍旧进行着不屈不挠的反抗。他们的战士拼命厮杀，他们的部队得到了阅历和技巧。德军的身后，游击队盛行，在激烈的战斗里持续攻击运输线。事实上，德军占领的俄国铁路体系并不够用。艰巨运输使得道路的情况越来越糟，可雨后的活动通常又非公路不可。运输车有不少损毁痕迹。三个月之后，俄国的寒冷的冬天就要来了。在此期间，能打下莫斯科吗？何况就算打下来，也不会就此止步。命途就由此决定。尽管希特勒还因基辅战斗的取胜而志得意满，可德国的将军们或许已经发觉，他们开始的顾虑是有道理的。在已变成成败关键的前线，行动已被拖延了四周。指派给中路集团军群的"消灭白俄罗斯区域敌人"的工作，它还没有做完。

不过，到了秋末，在俄国最大的险情成了当务之急时，苏联就更急于同我们提条件了。

*   *   *

比弗布鲁克勋爵从美国返回，在美国，他曾经让已强悍得能极大增产的工业能力进一步提高。此时，他成了战时内阁里极力支持对俄国进行援助的人。在这件事上，他付出了珍贵的努力。那时，我们正想着因为要在利比亚沙漠地域作战而遭受的压力，想着对一切我们在马来西亚和远东的事造成影响的对日本的极大担忧，我们正想着一切支援俄国的物资都来源于英国最急需的物资，所以在我们确定战时策略的顶层领导中，是该有这么一个为俄国的需要而极力争取的人。我极力地维系着那个在我脑海中公正地呈现出来的首要比例，并同我的同事们一起就我侧重的条目进行磋商。我们的新伙伴，或许会让对我们自身非常要紧的安全失去屏障，我们的种种计划可能会落空，这些让人郁闷的事，我们只能忍下来——这个新伙伴，任性、火爆，还贪心不足，而且不长时间之前，还完全不在意我们的生死。

从冰岛回国的路上，我曾经想着，等比弗布鲁克和艾夫里尔·哈里曼自华盛顿回来之后，我们应该可以对军用产品和供应物资进行一次整体的估算，他们就能去莫斯科，把我们可以，也有胆量分给俄国的所有物资告诉他们了。针对 8 月 12 日共同提出的物资条目的详细情况，我们曾花不少时间费尽心血地商量过。军事单位觉得这就像是一块块地割它们的皮肉，可是我们仍然在能力所及的范围内尽力搜罗资源，还许诺，在我们自己巴望着的美国的供应物资里分出去一大块，好有力地帮助苏联的战事。8月28日，我建议我的同事派比弗布鲁克勋爵去莫斯科。内阁完全赞成让他去同斯大林说这件事。总统觉得哈里曼是合适的他本人的代表。我于是告之比弗布鲁克勋爵。

首相致比弗布鲁克勋爵　　　　　　　　　　　　　　1941 年 8 月 30 日

　　我希望你能和哈里曼先生一起出访莫斯科，好布置长期支援俄国部队的事。我们虽然有橡胶、皮靴……可是，这种支援差不多全靠美国的物资。美国不得不配备大量新装备。输入口岸和船只的不足自然影响了支援的数量。等春天把送大巴去里海的窄轨铁道铺成双轨，这段铁道会变成一条重要的交通线路。在能力允许的范围里最大限度支援俄国人，就算得让我们自身付出极大的代价也是我们职责所在，而且此事也是为了我们的利益。不过，大批输送不能是在 1942 年年中或者年末之前，首要计划是有关 1943 年的。你的工作除了帮忙拟订支援俄国的方案，还有保证我们在此过程中，所蒙受的损失不会太大。就算俄国的情况使你本人受到了影响，在这我也会一直坚持这么做。可是，我坚信你是这个任务的恰当人选，而且对此民众的意思也是赞成。

　　派哈里曼前往这一决议，表示霍普金斯的身体不足以支持他亲往。眼下，还不需要派艾登过去。

　　时间方面，我们得看美国那边的意思。不过我们行事一定要显出真心，让所有人都无法说我们在蒙骗俄国人，或说我们打拖延牌。会议时间得在未来的几天之内确定。由于九成的任务都是关于长远方案的，所以在我看来，两周左右，问题不大。

我在发给斯大林的电报里，以笼统的言辞对形势进行了概括，以此作为这次派代表的前期行动。

1941 年 8 月 29 日

　　1. 我始终在想办法，想在长期援助部署好以前，为你们的顽强抗争提供帮助。我们正在和美国商量长期支援的布置，这也会成为莫斯科大会探讨的项目。麦斯基曾说，你们因为严重受创急需战斗机。上封电文里我说的那两百架"战斧式"战斗机，我们正飞速运过去。大概 9 月 6 日前后，我们的两个中队，其中有"旋风式"战斗机四十架，会到达摩尔曼斯克。我深信你清楚战斗机是我国防御的根基，何况我们还极力图谋在利比亚的空中优势，为了能让土耳其投入我们这边，还得给它提供。虽然这样，你们的驾驶者若可以有力地操控"旋风式"战机，我还能再运二百架过去，加上之前运过去的，总计四百四十五架。这些"旋风式"战机，配有八到十二挺机枪，我们发现在作战过程中，它们的能力十分出众。我们眼下即可运一百架过去，之后分成两批运送，一批五十架，和机械师、教练、配件、仪器等一同运去阿尔汉格尔斯克。你要是预备在这段时间里派你们的驾驶人员和机械师去摩尔曼斯克的飞行中队，已经可以布置，以便他们掌握这种新型飞机。你若觉得这么做有好处，这里就能下令，让我们的陆军、空军使团用电报将详细的使用说明发过去。

　　2. 波斯人已下定决心不再抵抗，这是个让人欣喜的消息。我们想进波斯，除了是因为想守住油田，还因为想开拓出一条敌军斩不断的通向俄国的路。为了实现这一目标，我们一定要修出一条从波斯湾到里海的铁道，还要确保这段铁道在获得印度支援的铁道装备之后可以通行顺畅。为了得到一个友善的民族，不用单单为了守护铁道线就必须不必要地派几个师驻守，我们的外交大臣曾经请求麦斯基将我们和波斯政府商议的措施代为传达。正从印度运送食物过去，而且，波斯人若妥协，应该交给波斯国王的石油开采税，我们会接着交。为了能让我们的先行军可以在我军队司令们确定的，大致在哈马丹和喀什文间的一个地方，和你们的队伍会合，我们正下令让我们的先头部队前进。把英国和俄国的部队其实已经会合的消息告知整个世界是件好事。按照我们的想法，既然我们只想开辟一条道路，那眼下这个时间，我们两方最好都别以暴力开进德黑兰。在巴士拉，我们正在建造一个大型据点，我们想让这一据点变成接收美国物资的一个配备精良的不冻港，如此，这些物资就能运到里海一域和伏尔加河流域了。

3. 为了和纳粹恶徒进行抗争，俄国的军队和人民做了惊人的战斗，对此，我们必须再一次表达英国民众的敬佩之情。迈克法伦将军对前方阵地展现出的一切感触颇深。我们将迎来一段十分艰难的时间，不过在我们越来越猛烈的空袭下，希特勒的冬天也不会好过。您针对日本借路海参崴运物资的事，对它做出严正警告，我们表示十分感谢。我和罗斯福见面的时候，他好像想以强硬的态度对待日本更多的侵略行为，不管是南太平洋的，还是西北太平洋的，因此我赶紧声明，若开战，我们会和他站在一起。我极愿意为蒋介石提供更多的，比我们现在以为已经很强劲的帮助还要多的帮助。我们不想和日本开战，我深信想要避免这场仗，办法就是让那些小的、信心不足的民族看见这样的前途：他们前面的是最强大的共同力量。

　　麦斯基先生在 9 月 4 日晚上过来看我，给我斯大林的回信。这是我在 7 月之后收到的斯大林的第一封信。

斯大林致首相　　　　　　　　　　　　　1941 年 9 月 4 日

斯大林发丘吉尔首相亲启。

除了之前许诺提供的两百架飞机外,你承诺再卖^①两百架战机给苏联,对此,我非常感谢。苏联的驾驶员会掌握如何操控它们、使用它们的,这我绝对相信。

可我一定要声明,战斗的时候,显然,这些飞机是按时间按批次用的,无法迅速地全部用起来,因此东线不会因为它们而出现明显的改变。它们为什么无法带来很大的改变,除了大型战斗需要持续不断地提供大量飞机这个原因,更要紧的是,在以往的三周里,苏联部队的情况在乌克兰和列宁格勒那种重点地区里已经变得更糟了。

其实上周我们已经失去了,我们大概在三周之前在前线取得的较为平稳的形势。之所以会如此,是因为东线调来了一支有三十到三十四个德国步兵师的援军,以及大批的坦克和飞机,除此,二十个芬兰师和二十六个罗马尼亚师的行动也变得非常活跃。德国人觉得西面的危险不是真的,他们坚信,西方眼下没什么第二战场,并且以后也有不了,因此正肆无忌惮地将全部的武装力量拉到东方。德国觉得,它们有很大的机会将敌人逐个打败:先是俄国,之后是英国人。

最后,我们丢了大部分的乌克兰,并且敌军已经压到列宁格勒门前。

这些情形一步走来的结局是,我们已经丢了克里夫埃罗格铁矿区和乌克兰境内的不少冶金厂;我们已经撤走了分别设立在第聂伯河畔和提赫文的两座铝厂,乌克兰本土的那座汽车厂和两座飞机厂,没七八个月的时间是没办法在新工厂运行的,现在也已经撤离了。

---

① 重点号是作者加的。——原注

因为这样，我们的抵御能力已经下降了，苏联眼前的危机非常大。带来的问题是，怎么做才能走出这种极糟的局面。

在我看来，出路只有一条，就是在今年之内，在巴尔干一域或者法国某一个区域建立第二战场，好让德国从东部战线撤走三四十个师，与此同时，还得确保在今年 10 月初能运三万吨铝给苏联，一个月起码支援四百架飞机、五百辆（小型或是中型）坦克。

要是得不到这两种形式的支援，苏联就算没落败，也会遭受重创，进而在很长一段时间里，不能用切实的反抗希特勒主义的行动来对自己的盟国进行援助。

我很清楚，这封信会让你失望，可是没有办法。经验教训告诉过我，就算真相让人极其厌恶，也必须直面真相；就算真话极不讨人喜欢，也不能怕说真话。波斯之事的结局确实不错。这件事的处置，已经由英苏大军的共同行动先行确定了。所以以后的情形也会如此，只要我们的部队一起行动。不过波斯只是个插曲。波斯自然确定不了战争的结果。

和英国一样，苏联也不想和日本打。苏联觉得应该遵守协议，和日本签订的中立协议也在其中。不过，日本若撕毁这一协议攻打苏联，苏联的部队会给它该有的反击。

最后，你对苏联部队战斗的称赞，我非常感谢，为了我们一致的解放事业，苏联正和希特勒恶徒拼死厮杀。

*　　　*　　　*

艾登先生陪着苏联大使在我那里和我谈了一个半小时。大使言辞锐利地一再说，俄国在以往十一周的时间里，如何事实上独自抵抗德国的强攻。俄国部队正承受的进攻力量是史无前例的。他表示，那些危言耸听的话，他不想说，可是这或许是历史的拐点。要是苏俄落败，这场仗，我们如何能赢？麦斯基先生强调说，俄国前沿阵地极其危险，语气沉重，让我同情。

可是我马上发觉他的请求里有威胁的成分，因此我被激怒了。对着这位认识了不少年的大使，我说："别忘了，我们这个岛国，只是四个月之前，还不清楚你们是否会站到德国那边同我们战斗。确实，我们曾经以为你们有很大的机会那么做。就算是那个时候，我们也坚信最后获胜的会是我们。我们从未将我们的生死存亡放到你们是站在我们这边，还是站在敌人那边上。不管发生什么，不管你们怎么做，在全部的人中，你们都无权指责我们。"说到剧烈之处，大使高声说："丘吉尔先生，请您冷静一点！"不过，他之后的语气发生了显著的变化。

磋商转向互通电文里牵涉的问题。大使倡议马上在法国或者比利时抑或荷兰港口登陆。我对不能走这一步的军事原因进行了阐述，还说这一步也救不了俄国。我说我曾经在那天和我方权威用五个小时分析，有什么办法能极大地增加穿越波斯的铁道的输送量。我说起比弗布鲁克和哈里曼去莫斯科的事。我说我们决定为俄国提供我们能省下来和运过去的所有物资。最后，我和艾登先生同他说，就我们这边而言，我们得告诉芬兰，芬兰军队要是对俄国用兵，过了 1918 年的疆界，我们就会和芬兰开战。马上建立第二战场的提议，麦斯基先生自然不会舍弃，可接着争执也没什么好处。

＊　　＊　　＊

针对此次谈话和斯大林发来的电文带来的问题，我马上和内阁展开会谈，且在同天晚上发了回复电文过去。

首相致斯大林先生　　　　　　　　　　　　　1941 年 9 月 4 日

1. 我遵照你电文的意思立即回复你。有的努力，尽管我们该做，可实际上，英国在西欧除了空袭，不可能采用任何别的办法在冬天到来之前逼德国将部队从东欧调去西欧。除非土耳其帮忙，否则是没办法在巴尔干建立第二战场的。你要是想知道我们的三军参谋长是因为哪些原因得出的这些推论，我自然会逐一罗列。这些原因，今天在和你的使者进行磋商的时候，我和外交大臣，还有三军参谋长，已经说过了。不管行动的初衷有多好，只会遭受重创落败，只能让希特勒获益，别的任何人，都拿不到好处。

2. 我得到的消息告诉我，德国进攻气焰的高潮已然过去，你们勇敢的部队，会因为冬天的降临而得到一段休息期，不过这仅是我私人的意见。

3. 在物资上。俄国工业遭受的重创，我们是知道的，因此，我们已经，也将尽全力去援助你们。我正发电报请求罗斯福总统派哈里曼先生代表团及早动身到伦敦来，而且我们甚至希望在莫斯科会谈还未召开的时候，就能把英国和美国两方一起承诺的每月输送的飞机和坦克的数量，还有橡胶、铝、布等的数量告诉你。就我们这边而言，我们眼下预备在英国的制造量内给你提供你一个月所需飞机和坦克总量的五成。我们期望美国可以为你提供你所需数目的另外一半。我们会竭尽所能地马上开始持续地为你们输送武器的任务。

4. 我们已经下令为波斯铁道提供车辆，将其如今的运输量从每天对开两次列车，调到最高，变成每天对开十二次列车。这种程度到1942年春应该可以实现，在这段时间里，会持续增高。等把机车改成内燃机车，会从我国取路好望角送一批机车和运输车过去，还会对铁道线路的供水设施进行拓展。首批四十八台机车和四百辆钢造运输车将要启程。

5. 我们眼下预备和你商量共同方案。英国部队是不是能强悍得足够打，能在1942年攻进欧洲大陆，只能由一些无法预料的事决定。不过，在极北区域昼短夜长的时间里，我们有机会帮到你们。我们中东的部队，我们期望今年年末之前能扩张到七十五万人，之后到1942年夏，再增加到一百万人。只要把在利比亚的德国和意大利部队剿灭，我们就能将这些军队调去你南部侧翼协同作战。我们也期望可以极力劝服土耳其起码坚守中立。在这段时间内，我们会接着对德国展开越来越强烈的空袭，且维持海运顺畅，好让我们自己能够存活。

6. 你发来电文的第一段用了"卖"这个字眼。这件事我们从没这么想过，而且也没想过要让你们给钱这件事。我们为你们提供的一切支援，最好和美国的租借法案一般，按照共同进退的准则，没有用金钱衡量的切实的账目。

7. 在能力所及的范围内，我们会对芬兰施压，其中包括，马上告诉它，它要是接着穿过以前的疆界，我们就和它开战。我们正对美国提出要求，让它用任何机会去引导芬兰。

在我看来，此事十分要紧，因此，我趁着记忆深刻，同一时间，也给总统发了以下电文：

前海军人员致罗斯福总统　　　　　　　　　　1941 年 9 月 5 日
　　昨天晚上，苏联大使将附着的这封电文给了我和艾登，还用含糊的言辞说：事关重大，我们的回复将决定转折。虽然在会谈里他的一切言辞都不足以确定单独结盟这种意思，但我们不敢说他们没有。内阁觉得应该把附着的电文发过去。我们在回复电文里说的美国或许会提供支援，希望不会惹你不满。我认为，这或许是关键时刻。我们只得竭尽所能。
　　献上我最真挚的祝愿……

极其理所当然的，驻莫斯科的我方大使，以最激烈的言辞拥护苏联的倡议。我就此事也发了封电文，在我看来，在他将来的争辩里，这足够他用来当回复的凭据了。

　　1. 在法国或者比利时、荷兰海岸成功展开的那种牵制活动，逼着德国部队撤出俄国，若真能行，那就算得做出最大的牺牲，我们也该下这样的命令。我们全部的将军都深信，这么做唯一的结果就是，因为巨大的死伤而落败，或者就算可以建立小型岸上根据地，用不了几天也得败走。法国海岸的防御设备已经牢固到极限了，德国在西欧持有的军队数量仍超出我们在大不列颠持有的军队数，另外还有强劲的空军援助。眼下要是不将运输进程拖长到众多月份里，我们尚没有船能输送大批兵力去欧洲大陆。要是将我们的某些小型舰队用到这个活动里，那我方海军就无法对我方中东部队进行援助了，还会让全大西洋的运输告停。这或者代表着大西洋战争的落败，代表着不列颠众岛的饥饿与消亡。能够左右东线战争的措施，我们不管是现在，还是以前都没能找到。从德国攻打俄国的第一天开始，我就始终在催促我们的三军参谋长去分析各式行动。他们全都抱有此处所说的意见。

　　2. 斯大林要是说在巴尔干建立战场，你不要忘了，就算是我们可以使用地中海船舰的时候，我们送两个师和一个装甲旅去希腊也花了七周的时间，何况，从我们被赶出希腊之后，整个希腊和不少岛屿上的机场都被德国和意大利的部队占了，而且绝对超出了我们的战斗机的掩护区域。我们撤离希腊和克里特岛的时候，我们的船只和舰队受到的重创，人们居然不记得了，真让我感到奇怪。如今的情形和那个时候比要糟糕得多，而我们的海军实力也被削弱了。

　　3. 你说"某种超人的努力"，我觉得你当时说的是一种在时间、空间和地理环境之外的努力。遗憾的是，这些天赋，我们是没有的。

　　4. 法国战线要是没丢，西欧情况就截然不同了。因为若是如此，我敢说，德国是没机会攻打俄国的，因为我们可以马上在法国战线展开大面积的回击。我们不想埋怨，可是，这个错——让希特勒可以在撤兵攻打法国之前，毁了波兰，让他可以在收拢部队攻打俄国之前，毁了法国——不是我们犯的。

5. 我们的储备已经少了很多，从这里抽出四百四十架战机，要是跟俄国空军蒙受的损失比，这毫无疑问，不是什么大数。可是，就我们这边而言，这是一种疼痛且奋不顾身的牺牲。为了让皇家空军夜以继日地持续对敌军进行空袭，我们尽了一切努力，并且，法国沿岸上方的战斗显出的不相上下的特征证明，德国在西欧的空军实力仍然强劲。

6. 我们可以做的，或者已经做的，能对俄国前线展开的激战产生影响的事，一件都没有。1942年的战争，我们仍旧可以做出部署。在波斯开拓的线路将尽可能地敞开。一切可以在英国的资源里发现的，送上船的供应品，一切可以在原本要运给英国的美国资源里发现的，送上船的供应品，都会及早送出去。为了让俄国人清楚在1942年他们能获得哪些支援，以填补他们军工业遭受的创伤，并以此拟订他们的方案，我正敦促罗斯福总统及早派哈里曼先生过来。与此同时，我会在本日对斯大林电文做出回应，这份电文是专门发给你做指引的。你离俄国近，看见俄国的惨况而生出的情感我非常理解，可是，不管是怜悯，还是情感，都打不倒我们必须迎接的真相。

为了对斯大林的一个请求予以回复，9月9日，我给驻莫斯科的我国大使发了如下电文：

请替首相告知斯大林先生，我们正想办法从加拿大运五千吨铝过去，一商量好运输方案，马上就能启程。之后每个月可以提供两千吨。

只要俄国政府不是更想走波斯线，第一批运送的铝块会从海参崴运过去。

我于 9 月 15 日又接到了一封来自斯大林的电文：

在上封电文里，我曾经说了苏联政府的意思——为了我们一致的事业，建立第二战场是让局势好转的最基本的办法。你在回复电文里，又一次重申，眼下建不了第二战场，作为回应，我只能再次强调，没有第二战场，只对我们一致的对手的阴谋有好处。

英国政府希望苏联取胜，且正为这一目标尽心竭力，这一点是毋庸置疑的。要是按照你说的，眼下没办法建立第二战场，那你还能找到另一条路，在军事上为苏联提供正面支援吗？

在我看来，派二十五到三十个师在阿尔汉格尔斯克登陆，或者从伊朗运至苏联南部地区，对英国来说，完全没有危险。如此，苏英大军就能在苏联的土地上进行军事协作。上一次大战的时候，相似的情形，在法国曾经上演过。这种方法，对我们帮助极大，而对希特勒的入侵打击巨大。

有那么多的军事权威作为顾问，俄国政府的元首居然还能生出如此荒谬的见解，这太让人无法理解了。看上去，要跟一个异想天开的人辩论，是没机会产生结论了。他接着说：

你同意每个月为我们提供铝、坦克和飞机，我十分感谢。

英国政府以战友之情和协作的宗旨为我们提供铝、坦克和飞机，而不是以惯常的商业准则，对于这种善心，我们真心欢迎。我期望，英国政府会有足够的机会发现，苏联政府清楚如何回报盟国提供的帮助。

9月12日，驻莫斯科的英国大使斯塔福德·克里普斯爵士交了份备忘录给莫洛托夫先生，对此，有一条需要指出。这份备忘录里说："苏联政府要是因为不愿意停靠在列宁格勒的海军船舰落到敌军手里，迫于无奈将它们炸了，苏联政府呼吁英王陛下政府为被毁船舰的修缮提供一些补偿，战后，英王陛下政府会予以接受。"

苏联停靠在列宁格勒的船舰，要是真的被炸毁，英国愿意弥补苏联政府遭受的一些损失，苏联政府知道，也感激英国政府的好心。毫无疑问，这种办法如果有需要，是会启用的。可是这种损失，该为其担负责任的，应该是德国，而非英国。所以这种损失，战后，应该让德国偿还。

对于这封电文，我尽量做出最合适的回复。

首相致斯大林先生　　　　　　　　　　　　　1941年9月17日

1. 谢谢你发电文过来。哈里曼代表团已经整体抵达，正在每天和比弗布鲁克及其部属做事。目标是整体考量所有资源，以便同你们拟订详细的方案，每个月借助所有线路输送供应品，帮你们及早将受损的军工业修好。这个方案，罗斯福总统主张一直推行到6月末，不过我们自然会一直支援你们直至获胜。我期望，会谈能在这个月25日在莫斯科召开，不过，这次会谈的消息，在所有相关人士都已经平安到达之前，请不要对外透漏。他们走的线路和出行手段，之后会发电报告知。

2. 对于建立波斯湾到里海的线路，我十分关注。这条通道，除了铁道，还应该修建一条宽广的公路。这条公路在修建过程中，我们希望美国在人员和调动上能提供帮助。比弗布鲁克勋爵会对供给和运送的整体方案进行介绍。他和哈里曼情同手足。

3. 我们的参谋部已经对我们能和你们展开军事协作的所有可行的战区进行了考量。确实，南翼和北翼的机会最佳。我们要是能在挪威成功地展开行动，对瑞典的态度影响极大，不过，不管是部队，还是能用于践行这一方案的船只，我们眼下都没有。除此，南部，土耳其是可以拉拢的重点目标。若能将土耳其拉到这边，我们可调遣的强军，就又多了一支。土耳其并非不想加到我们这边，可是它担心，这是有原因的。要是同意派大量的英国部队过去，还为他提供他缺少的工业设备，对他们可能会有关键性的影响。我们之所以和你分析一切别的形式的有效支援，只有一个目的，即让力量发挥最大的效力，以对抗我们一致的对手。

4. 先用德国赔款弥补俄国的船舰，这我绝对支持。获胜以后，我们肯定可以掌握德国和意大利的主要船舰。我们认为再没有什么比用这些船舰来弥补俄国海军的创伤更合适的了。

＊　　　＊　　　＊

10月25日，针对苏联提出的派二十五到三十个英国师在阿尔汉格尔斯克或者巴士拉登陆的白日做梦的要求，我发电回复驻苏联的我国大使。

首相致斯塔福德·克里普斯爵士（在莫斯科）　　　　1941年10月25日

1. 你说，派"二十五到三十个师去俄国前线战斗"这个主张，其实是荒谬的。你这么想自然是对的。那时，我们船多，敌军潜艇少，为了在法国本土建十个师，我们还用了八个月。近六个月，我们为了将第五十师运去中东，花了极大的力气。我们正用极端手段将第十八师送过去。我们把全部的船舰都拿出来了，想抽出船，唯一的办法就是从保持中东物资的那些至关重要的运输船里抽调，要不然就从给俄国运输物资的船里抽调。我们也仅仅是将保持住日常需求和武器制造。

在冬日的"长夜",眼下派去摩尔曼斯克的所有军队都无法活动。

2. 以下为南部侧翼的形势：在波斯，俄国有五个师，我们可以派部队过去替换。确实，仅存的那几条供应线路，为了继续给我们派去北方的部队提供物资，我们将占用一条，在这之前，这几个师应该调回去守护自己的国家。起码得用三个月才能将两个配备完全的英国师从这里运至高加索或里海北面。到了那个时候，这两个师也起不了什么用处。

*   *   *

在伦敦举办的比弗布鲁克—哈里曼会议此时已经结束。英美物资供应使节团9月22日从斯科帕湾坐"伦敦"号巡洋舰起航，取道北冰洋去往阿尔汉格尔斯克，在那儿坐飞机去莫斯科。他们有很多事要去做。在国王委员会上，我战时内阁的同事们决议让比弗布鲁克勋爵总体受我指挥。在本书的附录里可以看见这一重要文件。另外，下面的信函，我拜托比弗布鲁克勋爵亲自转呈斯大林。

亲爱的斯大林：   1914年9月21日

英美使节团已经动身，比弗布鲁克勋爵将向你呈送这封信函。

比弗布鲁克拥有内阁的绝对信赖，他也是我最久远、最亲近的友人之一。他已经和哈里曼先生有了最亲密的联系。哈里曼先生是个优秀的美国人，他一心一意地专注于一致事业的成功。他们会告诉你在英国和美国十分热切的会谈里，我们可以议定的所有措施。

罗斯福总统建议，你们先估算一下从1941年10月初到1942年6月末这九个月的时间里，到底需要我们提供多少物资。为了让你们更准确地调用储备资源，我们会把每个月能运过去多少统计好告诉你们。美国人认为，供给的时间将截止于1942年6月末，不过我坚信，6月末之后我们两国能提供的反而会更多。请相信，我们有能力填补贵国因为纳粹入侵而造成的大规模的军工业减产。在这个问题上，比弗布鲁克勋爵可能会有别的意见，我不好估计，暂不作评。

你会发现，直到6月末的物资总量几乎全是英国制造，要不然就是我们自己买的，或美国按照租借方案为我们提供的美国工业制品。美国曾经决定，将他们可以送出来的所有剩余给养都给我们，而他们在这一期间，也很难有力地建立新的物资渠道。我认为有机会让美国的制造得到极大的发展，美国庞大的工业到1943年将竭尽全力以制造军工产品。就我们这边而言，我们除了要在我们自身已经预约的制造上取得切实的生长，还要想办法让我国民众做出更多的努力，好达成我们一致的需求。不过你应该清楚，我们部队和我们部队所拟订的军用产品的需求量，大致只是你们或者德国需求量的五分之一或者六分之一。让海路通畅是我们最重要的工作和需求，夺取关键性的空军优势是第二项工作。对于在不列颠群岛上的四千四百万人而言，这两项工作是最要紧的事。有一支能和欧洲大陆的军事强国抗衡的军队或者军事制造业，是我们永远也指望不了的。虽然这样，我们仍要尽全力支援你们。

伊斯梅将军是我派到参谋长委员会的私人使者，他了解我们所有的军事政策。我派他和你的司令官们探讨为了切实合作所提的一切可行的方案。

我们要是能剿灭利比亚西翼的敌军，我们在俄国战线南翼就有了一支规模很大的空军和陆军队伍协同战斗。

我认为，要是能让土耳其否决德国借路的提议，或者，要是能让它跟我们一起战斗，这个情形就更棒了，我们就可以获得最快、最有力的援助。我坚信这件事你会十分关注。

我一直和你一样同情着中国人民抗日护国的战争。我们自然不希望日本投入敌方阵营，可是，日本政府因为我和罗斯福总统磋商的结论，已经有了一个更清晰的认知。我曾经果断地替英王陛下政府声明，美国要是陷进和日本的战争里，英国会马上和美国站到一起。照我看，我们三个国家应该尽量继续支援中国，这种支援或许能持续很久，却不会导致日本开战。

毫无疑问，我们的人民还得历经很长时间的战争和困难。可是我满怀期望，美国会变成一个参战国投入战争，要是真的这样，我坚信只要我们不屈服，就肯定能够取胜。

我如此期待，随着战争的发展，能够看见，组成世界三分之二人口的英帝国、苏联、美国和中国的广大人民将和衷共济，抵抗他们的侵略者。我坚信，他们走的是通往胜利的路。

衷心期望俄军获胜，愿纳粹独裁消亡。

你的诚挚的友人，

温斯顿·斯宾塞·丘吉尔

* * *

9月28日，我们的使团到达莫斯科。他们遭到了冷遇，谈判的氛围完全不友善。看上去，俄国人近乎以为苏联那时陷入的困境是我们的错。苏联的军官和大臣们什么消息都不给他们的英国、美国同僚。他们甚至不跟我们的使者说苏联对我们珍贵军用产品的需求量，他们是按照什么标准得出来的。我们的使团几乎等到停留期限的最后一晚才得到正式招待。当天晚上，他们受邀去克里姆林宫赴宴。对心绪烦闷的人而言，这种场所毫无帮助，若这么想，就错了。恰恰相反，这种场所中众多的个人来往，能形成一种可以签订合约的氛围。可那时没这种想法，我们去莫斯科，就像求他们施恩似的。

伊斯梅将军说了一件事，虽然未必是真的，但非常有意思，能让读这段记录的人高兴点儿。他的勤务员是皇家海军陆战队的一名战士，曾经被苏联国际旅行社的一个导游带着去看莫斯科的景致。那个俄国导游说："这是艾登酒店，以前是里宾特洛甫酒店。这是丘吉尔大街，以前是希特勒大街。

这是比弗布鲁克火车站，以前是戈林火车站。同志，来支香烟吗？”海军陆战队的那个战士回道：“谢谢，同志，以前是次货！”这虽然是个搞笑的故事，却完全可以证明，那时谈判的氛围有多奇怪了。

＊　　　＊　　　＊

和所有这些相对的是，我和美国人的来往日渐亲密。

前海军人员致罗斯福总统　　　　　　　　　　1941 年 9 月 22 日

你〔致哈里曼先生〕的有关坦克的那份让人欣喜的电文抵达之时，我们正因为不得不调给俄国的一切物资犯愁呢。或者超出之前产量近一倍的前景，激励了所有人。两国使团已经在十分友善和好意的氛围里出发了。

致以我最诚挚的祝愿。

首相致哈里·霍普金斯先生　　　　　　　　　1941 年 9 月 25 日

1. 我们的使团如今正在去往莫斯科的路上，趁此机会对伦敦谈判牵涉的领域进行一次通盘的检验，可能会有所助益。

2. 我们两方供应给俄国的物资都是必备的，有供应价值的。可是这一真实情况：你们大规模扩张军备和我们增强战斗努力所需的配备，被支援俄国的物资占用了，用不着遮掩。未来九个月最大的难题在哪儿你是清楚的。

空缺一定会产生，我们两方面必定要致力填补。我们这可能没办法增加出产方案，让它超过原来方案太多。我殷切期待，你们可以马上借助短时间的努力，来增加你们生产计划的普遍水准。

3. 你应该已经听说，针对获胜的整个需求展开的磋商已经有了不小的收获。按照我们可以预料的，罗列估计或许需要的各种物资，两方已经签订了一份备忘录。恩比克将军将带这份备忘录回去华盛顿。

有关这块的更多的工作，将只能在华盛顿展开，而且，还得算上为了保持俄国作战而需要的各种物资的估值。是否可以想办法在 1942 年后半年完成如今我 1943 年前半年计划的制造量？这个努力要是可以达成，不仅能为成功地实现产量计划奠定基础，还比别的层面更能帮我们两方快速完成短期所需。如此，也能让我们可以在 1942 年后半年为俄国人提供更多的帮助。

美国未来制造飞机坦克的计划，我是 10 月 2 日从总统那儿知道的。美国自 1942 年 7 月到 1943 年 1 月，每个月将分给英国和俄国坦克一千二百辆，而且在之后的六个月里，每个月会分两千辆。美国告诉自己派到莫斯科的使团，可以同意从 7 月 1 日开始，每个月为俄国提供坦克四百辆，而且，在跟我们的使者商量过后，还能调高那个时限之后的供应量。

由于那时美国的坦克产量扩充一倍，一个月将超过两千五百辆，所以美国应该可以践行这个提高坦克支援量的工作。

总统又跟我说，他已经同意从 1942 年 7 月 1 日到 1943 年 7 月 1 日，为俄国前线提供比已经议定的数量更多的飞机，三千六百架。

＊　　　＊　　　＊

最后，在莫斯科签订了一个友善的协定。相关方面签了一份议定书，罗列了从 1941 年 10 月起，到 1942 年 6 月为止这段时间，英国和美国援助给俄国的物资。我们的军事计划本就因为武器不足受到了影响，因为它更受打击。我们不仅得将我们自己的产品拿出来，还得舍弃美国原本可以为我们提供的最要紧的武器，我们得扛起一切。

美国人和我们都没有对于把这些供应物资经过危险难行的海洋和北极航线运到俄国的运输事宜做出任何许诺。我们曾经提议，运输船队应该等浮冰落下去之后再出发，那时，斯大林曾经粗暴地指责我们，于是我们只承诺"在英美制造中心提交"这些物资，这一点需要注意。在议定书序言结尾处，写着："英国和美国会配合将这些物资运至苏联的任务，且帮忙装卸。"

比弗布鲁克勋爵10月4日发电报跟我说：

> 莫斯科的斗志因为这个协议得到了极大的激励。物资的送交维系着这种斗志……在我看来，在冬日的数个月里，这里的军事形势并不会平安稳定。确实，我坚信想稳定形势，没有高昂的斗志是行不通的。

我们将自己珍贵的资源拿了出来，那些正为了自己的生死存亡而战的人获得了这些资源。

首相致比弗布鲁克勋爵（在莫斯科）　　　　　　1941年10月3日

向你和所有人致以最诚挚的庆贺。此次会谈显露出来的团结和成功意义重大。这件事只有你能办妥。现在，返程吧，并让（……①）资料。这里满溢着积极的情绪。

首相致比弗布鲁克勋爵（在海上）　　　　　　1941年10月6日

为了让你的计划得以实现，我们一小时的时间都没浪费。如下电文，我已经给斯大林发过去了：

首相致斯大林　　　　　　　　　　　　　　　1941年10月6日

1. 比弗布鲁克勋爵告诉我，在莫斯科召开的三国会谈已获成功，我非常开心。给得快，不如给得多。我们要持续不断地派运输船队过去，每十日一次。如下物资正在路上，运抵阿尔汉格尔斯克的时间是10月12日：

---

① 密码译不出来。——译注

二十辆重型坦克、一百九十三架战斗机（10 月份之前的总数）。

以下物资将在 10 月 12 日送出，10 月 29 日运抵：

一百四十辆重型坦克、一百架"旋风式"战机、二百辆"捷克式"轻机枪战车、二百支反坦克枪及子弹、五十门投射两磅重炮弹的大炮及炮弹。

以下物资将在 10 月 22 日送出：

二百架战斗机、一百二十辆重型坦克。

上述为 10 月份供应飞机的总数，11 月 6 日还有二百八十辆坦克将运抵俄国。10 月，"捷克式"轻机枪战车、反坦克枪和投射两磅重型炮弹的大炮都会运到。二十辆坦克已经经由波斯运送，还有十五辆将取道海参崴运送。所以一共送出了三百一十五辆坦克，这个数和总数相比，还差十九辆。11 月将把空缺补上。美国送出的物资并不在上述供给计划范围内。

2. 在部署按期来回航行的运输船队的时候，大多数装卸工作，我们期待阿尔汉格尔斯克的相关部门承担。这部分工作，我认为已经部署妥当。致以衷心的祝愿。

尽管伊斯梅将军有绝对的权限和资质将变幻莫测的军事形势介绍给苏联的领导人，并和他们展开磋商，可是比弗布鲁克和哈里曼不愿意使工作因为无法达成共识的事变得更加曲折，所以在莫斯科没有谈及这方面的事情。私下，俄国人继续提马上建立第二战场的要求。看上去，一切表示无法建立第二战场的说法，他们都完全不能认可。他们会提这个要求，就是因为他们遭受的磨难。如此，我们的代表就只能身先士卒了。

此时已是秋末，10 月 2 日，博克统领的德国中路集团军群再次朝着莫斯科推进。两个集团军自西南径直朝着这个首都进发，一个装甲军团朝两侧扩张。10 月 8 日，奥勒尔沦陷，一周之后，处在莫斯科—列宁格勒段的公路上的加里宁城被敌军攻陷。提摩盛科元帅的部队，一方面遭受此种危机，一方面还处于德军中路进攻的强压之下，提摩盛科元帅将自己的队伍退到莫斯科西面四十英里的敌方，预备迎击敌军。此时，俄国的形势已经糟到极致。苏联政府、外交代表团和所有能搬走的工业机构都从莫斯科撤到了东边的古比雪夫，它距莫斯科五百多英里。10 月 19 日，斯大林宣告都城被围，且下了一条仅限于当天的指令："拼死捍卫莫斯科。"俄国的军队和人民忠实地听从了他的指令。尽管自奥勒尔出发的古德里安装甲兵团已经开到了图拉，尽管莫斯科这个城市此时已经被围住了三面，还受到了敌方战机的轰击，可俄军的反抗在 10 月末显著增强了，而德军的推进确实被制止了。

＊　　　＊　　　＊

我接着声援驻苏联的我国大使。他正承受不少艰难险阻，独自担负着艰巨的工作。

首相致斯塔福德·克里普斯爵士（在古比雪夫）　　1941 年 10 月 28 日

1. 你艰难的境况，我非常同情，我也非常同情处在极端痛苦下的俄国。他们绝对无权指责我们。他们和里宾特洛甫签署的协议，让希特勒能够肆无忌惮地侵占波兰，进而引发了此次战端，他们的命运在那时就由他们自己铸就了。他们眼看着法国部队被击溃，袖手旁观，没去建立一个有力的第二战场。他们要是在 6 月 22 日之前先跟我们磋商，原本能布置很多事，我们如今在武器方面给他们的庞大支援早就能达成。可是，他们想不想参战，或者，他们会加入哪一头，我们在希特勒攻俄国之前都不清楚。我们自己已经撑了一整年；可在莫斯科的授意下，所有的英国共产党在这段时间，都在极力阻止我们为战争所做的奋斗。要是 1940 年 7 月或者 8 月的时候，我国被敌人侵占，进而打垮，或者今年在大西洋战争里忍饥挨饿，他们仍旧会袖手旁观。要是巴尔干国家被入侵的时候，他们就展开行动，前景还十分可观，可是他们任由希特勒来选择什么时候打以及打哪儿，一点儿都不干预。一个政府拥有这样的历史，居然指责我们妄想夺取非洲，或者在波斯靠着舍弃俄国的权益获得好处，或者想让"俄国打到只剩一个人"，这让我相信，用不着管这种指控。他们要是怀疑我们，那只是因为他们知道自己有罪，良心遭到了拷问而已。

2. 对于俄国，我们已经尽了最大的诚意，我们曾经尽全力去帮他们的忙，不顾修整武备的计划被扰乱，不顾敌人明年春天或许会攻打我们的重大危险。在能力所及的范围内，我们还想帮他们更多，这合情合理，可是派两三个英国师或英国印度师到俄国的中间让敌军围困、消灭，以此成就一种标志性的牺牲，那太傻了。人，俄国有的是，眼下，它有几百万有受训经历的战士，现代化的武器才是他们缺少的。这种现代化的武器，我们正运给他们，而且会让港口和运输线以可承受的最大尺度来运。

3. 与此同时，我们自己也要作战，这是长久计划的结论，试图打倒这些计划的行动，并不理智。我们曾经提议撤换俄国在波斯北边的五个师，可以派印度师去换，它们适合维持内部秩序，但其配置对于对抗德军而言，有所不足。让我们感到可惜的是，我们想派少量军队去高加索的提议被莫洛托夫否决了。为了让土耳其维持友善的中立，让它不被德国承诺的割俄国的土地给它引诱，我们想尽了办法。遭到如此重创还在顽强战斗的人，我们不期望得到他们的感谢，可是我们也没必要对他们的指控感到忐忑。自然，俄国已经受到损害，你没必要在这个时候用这些真相去挑衅他们。可是，我希望你能尽力让俄国人认可英国的忠实、刚直和英勇。

4. 在我看来，你和迈克法伦（我们派到俄国的军事代表团团长）眼下坐飞机回国没什么好处。我必须重申此间我曾经说过的话，而且我期望永远不会有谁，让我在民众跟前就此事进行说明。我深信，和那些正在接受严酷考验的人站在一起就是你的使命，眼下，还无法确定他们是否能通过这次考验。如今的每一天，希特勒都有机会对他的部队下达不再朝东面推进，而是掉头来攻击我们的命令。

希特勒和斯大林演的这场戏，我们可以暂时写到这儿结束。此时，冬天替俄国的部队设了一道关卡。

＊　　＊　　＊

我的夫人意识到，德国大军潮涌般流过俄国草原，可我们在军事上帮不了俄国任何忙，数个月之后，全国人民的焦躁情绪日渐增长。我跟她说，绝不可能建立第二战场，所以在一段不短的时间里我们只做得到一件事：大规模输送种种物资。艾登先生和我激励她，看看能不能以自愿捐献的形式筹集医药救助基金。此事，英国红十字会和圣约翰医院已经着手办理了，因此我的夫人就受这个联合机构之请，领头倡议"救援俄国"。10月末，在他们的支持下，她首次发布倡议书：

眼下俄国正发生着恐怖的大事件，让我国的所有人都非常忧心。俄国人防守的实力和防守的才干让我们钦佩。俄国民众的勇敢、顽强和为了国家牺牲个人的精神让我们感动，让我们十分敬仰。特别是，人类受到考验的范围广泛得让我们震惊，让我们同情……

我们已经送去俄国的物资里，有五十三套紧急手术器材、三十套输血仪器、七万支各类外科针具，还有一百万片 M. 和 B.693 号药片。这种药片是新型灭菌特效药，不少细菌引发的病情的救治措施已经被它改变了。另外，我们还运了半吨非那西汀和七吨左右的脱脂棉过去。自然，这仅仅是个开始……

我们曾经声明，我们募捐的目标是一百万镑。我们得到了一个不错的开始。开始募捐才十二天，基金的总额就有三十七万镑了。我们善良慈爱的国王和王后，上周又给红十字会捐了三千镑，那时曾指出，愿从这笔共同捐赠里拿出一千镑，当作援俄基金。他们是个榜样。

此事多半要靠雇主们的帮助。我愿这么说：不管在哪儿，只要雇主们对如今已经募集的这个基金提供方便，每周挣一点儿薪水的工人就会慷慨捐献了。所以自国王和王后开始，到最底层的工人和农夫都能表达善意和怜悯。在农舍与皇宫中间，在那些只能捐几便士捐献者和纳菲尔德勋爵（他送了张五万镑的支票过来）一般的十分大方的捐献者中间，愿意参与这个对俄国民众的捐助的人，成千上万。

人们马上做了豪爽的回应。在之后四年的时间里，她积极、认真地做着这份工作。从富有的、穷苦的人家中，共筹集了近八百万镑。不少有钱人都仗义疏财，不过大多数基金都是广大民众从每周的薪水里省出来捐的。如此，虽然北极运输队遭受重创，可借助红十字会和圣约翰医院的庞大的机构、药物和外科设备、各类犒劳物资和特定仪器源源不断地穿越浮冰遍布、有着无法预料的危险的大海送给勇敢的俄国部队和民众。

第六章　波斯与中东

1941 年的夏与秋

英苏对波斯提出的条件——有必要共同行动——韦维尔将军态度坚决——7月22日艾登先生的备忘录——我的警告和询问——枢密院长的委员会的汇报——和俄国协同作战的决议——抵抗的军力——战斗开始——波斯国王妥协——对波斯政府的要求——国王将王位禅让给了他年轻的儿子——英苏一样——通向俄国的新运输线的进展——朝马耳他航行的船队——德国人对于地中海之战的想法——有必要在马耳他部署海上舰队——"K舰队"的产生——有关一支机动储备队的方案——我向总统倡议——他迅速回应——美国装载两个英国师的运输舰——他在大西洋上的支援——尼罗河集团军力量变强——三军参谋长的忧虑——9月18日，我的备忘录——沙漠之战的地位更高——9月20日，我致电史默兹将军——我的战略备忘录——重建大炮的地位——大炮对战坦克——高射炮掩护陆上大军——陆军和空军司令在战斗时的关系

因为这些原因：得把各式武器和物资送交苏联政府；北极航线危险莫测；波斯未来或许存在的战略意义——我们非常想建立一条取道波斯去往俄国的最完美的运输线。波斯的油田是引发战争的首要原因。在德

黑兰，德国已经建立了一个使节团，这个使节团有不少成员，动作频频，所以德国在当地呼声极高。这两件事——制服伊拉克叛乱、英法夺取叙利亚，尽管是侥幸达成，可希特勒因此取消了朝东方推进的方案。这个和俄国人携手的机会是我们期待的，因此同他们提议，一起行动一次。是不是开启波斯之战，我是有些犹豫的，可是主张开战的依据，让人无话可说。让我十分开心的是，将在印度统御这次武装行动的是韦维尔将军。

内阁的一个委员会在 1941 年 7 月 11 日问三军参谋长，波斯政府要是不同意赶走如今给它打工的德国人，那和俄国一起展开武装行动还合适吗？他们在 7 月 18 日提议说，我们应以强硬的态度对待波斯政府。韦维尔将军也极力要求用这种态度，在头一天，他曾以下面的言辞给陆军部发电报：

> 我认为没理由用和善的态度来对待伊朗。对于印度的防御而言，伊朗现在赶走德国人很重要。要是此事实现不了，那刚刚才及时在伊拉克镇压下去的那种叛乱的事情，就还会出现。我们一定要借助伊朗与俄国合作。这个方便，伊朗当前的政府要是不肯给，那就得逼他把位置让给某个肯给的政府。在德国和俄国的战事还没出结果的时候，为了达到这一目标，应该尽量将压力给到最高……

我于 21 日回电韦维尔将军说，内阁明天会对波斯的形势进行分析。我和你的看法基本相同，支持英国和俄国一起向波斯下最后通牒，若不立即赶德国人离境，后果自负。有个问题，一旦被否决了，我们能用的部队有哪些。

我们的三军参谋长提议，行动不应该超出南部，为了在一小队空军的辅助下拿下油田，我们起码得有一个师。这支部队只能从伊拉克调，然而，我在伊拉克留守的部队，连保持国内秩序都不够。他们得到的结果是，要是在未来三个月里一定要派部队进波斯，这支部队将只能从中东调来部队撤换。

7月22日，外交大臣送了份备忘录过来，阐述他对时局的见解：

> 我今早深入地分析了对伊朗施压的事。这件事的可行性，我越分析就越看得明白：所有的事都系于我们在伊拉克收拢一支兵强马壮的队伍去守护伊朗油田的能力。油田对我们有多重要，波斯国王是非常清楚的，他要是发现我们会同他们打起来，他或许会先行一步，因此，除非完成了军事部署，否则，先在经济上施压这种事，是非常危险的。
>
> 我们曾经拦截了一份报告，按照上面的说法，在俄国边疆，在伊拉克边疆，还有油田区，伊朗已经部署了部队。我期望，我们将尽全力及早增加我们在伊拉克的驻兵。要是俄国部队在南边尚未受到重创的时候，我们就将这件事完成了，那我们有很大的机会不使用暴力，就能让伊朗人接受我们的想法，然而，在完成武力布置之前，我们不能启动外交活动，否则，我们会引起一场灾祸。
>
> 除此，让我们更有必要尽早对我们的伊拉克驻军进行支援的理由，还有另外一个。俄国要是落败，在这种情形下，德国人会逼伊朗人将我们驱逐出伊朗，那种压力是抵挡不住的，于是，我们就只能准备独自夺取伊朗油田了。

* * *

虽然在波斯的行动方案，已经成了夺取最终胜利所必不可少的严密计划，可我对此仍不满意。所以，我在7月31日，在去普拉森西亚湾的头一天晚上下达了一个指令：由枢密院长主持，为此事设一个特事委员会。

> 这一问题有着影响久远的属性，在我看来，我们不曾以这一属性

所需的那种惊醒去分析这个行动方案,比如波斯要是不遵照我们的意愿,就与之宣战,也是这个方案的一环。一边,我不否认这个行动有必要性;另一边,我觉得也少不了全面考察、彼此合作,还有比如外交部和陆军部之间,中东司令部和印度政府之间的那种相关部门的紧密联系。除非已经有了对各种不幸遭遇的准确的对策,我们才能走这关键一步。举例来说:要是阿瓦什油田周边和临近的波斯部队抓走了英波石油公司全部雇员作为人质,要怎么处理?巴赫蒂亚里山区民众和当地民众立场如何?德黑兰英国侨民的情况如何?宁可毁了油井,也不让我们得到它们的风险,是否存在?我们一定要十分谨慎,别因为轰击德黑兰犯下大错。遇到当地民众和波斯政府的反抗,我们能够抽调的部队能夺取阿瓦什油田吗?我们预备向北进军多远?我们能用的机场有哪些?要是波斯人不愿意帮忙,我们又要怎么做才能让铁道运行?

这些事情,还有别的不少事情,都必须认真分析。最妥当的就是让枢密院长和外交大臣、陆军大臣,还有印度事务大臣整体考察一下,并在下周开始的时候汇报给战时内阁。中间这段时间,应该展开所有必需的准备活动。我支持这个策略,不过它至关重要,应该对或许会造成结果和不同的形势进行充分的分析,拟定严密周详的计划,并得到准许。在这之后,才可化为行动。

我觉得伊朗(lran)和伊拉克(Iraq)这两个称呼有雷同的地方,会造成混同。

首相致外交大臣、爱德华·布瑞奇斯爵士和伊斯梅将军

1941 年 8 月 2 日

因为伊朗和伊拉克有相像的地方,非常容易造成危险的失误,所以在所有的函电里,用"波斯"替代"伊朗"较为便利。在方便的地方,

可以在"波斯"后面加上用括号括起来的"伊朗"。

写给波斯政府的正式电文,自然该用他们喜欢的称谓。

之后,我又下达以下指令:

首相致新闻大臣   1941 年 8 月 29 日

在不造成困扰的时候,请混合使用"波斯"替代"伊朗"。

听说波斯政府如今(1949 年)已正式更名为"波斯",我真是太开心了。

在我离开国内在海上停留的时候,波斯问题特事委员会发电报向我汇报已经得到内阁批准的工作成果。他们 8 月 6 日发来的电文明确显示,波斯是不会遵照我们的意思将德国特工和侨民赶出国境了,所以我们只能使用武力。第二步是将我们的外交和军事方案同俄国的方案进行调和。艾登先生 8 月 13 日在外交部会见麦斯基先生,就我们分别发给德黑兰发的照会的内容就行协商。这个外交活动,将成为我们最后的态度。麦斯基先生告诉外交大臣:"在呈交了这份备忘录之后,苏联政府预备展开武装行动,若不是和我们一起行动,他们是不会展开这种行动的。"接到这个消息,我指示(8 月 19 日)说:"我觉得俄国的主张是有道理的,因此,在赶得及的时候,我们应该和他们采取联合行动。"

如今,我们已经商定展开行动了。一旦波斯的反抗比我们想象的凶狠,我们就一定要顾及深入支援中东战区的可能。8 月 24 日,我们原本定好的攻打波斯的头天晚上,我将以下备忘录交给了三军参谋长:

一定要立即派兵支援东方。有消息说,第十印度师没有每个旅都配一个英国营,当真如此?要真是这样,应该用最方便的路线给魁南将军送三个营的英国部队过去。奥金莱克将军既然准备数周之内不在西部沙漠展开军事行动，那就该让他派比眼下部署的更多的部队去东方。如今算上上面说的三个英国营，起码该有等同于一个额外的师的兵力在进行部署。要是没出什么意外，这支部队调回来应该不难。请向我汇报，埃及能用的部队有哪些，第五十师最后一个旅如今在哪儿。塞浦路斯眼下的确没有危险。

考虑到波斯政府绝不妥协的态度，驻伊拉克的我军方司令魁南将军接到指令，预备在 7 月 22 日攻占位于阿巴丹的炼油厂和油田，并夺下在北边二百五十英里临近哈纳金的油田。对于 8 月 17 日英苏共同照会，波斯的回复让人无法接受，于是英苏大军拟定于 25 日进攻波斯。哈维将军统领的阿巴丹战区的英国部队是第八印度步兵师。斯利姆将军统领的哈纳金战区的英国部队是第九装甲旅，还有印度坦克团一个、英国营四个和英国炮兵团一个。援助战斗的空军有陆空联络机中队一个、战斗机中队一个和轰炸机中队一个。第一目标是占领油田；第二目标是推进波斯，和俄国配合控制住波斯运输线，并建一条直通里海的通道。据估计，南部战线许会遭遇两个配备十六辆轻型坦克的波斯师的反抗，北部战线许会遭遇三个师的反抗。

拿下阿巴丹炼油厂的是一个步兵旅。这个旅在巴士拉登上海军军舰，8 月 25 日清晨登陆。大多数波斯部队没做好防范，坐卡车逃走了。曾经发生了若干巷战，我们的队伍抢到了几艘波斯海军军舰。与此同时，第八师的其他队伍在地面攻下了霍拉姆沙赫耳港，而且有支部队被派去北面，朝阿瓦什推进。我们部队正迫近阿瓦什，波斯国王下了"停火"命令的消息传了过来，波斯指挥官于是下令让他的部队回营地。北面，没花什么力气就拿下了油田，因此斯利姆将军的队伍，顺着公路朝克尔曼沙赫前进三十英里。然而，他们此时到了那座险峻的佩塔山峡。在这个山峡驻守的队伍要是决心死守，这个山峡肯定是道关卡。一支纵队被派去从南面包围，以应付这种情形。在消灭了一些反抗之后，这支纵队在 8 月 27 日抵达波斯防线后面的沙赫阿巴德。这个行动，和数次轰击协作，让守在山峡的部队无法支撑，于是连忙丢掉了阵地。朝克尔曼沙赫的推进，再次启动，28 日，看到敌人聚集在公路另一边的阵地上。可是才要发动攻击，一个波斯军官就举起白旗走了过来，于是，战事至此宣告结束。我方伤亡人数为阵亡二十二人，负伤四十二人。

就这样，借助压倒性的军力对这个纤弱但古老的国家展开的这场时间虽短但战果累累的战争宣告结束。英国和俄国的战斗目的，是想让它们活下来。

在战争里是没有法律可讲的。让我们欣慰的是，在我们获胜之后，波斯的独立并未改变。

*　　*　　*

波斯的反抗这么快就被制服了，这让我们和克里姆林宫的来往，又成了近乎全是政治上的。我们那时会提出由英国和俄国一起在波斯展开行动，主要是为了开辟从波斯湾到里海的运输线路。我们也期望英俄部队的直接携手能让我们和新盟国的关系更加亲近和友善。自然，我们两方曾答应过将波斯国内的全部德国人赶走或者抓获，清除德国在德黑兰和别的地方的力量和阴谋活动。而关于石油、共产主义还有波斯战后的命运等长期但微妙的事项都是潜在问题，不过，我认为用不着因为这些事影响我们之间的友情和善意。

首相致伊斯梅将军转参谋长委员会　　　　　　　　　　1941 年 8 月 27 日

波斯的反抗，如今看来，并没有非常凶猛，所以我希望知道预备怎么进军，怎么和俄国人会合，预备怎么让铁路交通在我们的掌控下通畅运行。除了夺取油田，我们还得建立直通俄国的运输线路。我们已经和波斯国王提了些要求，不过或许不会被接受，或是俄国人或许

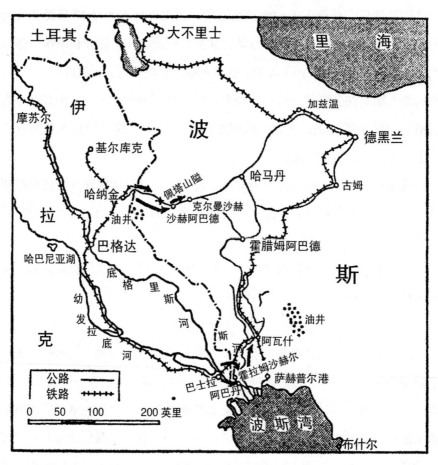

在波斯的武装行动

会反对。所以，请把和俄国人会合的方案，还有预估我军下周的行动告诉我。

首相致韦维尔将军   1941 年 8 月 30 日

    我方在波斯的行动已经取得胜利，知道这个消息，我十分开心。如今，你自然可以依从自己的意愿返国。对于你拟定的铁路方案，我非常有兴趣，这里正进行详细考察。

    你再次收获战果，这里的所有人都替你开心。

不过，韦维尔将军来伦敦的行程并没有实现，因为得派他去德黑兰。既然他俄语说得流畅，我就想让他成为和苏联最高司令部沟通的桥梁。

首相致韦维尔将军 1941 年 9 月 1 日

三军参谋长认为你现在去德黑兰，对布拉德（英国大使）处置军务有好处，还能确保将俄国的力量束缚在合适的区间内，对此，我是支持的。

首相致布拉德爵士（在德黑兰） 1941 年 9 月 3 日

这些地方的战斗会怎么发展，尽管我们眼下还无法说清，可为了援助俄国，我们会用最快的速度打通波斯湾到里海的交通线，为此甘愿付出一切。

1942 年，我们有很大机会派大批部队在波斯进行战斗，将波斯当成根据地，而且，肯定会派一支强劲的空军过去。

我们期望不管怎样，在眼下这段时间里，英国和俄国没有必要夺取德黑兰，可是，波斯政府要是不想让这种情况发生，就一定要忠实地和我们合作，且显示出该有的乐于从命的态度。我们眼下还没否定波斯国王，不过，只要成果不佳，我们就会对他管不好波斯民众进行查办。我们虽然乐于用和波斯政府签订协议的办法得到我们想要的利益，不想逼波斯政府展开频繁的反抗活动，可是我们的条件必须达成。所以，你应该能用俄国有机会夺取德黑兰这个情况为办法，按部就班地取得我们想要的所有方便。因为俄国的目的只有一个——得到那条输入美国援助物资的通道，所以他们占领了太多波斯土地的事，不用担心。

首相致斯大林主席　　　　　　　　　　　　　1941 年 9 月 16 日

我急于完成和波斯结盟，和你派去波斯的部队展开一种亲密且有力的工作部署的事。眼下可以看见，波斯各族正筹划着一场大暴动，波斯掌权政府有要垮台的痕迹。暴动若是扩大，代表着我们得耗费兵马来压制波斯各族，也代表着这些队伍的调度和物资的供应会让公路和铁道运输的担子更重，可我们得维持这些运输线的畅通无阻，好将物资给你们运过去。在我们战斗的这段时间，我们的目标该是保持波斯人的平稳。你若明确表示赞成这一宗旨，在这个小型战区里，我们工作的有益趋向，应该会得以增强。

首相致比弗布鲁克勋爵（正在俄国访问）　　　　1941 年 9 月 21 日

回印度的路上，韦维尔将军准备经巴格达去一趟第比利斯。因为他会俄语，所以在即将到来的这场战斗中，我想让他辖制，或可统领（这支部队要是填充得够多）我们预备在里海地区，及里海周边地区援助给俄国的那支大军。因此，让他针对俄国南部和波斯的全局和俄国的高级军事当局展开讨论，是件要紧事。

在会议里，你可以将这件事提出来进行探讨，并想办法在那里获得最大的收获。

首相致斯大林主席　　　　　　　　　　　　　1941 年 10 月 12 日

在波斯，我们仅有的好处是：一，可以将它当成一道抵御德国进攻东方的屏障；二，给运往里海地区的物资找一条通道。你要是想把那五六个俄国师调去前线作战，我们会扛起维持秩序和保持发展输送线路的所有工作。我代表英国向你承诺，不管是战斗的时候，还是战争终结的时候，我们都绝对不会为了给自己挣得好处，而舍弃俄国的合理权益。不管怎样，内部的暴动有造成输送通道被切断的危险，为了遏制其发展，签署三国条约是如今急需完成的工作。韦维尔将军 10 月 18 日抵达第比利斯后，将和你方将领一起，就你授意要处理的问题，进行商讨。

你们展开的这场崇高顽强的战斗，我们的敬佩之情是语言所表达不了的。我们期望很快能用行动进行证明。

＊　　　＊　　　＊

和俄国人展开的所有部署都顺畅、高速地签订了和约。停止所有反抗；驱赶德国人；战时中立；让同盟国借助波斯的运输线为俄国运送军工产品，是向波斯政府提出的首要条件。在和平的情形下，深入夺取波斯的行动告成。在友善亲近的氛围里，英俄大军会合。9 月 17 日，两方部队夺取了德黑兰，至于波斯国王，他已经在头一天将王位禅让给了他二十二岁的精干的儿子。新国王在同盟国的劝说下于 9 月 20 日重新确立了君主立宪体制。没多久他的父亲就离开国家开始了闲适的流亡生涯，并在 1944 年于约翰内斯堡离世。我方部队已经大部分撤出波斯，仅为守护运输线留了几支分遣队，英国和俄国的部队也在 10 月 18 日从德黑兰撤了出来。之后，在魁南将军的统领下，我们的队伍一边为了防范德军从土耳其或高加索发动的可能的攻击进行防御活动的筹备，一边为了便于在德军发动进攻的时候能接待大量援兵，进行后勤工作的筹备。

建立从波斯湾通往俄国的重要运输线是我们此时的首要任务。因为德黑兰那里的政府友善，港口得以扩建，内河航运得以推进，公路得以建成，铁路也得以改造。这一工作，英国部队从 1941 年 9 月开始启动和推动，没过多长时间就交给了美国政府，由他们完成。因此，我们才能在四年半的时间里，运五百万吨供应物资给俄国。

＊　　　＊　　　＊

现在，让我们再来说说地中海这个首要战区的情形。

敌人和我们都用夏天来对利比亚沙漠的部队进行支援。从我们这边讲，最重要的事，就是增强马耳他岛的防务。坎宁安海军上将的船队因为克里特岛的沦陷丢了一个基地，这个基地能让我们在近处补充原料，让我们守护马耳他岛的海军势力得以起效。敌方海上运输部队此时从意大利或西西里岛进攻马耳他岛的机会增多了，可是我们之后才知道，直至 1942 年，希特勒和墨索里尼才让这类计划通过。敌人在克里特岛和昔兰尼加的空军据点，对我们运输舰队自亚历山大驶向马耳他岛航路产生了重大威胁，因此，我们运输物资的时候，只能全都依赖西面的航路。在这一使命完成的选择中，萨默维尔海军上将带领的驻守于直布罗陀的 H 舰队功勋卓著。海军部曾断言说，这个航路特别险恶，却成了仅有的能使用的通道。好在因为攻打俄国所需，希特勒此时只能将他的空军撤出西西里岛。马耳他岛的形势因此得到了缓解，我们也因此得以再次拿到马耳他海峡的制空权。这除了对从西边过来的运输舰队的航行有好处，还能让我们重创为隆美尔提供兵丁和物资的运输船。

经过战斗，有两支巨型运输舰队顺利抵达马耳他岛。里面所有运输舰队的航程都是一次海军的大型行动。7 月，一支有六艘物资供应船的运输舰队到达马耳他岛，驶出的空船有七艘。意大利人在过了两晚之后，派出了大概二十艘快速鱼雷艇和八艘小型潜艇对瓦莱塔港展开猛烈的进攻，这也是仅有的一次。这个港展开了守护战。看守此港防御点的基本都是马耳他岛的人，来犯的敌人虽然很猛，可这支进攻的敌军差不多被全歼了。9 月，在"威尔士亲王"号和"罗德尼"号战列舰、"皇家方舟"号航空母舰以及五艘巡洋舰和十八艘驱逐舰构成的强悍的护卫队的保护下，另一支运输船队——有九艘运兵船，抵达马耳他岛，运送士兵的船舰，只有一艘被毁。不算这几支首要的运输舰队，抵达这个岛的，还有不少供应船。有三十四艘船舰驶向马耳他岛，其中，经过重重危险，顽强拼搏，平安到达的一共有三十二艘。因为这些给养，这一要地不仅得以存续，敌军也被打退了。截至 9 月的三个月的时间，马耳他岛上驻守的英国飞机、潜艇和驱逐舰打沉的轴心国的船舰一共四十三艘，共有十五万吨，除此，还有非洲航路上的六十四艘相对小一些的船舰也被击沉了。在 10 月份，运给隆美尔的供应物资有百分之六十以上在运输途中沉没。这点很可能在 1941 年的沙漠战斗中起了决定性的作用。

＊ ＊ ＊

我们眼下获悉，9 月，那个工作于意大利最高统帅部的德国海军上将汇报说：

> 如今，英国舰队就像曾经一度做过的那样，掌控着地中海……敌方的海军行动，意大利舰队虽然没能遏制，可是，通过和意大利空军的协作，的确曾经制止了英国运输舰队按期在地中海航路上的航行……
>
> 潜艇，尤其是自马耳他岛发出的潜艇，是英国对我们威胁最大的武器。在说到的这段时间里，潜艇曾经发动袭击三十六次，其中，成功了十九次……马耳他岛对德意通向北非的航道的危险，因为意大利在西西里岛上的空军实力不足，在最近几周里变强了……并且，自马耳他岛发出的飞机，近乎没有一天停歇地攻击着的黎波里。近日，和从前相比，英国飞机更加频密地飞抵西西里岛的港口……眼下，在西西里岛和北非驻守的意大利空军部队，想遏制英国空军和海军的活动，还有所欠缺……我再一次发布应急警告：对地中海地区的海上形势造成的危险，估计不足。

＊ ＊ ＊

上面说的那些举措的成功，并不曾减轻我对沙漠之战的延迟和敌军对隆美尔的支援的担忧，我甚至催促海军部再勤勉一些。我极想派一支新的海上舰队去马耳他岛驻守。

首相致第一海务大臣（转伊斯梅将军过目）　　　　　1941 年 8 月 22 日

　　1. 请及早斟酌派一支小型舰队，而且若可行，朝马耳他岛派一到两艘巡洋舰。

2. 我们不得不回忆一下，和我们原本的意图相比，眼下的情况差异有多大。曾经，我们议定方案要以"巴勒姆"号为代价堵住的黎波里港，你们也觉得这极其关键。地中海战区总司令曾经提了一个别的一决胜负的方法：用大炮轰炸的黎波里港。我们之后依照这个提议展开行动，最后一个人、一艘船也没损耗。蒙巴顿指挥的小型舰队曾经驶去马耳他岛。这全部的事都是数个月前发生的。最妥当的做法就是查明日期。事情的紧迫性如此就降低了？以前我们觉得无法容忍的事，如今正以更高的程度施加在我们身上，我们为什么就能眼睁睁地看着发生？

3. 蒙巴顿指挥的小型舰队为什么会撤出马耳他岛，相比于从那里的危险中脱身这种说法，应克里特岛问题所需这种说法更合适。事实上，是这件事毁掉的这支小型舰队。如此，我们就遗忘了我们原本的意图，可这是所有人都认可，且得到海军部积极赞成的。

4. 有三件事曾经在这个时间段里发生。一、马耳他岛的防御，在空军和高射炮上已经明显增强，而德国的空军也已经调了一些去俄国。二、大西洋战场形势发生变化，变得对我们有利。我们有更多的船以应对潜艇，而且，我们因为美国在西经二十六度靠西的活动，可以对驱逐舰和潜水艇驱逐快艇进行重新布置，进而能寄希望于获得大规模救援。三、11 月之前，奥金莱克将军都不愿意开始行动。

5. 那么，我们应该要等着日渐增加的支援（主体是说意大利部队军和供应品）在利比亚积攒着吗？若是如此，等最终奥金莱克将军觉得彻底准备好了，他的境况要是和敌人比，未必会比现在好。

6. 为了能在周一晚上举办参谋长大会的时候拿出来讨论，我期望过完周末就能收到你的回复。

这个政策得到了相关方面的认同，不过推行，还需要一些时日。10 月，在马耳他岛，由"曙光"号和"佩内洛普"号巡洋舰及"长矛"号和"活力"号驱逐舰组成了一支名为"K舰队"的攻击型舰队。没过多长时间，这支舰队就适时地立了个大功劳。

＊　　　＊　　　＊

此时，我有着更加普遍的目标。战争中，虽然未必都能先行拟订计划，但到底还是可行的。奥金莱克延迟攻击的决议和波斯之战取胜带来的间隙形成了一个机会。不管从哪个角度来讲，我期望此时能将运输实力用到极致以支援东方。在即将发生的沙漠之战里，会出现什么情况，我不清楚，俄国会如何守住高加索防线，我也不清楚。不算这些，日本的危险，还有它对澳大利亚和新西兰的所有潜藏的威胁也始终都在。我想再往东方派两个英国师。这两个师要是能在年末前后绕开好望角，那我们手中就有些可以抵御突发情况的力量了。这两个师实际上会变成一支机动储备部队，一支"机动大军"，我们仅靠这支军队就能在需要的时候，有不小的调兵空间。坎坷的经历曾经教会我这一教训，通常来说，这样的教训是只有一次学习机会的。

所以，我满心想再派两个师去沙漠战斗队，为了让我们成功的机会更大，还要留一个储备部队做机动之用以应对中东的需求或者突发情况。我们那时没有运送这支部队的船。能从大西洋战争里调出的所有的船，都用到了绕过好望角的运输船队或者从澳大利亚、从印度驶出的运输船队上。就连莱瑟斯都找不到办法解决。可是，从我和罗斯福总统的通信里显露出来的日渐深厚的感情上看，我敢说，我跟他借几艘速度型的美国运输船，他是不会反对的。就像即将在下文里看见的那样，我猜对了。自然，这是无法接着用很多个月的。可是，为了应对或许会遇到的种种糟糕的突发情况，我急需我们有船在印度洋通行。

首相致帝国参谋长和海运大臣　　　　　　　　　1941年8月22日

望尽快制订送两个整步兵师去中东的方案，以便我们能在周一晚上进行讨论。需要告知所需船只。在美国，已经有部分卡车上了船，自然能直接自美国送出。等美国按量交付了这批卡车，我会让总统借我们运送这些卡车的船，我敢断言，我可以借到。

这两个师可以先去哈利法克斯或者纽约，从那儿再踏上美国的船，以此为对以上方案的改进。海运大臣应当专心致志地拟订这个方案，并给我一个分析过所有角度的报告。我坚信，到11月末，我们会有两个别的师到达中东战区，不过，他们战斗的地方是波斯，还是伊拉克，又或是在中东战区，得看那时的局势。

第一装甲师启程去中东的时间表也请交上来。

经过莱瑟斯勋爵和三军参谋长的充分讨论，繁杂的细枝末节终于理清了。

首相致伊斯梅将军   1941年8月26日

为了施行此次支援中东的举措，请一定要遵照我们昨天晚上商定的决议，和莱瑟斯勋爵以及陆军部调遣司议定的方法。务必用智慧，用各种方法，尽量让我可以和总统不提太多需求。需求内容是让美国派些船舰进行一次往返的航行——从美国驶往我国，再去中东，再开回美国。这些船舰应该能在一二月份回去美国留用。要是能接手"诺曼底"号，就能在特立尼达换船，如此，就能尽早派些小点的船舰回来了。要是用了"诺曼底"号，那去中东口岸接船的情况也应该予以考量，包括改坐小型舰只进入口岸的部署。

请制订提交最完备的方案，并将里面最重要的难题罗列出来，如此，最终会议我就能自己主持了。可减少运入的供应品。

此时，我对总统发出请求。

前海军人员致罗斯福总统　　　　　　　　　　1941 年 9 月 1 日

　　1. 我们因为在波斯成功取得的好结果，和俄国人有了往来。为了长期将援俄的供应品运去伏尔加河流域的俄国储备部队根据地，我们预备将从波斯湾至里海的铁轨铺成双轨，或者起码让其得到极大的改进，以建立一条可以信赖的通道。另外，要紧的是激励土耳其变成一座坚实屏障，抵御德军侵占叙利亚和巴勒斯坦。为了让这两个重要目标能够实现，我准备从现在一直到圣诞节，用我们的船运十五万的援军过去，除此，还要运两个一共四万人的英国正规师。可是，我们无法供应所有的船只。自 10 月初起到明年 2 月这段时间，你能借给我们装备着美国船员的十二艘运输船和二十艘货船吗？这些船装货开去联合王国的港口，至于挂什么旗，可以按照需要来。这些船若能在 10 月初开到这里，那么在 10 月或 11 月，我们会将其派往中东担负运输任务，以填补运力的空缺。

　　2. 总统先生，我们的会谈显露的情形告诉我，这是件棘手的事，可是中东那边急需英国更多的部队。并且，我们要是能驾驭得了土耳其，让它帮助俄国，进而遏制希特勒进一步朝东推进，那么，我们得到的好处是非常大的。自然，借这些运输船给我们会影响美国输送大批军队去欧洲或者非洲，可是，在我们可以公正推测的一切将至的时间里，我从未要求过要采取此种部署，这你是清楚的。

　　3. 关于被敌军打沉的船舰，要怎么赔偿，我们会绝对遵照你们的意思来办。截至目前，我们守卫森严的运兵船没受什么损失。我深信，在眼下这个时间，采取这一步是聪明又实际的，你若能帮忙达成，我会十分感恩。

　　这一请求得到了最大的支持和最豪爽的回应。"我深信，" 6 日，总统说，"为中东支援守军的计划，我们能够帮你达成。不管怎样，眼下我可以对你做出承诺，我们可以提供承载两万人的运输船。"他说，这些美国海军运输船会配有美国海军，还说，因为中立法案，美国可以让海军船舰在所有口岸停泊。另外，美国海运委员会会额外派出十或十二艘船舰开往北大西洋，在美国的各个口岸和大不列颠中间行驶，如此，我们就可以省出十或十二艘货船开赴中东。他说，"我借给你们的是我们最先进的运输舰。再说一句，你们支援中东让我觉得非常开心。"

前海军人员致罗斯福总统　　　　　　　　　　　　1941 年 9 月 7 日

1. 我对于中东航运之事的请求，你回应得这么快，我非常感激，而且，你支持这个计划，也让我十分开心。我正准备再往中东战区派十七个战斗机中队。

2. 我那份有关为俄国提供供应物资的电报，我原本想在里面加一句："他们要是接着战斗，就有价值；他们要是不接着战斗了，那我们就没必要运送过去了。"在坦克的提供上，我们自身正遭受重创，可是，我因为上面的这个论点决定启用这个策略。

3. 你同意的在周一发表的宣言，我们所有人都以极大的关注殷殷期盼着。周二，我会在下院发表演说。

我和总统在普拉森西亚湾说好的，有关美国更直接地插手大西洋问题的约定，总统此时也开始推行了。

＊　　　＊　　　＊

我此时正想办法要把总统给我们的珍贵的礼物——运输舰用起来。

首相致霍利斯上校转参谋长委员会　　　　　　　1941 年 9 月 17 日

1. 为了得到二次航行的好处，美国速度型运输舰的活动和进出港口、装货卸货的进度，务必尽量加快。这些速度型运输舰自美国动身的时间，不用因为装载加拿大装甲部队延迟。装载这些军队的事并不十分要紧，只是顺手而为。这些船舰的装载工作，我并不赞成从 10 月 23 日延迟到 11 月 15 日。应该做一次机动演练，以便第一暂编师用最短的时间登船。要是能配合上运输船队的活动，那此事，应该起码能省下两周的时间。

2. 尼罗河集团军声势不错。这并不奇怪，它们到底修整了近五个月没有参战。英国的那六十个营，一个营平均八百八十人，那四十五个炮兵团只缺了百分之九的人。在未来的四个月里，这些炮队有超过四分之一的人能展开源源不断的剧烈的炮轰，真是没能想到，因此，炮队召集的战士用不着及早登船。占先的应该是那六个坦克运输连和十六个标准化摩托运输连。这在海军的替换成员和印度的支援大军上，在为那两个在伊拉克驻守的新印度师提供的炮队等上，也适用。招募的一两万步兵可以在方便的时候上船，而且，登船的可能还有急需的皇家陆军勤杂团的专用技工队。可是，我们别忘了，任何东西都不能在"十字军战士"行动前送到那儿。可以过些时间再支援马来亚，至于对非洲的支援运不运过去，可以看情况决定。我们一定要处理的事情，就是先上船的应当是谁。

3. 按照同罗斯福总统提要求时说的，将英国第一师、第二师送去中东是首要目标。把装载工作推迟一个月到两个月，尤其是，我们若能用美国的船进行二次航行，就肯定能满足一切紧急需求。没什么东西是一直不能运的。

4. 中东现在拥有的空军中队，我会让空军部接着加，将其增到六十二个半中队。

5. 希望可以按照上述各条拟订支援中东计划的改进计划。我非常希望能在今天晚上或者明天晚上，和参谋长委员会一起对特别的难题进行探讨。

*　　*　　*

三军参谋长尽管答应再朝东方派两个师，可免不了有些担心。我注意到了各种险情，可仍将奥金莱克的进攻放在了第一位。

首相致霍利斯上校转参谋长委员会　　　　　　　　1941 年 9 月 18 日

1. 在全部运输船队到达之前的这段时间，我们应该估计下，是不是会出现恶战。不能觉得，这种争斗的危险平均分配在所有时间里，也不能觉得我们该在所有议定的时间里能支援最高额度的切实战斗的部队。看上去，只有一场恶战是能够预料的，即已经拖延了很久的西部沙漠之战。现在为筹备这场进攻，送什么东西过去都来不及了（也就是还没送出）。可是，这次攻击要是可以取胜，那不管是死守已得的阵地，还是勇敢地朝西挺进，算上专用技术机构在内的运输队（皇家陆军勤杂团）的任务会十分繁重。在这种背景下，在许可的范围内，我想实现皇家陆军勤杂团的需求——原本我们是觉得这过高的。三军参谋长的备忘录给出的数目是一万三千五百人；要是将原本预订让运输船 10 月运五个步兵营去印度启程的时间延迟一些，就能多出四千人了。相比于后者，前者的紧迫性看上去更高。毫无疑问，印度的部队严重不足，可是按照此次的新部署，他们仍能得到七千九百人，也就是三个营，还有为增加兵力招募的士兵。这是开赴印度的英国的一支非常强劲的队伍。所以，我想把人数为四千人的五个营的出发时间推迟到过年，把省出来的四千个舱位拿给皇家陆军勤杂团去支援中东。应该对驻守在印度部队的司令说明，此次推迟只是短时间的，增兵计划还会继续施行。

2. 在我们的运输船行驶到 1941 末，且在 1942 年 2 月末来临的这个时间段，我们猜不准别的"恶战"会在哪儿，顺着哪个攻击线路爆发。土耳其在这五个月的时间里，未必会对德军敞开攻打叙利亚的大门，并且，要是土耳其不同意，敌人也不会从小亚细亚强开一条通道。只要俄国没有被彻底打垮，德国就不会贸然大范围对土耳其开战，因为牺牲的人命因此可能要多出一百万。所以，据我看，在过完冬天之前，即3月之前，从北边进攻叙利亚和巴勒斯坦的威胁，是不存在的。三军参谋长在数次的汇报里的意思也是这样。

3.另外，敌军想要对我们展开大范围的进攻，道路只有一条——经高加索穿过里海一域的线路。要动用这条线有个必备的条件，就是一定要掌握黑海，可如今俄国海军在那儿占有绝对的上风，除此，还得攻下塞瓦斯托波尔和诺罗西斯克，之后从巴统穿越高加索抵达巴库，要不然，就自黑海北部采取措施，从高加索朝南进发。在冬天，这个行动是施行不了的。德军顺着里海前进，强行穿过伏尔加河一域，把俄国仅有的储备部队消灭是第三种可能。在未来的六个月里，只要我们不做出俄国投降或者被打垮的假设，这个行动就实现不了。俄国只要不投降，不被打垮，俄国海军死守着的里海，肯定依旧是北方的一个巨型要塞。

4.所以，德军要是没办法在以上时间内让土耳其和（或者）俄国投降，或者自安纳托利亚或经高加索或顺里海北面展开强攻，我们想象里的"恶战"，德军就启动不了。对于达成共识的战斗的变化莫测，要是有符合常理也切合实际的想法，自然能发现，在1942年春天之前，这些情形是不可能出现的。

5.所以，相同的危险每一天都持续存在的论调，我并不赞成，而且，在我看来，相信在中东战区西部沙漠那场仗之外，什么"恶战"都不会有，并非没有道理。我们要是主动攻击，自然就得另说了。在这些情形下，对于给先行军增加两个师的支援这一切实的决议，在政治和战略方面，所含有的首要问题，我认为，我能够给予大量的关注。

6.这些顾虑是什么？一、在道理上，我们有需要给中东一种切实的、明显是英国做出了牺牲的帮助，将我们始终在消耗他国军队和性命的恶名洗下去，虽然这种论调非常不公。二、除了参谋们在会议里说的那些部队，我们可以再加两个师，这能让土耳其发生变化，进而加大土耳其采取行动的可能。三、我不想毁了我和总统提出请求的依据。四、为了有力地支援里海以北的俄国储备部队，这两个师或许会经由巴士拉推进。

在护送这两个师的三个月里，我们仍有各种选择的机会……

* * *

我一样将事情和史默兹说了。

首相致史默兹将军　　　　　　　　　　　　　1941 年 11 月 20 日

从眼下开始到圣诞节结束的这个时间段，我会派两个师和别的大概八万名援军去中东。为了完成此事，我只好请罗斯福借美国运输舰给我们，他已经豪爽地借给我们了。我们要是可以歼灭昔兰尼加的敌军，那我们就有足够的兵力援助里海一域的俄军，以及（或者）左右土耳其的活动了。后面那件事是我们急切渴望的。希望起码能让土耳其拒绝德军从安纳托利亚借路推进的要求。与此同时，比弗布鲁克和哈里曼正奔赴莫斯科。在坦克、飞机和别的非常有需求的武器上，我们只得付出极高的代价。俄国要是能持续战斗，这些就有价值。他们要是不再参战，我们就用不着再运了。从里海到尼罗河这一区域的军队的总量，希望在 1942 年能有二十五个师。要是俄国非让我们把其实我们可以派去俄国的那几个师送过去，那我们正快速修建的波斯铁路，肯定被士兵和物资的运送影响到。俄国这么做睿智与否，我十分怀疑。这所有的事都会在莫斯科进行探讨，我们的参谋们也会进行分析。进程怎样，会不断告知。

* * *

对于沙漠地区，我们都时刻挂念。8 月第一周，我在去普拉森西亚湾的路上，曾针对即将来临的西部沙漠攻势写了份备忘录，我现在将其复述一次。原稿我曾拿给帝国总参谋长瞧过，还拿给本土军队的总司令布鲁克将军看过。除了少量与准则无干的小变动，他们说绝对支持。

自 10 月 7 日开始，我将这份文件拿给了各个高级指挥官传看。第四条里说到的有关陆军和空军司令的条款，发电报给奥金莱克将军和特德空军中将推行。这个条令对两者间的联系进行了解说，且在对空军的适用上，陆军司令不管是在战斗的时候，还是筹备的时期，权限都是最大的。这个条令自此在英国部队施行，之后美国又单独进行了改进。

国防大臣备忘录

1. 在此次战争里，大炮在战场上的最高地位被重型装甲坦克抢走了，哪个指挥官能率先予以恢复，哪个指挥官就能名留青史。有三个条令对于这一目标是必不可少的：

（1）所有的野战炮或者机动高射炮都被配备了足够的实体穿甲曳光弹。如此，所有的机动炮就都成了反坦克炮，所有的炮兵队都有了自己的抵御坦克的力量。

（2）在大炮遭受坦克袭击的时候，应该期待这个机会。应当始终使用大炮作战，直至敌军到了炮口。为了飞速射出的炮弹能和开过来的坦克进行交战，在它们开得太近以前，炮队都该用猛烈的爆炸弹。此时，在所有目标中，坦克的履带最好攻击。实体穿甲弹该在距离短的时候发射。除非敌人失去了分遣队，否则，就该继续战斗。最后一弹射出的距离不该超出十码。为了能在最近距离里获得射出穿甲弹的绝佳时机，某些炮兵或许可以装成失去了战斗力，或者收束他们的火力。

（3）因为使用上述战策的结果，尤其是在炮队和坦克战斗的时候，大炮通常会被坦克压制失效。让敌军坦克逼近己方大炮炮口，并不是失败，也不是耻辱，恰恰相反，这是炮队的最高荣耀。销毁了坦克，就足够弥补野战炮或者机动高射炮的损耗。德国人因为有很多自身喜欢用的本国的大炮，所以不会去用抢到的大炮。缺少的数量，我们自己就能补充。

皇家炮兵务必建立这么一个规则——用坦克攻击一群经过妥善部署的英国炮兵队这种事情，并不划算，为了毁掉大量的坦克，炮兵队始终等着它们来攻击。就像韦林顿的阵营在滑铁卢的时候，并没有因为敌方骑兵压制而后退一般，在坦克开近的时候，我们的大炮也不能后退。

2. 德国人在他们最前方的队伍里，布置了他们所说"高射"炮队，还将这种炮队分散到他们所有的装甲和辎重纵队中。他们自侵占法国时就开始用这种办法，之后又接着予以发展。我们也该这么做。准则应当是，所有队形，纵队也好，散开的队伍也罢，都应当配置特定比例数量的高射炮进行护卫。这一准则，所有纵队都适用，由于机关枪和"博福斯式"高射炮这种武器已经可以更加充分地予以提供，所以这些纵队应当配备大量的机关枪和"博福斯式"高射炮。

3. 为了能让奥金莱克将军尽量用最佳的模式，把"博福斯式"高射炮用到他的所有纵队里，用在攻击进程中，必不可少的所有军队聚集点或者加油站里，眼下正为奥金莱克将军运二百五十门"博福斯式"高射炮过去。

在抵抗空袭的时候，陆军务必不能全靠飞机守护。最要紧的是把那种思路——让空军在行动部队上方警戒——丢掉。这么"分派"飞机不合适；若大面积使用这种无益的行动，就保持不了空军优势了。

4. 只要中东的陆军总司令表示将要开战，就算别的目标再如何有诱惑力，空军司令也该为他提供所有可行的援助。战斗胜利能弥补一切，带来新的关键性的良好形势。陆军总司令应该告诉空军指挥官，在自己对敌后设备展开备战性质的进攻时，以及战斗进行的时候，空军那边的行动目标和使命是什么。而空军司令，就该以最有用的办法在这些目标身上花费最大的力气。这除了对永远调拨给陆军航空队的所有中队适用，对战区里能够派出的所有空军也适用。

5. 要是有需要，可以让轰炸机作为对长途或偏远纵队的输送和给养飞机，目标只有一个，让武装行动获得成功。我们觉得什么麻烦都不会有，因为两个总司令的利益是一样的。在筹备期，空军司令当然要将所有的日常工作放到一边，专心致志地轰击敌后后勤区。除了夜袭，为了把这件事做完，他还得在战斗机的掩护下，在白天进行轰炸。在这一进程里，他要和敌军的战机对战，还有最佳的在那个地区拿到制空权的机会。对的事，在筹备期在战斗中甚至能使用大力气来做。敌军每个聚集或者加油的地方，或者前进的纵队，轰炸机都该在白天，在强悍的战斗机的保护下进行轰炸。因此造成的空战，除了自身有着极为重大的价值，还直接有功于整个结局。

蒙哥马利将军没有拿到这份备忘录，直至 1943 年，第八集团军赢得阿拉曼胜利后，又过了十八个月，我和他在的黎波里见到，在不经意之间给他看了份抄本。他写道："这份文件就像写的时候那样，就是到了现在，也还是正确的。"他当时因为重塑了大炮在战场上的重要性，声名赫赫。

第七章 英国的力量越来越大

1941 年秋

追忆我们的武装地位——我 10 月 4 日的备忘录——有需要保持本土军队的军事能力——对大不列颠空中防御的制约——我方战机力量大幅提升——我方轰击进攻遭受的约束——陆军力量：我 10 月 9 日的命令——人员的事：我 11 月 6 日的备忘录——我对侵占危险的质疑——一个有关人民自卫队的计划——恩比克将军的使命和汇报——对此，我的评价——我们的大西洋命脉——总统 9 月 11 日"先行射击"的指令——致电史默兹将军——运输船队更加安全了——"鲁本·詹姆斯"号 10 月 31 日被打沉——在比斯开湾，我们的空中攻势——屈服于一架飞机的一艘潜艇——通向俄国的海上通路——我们 8 月 12 日开赴俄国的首个运输舰队——掌控"福克乌尔夫式"轰炸机——我们改进了护航航空母舰——我们最先进的潜艇杀手——德国在地中海的潜艇——和德国海上攻击舰作战——1941 年秋，英国的实力——船舰损耗表

当冬季来临，必须按照新的局势考察一下 1942 年陆军的数量和编制。我们无法断定用于进攻的各类登陆艇和坦克登陆艇，此时德国是否尚未造出。此事，我们自身就在以越来越高的程度进行着。确实，它的需求起码

还得再大一点。我们无法断定希特勒在 10 月攻击的最初阶段，在战败、击退了俄国部队以后，是不是会遵照他那一大群将军本来劝诫的那般，突然暂停，夺取一个据点过冬。既然他已经抓紧时间筹备妥当，他就有可能会借助他掌控的横穿欧洲的众多通路，调二十到三十个师回来，以便在春天的时候，进攻大不列颠。甚至没有人知道，他是不是还有充足的精兵留在西方战区。德国空军看上去仍有机会以极高的速度再从东方返回西方。不管怎么样，对于这种骤变，我们一定要有准备。本地武装总司令艾伦·布鲁克爵士有叙述这种重大需求的义务。他极其正确地阐述了本地防御的需求，且他和他规模巨大的顾问们确实用最有效的方法将这种需求说出来了。他们提出请求，要得到大量兵力，还同我们说这些兵力要是调不来，作战军队就会遭到恐怖的削弱。对我们数量已经极为有限的兵力进行正确分派这个任务，就压到身为国防大臣的我和三军参谋长的身上了。

首相致陆军大臣和帝国总参谋长　　　　　　　　　　1941 年 10 月 4 日

1. 国内军队总司令表示，等到春天，他只能将自己的师的规范编制降低为十一个绝对机动的师，只有在爱尔兰的三个师例外，这让我非常担心。如此一来，我们超过五成的陆军就没有了，这让人难以容忍。你们原本在一切这种形势临近争论的地步之前，就该对内阁进行示警。

2. 如此裁撤陆军，完全没有道理，也没有必要。不说现实战斗，冬天因为合理损耗在冬天造成的损失超不过六万人，可超出这个数额的填充，已经准备妥当。不管怎么样，那二十六个标准师、九个地方师和七个装甲师，再算上（正筹建的）国民自卫队，是不应当裁撤的。若是想要新的军队，办法可在那四五个独立旅和那十二个尚未编成旅的营里找。

3. 请马上分析总司令的宣言，并汇报给我。在这个时间段里，一定要遵循如下准则：除非先行得到我的确切回复，否则在规范上，所有现存的师级编制都不能予以裁撤或者改成别的模式。一切你们想建立的替代现有军队的新军队，以及一切人事或者配置属于体制上的重大改变，都要告诉我。希望能做份表格，标清现在正展开或者即将展开的一切改动，交上来。

同时，我会尽全力提升本土武装的功用，让民政机关别和他们提那么多模棱两可、听着光鲜的要求。

首相致陆军大臣   1941 年 10 月 5 日

1.让陆军在冬天挖下水道，或者别的此种性质的任务，这种主张，我并不认同。相似的计划空军也有，可情况是不一样的。他们准备在皇家空军里抽八千名技术好的人员，身穿制服，大概借出六个月给各个工厂。他们的情况和陆军是截然不同的，在我看来，他们的计划不错。

2.掌控你思维的应当是军事上的考量，因此，面对我国的那些怯懦的人员，你不该退让，这些怯懦的人，不清楚对于一支可能必须和德国部队战斗的军队来说，素质、效能、行动速度、纪律严谨是重要特征。

3.在一切危急时刻，比如受到激烈的空袭或者收割的时候，陆军自然要予以适时的、豪爽的支援。可是春天，我们会要求我们所有的战士，以及所有的部队处在最高级别的预备状态，就连春天之前，也有机会有战斗的需求。遵照我以国防大臣的资质下达的那些命令，让他们如同斗鸡那般做好准备，就是你的职责。所有的将士都该进行检阅、训练和模拟，所有的班、排和连成员的个人素养都该有足够的进展，中层军官要持续升级、裁撤，还要进行各类课程和比赛等活动。应当让部队在乐队的随同下多在城镇和工业区进行行军。生活乏味，那就多给将士放几次假改善改善。那些不得不做的艰难的训练，和其相对的，可以配些车，专门运将士去城市游玩。我们要的，并不是那种假设进攻真的来了的时候能出来战斗的、身上还带着泥土的民兵，而是顶级的正规军。上周，我已经向下院申明，对简单轻便、粗俗的折中办法心存幻想，有多危险，还有我们因为这个已经被带到了灰暗的情境中。

*　　*　　*

派尔将军统御的高射炮队和别的空中防御部队，自然是我们机动部队能够得到人员补充的重要渠道。因为大家忧心未来空袭的级别甚至会更高，所以在防空上要求做出切实的扩张。我拒绝讨论这方面议题，在我看来，目前最大的危险是敌军的地面占领，以此共识为前提，讨论才有意义。

首相致霍利斯上校转参谋长委员会

大不列颠的防空问题首相指令　　　　　　　　　　　1941 年 10 月 8 日

1. 今年冬天的空袭会猛烈到什么程度，明年春天的进占的危险又会怎样，我们无法预计。直至战斗终了，这两只秃鹫都会始终在我们头上盘旋。我们一定要慎之又慎，我们的机动部队和别的军事在我们正筹备的进攻里的努力，不能因为我们对它们的谨慎而被过于压制。

2. 将大不列颠空中防御成员的总数限定在眼下的二十八万人这个数上，再算上他们能引来的额外征召的女性的数目，看上去是合适的。和我们去年抵抗了数次空袭的人数相比，这个人数起码超出三万。要求增加的五万，让总数达到三十三万的这个人数，提供不了。如今将拿到更多的高空射炮和低空高射炮。这些炮中的一部分能够用到新增的炮兵部队里，可是，英国的防空机构要是不能在上述人数内，想办法用值得称道的思维和技术将这些炮配好人，政府就只能站出来管理它们了。

3. 有鉴于英国空军和德国空军目前所处的平衡的形势，还有俄国的原因，故军是不会用源源不断的激烈空袭来和进攻协作，或者当作进攻的序曲的。他得将其省下来好发动进攻……

4. 所以，英国防空委员会只能尽量机动起来，将不动的防守限制在最小的范围内。为了实现这一目标，采用弹性模式的那部分防空要尽量大。派尔将军应当制订计划，对布鲁克将军的部队进行支援的时候，要用最多的弹性高射炮。有时候，那些部队把他们的炮撤下来的时候只能在炮位上，要不然，还能再配一套弹性的炮。如此，在有需要的时候，我们就能把重心从一条腿换到另一条上了。

……

6. 最要紧的是，工厂虽然把炮制造出来了，可是我们不能因为这样，就持续加炮，加炮队，以致我们受过训的那点人，被绑在不动和被动防御上的人日渐增多。

7. 为了让陆军有更多机动高射炮，为了支援海岸炮队，应当让各个方面帮派尔将军一起拟订方案。另外，不低于去年的后勤服务是必须的，这是起码的标准。但前提是不增加他的兵员（二十八万），女兵不受此限。。

8. 请参谋长委员会进行建议，并思考应当提什么意见才能让以上各条准则推行。

*　　*　　*

此时，我方战斗机力量已经得到极大的加强，而且，除了防御上给予的安全更高了，在战策的制定上，也拓展了别的各种可能。

首相致空军参谋长　　　　　　　　　　　　1941 年 9 月 1 日

在上次的汇报里，我高兴地看见在国内的空军上，我们其实有一百个战斗机中队（九十九个半）。我因为俄国参加战争国和我们在中东（包含波斯）的身份提高引发的战局的巨变，想大规模援助中东，好对土耳其产生影响，并且（或者）对俄国南边侧翼进行支援。我的思虑转向，最多派二十个完整的战斗机中队去伊拉克—波斯和叙利亚战区。这些中队在守护我们掌控的土地或者我们盟国的土地的时候，可能会和德国轰炸机和俯冲轰炸机战斗，而那种良好的条件——如同去年德国人在不列颠战役里空袭我们时的那种，到时我们可以再次建立。和发生在法国的那些极其艰难的战斗相比，这件事或许更有好处，如同法国之战那般艰难的战斗，需要的时候，我们自然还会打下去。这支空军得等到年末才能出发，因为必须走过长途海路，经好望角过去。为了让战斗机能把所有的防御能力都显露出来，控制中心那般的有力机构（比如第十一组）它应该带上一两个。除非侵略的时间段已经过去，否则这支空军去不了国外。它自然是一支额外的部队，并不在你以支援东方为目的，掌控在手里的所有空军之内。

对于这一形势，你若能分析它的一切关系，并且把需要的人数、对船只的需求情况，以及你对战争力量的重大变化的意见告诉我，我会十分感激。在俄国的战争努力上，有这种战机在里海的北面和南边的战区战斗，会是一种极大的帮助，而且，和轰炸机携手，就有机会长时间遏制德军朝东进发。在这一地区，印度也会有空军行动。

我始终在持续尽量想办法让轰炸机的制造得到发展，制造得更多一些，那些坚持提高它产量的人的最低指标，其制造甚至也差得很远。

首相致枢密院长 1941 年 9 月 7 日

　　我始终十分关注重型和中型轰炸机制造的扩展。在 1941 年 7 月到 1943 年 7 月这段时间，皇家空军还得生产出二万二千架，才能让前线的中型和重型轰炸机的数量够四千架，其中五千五百架有希望能从美国拿到。按照最新的预计，剩下的一万六千五百架里，能从我们自己的制造厂得来的仅有一万一千架。这场战争，我们要想获胜，就不该满足于这种形势；所以，我在和制造飞机的官员，还有查尔斯·克列文爵士商量过后，已经下令：马上拟定一个方案，让我们更加努力，在这段时间里，不是制造一万一千架，而是一共制造出一万四千五百架。想要实现这一目标，我们只能集中精力，甚至不惜妨害其他任务。原材料和机器上，应当不会有解决不了的难题，而且，这些飞机会有充足的飞行员去操作。棘手的问题是寻找到充足的熟练工来操作这些设备，还有培训大量的新的男女工人。不牺牲其他的制造活动，是找不到这种熟练工的。

　　我已经让负责飞机制造的官员给这个新的纲要拟定一个方案，并告知实现这一方案的必备的条件。我还让他对怎样才能实现这些条件，给出意见。我已经让空军达成改进了增加皇家空军的方案，好和这新的制造方案相适应。由于完成前线所有的飞机数的时间会比眼下预计的晚一点，所以机场的建造、炸弹的生产和弹药的填充等可以得到很大的缓解。

　　我期望你拿到飞机制造大臣将要拟定的方案，把或许相关的所有官员召到一起开个会，给这个方案提些补充的方案，以便我参考。我们有必要知道，造飞机行动会给其他方面造成怎样的影响。海军部的制造方案可能有延迟施行的需要，陆军配置的制造数量或许有降低的需要。最要紧的是，大量的新制造厂的建造的确一定要予以减少，眼下，这些制造厂才开始建造，或者将要建造，它们在建造上，以及所需原料的生产上，都要吸纳极高的人力。你应当跟全部的这种制造厂索要建造意图、开工日期、开工情形，还有他们可能动工制造的年和月的汇报文件。提高轰炸机产量的需求高于一切，别的长期方案只能给它让道。

此事，我将其视为眼下战争中的一个关键要素，而且，你的初级意见，我希望两周之内我能拿到。这一方案的推进未来你一定要勘察，并且，我会按期开会予以激励。

＊　　＊　　＊

与此同时，我们某些最可信的大臣以他们本有的热情给出的意见，我却只能压下。空中海防总队因为我们必须减少它预计的扩增而遭到了非常重大的伤害。此时，我的工作就是在同一时间战斗在全部的行政阵线上，并且在众多的彼此矛盾的需求里，为采用对的方法，提建议给内阁。

首相致空军参谋长　　　　　　　　　　　　　　　1941 年 10 月 7 日

1. 空军参谋部的希望因为对德的空中攻势而变成现实，这是我们都期望的事。我们正努力建一支我们都想得到的、规模尽量庞大的轰炸机部队，而且，这个策略我们有变更的打算。可对于此种进攻方法，我认为不该过于信赖，用计算的办法来展示这种信赖，我就更不赞成了。眼下我们能够用以打垮敌军气势的最有力的办法就是这个。美国要是参加战斗，这种办法，装甲部队会在 1943 年年内在起义时机已经到来的那些被侵占的国家里，用同时进攻的办法予以填补。关键性的成功，不用这个方法是无法切实获得的。就算全部的德国城镇都因为轰炸而只剩下一点能够生活，可不见得就能降低武装控制，甚至连让军事武装工业停产都做不到。

2. 空军参谋部过于夸大自己的意见，会引发一种谬误。开战之前，我们曾被他们描述的空袭产生的破坏的景象而迷惑。下面的这件事能够证实这一点：为空袭情况预备了二十五万张病床，可现实需要的病床一直在六千张以内。这种空袭毁坏的情况曾经被夸张到那种程度，以致那些负责战前策略的政治家因为觉得失望，进而在一定程度上促动了 1938 年 8 月舍弃捷克斯洛伐克的事。等战争爆发，空军参谋部又持续不断地要说服我们，敌军要是拿下了低地国家，拿下法国就更不用提了，因为空袭我们的情况会极其紧急。可是我们因为没有太关注这种说辞，已经找出了一种不错的办法予以保持。

3. 德国的气势可能会散，而且在造成这种情况上，我们的轰炸会发挥十分重大的效用。可是所有的事都是一起展开的，因此，纳粹的战斗力将在 1943 年大规模出现在整个欧洲，以至于对自己国家的真实产业需求度不高，这种机会是很大的。

4. 敌人的空军要是被减少到那种程度，甚至能在白天精准而激烈地轰击工厂，那情形就不一样了。可是据我们眼下所知，这种轰击只能发生在战斗机保护的半径之内。人们只能尽力去做，可是谁要是觉得有什么切实的法子能在此次战争里取胜，或是在实力均衡的对手中间，有什么别的战争举措，那这些人都是傻子。办法只有一个，就是坚持。

这些普遍性的问题，不管什么时候，只要你想，我都愿意和你探讨。

* * *

眼下，对于我们期望陆军在 1942 年拥有的力量和特征，还有维系陆军必备的关于人员分派的举措，我已经有了大致的意见。以下计划和因此要推行的举措，我已经获得了相关部门的认可。

陆军的力量

国防大臣的命令

1941 年 10 月 9 日

1. 现在在联合王国里（包含北爱尔兰），我们有二十六个规范的摩托化步兵师和波兰师，一共二十七个师，装备良好，有大炮和交通工具，每个师平均有大概一万五千五百人，以及十个军的机构和军的直系组织（六万一千人）。在海岸活动的有八个本地师，一个师平均大概有一万人，没有别的炮，只有海岸炮，并且，近乎没有交通工具。我们装甲师有五个，集团军旗下的坦克旅有四个；总共包含装甲旅十四个（有五个师小队）、配备了大炮和交通工具的旅团四个、步兵旅七个和没编制成旅的营十二个；另外，又有飞机场防守营八个，以及地方守卫营和青年营里的十万人。

2. 现在建议把此种编制变成二十七个标准化师（下面称为野战师），算上波兰师（这个师会配备一个小型装甲队），一共二十八个师；再把装甲军增加到七个装甲师，算上隶属于八个集团军的坦克旅，总共有二十二个装甲旅（配有七个小型师队）。那四个旅会接着维持。会有十三个旅和等同于两个同盟国旅的部队和八个"分遣营"替换那八个本地师和上面说的别的军队；上述的所有军队组成本地野战部队，这支队伍预计和四十五个师的军力相当。另外，仍会有八个机场守卫营和当地守卫营及青年营。

3. 这些改动为的是提供陆军战斗力，尤其是在装甲军上，还预备增加野战炮、反坦克炮和高射炮，1942年将建立的五个新加的印度师配备炮也在其中。因为后边这个目标，在印度部队里将一定要配备多达十七个的英国营。

4. 减少第二点里说到的军力违反了我们的战争需求。为了能在之后的九个月里，也就是截至1942年7月1日，保持这一军力，也为了能保持中东的部队，在印度的部队，还有我们在冰岛、直布罗陀、马耳他、香港等地守军的受召的军队，一定要提供二十七万八千人的兵力填充陆军，因为一个季度通常会消耗五万人。我们正想办法满足这种需求。陆军那边，不算已经召集的六万三千名女性，起码还得再召集十四万二千名女性。

因此我详尽地介绍了我军在国外的情形。结果显示了，在那些逼迫美国参与战争的特殊事项出现之前，我们拥有的军用物资和部署的力量。命令又说：

10. 要是以师或与师相当的单位来换算我们的陆军，1942 年的计划基本如下：

联合王国	45
防空师	12
尼罗河集团军	16
派往伊拉克和波斯的印度集团军	9
在本国的印度陆军	8
关卡守军	7
非洲当地师	2
总计	99

11. 在 1942 年改进、配备和保持这全部的军队，就是我们的任务。

*   *   *

此时在为部队配兵之外，在人力上，正扩大的兵工厂和制造厂提出的需求也更高了。要想保持住整个国家的气势，那就一定要让人民也得到充足的给养。在人力中心与兵役中心，贝文先生作为一个阅历丰富的工会领导者，通过他所有的学识和声望去搜集有用的人。在对我们的军事和经济资源进行衡量的时候，显然，人力同样是一个环节。人力供应者文先生和枢密院长约翰·安德森爵士一起制定了一种体系，直至战争结束还帮了我们很大的忙，因为这种体系，我们为国内或者战场上的工作，召集了大量男女——其在总人口中的占比，高于全球任何国家在这场战争或之前随便一场战争里所召集的比例——去从事支援战争的工作。这个任务开始的时候是在不太要紧的工作上抽调人力。在劳工储备下滑的时候，所有在人力上的需求，就只能降低了。枢密院长和他的人员分配组委会，为了判断彼此争斗的需要，通常得除去反对力量。将拿到的结论告知我和战时内阁。

11月，战时内阁拿到了这种有关人力考察的首次汇报。对于枢密院长在汇报里问我们的那些重点问题，我将自己的意见告诉了我的同事。此时，我们明显只能将重担压到女性身上。

首相关于人员分配问题的备忘录

1941 年 11 月 6 日

我们不得不处理的某些首要问题，我要是能将自己的临时主张予以说明，我的同事或许会觉得便利一些。

1. 必须参军的男性的年龄应当再增加十岁，没超过五十一岁的全部男性都在其中。尽管这可能无法让太多男性在服役期间去承担作战工作，但能帮人力官员在部队里找到从事非战斗工作的人。

不用除掉将来再次调高年龄限制的可能，不过现在看来，在年龄上限上调高十年已经够用了。

2. 招募十八岁半替代原来的十九岁的年轻男性参军，看上去已经彻底成了定局。确实，与之相比，我倾向更进一步，在他们十八岁的时候，就招募他们参军，要是这有什么切实的帮助的话。

3. 总体而言，考虑到这种办法明显不得部队里的男性喜欢，对于眼下招募女性参加助理服务队已经成了惯例的事，我并不赞同，可是在征召志愿者上，应当全力支持。

4. 内阁要是决定支持强制女性参加助理服务队，是不是应该考虑不依照年龄一块儿招募，而是单个选定。后面的那种体制免不了会妨碍女性参加，直至她们依照年纪被同批招募。

5.应当鼓励指引女性加入军工制造产业。应当抓紧使用当前的种种人员……

6.在背景合适的时候，可以激励老板们在工业方面深入使用已婚女性的劳力。这通常只能用兼职工作为准则，所以，一定要想办法为预备担负两种工作的女性减负。

*   *   *

德国侵占这整件事免不了必须再次拿出来讨论。我便动手展开这一工作，且越来越相信侵占的事不会出现。与此同时，这是个完善的措施，能让我们对能够调配的兵力进行重大合适的部署。此时，国内的司令部提议大规模提高装甲配置，而且有关德国大批制造坦克登陆艇的谣言也被视为可能性极高。那时的形势有多危急，写下些不幸被真相证实为部队的决议，有多容易，要是不读读那时写下的文件，人们是理解不了的。我就像是动物园里，拿只给了一半的粮食喂大型动物的饲养员，好在，在它们眼里，我是个友善的老饲养员。

首相致帝国总参谋长   1941 年 11 月 3 日

1.所有经验显示，任何一个总司令都想得到他想拿到的全部东西，而且始终用最小的数去刻画他们自身的力量……我高兴地发现我们能有一千辆坦克去应对一次秋天的攻击，仅仅是数个月之前的事。如今，我们已经拿到了两千辆或者再多一点，并且到了春天，起码还有一千五百辆能用，坦克的总量因此能达到三千五百辆。

布鲁克将军应该用可能的最佳方案将这些坦克编组，别忘了，为了国家抵抗侵略的防御工作，应该在第一线的队伍中放上尽量多的数量，而储备队，就不用达到中东提出的那种程度。

2.尽管我正呼吁用最强劲的手段去抵御春天的侵略，可是对于侵略程度的那些传言，我自然是极不相信。有平底船八百艘，每艘运载了十辆坦克，以八海里的速度移动。赞成此种传言的证据，所建立的基础是最薄弱的——说是在某个地方，有个探员曾经看见有几艘这种船正在制造，因此他觉得，这样的船，也有别的地方在建，数目一共是八百艘。要是有任何别的证据能证明这种传言，希望能告知我。

3. 随着录像技术的发展和空军实力的加强，应当极力遏制在低地国家的众河口聚集大批船舰的行为。如今我们既然拿到了加来海峡的制空权，那敦刻尔克、加来和布洛涅看上去就无法为侵略提供帮助了。白天在战斗机的保护下，可以对集中在这些口岸和那些小型口岸的船舰进行轰击。去年的情形就并非如此了。

4. 背弃我们对俄国的承诺，这样的事是说不上的。自然，阿尔汉格尔斯克港要是结冰，我们就只能尽全力去想办法使用别的通路。可如今，记录了我们承诺的文书，上面的墨汁还没干，可我们又没能做点儿别的帮助俄国的事，我们就说起这种问题，太早了……

一旦侵略发生，为了能将精挑细选出来的那些国民自卫队算到陆军的系统之内，我觉得拟订一个方案是有必要的。

首相致陆军大臣 1941 年 11 月 23 日

1. 大批船舰在港湾和河口里聚集，以及大量部队的调动，让大家相信侵略的危险会慢慢展露。我们在这些进程（可以想到，这些程序得用数个月的时间，而且最后或许只是个骗局）的某个时间段，将必须宣布"警备"。这个时间点，要想判断对，应该将其定在侵略发生之前的大概两周的时候。我们不会让所有的国民自卫队，自那个时候开始，停下他们手中普通民众的活动，只是召集特殊的一些，让其参军，就如同民团过往那般。

2.要等到侵略发生时间（以我们可以预估的）前的数天内，或者只是在侵略部队已经上船的时候，才召集国民自卫军的剩余部分。可是，在"警备"到警报之间这段时间，他们该更加小心。

3.十八岁以下和六十岁以上的人，自然不在我心里想的那些特殊国民自卫队之内。而对于现在做着辅助性质的工作，没同意参军，可是已经主动加入了国民自卫队的数量可观的身强体壮的男性，我们会进行另外的军事训练，他们还会因为进行这种训练得到金钱上的回报。在"警备"的时候，他们将处在从前所有时间都不曾处在的备战情况，也不用遵照陆军部的配备指标，编制成旅，进而让这一建议遇上麻烦。会为他们装备步枪、机关枪和"捷克式"轻机枪战车。可以把他们编制成营。他们专属的普通民众和志愿军的身份，在"警备"的时间到来之前，是不会发生变化的。

期望务必按照一个军区建四个营的指标，和提切实的意见给我。

* * *

对于我们这个岛的防御情况，美国的军事领导者们十分关注，这我是期待的，这个岛，在他们眼里已经是美国安全的屏障了。曾有一段时间，他们担心，如果我们倾注太多力量在中东地区的守护上，对英国本土的守护会受影响。马歇尔将军派一个美国将领在九十月份来英国，我诚挚地邀他走遍我们全部的国内和海岸防区，还让他将得出的结果全部汇报给我和他本人的政府。恩比克将军是最出色的抨击者，而且是英国的一个好友。可是我从最开始就觉得他说得太严重了。11月月末将至，他交出了他的汇报，我按照那时写好的样子，刊登了我对此份汇报的评价。

首相致伊斯梅将军转参谋长委员会　　　　　　1941 年 11 月 23 日

恩比克将军针对英国防御系统做的这项汇报，是以假设为依据的，即假设侵略军人数，再根据这个假设的数字决定做哪些准备工作。恩比克将军十分慎重，其判断可能十分精准，但我还是要强调：根据假设来加强我们的防御系统，虽然毫无疑问是有用的，但毕竟缺少切实依据……

这份报告有个严重的失误，就和很多有关侵略的分析犯的错相同，事情出现的次序，它也扼杀了。这种大规模的侵略，在没被发现的情况下就筹备妥当，是不可能的。必定要在港湾和河口聚集船只，除了传言中的那八百艘登陆艇，还得有很多其他船舰和巨型船。这个过程会被空中录影录到。我们的空军有很大机会立即对其进行轰击，且有能力持续两周甚至更长时间。从敦刻尔克到迪埃普，眼下，我们空军的实力已经能让我们在战机的保护下在白天发动攻击。在解决登船的难题之后，敌军仍需要调动这些船舰，并指导引导它们过海。那时，指望调度海军进行顽强的抗争是合理的。恩比克将军做出的假设是，未来不曾敲响警钟，并且，我们全部的小型船舰都会用到大西洋的战场上。可是，只要把侵略的程度调到猛攻的标准之上，这就成了错的。望制定一个进度表（写在纸上）给我，说清楚从"警备"开始的那天到第二十天，每一天会做哪些工作，还有哪些船舰可资调派。

在恩比克将军的考量里，这个初始且必备的全部进程完全没用，可是这里包含了这个岛国对抗侵略的首要和经过长期检验的防务。我们想磨炼我们的陆军，维持它的斗志，因此理所当然会着重说发生在敌军登陆之后的事，可是皇家海军和皇家空军有打破侵略舰队的集结和在它横渡海峡时给予关键性的攻击的义务。海军和空军的这个职责，绝不能舍弃。

*　　*　　*

当1941年即将终了——并且无法预料的高潮也将消逝之时，我们也能真正放下心来，回想一下那个关乎生死的抗击德国潜艇的战斗。6月末，我在国会机密会谈里指出的那些有益的趋向，一周比一周显著。我们的资源越来越多。对于在北大西洋的各个地方，还有开赴弗里敦的航路的运输舰队，我们等到 7 月就能为其建立虽然脆弱但连绵不绝的护卫船队了。在德国正尽其所能去增多自家潜艇的时候，我国和美国的密切协作正变成现实。

我们的新型武器虽然仍处在它前行的初级阶段，还有在毁灭潜艇上，我们的海军和空军展开的有力的战术合作，都在完善中。军事上，我们十分有效、适合在大海上使用的雷达装置已经投产，这并非没有失败的可能，而且这种可能是从制图阶段开始就有的。我们防范的首要方法仍是仰仗海面躲避。我们距离可以挑衅敌军，让其来攻击我们的那天，还有很久。

9 月 4 日，在独自开往冰岛的路上，美国"格利尔"号驱逐舰受到了一艘德国潜艇的攻击，但未被击中。一周之后，9 月 11 日，总统下达了"先行射击"的指令。在一次广播里，他说："自现在开始，德国或者意大利的军用船只要开到了美国必须防守的海域，就表示它们甘心承担风险。身为美国陆海军总司令，我下达的指令即是要立即施行的政策。"9 月 16 日，美国护卫舰第一次直接守卫了我们在哈利法克斯航道上的航运。我们十分焦躁的小型船队因此马上就放松了下来。可总统直到两个月之后才顺利从中立法的约束中脱身；依照这些法令，美国的船舰是不能往英国运送货物的，就连装备起来以便自保也不行。

此事，我知会了史默兹将军。

首相致史默兹将军   1941 年 9 月 14 日

总统采取的举措，让我很高兴，他的这个举动，要是不和我们会面时议定的那场切实的海军行动关联到一起，是想不到的。从北极开始顺着西经十度一直到法罗群岛周边，之后转向西南一直到西经二十六度到达赤道，都是他的防线。所有轴心国的船舰在这一广阔的区域里出现，他都会予以攻击。几天前，我方的某个运输船队，在这一禁区里临近格陵兰岛尖角，大概一千英里的海面上，被十六艘德国潜艇击沉了。我要求美国派驱逐舰自冰岛起航来支援我们，它们随后在昨天开赴过去，因此，德国潜艇当时要是没有逃走，英美舰队原本已经共同对它们展开行动了。美国担负了为在美洲和冰岛之间航行的全部英国的快速运输船队护航的工作，运兵船除外，海军部因此得以从我们哈利法克斯据点的五十二艘驱逐舰和驱潜快艇里抽调可能四十艘出来，并让它们在本土周边的海域里聚集。这种无价的援助能让派出护卫舰之外的大批追击船舰有机会首次去消灭德国潜艇。是在大西洋一役里落败，还是时常和美国的商船、军船产生争执，这两种情况，希特勒将必须选出一种。我们清楚，和直接进攻相比，他更倾向于用饥荒来扼杀我们。美国民众认可了"先行射击"的声明，可并不清楚它适用的范围有多广。在我看来，总统深入、广泛地使用这一准则，是能得到他们的认同的，这个准则用起来了，战争就时刻都有机会爆发。上述各点特别发你进行最秘密的查阅。

* * *

德国此时派出的潜艇的数量虽然是 1940 年的五倍，可是我方船舰的损耗却少了很多。从 7 月到 11 月，航行于哈利法克斯航道上的速度型运输舰队里的所有商船都保住了。在七、八月份，从布雷顿角岛的锡德尼启程，整个过程仅有英国和加拿大护卫舰护航的那些行进迟缓的运输舰队，也受到攻击，不过 9 月出现了我在发给史默兹将军的电文里说的那场在自格陵兰到冰岛的海面上打了七天的战斗，对手是超过十二艘的德国的潜艇。运输舰队的船舰总共六十四艘，被打沉了十六艘，德国被击沉的潜艇有两艘。10 月 31 日，美国"鲁本·詹姆斯"号驱逐舰被鱼雷击沉，伤亡极大，至此，航行在哈利法克斯航道上的运输舰队，可以不受袭击的情况终究没能延续下去。这是美国海军在仍不曾宣告的战争里的首次伤亡。8月，对所有运输舰队施行的船数约束被消除。在某段航程里，快行和慢行的运输船通常会一起行动，因此，一个联合运输舰队，由一百艘船舰构成，就在8月9日顺利到达了英国。直至9月末的这三个月里，一周平均送进来近一百万吨，这表示每周多送了大概八万吨。我方的空中巡航部队观察着德国在布雷斯特港的巡洋舰，发现德国潜艇在海上经常出入德国在比斯开湾的各个口岸的据点，还顺着制定得十分清晰的线路通过比斯开湾。就这样，我们的空军海上防御总队抓到了一个机会；可是要把这个机会彻底运用起来，有两个条件必须达成。首先是辨别的问题。我们的空中雷达眼下虽然有了很大的用处，可是我们无法在晚上辨别目标，这还得再等一点时间，得等改善了机用探照灯才能解决。其次是一种能在空中打沉潜艇的武器。能够展开攻击的时机稍纵即逝，对这种时机而言，我方飞机上配备的炸弹和深水炸弹，既不够精准，也没有充足的打击力度。虽然这样，我们在直至11月的那三个月，仍旧发动攻击二十八次。到12月，敌军只能在晚上，或者在水底通过比斯开湾的危险区。于是，一艘德国潜艇可以展开追逐的时间少了大概五天。

8月，在西部入口地区，一艘德国潜艇遭到了空军海防总队的一架"亨德森式"轰炸机发射的深水炸弹的攻击。因为负伤，德国潜艇没办法下沉到水里，潜艇上的水军于是想用他们的大炮，可是这些水军因为这架"亨德森式"轰炸机配备的机枪被赶到了潜艇的底层，因此，战争史上，首次出现了一艘潜艇向一架飞机举白旗投降的场面。海上风起云涌，周边的海上没有船舰，可是这架"亨德森式"轰炸机却冷酷地注视着它抓到的猎物。飞机发射了求助信号，因此一艘渔船在次日把那艘潜艇拉去了冰岛。之后，它被收编到了皇家海军服务。这件事是绝无仅有的。

* * *

此时，英国海军多了项新的重担。因为援俄的需求，视线被聚焦到了去往阿尔汉格尔斯克和摩尔曼斯克的航线上。如今已经成了海军上将的维安，在7月末接到命令，探查斯皮茨伯根群岛。他派了一支部队登陆损毁敌军煤炭堆放站，还救了几个被德国人强征入伍的挪威人。在此次迅疾的行动中，还斩获了三艘运送煤炭的德国船舰。大概同一时间，在北边顶点的比特萨摩和基尔克内斯港里，五十六架起航于"怒火"号与"胜利"号航空母舰的飞机勇猛地攻击了德国的船舰。此次攻击，我方失去了十六架飞机，敌军受损较小，之后就没再发动攻击。

8月12日，由六艘船舰构成的开赴俄国的首批"P.Q."运输舰队，在利物浦出发，经冰岛前往阿尔汉格尔斯克。从这开始，开去俄国北方的运输舰队按期一月开过去一两次。因为保镖强悍，它们尚未遭受敌军的滋扰。阿尔汉格尔斯克结冰之时，启用摩尔曼斯克的口岸。为俄国部队顺利输送军用物资的庆贺和传播做得太多，之后那年就遭遇了重创。

*　　　*　　　*

随着俄国加入战斗，攻击我国沿岸船只的德国飞机少了点儿。"福克乌尔夫式"轰炸机能飞去很多地方，可我们专门为对付这种危害设计的配备战斗机弹射机的船舰如今正在建造，而且用不了多久就获得了不少成绩。从直布罗陀和塞拉利昂到我国的航路，成了德国飞机和潜艇袭击的目标，8月和9月这段时间，我们因此失去了商船三十一艘、护卫舰三艘。"科萨克"号驱逐舰就在其中，它因为俘获了德国"埃特马克"号军舰和包围袭击德国"俾斯麦"号战列舰而获得了赫赫的声名。9月，英舰"勇气"号开始服役，它是第一艘能从一个飞行甲板上派出六架飞机的真正的护航航空母舰，而且，此种军舰的功效马上得到了证实。它除了能消灭或者赶走"福克乌尔夫式"轰炸机，并且能在白天在天上进行侦察，把德国潜艇压制在水下，而且适时对这些潜艇做出示警。在之后的很多年里，在和潜艇战斗的战争，以及未来的两栖战斗里，美国制造了大量发挥巨大效用的船舰，这些船舰都是用"勇气"号当范本制造的。

"勇气"号自身的生命并不长久。12月21日，为一队从直布罗陀开往本国的运输舰队护卫的时候，打了一场最勇猛的仗，之后被德国的一艘潜艇打沉了。在这场耗时几天几夜的战斗里，作为运输舰队护卫舰的指挥者，沃克中校的才华得到了充分的展示，德国潜艇大概有九艘，被打沉了四艘，另外还有两架"福克乌尔夫式"轰炸机被打了下来。一天晚上，在漆黑的夜色中，他乘"鹳鸟"号追击一艘德国潜艇，并和它撞到了一起。因为两艘船离得太近，配备在"鹳鸟"号军舰上的四英寸口径的大炮没办法彻底调低，所以炮手们"只能挥着拳，高声喝骂"，直至深水炸弹产生效果。沃克中校被升职，成了我们顶级的德国潜艇杀手。1944年，他因为生病早早地离开了人世，在那之前，他和他带领的几支护卫舰队曾经打沉了德国潜艇二十艘，里面有六艘是一次打沉的。

大西洋那边，我们因为德国派潜艇去地中海的决定，得到更多的改善。在直布罗陀海峡，德国有五艘被击沉，有六艘因为负伤撤了回来，不过有二十四艘顺利穿过，而且成了地中海一大害，就像读者在之后那章里将要看见的那样。

*　　　*　　　*

我们的海上商业活动也在持续遭到乔装的德国商船的攻击。在澳大利亚西海岸的外侧，澳大利亚"悉尼"号巡洋舰遇到了德国"攻击舰G"。德国的船舰因为乔装过，在发动攻击之前，居然顺利地将它的敌人引诱到了水平射程以内。两艘船舰都被击毁了。之后德国人有二十五个获救，剩下的总算在澳大利亚西面上了岸。超过七百人的"悉尼"号上的官兵却一个都没活下来。这是发生在荒僻的海面上的一次惨痛的流血事件。过了几天，我们的"多塞特郡"号巡洋舰在南大西洋追击打沉了这艘曾经击沉了我们二十艘总共大概十四万吨的船舰的"攻击舰C"。德国先后九艘经过乔装的攻击舰引发的损失，总计如下：

沉船数	总吨数
1940 年…………………54	366，644
1941 年…………………44	226，527
1942 年…………………30	194，625
1943 年…………………6	49，482

　　所以，对于海上战斗左右我们商业活动的全部趋向，甚至在 1941 年，我们就有感到满足的切实的原因了。我方因遭遇德国潜艇攻击而遭受的损失，在 1941 年 11 月减到了自 1940 年 5 月开始的最小值。虽然希特勒炫耀，虽然德国的潜艇和空军的实力增强了，虽然我们海上的运输舰队在持续增加，可 1941 年英国和同盟国损耗的船舰数目并没比 1940 年多。自然，两方的打击目标都更多了，可是我们击毁的德国潜艇的数量（意大利潜艇的数量也在其中）却增加了，1940 年是四十二艘，1941 年是五十三艘。这章结尾处刊载的表格有认真分析的价值。

＊　　　＊　　　＊

　　如此，在迎来战争里最重大的一次变更的前夕，我们的军事实力已经有了极大的提升，而且，在切实力量和对不少事情的掌控上，仍在平稳增长。我们相信自己有守护我们这个岛国的实力，而且，能以我方船舰可运载的最高额度送部队去国外。未来会如何，我们并不清楚，可是在解决了所有难题之后，不会再惧怕未来。侵略并不恐怖，而且，我们渡过海洋的生命线与此同时却变得更安全、更辽阔、更多，更有收获了。对于这个岛国的大门，我们的掌控每个月都在加强。德国恐吓将要采取的那种限制已被戳穿，而且敌军已经被赶到了离我们海滨很远的地方。食物、武器和供应物资持续不断地被日渐增多地运至我国。我们自身制造厂的制品每个月都在增多。虽然地中海一域、北非的西部沙漠和中东仍身处险境，可在 11 月即将终了的那几天，从陆地、海面和天空这三点而言，对于战争截至目前的进展，我们还是幸运的。

英国、盟国和中立国商船、渔船因遭遇敌袭受损的总吨数统计表

（括号内为船只数量）

1949 年 5 月 1 日修正

时期	潜艇	水雷	海面舰只	飞机	其他和未查明的原因	总计
1939 年 9 月 3 日至 12 月 31 日	423,769（116）	262,697（79）	61,337(15)	2,949(10)	7,253（4）	758,005（224）
1940 年	2,186,158（471）	509,889（201）	511,615（94）	580,074（192）	202,806（100）	3,990,542（1058）
1941 年	2,162,168（429）	229,838（108）	495,077（113）	970,481（324）	332,717（167）	4,190,281（1141）

第八章　和俄国的来往更加亲密

1941 年秋季和冬季

英国和苏联的关系——军事合作的难题——我们尽量在高加索予以配合——我们和芬兰、罗马尼亚、匈牙利开战的事——11 月 4 日我致电斯大林——他在 11 月 8 日发来的回复电文——艾登先生 11 月 20日和苏联使者的谈话——我建议派艾登先生出访莫斯科——斯大林同意——我不想和芬兰、罗马尼亚及匈牙利闹翻——我对曼纳海姆元帅发出倡议——艾登先生去莫斯科的任务——12 月 5 日我下达的命令——德国闪击战第一次失败

此时，掌控着我们和苏联关系的中心有两个：一、在军事上，我们的谈判处在混沌和让人不快的境况里；二、俄国提出条件，让我们和芬兰、匈牙利及罗马尼亚——轴心国的卫星国决裂。就像我们已经看到的那样，在不久前的莫斯科大会里，前者几乎没有收获。我就这点拟订如下备忘录，于 11 月 1 日交给了外交大臣：

首相致外交大臣　　　　　　　　　　　　　1941 年 11 月 1 日

　　我们曾经启用过不做军事磋商的纲领吗？我怎么不知道？恰恰相反，我们清楚地跟他们说过，我们会展开军事谈判。确实，我曾经给

比弗布鲁克勋爵写了份文件①，不说供应物资，只说军事形势，当作指引纲要。伊斯梅将军受命被派往俄国，目的就是要展开军事谈判。这无法引发任何军事上的区别，因为眼下完全没有能够展开的切实紧要的程序。让我们派"二十五到三十个师"去俄国前线，那个实现不了的提议，他可能已经就真实情况和数字进行了说明。甚至调两三个师到俄国前线的任意一头，会如何堵住替俄国输送物资需要的运输线，他或许也解说过了。另一边，这种讨论为什么开会的时候没在哪个时间说起过。军事上的问题，比弗布鲁克勋爵和斯大林毫无疑问曾经触及过。

韦维尔将军已经去过第比利斯了，可是一个能和他商谈的掌权者都找不到。他去俄国是最合适的，因为俄语说得最棒的就是他。在以后的不少月份里，我们想去俄国，只能取道南边的侧翼。

不管怎么样，我们得查清真相。

附言——韦维尔刚刚发去的电文你应当读读，这份电文，针对就算只往大不里士或大不里士北边派两个师，也能彻底堵住穿过波斯的铁道，进行了阐述。

我意识到，共同行动的事，只要可以建立一个军事谈判的组织，就能在某种不会造成误解的合乎情理的情形下，展开磋商。在我们以下这份备忘录里可以清晰地看到，那时形势让人不满的这种属性：

首相致伊斯梅将军转参谋长委员会　　　　　　　　1941 年 11 月 5 日

　　1. 德国人何时能进高加索，在抵达那个山峰屏障之前，他们还要用多长时间，我们不清楚。俄国人会做什么，他们会用多少兵力，或

---

① 附录（8）可见——原注

者他们能坚持多久，我们也不知道。能够非常确定的是，德国人要是步步紧逼，英国的第五十师或第十八师是无法按时抵达的。"十字军战士"行动的延迟限制了我们，因此，眼下，只能看见那个尺度之内的事。在我看来，德国人不会因为受阻就无法侵占巴库油田，这些油田，俄国人也无法有力地毁掉。俄国人什么事都不和我们说，而且对于我们在这个问题上的所有提问，都抱着极端置疑的态度。

2. 我们只能做一件事——要是有可能，派四五个重轰炸机中队守在波斯北部帮俄国人保护高加索，而且，在最糟糕的情形出现的时候，有力地轰击巴库油田，烧了这个地方。自然，得派战斗机掩护这些轰炸机中队。在"十字军战士"行动展开和可以确定其结局之前，这些轰炸机或战斗机都无法交付。可是，应该遵照这种目标从利比亚调大批空军去波斯，为了尽量让敌人长时间无法得到油田，应该拟订一个方案。为了能让我们看到涉及了哪些问题，望在下周之内一定办妥此事。尽管他们有那么多部队，失去黑海的掌控权是件无法原谅的事，可是黑海的掌控权，俄国人能拥有多长时间，谁也说不准。

*   *   *

就像我们曾看见的那样，我们和芬兰绝交的事，最开始是9月4日，麦斯基先生和我会面的时候，他提起的。[①] 我明白此事是俄国人在对其显露强硬的态度。1941年7月，芬兰人曾借着德国攻打俄国的时机，在卡雷利亚前线再次展开对抗活动。一年之前签署莫斯科协议丧失的那些土地，他们想拿回来。在1941年秋，除了列宁格勒，他们的武装行为还对自摩尔曼斯克和阿尔汉格尔斯克到俄德前线的那些物资运输线路，产生了不小的威胁。这种形势可能导致的结果，自8月开始，我们和美国政府都曾以严苛的措辞警告过芬兰人。他们则认为，为了防范俄国，保证

---

① 原书第三本第406页可见。——原注

自身的安全，他们得拿到正被争执的东卡雷利亚省，并且，他们的这种想法，因为前两年的经历被强化了。然而，俄国眼下正和德国一决雌雄，同盟国明显不能让芬兰成为德国的卫星国，把俄国和西方来往的北方的重要运输线切断。

罗马尼亚的情况和芬兰差不多。1940 年 6 月，俄国人已经侵占了罗马尼亚的比萨拉比亚省，进而掌控多瑙河河口。如今，安东内斯库元帅率领罗马尼亚部队和德国形成同盟，不仅已经重夺比萨拉比亚省，还直插进俄国黑海地区的众省市，就像在东卡雷利亚的芬兰人那般。匈牙利地处横贯中欧和东南欧的交通枢纽上，所以匈牙利人对德国在战争上下的功夫，给予了直接的援助。

可是在我看来，应对这种形势，开战绝不是什么好办法。波兰因为我们和美国的施压，仍有机会接受公正且合乎情理的和平条款。至于罗马尼亚的事，起码按照种种因素，我们可以相信，安东内斯库的独裁统治不会一直坚持下去。所以，我决定给斯大林元帅发电报，讨论军事方案与携手之事，还有尽量不和这几个轴心国的卫星国战斗的事。

首相致斯大林主席 1941 年 11 月 4 日

1. 我预备派驻印度、波斯和伊拉克的我国军队总司令韦维尔将军去莫斯科、古比雪夫、第比利斯或者你喜欢的一切地方和你会面，以便澄清某些事情，并且规划未来。另外，帕吉特将军，作为我们暗中选出的远东新任总司令，会和韦维尔将军一道过去。帕吉特将军曾经在这里了解了所有的情况，所以会带去我们最高司令部那边最新、最完善的看法。这两位将军应该可以把我们眼下的情况，能完成哪些事，还有我们觉得怎样做才合适，清楚地告诉给你。他们能在两周内到你那儿。你愿不愿意招待他们呢？

2. 9 月 6 日，我曾经在我的电文里和你说，对芬兰宣战，我们可以做。

可是请你想一想，此时，英国对芬兰、匈牙利和罗马尼亚宣战，是好事吗？我们已经对它们展开了最高的封锁政策，这仅仅是个形式。按照我的分析，不该宣战，理由如下：一、芬兰在美国有不少朋友，因此出于慎重，应当考虑到这一实情；二、在罗马尼亚和匈牙利，到处都是我们的伙伴，他们在希特勒的逼迫下成了鹰犬，可是只要那个恶棍倒霉，或许花不了什么力气，他们就能回到我们这边。它们只会因为英国的宣战而凝结到一起，并造成一种感觉，好像希特勒是反抗我们的一个坚实的欧洲大联盟的领袖。请你千万不要觉得，我之所以质疑宣战，只是因为热情和友情不足。除了澳大利亚，我们的自治领都不想宣战。尽管如此，如果你觉得宣战能帮到你们，确有价值，我会再向内阁提。

3. 我们的物资，我盼望它们从阿尔汉格尔斯克运出的速度，能像运进去的时候一样快。眼下，有少量供应品正从波斯开始往里运。我们会尽量从这两条路运送供应品过去。和这些飞机坦克一块儿过去的技术人员，请你保证他们能得到足够的机会在最佳的情形下，将这些军火送给你们的人。现在，这所有的事情，我们派去古比雪夫的代表团都碰不到。他们只是想帮你们的忙。我们冒着风险把这些军火送过去，十分盼望它们能发挥最大的效果。你有需要下个指令。

4. 我们现在的军事方案，我不能告诉你，比之你们能够和我们说的你们的军事方案，我们可以说的情形不会更多，不过请安心，我们不会干待着，什么都不做的。

5. 为了让日本老实一点儿，我们很快会派能够俘获和消灭一切日本军舰的我们最新的"威尔士亲王"号战列舰去印度洋，而且，在那儿，我们正打造着一支强悍的战列舰队。我正催促罗斯福总统加大对日本施压的力度，让他们处在忐忑不安的状况中，好让海参崴的航道平顺起来。

6. 你们的优异的战绩，我们的感受如何，相信比弗布鲁克和哈里曼那边已经和你说了，所以在称赞的话上，我就不多说什么了。请你相信我们不知疲倦的援助。

7. 你若是能告知我，这份电文你已经收到，我会觉得开心的。

11月11日，麦斯基先生将斯大林对这份电文的态度冷漠、言辞模糊的回电，拿给了我。

斯大林先生致首相　　　　　　　　　　　1941 年 11 月 8 日

你发来的电报，已于 11 月 7 日接到。

应该对苏联和大不列颠的关系进行申明这点，我和你的看法绝对相同。这种申明的情况现在是没有的。有两个情形，导致了这种申明的短缺：

（1）我们两国在战争期望和战后的和平机构的相关方案上，缺少清晰的谅解。

（2）苏联和大不列颠没有为了在欧洲反抗希特勒彼此进行军事支援的协议。

1. 除非在这两个情况上形成共识，否则，英国和苏联的关系是申明不了的。非但这样，坦白地讲，只要眼下的形势不变，彼此信赖就很难实现。为苏联提供军工产品的协议自然是有益价值极高，可是它还解决不了，也无法彻底解决我们两国关系的所有问题。你发来的那份电文说起的韦维尔将军和帕吉特将军，他们来要是就上述的那两个本质问题签订协议，那能和他们会面，并就这些情况进行探讨，我自然是高兴的。可是，假设这些将领的工作仅仅是提出某些情报问题和次级重要的问题，那在我看来，是没必要惊动他们的。这种情形，我也很难找出讨论的时间。

2.我认为，大不列颠向芬兰、匈牙利和罗马尼亚宣战之事，引发的形势已经让人忍无可忍。苏联政府经过机密的外交渠道对英国政府提起此事。这整件事，自苏联政府对英国政府发出呼吁，直至美国政府考量此事，苏联绝对没想到，这件事会明晃晃地传得这么广。整件事正在报纸（或好或坏）上由人任意争论。美国政府在这所有的事发生以后，告知我们它并不认同我们的提议。我实在不理解造成如此混乱的缘由，难道是想向全世界宣告，苏联和英国有分歧？

3.请你安心，英国运至阿尔汉格尔斯克的全部军用产品，我们会用尽所有必需手段运往合适的地方。在通向波斯的通路上，也会做一样的事。在这点上，我希望你能看见一个实情（尽管不是什么大事）：坦克、飞机和大炮拉过来的时候，包装情况不太好，有的时候，一辆车的零部件被分别装到了好几艘船上，还有飞机因为包装不良，运来的时候已经坏了。

*　　　*　　　*

斯大林的这份电文，就连他自己过了一段时间好像也觉得口气太差。对于这份电文，我是不想回复的。沉默就能表达我的想法。驻伦敦的苏联大使11月20日去外交部拜访艾登先生。艾登对这次会谈的描述如下可见，这份记录通过电报的形式，被发给了此时正在古比雪夫的斯塔福德·克里普斯爵士：

今天下午，苏联使臣提出和我会面，他那时说，他曾经接到过斯大林先生的训示，让他转告我说，他近日发给首相的电文，视线只局限在了现实和事件属性的问题上。斯大林先生自然没有冒犯英国政府的哪个人的意思，更别提冒犯首相了。

前线的事真的让斯大林先生十分繁忙，而且，在前线的事之外，一切其他事务他其实都没机会想。有关在欧洲展开以抵抗希特勒为目标的、彼此予以武力支援和战后和平机构这些重大的现实问题，他曾经提过。这都是些十分要紧的问题，务盼一定不要因为哪个人的误解或者情感，变麻烦了。因为波兰事件曾让他和整个苏联国家都非常难过，斯大林先生在推行自己取用的纲要的时候，也在努力摆脱一些私人感情。"我的祖国，"斯大林先生曾说，"感觉处在某种耻辱的位置，我们私下提出请求，之后，全部的事都被人知道了，并且，还出现了英王陛下政府觉得对于苏联的请求无法认同这一现实情况。我们的国家因此处在了一种受辱的位置，而且让我国的民众生出了失望之心"。这件事曾经让斯大林先生觉得难过，可是就算如此，他追寻的目标仍只有一个：签订一份协议，以促成各方共同抗击希特勒，在欧洲战场上互相支援，并在战后组建和平机构。

斯大林的回文明确表示，按照俄国领导者们眼下的看法，纯粹的军事谈判是无法带来任何切实的结论的。芬兰这件事，斯大林电文里的口吻近乎撕心裂肺，证明在达成谅解上，我们两国有着不同的看法。所以，我建议派艾登先生携令出访俄国，再次为缓和我们的关系做出努力。11月21日，我发电报给斯大林先生的目的，就是如此：

1. 你发来的电文刚刚接到，谢谢你。我在战争刚爆发的时候，就和罗斯福总统开始私人通信，因此我们形成了十分稳固的谅解，而且通常有利于事情的快速解决。和你在同样的友情与信赖下共事，是我仅有的心愿。

2. 芬兰的事：9月4日，我给你发电报的时候，已经预备好建议内阁对芬兰宣战了。之后的情报让我觉得，相比于我们以公开宣战的办法将他们和罪犯轴心国家一起放到罪人的位置上，进而让他们拼死战斗，能让芬兰人停战、不再行动，或者退回国内，对俄国和我们的一致事业会更好。可是，在未来的两周以内，他们要是还不停火，并且你仍让我们和他们宣战，那，我们一定准从。这件事完全不该传出来，这点我和你看法一样。自然，不是我们的原因。

3. 我们在利比亚展开攻击的结局，要是像我们期望的一般，剿灭了那里的德意部队，那英王陛下政府就有机会，对战争的整个局势进行一次更加自如的全面盘查了。

4. 我们想在最近一段时间派你知道的外交大臣艾登先生取道地中海去莫斯科或者别的地方和你见面，以便实现这一目标。一流的军事和别的方面的权威会和他一起过去，应该可以就各类战争问题进行探讨，除了派兵去高加索，还有派兵去你们部队的南方战线的事，都在其中。我们的船舰资源也好，运输线路也罢，都不满足大量船舶的使用，而且，就算这样你也不得不选，是取道波斯运送部队，还是运送供应品。

5. 关于战后和平机构的事，我发觉你也愿意探讨。我们的想法就是，在我们竭尽所能和他们建立同盟的情形下，在时常和你讨论的情形下，去战斗，而且不论战争什么时候结束；而在我们取胜（我坚信胜利必定属于我们）之时，我们期望苏俄、英国和美国在获胜者的会议桌上见面的时候身份是，打垮纳粹主义的三个首要同伴和施行者。自然，最重要的目标会是以防德国，特别是以防普鲁士第三次忽然对我们发难。我们为了彼此的安危和合理的权益拟订一个妥善的方案，完全不会因为俄国是共产主义国家，英国和美国不是，并且没预备变成这种国家这一现实而受到影响。外交大臣应该可以针对这点的所有问题和你展开磋商。

6. 你们对莫斯科和列宁格勒的守护，还有顺着所有俄国前线对入侵者展开的卓绝的反抗，有很大机会重创纳粹政权的内部组织。我们绝不能依赖这种好运，除了继续竭尽所能地攻击敌军，我们别无他法。

两天之后，斯大林先生回复了电文，和之前相比，口气镇定了点儿：

1941 年 11 月 23 日

1. 对于你的来电，我表示感谢。在来电里，你说想通过以友情和信赖为基础的私人通信来和我协作，对此，我表示衷心期待。

2. 波兰之事，苏联的要求从来只有一个，起码开始的时候是这样，停战以及实际上不再参与战争。可是在你限定的那个短时间之内，芬兰要是连这个都不同意，那我们坚信，英国的宣战即合乎情理，也不可或缺。要不是这样，那别人有那么一种感觉，在与希特勒和他的忠实的同伙战斗这件事上，我们有着不同的看法，并且，参与希特勒入侵的同伙能展开他们的卑劣的图谋却不用受罚。要说匈牙利和罗马尼亚，我们也许能再等等。

3. 你建议派艾登先生及早来苏联访问，我肯定赞成。关于苏英大军在我方前线上联合展开军事行动的事，我们一同思考和认同一个协议，在我看来，有很好的价值。把防范德国，第一位的是防范普鲁士又一次打破和平与又一次将各国民众扔到恐怖的屠戮里，这一总理念作为基石去思考和认可关于战后和平机构的方案，这没有错。

4. 你说，虽然苏联这边和英国与美国那边的国家体制不同，但这不该，且也无法左右我们圆满地处理在我们彼此的安危和合理权益上的所有本质问题，这一点，我绝对认同。在这件事上要是仍旧有遗落和忧虑的地方，我期望，在和艾登先生讨论的时候能予以清除。

5. 恭喜英国军队在利比亚展开的攻击取得了良好的开始。

6. 苏联部队仍在和希特勒大军激烈战斗。虽然难题不计其数，可我方部队的抗争在增强，而且会一直增强。我们打败敌人的决心不可动摇。

*　　*　　*

因为斯大林急切的倡议，最后，立即决议予以部署，发了一份带有时限的最后通牒给芬兰人，也给了罗马尼亚和匈牙利。就像下面的众备忘录显示的那般，我会陷于这种状况，是因为被逼，是十分不情愿的。

首相致外交大臣　　　　　　　　　　　　　　　1941 年 11 月 28 日

　　12 月 3 日同这三个国家（芬兰、罗马尼亚和匈牙利）宣战这件事，在你看来，好像是自然而然的。除非清楚了芬兰会怎么做，否则我是不愿意做这种决定的。何况 3 号这么早。5 号这天，距离我发电报给斯大林已经过了两周。我只是今天晚上才将我的电文给曼纳海姆发了过去。

　　我们一定要留下足够的时间等待回复。我仍旧认为这一举措并不明智，而且我仍旧期望芬兰人能撤军。在这个时候走这么一步，是在我意料之外的。

首相致外交大臣　　　　　　　　　　　　　　　1941 年 11 月 29 日

　　在芬兰各国上。只要有一点让芬兰撤出这场战争的机会，我都不想被时间限制住。请看看我（11 月 21 日）发给斯大林的电文，里面说："他们若是在未来两周之内还不停火，并且你仍旧要求我们和他们宣战……"所以，过程应该是这样。要是 5 日，芬兰人即将撤出战争的消息，我们还没得到，或者我们已经得到消息，他们在激烈反抗，到了那个时候，我们就给斯大林发电报，说，"他要是仍旧期望"，我们就马上宣战。随后就对罗马尼亚和匈牙利宣战，这也得看他的意思去办。

*　　*　　*

　　此时，在我看来，在苏联政府知情和同意的情况下，同芬兰领袖曼纳海姆元帅本人最后一次发出倡议，是有价值的。

首相致曼纳海姆元帅 1941 年 11 月 29 日

想到那件即将发生的事,我非常难过,即,我们因为对我们的盟国俄罗斯的忠实,在数天以内,将只能同芬兰宣战。我们要是宣战,时机出现,我们自当战斗。确实,在战斗的时候,你们的队伍已经开出了很远,用来确保你们的安危已经够用了,现在停下了离开已经可以了。这什么公然的声明都不用做,只要撤出战争、按兵不动就行,在寒冬里,这么做可用的理由各式各样,这样,就是在现实上脱离了战争。我期望我可以让你相信,纳粹党人即将被我们打败。这种信心,比 1917 年或 1918 年更强。假设芬兰把自己和那些犯法、落败的纳粹党人放到了一个位置上,在英国不少的你国家的朋友都会觉得非常难过。想起了我们有关上一次大战的高兴的会话和通信,因此,我觉得,应该尽早把这份完全是个人性质的电文发给你,予以考量。

我于 12 月 2 日接到了曼纳海姆元帅的回复电文。

曼纳海姆元帅致丘吉尔首相 1941 年 12 月 2 日

十分荣幸,你于 1941 年 11 月 29 日发来的电文,美国驻赫尔辛基大使昨天已经转交给我了,谢谢你能发这份私人的电文给我。我深信,除非我们的部队能拿到我眼中觉得能保证我们安危的阵地,否则,我们只能继续当前的军事活动。假设以守护芬兰为目的展开的这些军事活动导致了我国和英国的战争,我觉得遗憾,而且你要是觉得,你本人是不得已才对芬兰宣战的,我会十分难过。在这艰难的日子里,你能发私人电文给我,这让我非常感谢。

这个回复明确显示,芬兰不准备将它的部队退回 1939 年的疆界,所以,英国政府就展开了宣战的布置，随后对罗马尼亚和匈牙利展开一样的行动。

*   *   *

艾登先生的莫斯科之旅就是在这种情况下筹备的。帝国副总参谋长奈将军会和他一道过去。莫斯科会议将会对战争进行军事和普遍层面上的整体追溯，而且，要是有机会，会签署一份正式书面的联盟协议。

我在 12 月 5 日，写了份总的训示交给外交大臣，就我们这边的意见，对军事形势的一些层面进行了检验。眼下即将提起的西部沙漠之战已经走到了顶点。

1941 年 12 月 5 日

1. 利比亚之战正大量地消耗着轴心国的物资，而随着战事的持续，我们原本期望用在守护高加索或者去俄国前线战斗的第五十和第十八两个英国师可能要用在这上面了。所以这些师短时间内不能调为他用。放一支强悍的空军，例如十个中队，到俄国大军的南翼，在那儿，除开其他事情，他们还能帮忙守卫俄国在黑海上的海军据点，这是我们能够采取的最好的援助措施（不说供应品）。等利比亚之战获胜，这些中队得及早从那儿撤走。他们的地面部队和物资应该不会像调遣步兵师那般，造成通过波斯的运输线路的严重拥堵。这项派遣，其方案中东最高司令部已接到命令着手拟订，至于它的达成，自然要看为展开周密侦察而行的方便。

2. 土耳其的立场对俄国和英国越来越重要。土耳其那五十个师的部队得有空军援助。我们已经承诺，当土耳其遇袭，起码会派四个，多了会派十二个战斗机中队去土耳其。要真是这样，那些原计划派去俄国南部战线上的中队，我们或许得抽出来一些。在黑海两岸的我方飞机，怎么用最合适，用什么类型的，等等问题，得由英国和俄国政府还有参谋部看情形磋商决定。

　　　　　　　＊　　　＊　　　＊

　　俄国前线军事情况的危险性，在这些联系展开的时间里，已经不那么紧张了。希特勒曾决定再狠狠地努力一次，11 月 13 日，他下达指令启动 "秋季攻势" 好在年末之前拿下莫斯科。博克和古德里安并不认同这一计划，按照他们的意思，德军冬天应该挖壕沟严守。他们的提议未被接受。德军 11 月下旬在两翼曾有了一点斩获，可是，驻军和民众的拼死反抗，以及此时已经来临的酷寒，德军在 12 月 4 日启动的中路首要攻势均彻底失败。自动武器失灵，飞机坦克的马达打不着火。因为缺少过冬的衣物，德国的将士都被冻得半僵了。

　　如同在他之前一个世纪在这条路上走过的那个无与伦比的军事神人一般，此时，希特勒知道俄国的冬天代表了什么。严酷的实情按下了他的头颅。因此下令让部队退往后边的一个好一点的战线上，尽管他们在同一时间还得抵御俄国的攻击。这种攻击很多。俄国在那年剩下的时间里一直在发动攻击，位于莫斯科南边和北边的德国装甲部队于是不得不后撤，直至 12 月 31 日，才在一条自北向南的战线上停下来，那里距莫斯科城有六十英里，可德国部队曾经走到了离莫斯科城不到二十英里的地方。在北方的德军，他们的际遇也没有更好。列宁格勒和苏联后方的来往的确曾经被彻底斩断，还被南边的德军和北边的芬兰部队死死围困，可是所有的攻击都被打退了。在南边，德军的斩获就多了一些。龙德施泰特曾到过罗斯托夫，还换方向抵达了高加索。在那，他因为走得太急被打退了四十英里。虽然这样，但他已经前进了五百英里。他已经走到了俄国南方工业区和乌克兰的富饶的麦田的前边。尚未被赶走或者消灭的俄国人，只有克里米亚还有一些。

　　如此，在六个月的战斗里，德军已经有了极大的斩获，他让对手遭受的损失是一切其他国家都承担不了的，不过，他们试图夺取的莫斯科、列宁格勒和顿河下游这三个首要目标，仍被俄国人坚实地掌握着。还有很远的距离才到高加索、伏尔加河和阿尔汉格尔斯克。俄国部队不但未被打垮，还越来越强悍，而且到了明年，它的力量肯定会有更大的提升。

冬天已经到了。战争显然短时间定然无法结束。反抗纳粹的一切国家，不管是大国，还是小国，看见德国闪击战第一次失效，全都欢天喜地。德国部队只要在东方死战，那攻打我们这个岛国的危险就没有了。谁也不清楚，那场战斗会打多长时间。起码在希特勒看来，前景仍就乐观。总司令勃劳希契，因为他秋天的时候和他的将领们争执了很多次，他们也没能让他长久的目标得以实现，而被罢免了。龙德施泰特也辞职了。自此，希特勒亲自调度东方的大军，他对自己的军事才能信心满满，一心期望能在1942 年及早将俄国打垮。

*　　　*　　　*

前面已经讲述过我们和苏联的谈判（在之后的进程里，它看上去还算顺畅）了，随后要叙述的是奥金莱克将军在西部沙漠展开的进攻。日本 12月 7 日在珍珠港攻击美国的事，使得谈判和进攻都走入了不一样的进程。在全球各类势力有了截然不同的结合的背景下，我们将在合适的时间段，重提这些项目。

第九章　前进的道路

英国有关 1941 年秋天的规划——在西部沙漠夺取一次关键性的胜利的机会——"第二战场"仅有的可能——路易斯·蒙巴顿勋爵接替罗杰·凯斯爵士——奥金莱克要再推迟一次——艾德礼先生到访华盛顿——10 月 20 日我致信总统——我对战争的理念的解说——提议美国派兵去北爱尔兰——在西部沙漠取胜的巨大价值——对于登陆欧洲来说，坦克登陆艇必不可少——10 月 25 日，我致电中东国务大臣——中东众总司令的回应——我们舍弃攻打西西里岛的规划——10 月 28 日我的备忘录——德国在俄国落败时将启用的方案——德国在地中海力量不足的几个月——德国潜艇抵达战场——对于沙漠之战的指示

　　不管是政策，还是情感，都让我们和总统进行了最密切的联系。每周，通常是差不多每天，我都会极尽翔实地告诉他我所了解的有关我们英国人的见解和意愿，以及战争全局的所有状况。毫无疑问，这种信件往来，得到了他最密切的关注，且引发了他浓厚的兴致和感情。当然，他的回复还有相当尺度的戒备，但此时，他的态度和意图，我却已经了解得非常明白了。我带领的国家正遭受劲敌的进攻，尚处在努力之中。而他所处的位置，是一个强悍的中立国的领袖，居高临下，八面威风，并且他急需将自己的国家带入为自由而战的战争里。然而，他尚不清楚怎么做才合适。此时，

英国定要拟订自己的战斗方案：如何才能以实际可能的最大规模来调集我们的部队与希特勒战斗；怎么用军需制品和最少的限制措施去支援俄国人；最要紧的是，怎么活下去。

然而，我心里已经有了一个成系统的，大部分也得到了三军参谋长认可的有关1941年内剩余时间和1942年的规划。这个时间段的这个方案的制定，自然是按照美国仍未参战，却为我们提供国会同意的所有支援的这种情形来的。我因为和总统的信息往来，已经发觉，他对所有的海军事项尤其关心，而且，他不仅仅是遵照美国人的意思，也是遵照自己的意思，非常关心法属北非，①包含达喀尔，还有大西洋上的西班牙和葡萄牙的岛屿。这种意愿和我本人的想法并不矛盾，而且就像我认为将来能确定的那般，和我们独自战斗时，还有美国要是成了战争国后一起行动时或许会尽量实现的策略是匹配的。

我期望我们能在西部沙漠夺取一次关键性的胜利，将隆美尔赶出利比亚和的黎波里塔尼亚。要是没什么意外，突尼斯、阿尔及利亚和摩洛哥或许能逃出维希的掌握，连成一线，可能甚至连维希自己也会参与进来。这个目标只是一个希望，而这个希望的基石也是个希望。可是在联合王国中，我们却筹备了一个装甲师和三个野战师，而且在德国空军被俄国牵制着的时候，船舶实力足以将运去地中海西面所有地方。我们若能夺取的黎波里，法国又能不采取措施，那既然我们拥有了马耳他岛，我们因此就能攻打西西里岛，如此，就能在我们独自在希望努力的时候，在能力范围之内建立仅有的可能的"第二战场"。不算挪威，不论我们在战场上有多好的运气，我也不觉得在1942年，我们能做什么别的事。三军参谋长和规划委员会认真拟订了进攻西西里的计划。我们管它叫"鞭绳"。

只要打败隆美尔，消灭他数量有限的鲁莽的部队，且我们又拿下了的黎波里，在我们看来，要让我们四个师的最精良的军队（大概八万人）登上西西里岛，并夺取这个岛屿，是可以实现的。此时，西西里岛上的德国

---

① 包括法属摩洛哥、阿尔及利亚，还有突尼斯。——译注

大军已经没有了，曾经起航于西西里岛上的机场，让我们遭受众多损失的德国空军已被调去俄国。我们的远征军，在海上行进，且已经开进地中海以内的时候，敌军自然会发现它们，可是敌人不会知道我们要去的哪里，是法属北非的比塞大、阿尔及尔、奥兰，或是西西里岛，或是撒丁岛。这就是海军国家拥有的有优势的选择自由。大不列颠和英帝国，在 1942 年年内，还能独自进行哪些其他的主动进攻计划呢？我们怎么做才能和德国人展开大范围的战斗？什么计划能在战争变化莫测的情形下，为我们提供大量值得期待的选择呢？这或许在我们可独自承担的力量范围之外。或许还会遇到什么不测。但不管怎样，这到底不会损害我们通过大西洋的生命线，或危及我们国内反抗侵略的防守力量。

看见了前行的路和可以踏上这条路是两回事，不过有个宏伟的蓝图总比一点没有强点。

所有的事都得从属于奥金莱克将军筹备了很长时间的那个西部沙漠进攻的胜利。所有的事，都得考虑到因为德军或许会突然攻进里海地区，或者顺着相同方向越过土耳其或者开进中东——叙利亚、巴勒斯坦、波斯和伊拉克——导致我们遭受的那些麻烦的危险，不过，我一直觉得这全部的事都不太可能会发生，最后证明这么想没错。我分析的这些设想方案的每一步，都得到了三军参谋长、国防委员会和战时内阁里的，我的各部官员同事的肯定和赞成。最终，全部的事都切实遵照预订顺序做完了，可是落实却一直等到了 1942 年和 1943 年，不过与 1941 年 10 月我们能够预测的局势相比，那个时候已经截然不同，并且好多了。

＊　　　＊　　　＊

我们在机密圈里的人，尽管受到了这所有的推断的影响，我却坚持不能放松攻打欧洲大陆的工具和计划的筹备。罗杰·凯斯爵士此时已经高达七十岁了。在敢死队的打造和推动进攻船舶的设计和制造上，他曾有过珍贵的贡献。他海军统帅的高位和倔强的性格曾经引发了后勤部的很多冲突，所以在我本人这边而言，得到了一个十分遗憾的结论——为了大众的利益，应当派一个新的年轻人选去统帅那个海外机构。路易斯·蒙巴顿勋爵在皇家海军里的职位虽然只是上校，可我认为以他的功劳和才华去填充这个空缺，资质够了。此时，他带着特殊的职责去了美国，他在那儿得到了极高的礼遇。他和太平洋舰队一同出巡，而且，在回到华盛顿后，和总统谈了很久，他按命把我们登陆欧洲的筹备和我心里的方案和总统说了。对他，总统显露出了最高的信赖，还邀他去白宫住几天。我在他真的去白宫之前，就被迫把他召回国了。

首相致路易斯·蒙巴顿勋爵　　　　　　　　　1941 年 10 月 10 日
　　一件你将最愿意做的事正等着你，我们需要你即刻回国。

首相致哈里·霍普金斯先生　　　　　　　　　1941 年 10 月 10 日
　　我们需要蒙巴顿来这儿做一个动作频繁且十分紧迫的工作。请和总统说，幸运地接到白宫的邀约，却去不了，他感到非常遗憾。在离开美国之前，他请求能再和总统见一次面。

＊　　　＊　　　＊

　　奥金莱克将军提出再给他近两周的时间，以便完善自己的布置，这让我感到心烦。

首相致奥金莱克将军　　　　　　　　　　　　1941 年 10 月 18 日
　　我因为你发来的电文，觉得更加忧虑了。时间是你和国防委员会说的，虽然我们认为没什么比延期更危险了，可还是同意了你的请求，并按照这个目标，展开我们的整个方案。这整个时间，俄国都要被大炮打碎了，我们的中东部队却按兵不动了四个半月都没和敌人战斗，怎么和国会，还有整个国家解释？解释不了。我始终都想方设法防范民众议论，可是这类议论随时都会出现。何况，在这中间，我们能够有所斩获的那若干珍贵的星期正流逝着。你想再一次推迟的事，一没有事先告知，二不曾给出原因。你如今提出的再次推迟的时间，几天，周一的时候我必须通报给战时内阁。

另外，周一，掌玺大臣会带一封给总统的私信去美国。我预备在此封信（会交给罗斯福先生独自观看，看后要么烧掉，要么拿回来）里表示，你打算在11月初的某个月色明媚的晚上发动攻击。我需要让总统知悉我们的秘密，以此促使他采取友善的行动。考虑到我们正筹备着"鞭绳"计划[①]，我在这封信里要求他派三四个美国师把我们驻守在北爱尔兰的部队换出来，好为防范德军春天的进攻提供更多的保证。我让掌玺大臣肩负指令出访美国的时间，跟你告诉我们的时间是有联系的。自然，要只是推迟个三两天，那问题不大。可是，在已经说好的计划里，要是既没有事先告知，也没有给出原因，就进行重大变动，那我怎么整体协调战争行动？所以，望务必及早发电过来。

最后，如奥金莱克将军所愿，时间定在了11月18日。

＊　　＊　　＊

我猜测总统心里会怎么想，于是在奥金莱克在西部沙漠展开大冒险之前，决定将我的整个思路告诉他。此时被广泛视为副首相的艾德礼先生，即将出访华盛顿参加国际劳工大会，我于是托他将如下这封信转交总统。这和罗斯福先生个人思绪的推进是相调和的。这点越来越显著。

首相致总统

1941 年 10 月 20 日

第一部分

亲爱的总统先生：

1. 奥金莱克将军在今年秋天的某个时间，会尽其所能集结最多军

---

① 攻打西西里岛。——原注

力在昔兰尼加攻打德意部队。① 在兵力、大炮、飞机，尤其是坦克上，我坚信敌人的部队比不过他的部队。他的目标是打垮敌军的武装力量，特别是装甲部队，并及早夺取班加西。

2. 此次作战如若顺利，以朝的黎波里深入进军为目标筹备的那些方案就能予以施行。这一努力如果也能达成，首要回应可以预计，为了考虑得更加长远，可以先行分析。

3. 魏刚将军或许会因为受到鼓舞而加入战斗，或者，德国人要求他或维希在法属北非提供方便，他或许会因此被迫参战。

4. 因想要借助这些或许出现的意外情况，我们留下了大概一个装甲师和三个野战师的兵力，并且准备了船舰，大概自 11 月中开始，就能动用。在法国发出请求的时候，这支部队能取道卡萨布兰卡开进摩洛哥，如若不然，就在地中海一域支援利比亚的获胜。

5. 为了有力地保护这些筹备工作，我们已经拟订计划攻击挪威海岸，并为摩尔曼斯克的俄军提供大量援助。这种计划，有些较为翔实，有些就只是一个前期的假设。

6. 所以，不算第十八师——正在好望角绕路去苏伊士的路上，将在 11 月 7 日到达哈利法克斯港，看上去，我们将必须从大不列颠抽出四个或甚是五个师。我们不得不考虑到，万一希特勒在俄国前线站稳了脚跟，会立即着手在西方集结可能达到四五十个师的军力进攻不列颠群岛。我们已经得到汇报，或许说得过分，按照上面的说法，德国人正铸造八百艘，每艘能装八或十辆坦克穿越北海，并在海边所有地方登陆的船舰。自然，伞兵和空中运输兵的攻击也少不了，规模大小，还难以预料。他的进度，人们可以如此想象：1939 年，波兰；1940 年，法国；1941 年，俄国；1942 年，英国；1943 年——？ 不管怎么样，

---

① 确定的时间和"十字军战士"这一称号是在另外的备忘录中说的。——原注

我认为 3 月开始，我们将不得不预备去对抗一次最大尺度的突袭。

7. 在此种背景下调四五个师（包含一个装甲师）出联合王国，我们显然在冒险。假设运气不错，事情的发展就像这封信里最开始几条中假设的那般，假设实际上，我们将国内的军力减到了上面说的那种地步，那，你要是能将一个美国军和装甲师，以及可以调派的空军，派去爱尔兰北部（自然是因为受到了那个政府以及英王陛下政府的请求），以便我们现下能在驻守冰岛的部队之外，将那三个师也替换出来守卫大不列颠的，那会是一种极大的保障和一种顶级的武装优势。

8. 我们若得到消息你会走这步，我们会认为能够更加自如地依照我简述的方式展开有效的行动。另外，对全爱尔兰自由邦而言，美军抵达北爱尔兰影响极大，产生的良好成果无法限量，还能妨碍德国人的侵略计划。这件事，我期望在你的思绪里，会占据优势地位。除非我说的那场将要来临那场战斗，已经有了结果，否则，我是不会提出做决定的要求的。

说了若干段统御问题和海空军对陆军的影响，我的信又说：

第二部分

13. 我掌握的全部信息都指向，英军在昔兰尼加战胜德军一次，会改变地中海地区战争的全局。因为受到激励，西班牙或许会试图中立。对于已经失去气势的意大利，或许也会产生重大影响。或者，最要紧的，在反抗希特勒这件事上，土耳其也许能强硬起来。眼下，我们不指望土耳其踊跃地参与战斗，只希望在面对德国人的恐吓和恭维时，能坚定不移地摆出抵制的立场。对我们尼罗河集团军东部侧翼而言，土耳其只要没被攻陷，没受诱惑，这个巨大的长方形的欠发达地区，就一直都是越不过去障碍。土耳其若是被逼加入战斗，我们肯定要为它提供能在其他地方（法属北非或者高加索）能用得更好的大规模的援助。我们正向土耳其承诺援助（按照武装形势判断），这种援助的额度是四到六个师，以及二三十个空军中队，此外，正和他们一块儿在安纳托利亚努力修建必需的机场。可是土耳其需要的确保其安危的东西，和英军打败德军，让所有承诺变得又真实，又有用的东西是一样的。

14. 以上所说的这些布置，让我们无法在未来的六个月里为俄国守护高加索和里海地区提供什么重大的帮助。替换俄国眼下集结在波斯北部的那五个师，就是我们能对俄国做出的最大的贡献了。要是把这些师调到国内，用到战场上，我已经代英国承诺给斯大林，不会伤害俄国的合理权益，而且，我们绝对不会用伤害俄国的方法，在波斯牟利。在上面的时间里，我找不到什么办法，能派一支数量超过象征意义的部队开赴高加索，而俄国在波斯留一支相近的部队。波斯因为俄国的来临、他们的论调和行动，而变得十分焦躁，并且要是出现暴动，就表示为了保证从波斯湾到里海的那些运输线路通畅，我们必须派三四个英印师守护。这些运输线，是我们共同支援俄国政策的重要一环，如此一来，就会因为要运输多出来的部队，而被大量占用。我已经在想办法让俄国人明白这件事。

15. 我们尚未在大西洋会面的时候，1941 年 7 月 25 日，我曾致电给你，提及 1943 年的长期规划：比如，让数百艘有特殊装置的远洋船，将一万五千辆坦克送去三四个可以发动起义的国家的海岸上，一起登陆。你们现在正大量制造的那种商船，我曾经建议，在这个时候，能够轻易拨出一部分予以必需的改动。现下，我将海军部设计的图稿给你，这些图稿展示了这些船舰需要怎么处置。你会看见，依照估算，这只多了大概五万镑的成本，我觉得还得耽误不少的时间。在我看来，如此装备的船舰应当在二百艘以上。由于我们无法想象，这种计划能在 1943 年之前［启动］，所以时间是够用的。可是同你如今已经推行的坦克生产方案有关的一个重要问题是，你有能力装上这些坦克穿过茫茫大海，并让它在希特勒防守的长长海岸线中没布置防御的海岸登陆吗？所以，总统先生，我认为这能得到你的支持。

16. 有关野战炮和高射炮的运用情况，我写了份小的备忘录，我把它给你寄过去。它和第一部分说的将要来临的攻击和我们国内陆军抵抗侵略的系统相关联。[1]里面说的准则，全部的专业权威都表示认可，你若觉得有意义，我期待你将这份资料拿给你们的将领们看。

17. 有关不列颠和英帝国陆军如今和以后的编制情况，我写了份备忘录，我也给你寄过去，你自己拿来参考，这个编制，我们想在 1942 年推行。[2]自然，就像已经仔细说明的那般，大概是一百个师这个数量，代表的可不是一百个机动的标准野战师。有一些是守军，有一些是高射炮队，有些等同旅团。不过就广义而言，这彰显了武装力量的部署比战争开始的时候，我们规划得更宏大。这种部署之所以有机会实现，是因为一个实际情况：自从在敦刻尔克受创之后，我们什么大型的战斗都没参加过，所以积攒了大批的武器和储备兵力，而非被大量消耗了。

18. 日本的危险我还没说，这种危险在以往的数天里好像变得特别严重。由于我们会面的时候曾如此周密地谈论过这些首要问题，现在事情的发展却正像我们预计的那般，所以你在大西洋为我们提供的大力支援，我也没说起。可是我仍旧觉得，对于日本，美国动用的手段越强劲，维系和平的可能就越高。不过和平要是维持不下去，以致美国和日本开战，你可以肯定，英国不超过一个小时，就会对日本宣战。在圣诞节之前，我期望可以派一支巨型战列舰队去印度洋和太平洋。

---

① 原书第三卷第 446 页可见。——原注
② 原书第三卷第 452 页可见。——原注

19.总统先生，最后请让我和你说，掌玺大臣能飞去美国同你畅谈，我羡慕极了。因为走不开，我只能借此机会写一封这么长的信给你。即将展开的那些军事行动有关的信息，我希望你严守机密，不向任何人透露。这封信的第一部分（写有我们的准确进攻时间）与信中其他部分是隔开的，务必阅后即焚。

总统先生，请接受我最诚挚的问候和一切美好祝愿。

你的忠诚的朋友，

温斯顿·斯宾塞·丘吉尔

* * *

这些计划，我也借助国务大臣详细地告诉了中东众总司令，让他们明白，他们将去施行的"十字军战士"行动，能为我们铺就一条继续前行的路，并且，这也是为了再一次强调他们攻击的紧迫性。这份文件说明了一个不一样的地方，它显露了我写给总统的那封信里的一致看法——得到了艾德礼先生的绝对认可——的另一面。

首相致国务大臣　　　　　　　　　　　　　　　1941 年 10 月 25 日

1.谁也无法保证，冬天德军会接着在俄国战斗，无法脱身。相比于这个，更有机会的是，大概约一个月内，除了南边，俄国前线会表现出静止的状况。因为武器储备减少，就算莫斯科和列宁格勒不丢，俄国也只能［暂时］降成二级军事大国。希特勒随时都能留下比如三成数量的部队，去攻打俄国而仍旧有充足的军力给英国造成危险，给西班牙施压，并增兵整治意大利，以及进兵东方。

2.所以，人们绝不会猜测，我们的情形到明年春天会好转。相反，就"鞭绳"而言，它可能是个"今天之后，机不再来"的例子。我认为，到了 12 月末，这种可能将再也没有。

3.希特勒的劣势是空军。英国空军，已超过了他的空军，且在美国的帮助下，正以更高的速度提升。俄国的空军可能占德国的空军的三分之二，部署在合适的纵深，并且情形非常好。就算将有计算价值的那些意大利空军也算上，希特勒的空军不够支撑他的陆军能展开的行动。可是英国空军的首要部分一定要留在国内来抵制侵略，因此有很大一部分并未予以使用。

4. 所以，对我们而言，找到一个可以让我们在有利的条件下一起和敌方空军在众战区战斗的局势才是要紧的。这种机会，"鞭绳"计划能够给予的可能极大。

5. 一月之前，我们若能让的黎波里、马耳他、西西里岛和撒丁岛上的众机场联结到一起，并在这些机场占有一席之地，那，自国内起航，将以上系统里机场当作据点的轰炸机，就能对意大利这个轴心国中弱些的同盟国，展开激烈，或许是关键性的攻击了。意大利在西西里的北面机场短缺，如此，这件事就有机会达成。敌军对大不列颠、尼罗河流域及支持其在东南方向推进的常规空军展开的行动，就会因为这个新战区的所有空战而直接被减弱。

6. 我们也会因为英国在地中海中部拥有的空中优势而获得别的好处。在第九节所说的条件下，在自地中海开始的海上航路上，会有守卫森严的运输舰队行进，进而引发船舰上的全部俭省，和对东方战争援助力度的增强。

7. 法国和法属北非在这些成果（包含英军开至突尼斯疆界）到来之后，会怎么做呢？或许会让魏刚展开行动并引发自此出现的所有好处。

8. 上面说的这些，其的根基自然是"十字军战士"行动的胜利。"鞭绳"计划要是和"杂技大师"计划（美国夺取的黎波里塔尼亚）一起施行，那敌人的军力，尤其是空军力量，被强劲地牵制住了，你应该会感到开心，要知道，"鞭绳"计划是会造成此种牵制出现的。最能保证我们安全的，或者最能让敌军感到无力的，就是众多目标的忽然出现。

至于发起的时机，在敌军正从俄国战区抽出多出的空军，为他们更新配备，好去其他地方战斗而省出这几周尤其合适。就像我坚信你明白的那般，在充足的准备后，在利比亚满满前进，按部就班，可在别的地方什么事都没有，那样造成的抵抗，肯定是最高程度，而且，肯定会给这种抵抗的聚集留有时间。这种政策，肯定会给德国人足够的时间去增加对西西里岛的支援，还会让德军对意大利的掌控更强。眼下出现时机具有稍纵即逝的属性，德国只有极短的时间去整顿俄国战线，然后在其他战区重新部署部队，这个情况我期望你和我一般都意识到了。就像你说的，这是"问题的关键是选对时机"，非常正确。

9. 我们试图在地中海中部得到一个有空中优势的地区，进而建立航线的事，敌人会怎么回应呢？考虑到他在意大利还能使用的机场部署的情形，他想让优势空军的实力得以展现，还需要些时间。所以，为了关闭直布罗陀海峡，他必然会对西班牙施压。因为这些恼火的、吃不饱的西班牙人讨厌德国人，所以我们更相信西班牙人会觉得愤怒，并反抗德国人。西班牙政府的感情会因为英国"十字军战士"行动的胜利而受到极大的影响。就像希特勒可以掌控意大利一般，毫无疑问，他也能强制穿过西班牙。政治领域才是他的麻烦出现的地方。他想要打造一个欧洲合众国，盟主是德国，且遵从"新秩序"。这除了要驯服各国民众，还得让各国民众与之配合，后者更加重要。对这种指望打击得最彻底的就是眼下在很多国家里发生着的谋杀和复仇、屠戮人质等情况的持续出现。他将部队分散到那些已经被侵占，但无法掌控的广泛的地域，要是除了这些地域，又多了西班牙和意大利，那对他而言，这会是一个将要迈出的极其危险的一步。

10. 综上所有理由，"十字军战士"和"鞭绳"一起启动和紧密相关，看上去十分合适。另一边，一定要注意到，我们不能只有在利比亚推进这一个行动。俄国正好要求我及早派一支英国部队去俄军左翼前线。他们觉得我们毫无行动而越来越恼火，英国民众面对在这种情况下提出的这一要求，没办法一直拒绝。所以，假设决心舍弃"鞭绳"计划，或者接受法国的邀约，在法属北非展开其他行动（比如三军参谋长在汇报里说的），那就需要尽早预备往俄国派一支力量强劲的部队。

11. 你更多的看法，应该在周一晚上国防委员会开会之前交给我们。

开罗的那些总司令却不这么想。在他们看来，尼罗河三角洲和苏伊士运河、巴士拉和高加索，还有"陶鲁斯山堡"的防守才是主要目标。他们觉得夺取西西里岛机会不大，或者没有需要。他们的思绪在右，且朝东，而且假设决定朝西行动，我们的付出也得到了回报，他们对西西里岛也没什么想法，宁肯夺取比塞大。我详细询问了他们的理由，这个理由，在印度的韦维尔将军也十分赞同。10 月 27 日，他们在一封表明了我说的那些依据的电文里阐述了他们的结论。

最后，我舍弃了夺取西西里岛（"鞭绳"计划）的想法。

首相致伊斯梅将军转参谋长委员会　　　　　　　1941 年 10 月 28 日

1. 考虑到中东方面近日的电文和你个人决然否决你提出的得到我认同的"鞭绳"计划，那个计划，如今我视其为已经终结。

2. 可是如果"十字军战士"行动和"杂技大师"行动能够达成，为了能利用这两个行动，应该有支等同于两个师和一个装甲师的部队筹备妥当。让魏刚将军因为我们将要展开的行动去邀我们到比塞大或卡萨布兰卡去的缘由，除了希望，再无其他。假设他这么做了，我们一定要做好能把这个重大的机会用起来的准备。这件事总司令等应该马上予以分析，并和中东总部，尤其是和坎宁安海军上将展开讨论。

3. 只要英国取胜，影响了法国的想法，或者，因德国已经或有机会失去的黎波里，所以要求贝当同意他们用这一战区（不该忽略这种情形）的情况是有机会出现的。

4. 这一行动起名"体育家"。

5. 要紧的是得马上弄清楚，下达哪些指令才能将"鞭绳"计划变成"体育家"计划，好让船舰受袭的可能最低，其次得清楚船舰需求情况及对这些需求的所有影响。

6. 美国发了电报给我，说美国插手摩洛哥的想法，得到了那里的朋友的欢迎，而且派十五万的美国将士在那登陆之事，诺克斯上校曾和哈利法克斯勋爵说起过。要是能行，等"十字军战士"行动取胜，我们一定要准备好在所有恰当的时候，将同样的意见告诉魏刚将军，或者不管怎么样说出英国的某个意见。这或许能让局势变得有益于我们。所以当用最有用的言辞陈述这一提议。除非"十字军战士"行动的结局已定，否则这件事，我是不会亲自和总统说的。

7. 他曾让路易斯·蒙巴顿勋爵拿封信转交给我，信里他对丹吉尔显露了浓烈的兴味。这有分析研究的必要，但是它明显会引发与西班牙人，与法国人的大矛盾，可若因为此事舍弃了我们和法国的携手的机会，就不对了。

先不说舍弃攻打西西里岛的计划，在得到一致意见上，我并未遇到麻烦，因为没有人放弃我们对种种价值和时机的预估。

首相致伊斯梅将军转参谋长委员会和帝国总参谋长

1941 年 11 月 2 日

韦维尔将军的主张尽管已经完全理解了，可我们已经明白确定要按这种步骤走，也就是"十字军战士""杂技大师""体育家"。这一步骤不能改动。

所以，若全部顺利，我们是这么的规划的：打败隆美尔军并剿清昔兰尼加的敌人；推进到的黎波里；还有，若法国帮忙或者发出请求进驻法属西北非洲。攻打西西里的计划，其前提条件是前边两个计划没有遭遇不测，而且能够取代第三个计划。不过我不想在战略上，和中东司令部接着争论，因为这全部的事推论的成分极高。

首相致国务大臣　　　　　　　　　　　　　　　　　1941 年 11 月 11 日

　　面对你和奥金莱克发来的有关"十字军战士"行动的电文，我只能报以沉默，除此，什么都回应不了。除非明确了这一行动的进程，否则无法对以后展开推想。战争是层面巾，通过它去瞧可不聪明。

＊　　　＊　　　＊

然后看看敌军内心的想法或许合适。

　　德国战斗规划部 1941 年 7 月曾经讨论过一个名为"东方"计划的未来武装行动，目标是颠覆英国在中东的地位。在秋天打败俄国是他们的首要假定。这是个宏大的"假设"，一个装甲兵团自高加索出发，在 1941 年年终到 1942 年年初的冬天，取道波斯一路朝南推进。在土耳其妥协的情况下，一支大军——有十个师，其中五成是装甲和摩托化部队——将自保加利亚穿过安纳托利亚开至叙利亚和伊拉克。土耳其若是反抗，那需要的军事就再翻一番，所以，这个计划就必须留到 1942 年再施行。非洲的德意大军仅位列第三。在 1941 年夏天和秋天这两个季度，他们的工作完全是防守性质的，只有夺取图卜鲁是例外。到了冬天，他们需要填充兵力和配备上的损耗，之后，利比亚那边的轴心国大军，会在我们的视线和部队因为波斯和伊拉克遭受全力攻击而散开的时候，攻打开罗。

　　在非洲冒险，德国最高司令部由始至终都不支持。德国只是因为不想意大利部队被打垮，才派兵去的非洲。等遏制了意大利部队的溃散，德军的目标也完全没因为这种成果而发生变化。他们不看好穿过地中海的海上航行，因为可能会被自马耳他出发的潜艇和飞机攻击。因为"相比于同盟国，轴心国在支援上的难度更高"，所以北非战区一直都无关紧要。在德国人心里，在陆海空上和意大利人携手的魅力也并没有非常大。隆美尔军的缺失，德国指挥部勉强才答应予以填补。敌军要是有心，他们是能在可承受的牺牲范围内，抽出所需兵力，并将其运过来，让我们失去地位的。很快就能看见，马耳他岛，这个他们的首要妨碍，做了什么才从未受到攻击的。毫无疑问，在克里特岛遭受重创，是他们没这么做的一个原因。

*   *   *

1941年8月初，德国陆军部发了封信给统领西、北、南各路集团军群的将军们，简述了等击败俄国，随后要去夺得的目标：

（1）为了能攻下图卜鲁格，要增强在北非的军队。为了使必需的运输船得以通行，德国空军应该再次攻打马耳他。在天气情况不会造成延误，确保运输船的工作能按计划展开的情况下，可以假设9月中启动攻打图卜鲁格之战。

（2）1941年一定要启动"菲利克斯"计划（也就是在西班牙的踊跃参与下夺取直布罗陀港）。

（3）假设东方战争终了，土耳其站到了我们这边，预备起码筹备八十五天，再攻打埃及那边的叙利亚和巴勒斯坦……

*   *   *

所以，对我们来说，秋天和冬天的各月是不错的机会。德国空军已经自西西里岛撤走。意大利海军想要的能源在俄国前线耗干了。为隆美尔提供的供应品和援兵，8月消耗了百分之三十三。这个重大的数额在10月增加到了百分之六十三。意大利人逼于无奈打造了一条运输线取代空运。9月末，墨索里尼开始按照一个月空运一万五千人的量将援兵送往的黎波里，可到10月末，送到的仅有九千人。与此同时，通过海路前往的黎波里的航运却停了下来，仅有有限的运输舰队从我们的隔离线溜过去，开到了班加西。可是 10 月的损失逼得德国最高指挥部为意大利海军提供了汽油。这一步很关键。邓尼茨海军上将被逼无奈答应自大西洋战役里抽出二十五艘潜艇驶入地中海。这是一个切实的危害，其结果，很快就显露出来了。

我们以马耳他岛为据点，在这之间的这段时间，展开的侵占起了关键作用，并且海军部依照我的意思在那打造的"K 舰队"的行动成果显著。11 月 8 日晚，按照飞机上报，它们攻击了自再次航行起的首批意大利运输舰队，这批运输舰队有七艘商船，六艘驱逐舰、两艘护航的巡洋舰，另外，还有作为增援的驱逐舰四艘。没多久就歼灭了全部的商船。我们的巡洋舰打沉了一艘驱逐舰，另一艘被打坏了。意大利巡洋舰不曾参战。这个好消息我发电报告诉了总统。

前海军人员致罗斯福总统　　　　　　　　　　1941 年 11 月 9 日

在意大利与希腊中间，将轴心国开往班加西的运输舰队剿灭的事，不管是这件事自身，还是它引发的结果，都十分重大。我们那两艘配备了六英寸口径炮的轻型巡洋舰，意大利那两艘的重型巡洋舰居然没胆量反抗，我们的那两艘军舰，他们那六艘（其实是四艘）驱逐舰也没胆量反抗，这也需要留意。

对于莫斯科前线，我的观感也日渐变好了。

轴心国的运输舰队不得不又一次停下来，让隆美尔有了足够的借口去和德国最高指挥部抱怨。

隆美尔将军致德国陆军最高司令部　　　　　　1941 年 11 月 9 日

运军队和供应品去北非的速率已经降得更低了。意大利承诺的那六万吨供应品，到 1941 年 10 月末，只运了八千零九十三吨到班加西。而原本用来攻打图卜鲁格的那些部队，大概三分之一的炮队和各类首要运输队，甚至直到11月20日，都没能从欧洲运过去。再者，还无法确定什么时候才能把从突尼斯和法国买的那二十门十五点五厘米口径的大炮运抵……我们提出请求，说派过来，11月用来攻打图卜鲁格的那三个意大利师，能用的只有一个，而且这个师的人数也不够。

*　　*　　*

可是此时，我们无灾无祸且占有优势的时间告终。德国潜艇加入这一战场。11月12日，在"皇家方舟"号派更多飞机动身飞往马耳他之后，在返回直布罗陀的路上，被一艘德国潜艇发出的鱼雷打中。所有试图救下这艘船的努力都白费了，因此，在航行至距直布罗陀只有二十五英里的时候，这艘在众多战争里立下赫赫战功的老资历的军舰沉没了。这是我们在地中海船队遭受的一连串重创的开始，我们以前从不知道那里存在缺陷。可是此时，我们推迟太久的进攻的所有预备工作都准备妥当了，所以，现在我们只能转向西部沙漠那边。

*　　*　　*

11月15日，我将国王的指示发电告知奥金莱克将军，以便他在觉得合适的"条件、时间和情形"下使用。

首相致奥金莱克将军　　　　　　　　　　　1941年11月15日

　　奉国王之命，我对西部沙漠的陆军和皇家空军的全部将士，对地中海舰队，转达陛下对他们在将要发生的极关键的战斗里，以完全可以骄傲的忠实忠于职守之事抱有的信心。不列颠和英帝国的部队将首次用充分的各种现代化武器和德军对抗。这场战斗自身会左右战争的全部过程。现在，为最终的胜利，为祖国和自由展开最激烈的攻击的时刻到了。在沙漠地区驻守的部队或许能在历史上填上一个和布莱宁战役、滑铁卢战役并驾齐驱的篇章。各国民众都在注视你们。我们全部的心都在你们身上。盼上帝与正义的这方同在。

第十章 "十字军战士"行动

现代战争缺少戏剧性——敌我两方的部队和战斗计划——第八集团军发动攻击——突击获胜——最开始的三天——第十三军穿过疆界防线——奥金莱克将军的战斗汇报——隆美尔冒险行动——摆动中的战局——奥金莱克坐飞机去了沙漠司令部——他对坎宁安将军下达的指令拯救的战局——他决定替掉坎宁安将军——11月20日我致信总统——维希带来的危险——海军进攻敌方运输舰队——新西兰师坚定地朝希迪列格进军——隆美尔后撤，放弃了自己的边防部队——突破图卜鲁格之围——战争损失——罗马的担忧——海军的大难——"皇家方舟"号和"巴勒姆"号被打沉——亚历山大港，"人控鱼雷"遇袭——"伊丽莎白女王"号和"勇敢"号遭受重创——"K舰队"受创——"海王星"号牺牲——英国东地中海舰队事实上被灭——希特勒将空军从俄国撤回西西里岛——我们在地中海的形势糟到了极致

现代战争发生的地域十分辽阔，胜负至少要几周之后才能确定。而历史上那些著名的战争，往往在数小时之内、方圆数平方英里之间，就能分出胜负，一个国家、一个民族的命运就这样确定了。相比之下，现代战争缺少戏剧性。在西部沙漠的战争中，动作迅速的装甲部队和摩托化部队将古今的这种对照展现得淋漓尽致。

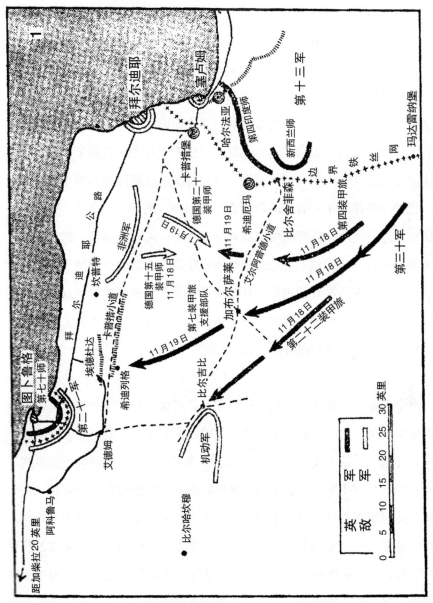

敌军11月18日的部署，11月18日－19日战争初始阶段图

以往战争中的骑兵，已经被一种力量远为强悍、行动空间远为广阔的武器——坦克取代了，而且在很多地方，坦克的灵活使用类似海军战斗，只是用沙海代替了咸水海而已。取胜特征是装甲纵队的作战特点，就像一支巡洋舰队的作战特点，无关他们遇敌时所处的地方，或者敌人出现在地平线的哪部分。坦克师或者坦克旅及更微小的体系，形成战线的效率这么高，致使被围或者受到来自后方的攻击'或者被切断这种危险的关键性极大地减小了。另一边，所有的事都随时取决于能力和弹药，而且对装甲军而言，这两样东西的供给远比海上靠自己供应船舰和舰队麻烦。所以，那些军事理论依从的准则有了新观点，并且每次战斗都能得到关于自身的经验。这种沙漠作战里含有的战争努力如此强劲，绝对不能小看。尽管各方部队中，进行战斗作战部队的只有九万或十万，可这些队伍，却需要两三倍于他们的人和物为他们的顽强战斗提供帮助。希迪列格的剧烈的争斗，代表着奥金莱克将军开始进攻，从整个局势看，展现了战争的众多最鲜明的特色。和古时候一样，两方总司令亲自参加，起到了主宰和关键作用，并且所冒的风险，也和古时候差不多大。

* * *

奥金莱克将军的工作，第一，重夺昔兰尼加，且在这一进程里毁掉敌方的装甲装备，第二，若全部实现，就得攻下的黎波里塔尼亚。即将被委任成为才起名为第八集团军司令的坎宁安将军，因为这些目标，又得到了第十三军和第三十军，再算上图卜鲁格的驻军，大概包含六个师和三个储备旅。英国坦克总计七百二十四辆，包含三百六十七辆巡逻坦克，除此，还有二百辆后备。差一个月行动的时候，皇家空军会增强行动去攻击敌军的运输线，并为此次战争拿到制空权。受空军少将科宁厄姆统御的西部沙漠空军，含有战斗机中队十六个、中型轰炸机中队十二个、重轰炸机中队五个和陆军航空中队三个。在总共一千三百一十一架现代战斗飞机里，可用的有一千零七十二架，另外，自马耳他能派出十个中队。

隆美尔前线的身后七十英里的地方驻扎着保卫图卜鲁格的部队，它有五个旅团和一个装甲旅。他时常留意这个堡垒，而且，这个堡垒的战略威胁，直到今天还阻碍着一切攻击埃及的行动。德国最高指挥部已经议定了瓦解图卜鲁格的原则，所以所有能做的准备工作都做好了，11月23日就要着手对这一地区展开攻击。那个巨型非洲兵团——含有第十五和第二十一德国装甲师和第九十轻装师，还有意大利师七个，其中装甲师一个，构成了隆美尔的部队。按照估算，敌军的坦克数是三百八十八辆，不过按照我们如今从敌军的记载中查到的资料来看，其实是五百五十八辆。三分之二的中型和重型坦克都是德国的，而且，相比于我方坦克投射的两磅重型炮弹，它们配的炮更大。再者，在反坦克装置上，敌军明显占上风。轴心国的空军含有德国飞机一百九十架，其中，在攻击的时候能用的有一百二十架，此外，还有意大利飞机三百多架，里面能用的有两百架左右。

*　　*　　*

坎宁安将军统御的第八集团军将发出两个军展开攻击，并朝西和北面进军，好抵达图卜鲁格，而在图卜鲁格的防守的部队则在同一时间朝他们发动猛攻以突出重围。为达成这个目的，第十三军将攻打且夺取自哈尔法亚到希迪厄玛的敌方边疆防线，且展开包抄和围困，如此，就能将坚守这些防御工事的部队斩断，之后朝图卜鲁格进军。此时，为了掩护第十三军，近乎含有了我们所有的装甲部队第三十军，在此沙漠侧翼展开了大范围的清扫，他们会搜寻隆美尔的大多数装甲部队，并与其交火，起码得牵制住他们。

*　　*　　*

虽然要做很多准备，但纯粹战略上的突然进攻仍旧实现了。轴心国的部队为了能在11月23日攻打图卜鲁格，正夺取新的阵地。莱科克上校派潜艇将苏格兰突击队的五十个人送去了敌军战线后边二百英里的海滩上的一个地方，以便在此重要时刻，攻打敌人的大脑和神经中枢。在波涛涌动的海面上得以登陆的三十个人，被分成了两队，一队去切割电话线和电报线，另一队由凯斯中校——其父是凯斯海军上将——统领，去攻击隆美尔的住处。他们在 17 号夜半时分，冲进了德军指挥部的一幢房子，射杀了很多德国人，可是隆美尔并不在那儿。在一个黑暗的房间里近距离交火的时候，凯斯牺牲了。他死之后，为表彰他的义举，为他颁发了一枚维多利亚十字勋章。[1]

＊　　　＊　　　＊

第八集团军在 11 月 8 日非常早的时候，冒着大雨飞速前行，因此遵照计划，第三十军围着敌军的阵地开到疆界。开始的时候，第十三军没遇到反抗，从南边一直推进到希迪列格。这道山梁大概高达一百英尺，北边几乎全是陡峭的绝壁，俯视着隆美尔由西向东的重要运输线卡普措小道。临近有个大型机场。朝南看，尽管在地势上没什么特别的地方，却将连绵起伏的沙漠全都收入了眼底。两方都坚信这是全部战区的要害，也是让图卜鲁格突出重围的关键台阶。

开始的三天，没遇到任何麻烦。19 日，一支被视为德国装甲部队的首要部分的队伍，自他们位于海岸的驻地朝南行进，第二天，和我方的第四和第二十二装甲旅，在位于希迪厄玛西边十五英里的一个地方相遇。为了搜索敌军，英国第七装甲师分得很散。它的一个旅（第七旅）和援助部队，夺取了希迪列格。这些军队和别的军队连续遭受非洲军团的袭击，这一军团的装甲部队素来较为集中。21 日和 22 日这两天的全天，重点在机场及其周边展开了一场激战。其实，两方全部的装甲部队都被扯到了这场战斗之中，大量地在敌人的炮火中往返激战。德国坦克的配置更强一些，而且开到交火地的数量更大，所以占了上风。我方虽有旅长乔克·坎贝尔悍勇

---

[1]　因为海面风浪过大，两个袭击组的幸存者无法再行登舟，于是在敌人的猛追下，莱科克上校命令他们分散隐藏在倒塌的乡村里。只有莱科克上校和曾在对德军司令部的袭击中表现优异的特里军曹，经过五个星期的困苦和拼死冒险，终于回到我们的阵线。——原注

优异的指挥，可德军仍旧占了上风，在坦克方面，我们遭受的损伤更大。22日晚，德国重夺希迪列格。统领第三十军的诺里将军三分之二的装甲部队都牺牲了，于是为在阿普德小道北边的地区整顿队伍，下令全线后退二十英里。这是一次重大的失败。

＊　　＊　　＊

奥金莱克19日晚发电同我说："如今看来，这次攻击敌人好像真的没想到，我们这次攻击的紧迫和力量，他们并不清楚。尽管需要证明，有痕迹显示，眼下他们正试图自拜尔迪耶—塞卢姆一域撤走。除非我们清楚我们的装甲兵今天所至区域，否则此时无法深入判断战争情况。对于形势，我们自己的态度是积极的……"特德也汇报说："空战现阶段的发展好像让人欣喜。我们消毁德国战机的方案因为17日至18日的特别攻击而被改变了，不过在最开始那两天，它们有利于压制敌方的空中行动。昨天地上又有十四架"容克87式"轰炸机被烧。重型轰炸机晚上派了五十六架次出去。在马耳他驻守的空军将班加西也算在目标以内，曾给第四装甲旅空运了十吨弹药。"

＊　　＊　　＊

与此同时，11月21日，既然敌军的装甲部队有打一仗的意思，坎宁安将军因此下令第十三军朝前进军。第四印度师已迁回抵达希迪厄玛附近。位于其左侧的新西兰师在弗赖伯格将军的指挥下朝北行进，开至拜尔迪耶的郊区，如此，就将全部守军的运输线斩断了。他们夺取了非洲军团指挥部，他们第七装甲师的兄弟们刚被赶出希迪列格，他们也在23日差点儿重新夺取。弗赖伯格11月24日将新西兰师的大多数部队聚集在机场东面的五英里的地方。所以，在自希迪列格被打败撤离之后，我方装甲部队在这一天进行了整顿。驻守在图卜鲁格的军队已发兵攻击，正和德国步兵展开激战，可是尚未突出重围。新西兰师在一次成功的进攻之后，兵临希迪列格。敌方的边防军已经被斩断，在打败第三十军后，他们的装甲军被放置到了

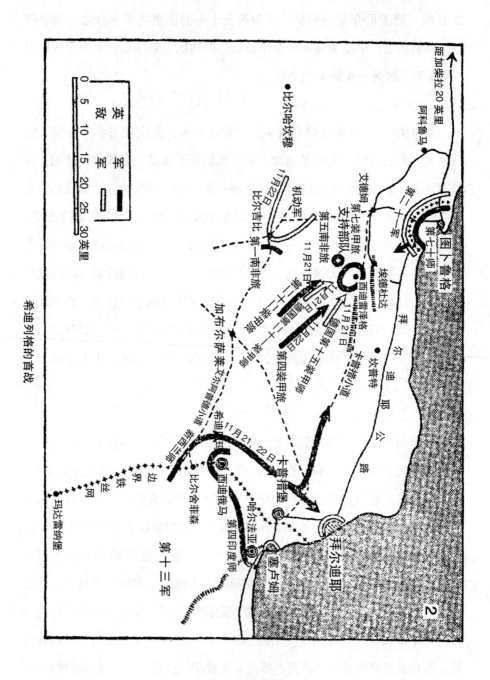

希迪列格的首战

图二 布鲁格

2

比尔古比北面。两方彼此强攻，都遭受重创，战争尚未决出输赢。

＊　　＊　　＊

再没有什么能比奥金莱克将军最后的那次汇报（1948年公布于伦敦公告）更好地描述这场战斗了。

因为此时德国装甲师好像已经下定了应战之心，还有消息显示，坦克损失极大，坎宁安将军于是获准下达指令，让图卜鲁格守军出兵，并让第十三军展开行动。可是我们在11月21日开始遭遇困境。就像预计的，对于希迪列格遭受的威胁，敌人马上予以回应，他的若干装甲师绕开了第四和第二十二装甲旅。敌人的所有装甲部队此时凝聚到一起想将我们从这个重要区域赶走，不让被困在那的援军和第七装甲旅得到支援。原本没准备让这些军队进行长时间的防守，在没有支援的情形下，他们居然想办法守了21日的整整一天，这是他们的重大贡献。原本指望第五南非步兵旅在敌军发动攻击之前抵达战场，可是他们没能做到，至于原因，一个是因为爱利尔特装甲师的反抗，一个是因为在需要和军队一起出动的大批车辆上经验不足。

第二天，全部三个装甲旅会师守护这一区域。可是我方的坦克和反坦克炮虽然战斗得非常勇猛，却仍无法打败德国人，因此第三十军在11月22日黄昏无奈后撤，它的坦克三分之二被毁，还给驻守在图卜鲁格的军队留了一大块可供防守的凸形阵地。

敌军用让人震惊的方法获得了胜利。他们在某次夜袭里，忽然攻击第四装甲旅，并将其彻底打垮，这个旅的坦克有一百辆，是我们剩下的装甲兵力的三分之二。23日，他们实现了对第五南非步兵旅的现实剿灭，诺里将军统率的步兵旅只有两个，这就是其中之一——运输设备不足，没办法运更多的步兵旅过来，之后，他们用若干装甲师在24日强劲地对疆界予以回击。在此以前，已经非常显眼的是，最开始的一些汇报曾过分夸大了敌方坦克的损失，敌军有的坦克数，少说也和我们一样，且功能也比我们的强，不仅如此，他们失去的数量，他们可以从掌控的战场上再次拿到。

在对峙的装甲军队间，这种实力对比的变化引发了非常紧迫的形势……

＊　　＊　　＊

此时一个富有戏剧性的插曲出现了，让人记起了 1862 年，美国南北战争的时候，杰布·斯图尔特在约克敦半岛上骑马绕过麦克莱伦的事。可此次做这件事的是自身就是支部队的装甲兵团，这支队伍的牺牲将决定剩余轴心国部队的命运。隆美尔下定决心要拿到战术上的主动权，所以让装甲兵团强制向东行进直抵疆界，试图借此制造极大的骚乱和恐慌，好引诱我方指挥部没有开战就自动撤走。之前 6 月 15 日那场沙漠战，他的装甲兵团进攻曾经取得成果，进而致使迈塞维将军在制胜的时候撤退，那种好运，他又想起来的机会很大。他此次又怎么差点儿成功，如下可知。

在战场上，非洲兵团的兵力仍旧是最大的，他聚集了这一兵团的大多数军力，顺着阿普德公路或者小路直抵比尔舍菲森，第三十军的大本营和两个大型给养站差点儿暴露；要是这两个给养站丢了，我们就没办法接着作战了。到达边疆之后，他将自己的队伍分成了几个纵队，其中，部分纵队改朝北面和南面进军，剩下的始终朝前进军，深入埃及境内二十英里。在我们的后方，他极尽毁坏之能，还抓捕了很多人。然而，他的纵队并未损害到第四印度师。连忙从第七装甲旅、援助部队和警卫旅中抽编组成的分遣队对它们展开了攻击。最关键的是，此时，在对峙两方的部队上空，我方空军已经拿到了极高的制空权，所以一路上始终在袭击敌人。其实隆美尔的纵队没得到己方空军的援助，我方部队在德国掌握战场上空的时候曾经遭受过的苦难，它们终于也尝到了。属于敌军的全部装甲兵团 26 日都改道朝北，并暂时躲到了拜尔迪耶及其周边。第二天，他们接到急令，

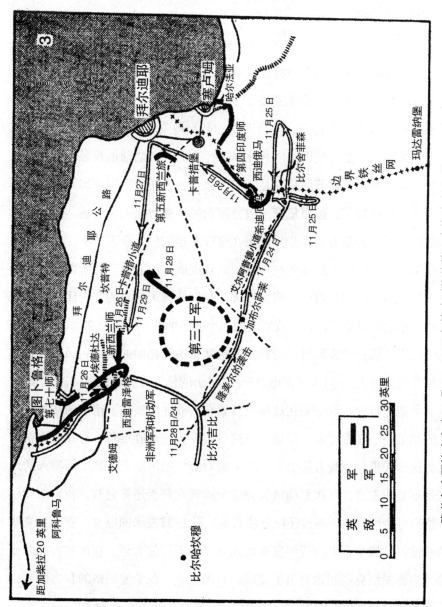

隆美尔大军的攻击（11月24-28日）希迪列格的第二次战斗（11月29-30日）

让他们撤回到希迪列格，于是他们连忙向西行进，回了希迪列格。隆美尔的冒险策略已然落败，不过就像眼下将要看见的那般，要不是敌军总司令，他是不会停手的。

＊　　＊　　＊

从这段时间奥金莱克和特德发给我的电文里选的一些片段上看，这可能是件趣事。21 日，奥金莱克发了个好消息过来："运气不错，已经堵住了狐狸洞，猎犬正在追击。"当天发的补充电文又说："11 月 18 日，第二十二装甲旅和敌方装甲兵团在比尔古比交火，和之前汇报显示的比，要更加凶猛，而且，显著的结局是我们大概失去了四十辆巡逻坦克，其中不少辆之后都修好了，按照估算，敌方被毁的坦克数是五十五辆。第七装甲师的援助军队和第五南非步兵旅正在坚守希迪列格。今天早上，图卜鲁格的驻军出兵……因为战斗还在持续，而且进展得如此迅速，所以无法准确预测敌方坦克的损耗数……截至今天，我们掌握了绝对的空中优势，且陆军和空军的配合非常棒，是战事上的一个明显的特点。"他 22 日归纳了自己的汇报，说："我们最短的目标，也就是消灭德国的装甲兵团，看上去实现的机会很大。"后来又发电补充："将士的精气神和锐意强得让人惊讶。我认为截至目前，坎宁安在这场极其繁杂的战斗中展现了精湛的技艺和不凡的胆量……在我看来，要想弄清这场战斗到底谁胜谁负，首先要确认，过去这四天里，与我方第二十一装甲师对阵的德国第十五装甲师投入的坦克是不是非常多，其次要确认我方这个师现在是否还算完整。我猜测前一种情形可能性很大，不过还没办法肯定。"23 日发来的电文，有不太光明的感觉："战争看上去就要发展到顶峰了。不管怎么样，在比尔古比北面的某些德国坦克顺利地突出了重围。有消息说，在希迪列格的我方部队，昨天曾经遭受了敌军派出的一百辆坦克自东西两个方向上的强压……"

这种片段显露了最高指挥部里近乎每小时的感受，并且，这些资料自然仅仅是他们发过来的汇报里的一个极小的部分。

＊　　＊　　＊

坎宁安将军因为我方受到的重创和隆美尔侵袭致使我方战线后方出现的动荡感，同总司令说，我们的进攻要是不停，或许会造成我们坦克兵团的全军覆没，进而危害到埃及的安危。这将代表着对战败和行动整体落败的接受。奥金莱克将军在这一关键时刻亲自插手了。因为坎宁安的要求，11月23日，他和空军中将特德坐飞机去了沙漠地区驻兵指挥部，或许会发生的全部危险，他都十分清楚，但仍下令让坎宁安将军"接着猛烈攻打敌军"。就这样，奥金莱克以自己的行动拯救了这场战争，并且显露了他这位战区司令的优异才干。

24日，他自前方司令部发电报告诉我：

> 我到了之后，发现坎宁安因为有报告说，我们仍能使用的坦克数量极少，而对战局非常担忧。我们的装甲师在五天不间断的作战和调度下，出现了极大的混乱和敌军攻击发生的损耗，以及设备受损。这确实有道理，然而如今已经不重要了……昨晚，敌人攻击的时候用了意大利坦克，此事，在我看来，表明他们自己的坦克已经不够用了。我深信他们的力气已经用尽，且在拼死挣扎，所以我们一定要接着严酷地对他们施压。在这个进程里，我们或许起码现实上会让我们全部的坦克丧失机动性，可是只要我们能毁掉敌军的所有坦克，那就无关紧要了。守在希迪厄玛和塞卢姆的军队，还有我们已经抓到的三千多名（里面有德国人一千名）战俘，敌军已经不管……某些这类实情关系重大。因为这样，我已对坎宁安将军下达了用所有能用的资源展开进攻，重夺希迪列格，并和图卜鲁格驻军会师的命令，至于驻守在图卜鲁格的部队，则应该攻打前方的敌人作为配合。将士们的士气很高，装配了步兵坦克的新西兰师在希迪列格前面聚集。敌军正在拼死顽抗，可这点我们从未忽视过。

我马上回复：

首相致奥金莱克将军　　　　　　　　　　　　　1941 年 11 月 25 日

1. 24 日发来的电文已经收到。你的意见和想法，我真心赞成，而且不管结局怎样，你坚持打到最后的责任，英王陛下政府都甘愿和你一起承担。要么赢得全部，要么失去全部，可是我坚信你更加强悍，且会夺取胜利。

2. 我有关今天第一装甲师剩余部队在苏伊士登陆的电文，你肯定已经接到了。要是需要，不用管以后，及早让它参战，用所有的兵力死死地抓住敌人，将敌人置于死地。

3. 你崇高的精神和意志让我受到了极大的激励。特德和皇家空军掌握了制空权，请予以称赞。

* 　　　* 　　　*

25 日，奥金莱克回了开罗之后，发电和我说："我已决议暂时让我如今的副参谋长里奇将军替换坎宁安将军。我们这么做，并非由于眼下的形势让我有什么担心，而是由于我得出了一个和自己期望不符的结论，也就是虽然坎宁安截至目前都让人敬佩，可是如今他因为坦克遭受重创，想事情已从防守上来了。在果断采用这一举措之前，这件事我曾经急迫地想了很长时间，今天下午回来之后，还和国务大臣讨论过。尽管我清楚就通常道理而言，眼下并不适合走这一步，可是我坚信我没有错。我会尽量降低传播。"

奥金莱克在写给坎宁安将军的公文里，说："我已经产生了一个看法……觉得你眼下想问题，选择的角度是防御而非攻击，所以我没有信心你能将我接着攻击的指令艰难地施行到最后。"

这位总司令的决议，国务大臣奥利弗·利特尔顿曾经予以说明，且坚定地予以支持。我当即发了封电文给他。

首相致国务大臣   1941 年 11 月 25 日

对于全部的指挥官，奥金莱克将军有着绝对的权限，在此次战斗中，他做的全部决定，我们都会予以认可。你的行为和态度十分值得称赞。望将这份电文通告奥金莱克将军。

此间，我将这个对那个相关的勇敢的海军将领而言十分难过的事，交给了他的海军总司令兄长，和他们二人私下的友人奥金莱克将军去考虑了。对于奥金莱克将军不被所有的私人感情左右，不被折中或者延迟行动等全部的引诱左右的行为，我十分钦佩。

*   *   *

战争到此阶段，我不得不转头叙述其他几件紧密相关的事。11 月 20 日，在消息还不错的时候，我发了封电报给总统，催促他尽量想办法让维希在要紧的时刻什么都别做。

前海军人员致罗斯福总统   1941 年 11 月 20 日

1. 在利比亚，我方部队的压进和伸展已经获得了不小的成绩，敌军遭受了出乎预料的攻击。我们对他们展开的行动规模竟然这么大，他们直至如今才意识到。今天，敌人和我们的装甲兵团或许会发生激战。我已经下令，无论如何都要将眼下开始的战争推向制胜的时刻。看上去机会还好。

2. 要是正在我们有机会从东方，也自国内左右北非事项的时候，某个和德国亲近的将领就取代了魏刚，那会是件有重大危害的事。魏刚的司令之职，我期望你尽量劝维希予以保留。假设这件事实现不了，那代替他的可以是乔治将军那般的离职的友善之人。乔治这个人，我还是法国垮塌之前见过的，不过我有道理认为，他的心不歪。我非常清楚他。不管怎么样，总统先生，我们若在利比亚大获全胜，突尼斯和法属北非全都有机会向我们敞开，因此我们一定要预备好使用得到的成果。另一边，我却怕希特勒因为的黎波里或许出现的危机而提出夺取比塞大。对维希法国而言，抓不住今天，再无机会，并且这也是他们忏悔的最后的机会。

＊　　＊　　＊

在这个时候，斩断隆美尔的能源供应也很重要，于是我给奥金莱克将军和那位海军总司令发电，竭力催促攻击敌方运输线。

首相致奥金莱克将军　　　　　　　　　　　　　　　1941 年 11 月 23 日

在大家发现如今十分珍稀的燃料正一船船地运去班加西，可敌军又把空军聚集在了博宁那的时候，好像就该冒一次特殊的风险，让这些区域无效，就算只是无效三到四天也行。敌人担心这种举动，自然是非常有道理的。敌人处在战斗最艰难的时刻，是仅有的能够施行这种险行的时候。他们从战区退回来或者跑回来的部队只要能过来支援，达成的可能就降低了。眼下班加西还有阿盖拉西面，都有不少东西能轻易夺取，可是首要战事若是告终，再想夺取它们，要牺牲的东西就多得多了。我深信你会考虑此事。请回想一下：法国垮塌的时候，它们靠着吹牛和欺骗得到了多少东西。"绿洲"大军的工作是什么？

首相致地中海舰队总司令坎宁安海军上将　　　　　1941 年 11 月 23 日

我让第一海务大臣今天给你发电报，阐述阻截装载援军、物资特别是燃料去班加西的海上船舰的重大关系。我们这里得到消息显示，不少船舰正开过来或者正在启程。敌军曾经提出空军掩护，可是因为他们守在非洲的空军正尽全力战斗，无法提供掩护。这全部的信息，我们已经又一次和你说了。你准备展开什么行动，我期望能从海军部获悉。把这些船舰拦截住，不仅有利于得到一次非常紧要的成功，还能挽救几千条人命。

这位海军上将当即亲自发电报回复我，说：

你 23 日发来的电文已经收到。对于班加西给养线的紧要性，我当然十分敏感地意识到了，为了应对形势而完成的布置，此时，已让第一海务大臣同你解释了。我们的第一个办法，是借地中海两侧舰队的威势对敌方运输舰队进行拦截，而且，这已经获得了不小的成绩。眼下，运输舰队已重新起航，他们会遭受海上船舰、飞机和潜艇的攻击。遗憾的是，你说的，有消息称德国空军会竭尽全力在地面发动攻击的事，其实没得到证实，敌人现在十分关注我方的举动。与之不同的是，我们重点在侦察机上实力不足，这让我方轻型舰队的活动多了一重巨大危险，在需要借助它们的速度之时，这些轻型船队只能在没有援助的情形下做事。

他竭尽所能，不过打出最有力一击的却是马耳他那边。24 日晚，"K 舰队"的巡洋舰和驱逐舰自这一港口开出，截住了敌军急切期盼的两艘运油船。所以这一好消息我得以告知奥金莱克：

1941 年 11 月 25 日

我们昨天晚上派"曙光"号和"佩内洛普"号自马耳他启程，适时地地将那两艘至关重要的运油船"普洛西达"号和"马利扎"号打沉了。至于别的船只，坎宁安海军上将正予以追击。

* * *

在隆美尔用非洲部队穿越英国第八集团军的运输线和后方，进行无畏且损耗极大的攻击时，在第一陆军坦克旅的支援下，弗赖伯格和他的新西兰军开始朝希迪列格推进。他们历经两天的激战，攻克了这座城市。与此同时，驻守在图卜鲁格的部队再一次出洞夺取了埃德杜达。图卜鲁格驻军26日晚和援兵取得联系。一些新西兰和第十三军总部旗下的军队到了被困的图卜鲁格城内部。隆美尔因此种形势从拜尔迪耶撤了回去。他竭力将通向希迪列格的路打开，用改编的、此时收拢了一百二十辆坦克的第七装甲师从边上展开攻击。他又一次夺取了希迪列格。他打败了第六新西兰旅，让其遭受重创，丧失了作战能力。不算和图卜鲁格驻军会师的两个营，他们和第四旅都朝东南后退一直到了边疆，因此，在牺牲了三千余人之后，那个勇敢的师，就在那儿展开了整顿。驻守在图卜鲁格的部队依旧被隔离在那儿，因为一个英勇的决定，他们顽守所有已得阵地。

里奇将军此时重整了自己的队伍，让第十三军指挥驻守在图卜鲁格的部队，至于新西兰师则转去了储备队。艾德姆此时处在希迪列格西方十五英里的一个山坳里，这也在敌人从西到东的首要运输线上，所以此时变成了进攻目标。我们的两个军全部派上场了。第十三军自埃德杜达进军，第三十军自南攻过来。在这些筹备活动正在展开的时候，为了对自己的边防军进行救援，隆美尔发动了最后一场攻击。他的这场进攻被打败了，轴心国的部队因此开始朝加柴拉防线全面撤退。

* * *

我们的电报接连不断地发过来。奥金莱克26日说："今天没多少消息，不过非常棒。新西兰部队今早已经看到守在图卜鲁格的部队了，刚刚我得到消息，新西兰部队夺回了希迪列格。激战还在持续。敌方的装甲和摩托化部队明显还在我们后方，拜尔迪耶、比尔舍菲森和哈尔法亚中间区域来来回回，不过什么成果都没有。眼下可以断定，装甲和摩托化部队的这种攻击，其目的是分散我们对图卜鲁格的注意力。这显然没成功。"

对于撤换坎宁安将军的事，他又说："再没有什么，比你给予我的认可，更让我感谢的了。如同别的各个方面一般，这方面对我们有着极其至关重要的价值，实在是语言无法表述的，并且这是装甲师或者一切其他东西无法权衡的。隆美尔还没垮台，不过我认为我们已经取得了主动，并且我深信我们能主动下去。"

首相致奥金莱克将军　　　　　　　　　　　　1941 年 11 月 26 日

　　毫无疑问，你总是想将储备部队调去战区。我非常明白，它的前提是交通，并且，对你而言，将需要给予物资的将士数目限制在最小的数量，在这种情形下工作非常重要。可是你如今拥有的储备队的情形，我非常想了解。假设你还得要一个师，或两到三个旅，你从哪儿能得到呢？我估计，在需要的时候，你能从巴格达把第五十师中的一个旅抽调回来。

　　你的力量及意见如何，望告知。

　　奥金莱克回复说，尽管他理所当然是希望能有更多的兵力开到前线壮其声威，可是补充给养在西部沙漠不是件容易的事，问题的关键是能用生力军替代疲乏的部队，而不是增加新军。他正将第五十师的一个步兵旅归到本部的储备部队中，而正在开赴伊拉克的陆上的那剩下的两个旅，他觉得没有拉回来的必要。

　　尽管最高司令部做的所有的事，我都真心赞同，可是奥金莱克将指挥权交给了一个没被战场检验过的军官，而没有亲自去调度，还是让我感到遗憾。

首相致奥金莱克将军　　　　　　　　　　　　1941 年 11 月 27 日

　　既然你已经拯救了战事一次，为什么这次的战斗不再去赢上一场呢？我和国家总参谋长都觉得奇怪。你在那里出现，对所有人都是一种激励，不过这自然全都要由你来衡量。

他回复说：

> 坎宁安的第八集团军司令一职，是不是应该由我取代，我也曾经认真想过。取决于这一役的形势，我非常明白，可是我得到的论断是，在总司令部，我能看见战场的整个形势，留有合适的比较利害的意识，用处更大一些……在必要的时候，我自然会去（里奇那里）看看。

我和国家总参谋长都没被说服，不过，我们没有逼着他认可我们的意思。

30 日，奥金莱克电文的末尾处说："29 日早上，我们的物资分队到了图卜鲁格。'到图卜鲁格的走廊已经肃清，并且安全。图卜鲁格同我一样得到解救。'是第十三军司令（戈德温—奥斯汀将军）为你的生辰献上的祝词。"

奥金莱克 12 月 1 日亲自去了前线的指挥部，他同里奇将军一块儿过了十天。他没有直接进行调度，而是严密地注视他的属下。我认为，这对他们两者都不是最佳方案。可是第八集团军此时已经占了上风，因此，12 月 10 日，这位总司令得以和我说："敌军明显正在朝西边全面后撤。我已经夺取了艾德姆。在那儿，南非和印度部队同图卜鲁格出来的英军会合了，所以我觉得眼下可以宣告图卜鲁格之围已经解了。至于敌军，我们正和皇家空军展开最密切的配合予以追赶。"

*　　*　　*

如今，我们按照德国那边的记录了解了在"十字军战士行动"里敌人遭受的损失，算上此时在拜尔迪耶、塞卢姆和哈尔法亚被斩断然后又被俘虏的防守部队，大概是一万三千人的德军和两万人的意军，总共三万三千人，还有三百辆坦克。能和它对照的是，相同时间段里（11 月

18 日到次年 1 月中旬）不列颠和英帝国部队的损耗：牺牲将士两千九百零八人，负伤七千三百三十九人，失踪七千四百五十七人，总共是一万七千七百零四人，以及二百七十八辆坦克。这一损失，九成出现在此次攻势的头一个月。

＊　　＊　　＊

我们到了这儿，沙漠之战才到了平和且确实是振奋的时候。德国的记录表明了罗马军方人员因为此次攻击出现的担忧之情。

＊　　＊　　＊

1941 年 12 月 2 日

北非形势要求以最大的力气去支援德国部队，填补大批损失和派出顶级的援兵。从眼下的海上局势来看，不得不以空中运输机来做首要的穿越地中海运输工具。

12 月 4 日的记录又说：

元首说只有一个办法能解决运输难题，就是夺取比塞大港。马耳他肯定攻不下来。他认为，除非物资能穿过突尼斯，否则利比亚守不了更长时间。因为没能适时贯通运输线，轴心国在地中海和北非局势危急。和俄国的战事受到了以往某些决议的严重的影响。

海军在西部沙漠上的战争向来是一个重要因素。皇家海军以及皇家空军，由于摧毁了轴心国的供应和支持第八集团军的推进，曾经有助于使隆美尔的军队濒临毁灭的边缘。但是这时，就在这个紧要关头，我们在东地中海的海军力量却因遭到一系列的灾难而实际上被消灭了。

＊　　＊　　＊

在地中海，德国潜艇的影响深重。"皇家方舟"号已经没了。"巴勒姆"号在两周之后被三枚鱼雷打中，没过三分钟就沉没了，超过五百人牺牲。之后发生的事更多。一艘意大利潜艇 12 月 18 日晚开到亚历山大港附近，发了三枚"人控鱼雷"，两人控制一枚。他们借着港口大门打开放船通行的机会进了港。他们布置了定时炸弹，就是 19 日午夜，这些炸弹在"伊丽莎白女王"号和"勇敢"号战列舰的下方爆炸。两艘军舰都严重受损，有好几个月都一直是没有用处的累赘。如此，身为一支战力的我们的东方战列舰队，不过几周就被剿灭了。在其他战区损失的"威尔士亲王"号和"击退"号，我也得予以说明。战列舰的损耗，我们曾经顺利地瞒了一段时间。很长时间之后，在机密会议中，我和下院说："不过几周，我们失去或长时间丧失战力的大型军舰就有七艘，也就是超过了我们战列舰和战列巡洋舰的三分之一。"

然而，"K 舰队"也遭到了攻击。马耳他在亚历山大港之难发生的那天接到情报，说敌军的一个重大的运输舰开向了的黎波里。"海王星"号、"曙光"号和"佩内洛普"号巡洋舰带着四艘驱逐舰，当即动身追赶。在开到的黎波里港附近的时候，我们的船舰驶进了一个新的雷区。"海王星"号碰到水雷，严重受损，剩下的两艘巡洋舰也全都受伤了，不过还能开走。没过多久，"坎大哈"号驱逐舰为了救"海王星"号军舰上的将士，开进了雷区，也碰到了一颗水雷，而无计可施。在雷区漂浮中，"海王星"号又碰了两颗水雷，之后覆没。在它上面的将士有七百多人，只活下来一个，他乘着木筏，在四天之后，被敌人抓获，他的舰长奥康纳和十三名将士，死在了木筏上。"坎大哈"号仍在海上漂浮着，最后漂出了雷区，"美洲虎"号驱逐舰第二天晚上将它找到，把它上面的大部分将士救了下来。

对于此事，德国参谋部的评述耐人寻味："对于坚守的黎波里塔尼亚而言，'海王星'号的覆没可能有着关键的决定性的意义。要是此事没有发生，英国舰队可能已经把意大利的运输舰队消灭了。无疑，危险已经到达了顶点，没有什么比在这个时候失去了这些供应品产生的结果，更加重大了。"

就这样，"K 舰队"失去了光辉。"加拉提亚"号巡洋舰也被德国的一艘潜艇打沉了。英国东地中海舰队剩下的所有船舰，只是几艘驱逐舰，还有三艘海军上将维安的船队的巡洋舰。

我们在海陆空上的共同努力，截至 11 月末，曾在地中海取得了胜利。如今，我们在海军上，已经遭受了重创。这时，在 12 月 5 日，希特勒总算明白了隆美尔的危机是关乎生死的，于是下令将整整一个空军大队自俄国调去了西西里岛和北非，由凯塞林将军率领，再次对马耳他展开空袭。这个岛遭受的攻击又上了一座山峰，为了存活，马耳他只能努力奋战。到了年末，德国空军掌控了通向的黎波里的航线上空的制空权，隆美尔的军队因为他们，得以在落败后重整旗鼓。海陆空战的彼此影响，表现得像在这几个月的事情里那么明显的，并不多。

不过此时，因为全球大事的忽然发生，所有的事都黯然失色了。

第十一章 日 本

日本与十九世纪——与时事变迁相协的奇迹——旧日本消失——无法测量——日本陆军系统——海军系统——德国和英国的教导——商人阶段——1889年的日本宪法——"新元勋"——1936年"反共条约"——1939年8月"希特勒—斯大林互不侵犯条约"——日本在法国垮掉后振奋精神——近卫公爵掌权——"三国协议"——冬天对于英国的抗争的感触——更加亢奋——天皇与公爵们——英美1941年7月26日经济制裁的成果——英国时常的担心——我们有独自和日本战斗的危险——我8月25日和29日的备忘录——海军的布置——我给澳大利亚、新西兰和南非联邦的汇报——近卫公爵于1941年10月离职——东条大将掌政——蒋介石的倡议——我11月5日致电罗斯福总统——他的回复电文——我11月9日致电史默兹将军——11月10日在伦敦市政厅的演讲——我于11月23日给外交大臣的备忘录——总统对自己的会谈的讲述——临时条约的十条照会——赫尔先生的决议——在得到情报上,英国受到的约束——"魔法"——我1941年11月30日的电文——12月1日事情已成定局——1941年12月2日我发的备忘录——危害克拉地峡——美国历史上的一个让人震惊的插曲——美国领导人们意见相同——"他们已经被上帝送到了我们手中"——日本之罪——次猖狂的便宜在久远、神奇的日本历史中，冒一次最怕人的风险的时刻已经降临。自1592年军阀丰臣秀吉决定和中国展开殊死之搏，并让海军入侵朝鲜到现在，日本从未采用过如此关乎生死的行动。风俗和习惯坚实地传承，曾指引这些可怕的远东岛民过了很多个世纪。这个残忍而悍勇的亚洲民族的活力，曾系于始终与神奇之事紧密相连的英勇、纪律和民族精神。欧洲第一次听说他们的事，大概是在1300年从马可·波罗那儿。日本的国教为佛教的某个分支。欧洲曾经没太留意这个插曲：基督教传教士后来渗入、基督信众的忠诚与遭到了残忍的屠戮。过了二十四年，直到1638年前后，人数超过二十五万的基督信徒被残杀殆尽。此事过后，日本直至十九世纪带着自己喧嚣挑衅的声音出现在世界上之前，始终处于完全与世隔绝的境况中，近乎毫无生息地过了很多代，曾经经历过一段绝对封锁的时期。日本人的艺术、知识与信仰曾维持了一种严谨的社会体系。对他们而言，科学、机械和西方哲学并不存在。

可是地球的距离被蒸汽机改变了，因此大概在一百年前，船舰穿洋过海到了日本，用武器和观念叩响了日本紧紧关着的封建的大门。1853年，培利海军准将统领的美国船队做了一次不讨喜的拜访，在那之后的很长时间里，英国或美国的炮船都能按英国或美国政府的意思，对日本政府施以强制性的外交互动。和外国的舰艇一起来的，是曾被白人发现的且预备教授或者卖出的那些神奇的技术。十三世纪的匮乏而朴实的文化就同那笑着的、繁盛的也装备得极佳的十九世纪文明共同展现了出来。

*　　　*　　　*

新日本有个教父和教母——山姆大叔和不列颠尼亚。[①] 日本人没有任何背景，只有久远的历史，可他们用时还不足两代，就从武士的双手剑发展

----

① 山姆大叔是指美国，一种诙谐的说法。而不列颠尼亚是不列颠女性的拟人化词。——译注

到了装甲舰、来福线大炮、鱼雷和"马克沁式"机关枪，而且相似的改革在工业上也出现了。在英国和美国的指引下，日本从古代到现在的进程既迅疾又猛烈。中国被打败了。1905 年，大家看到沙俄不仅在海上落败，在陆地上，也被运去大陆在满洲赢了几场大战的"优异"的部队打败了，这全都让人觉得惊异。此时，大国强国的行列就有了日本的名字。发现大家尊重他们，日本人自己也感到惊讶。"我们古代瑰丽的艺术和文化制品，我们将其拿给你们的时候，你们看不起我们，讥讽我们，可是，自我们打造了配备优异的一流的海军和陆军之后，我们就被视为文明程度极高的国家了。"可是他们增加的全部，只是实用科学的修饰和盔甲而已，全都是外在的，老旧的日本仍旧在内里留存。我记着在我年轻的时候，英国的漫画家习惯将日本刻画成一个干净机灵一身制服的信差男孩儿。一次，我见到幅美国的漫画，形式就完全不同。一个年老的僧人样子的武士，岿然不动，威风凛凛，形容森冷，一只手按着自己的短剑。

我不认为自己对日本有所研究，不管是古代的，或是近代的，我仅在报纸里，在少量的书本中，还有在我曾经工作过的不少政府机关的官方资料里看过一点。俄日战争的时候，我站到了日本那边。这场战争之前签订的英日条约是我所期待的。第一次世界大战的时候，我听说日本加入了协约国，而远东不欢迎德国，觉得欣喜。1921 年我怀着可惜之情参加了英日同盟的终结工作，在这一同盟上，我们曾经得到了力量与好处。可是因为我们必须选择是要日本的友情，还是要美国的友情，我完全清楚我们会用哪个原则。

*　　*　　*

在战斗和拟订策略的时候，要一直尽量将自己放到俾斯麦所说的"其他人"的位置上。一个官员越能努力这么做和怀有怜悯地这么做，不犯错的机会就越高。不同的意见他知道得越多，在应对上就越不容易感到不解。可推想若缺少深入和充足的认知就成了圈套，所以我们的权威里能够获得任一有关日本人的思维和切实的观感的寥寥无几。他们的思维确实无法琢磨。外国人理解不了，新旧社会之间隔了好几个时代，是怎么融合到一块儿彼此影响的。确实，日本清不清楚它自身的思维或者它本性中存在的某种力量，能在关键时刻掌控一切，尚未可知。

日本陆军系统出现了一连串核心相同、以武士道风俗凝聚成的圈子；武士道风俗激励全部的将领和他们的属下，为了日本军队的荣誉牺牲，且所有人都要无愧于自己的祖先堂。可是日本在围绕着它的广博的世界里出现之前，一直处在长时间的封闭里，那些至今都预料不到其凶悍程度的武器，它将其交到了士兵的手里，于是在历经了镇定而迟缓的发展之后，它有了想掌控亚洲，或者之后还会率领亚洲去称霸整个世界的计划。甚至有"百年大计"的传言，就算这仅是一种能对持续变更的情形和事件产生促动的背景罢了。

在第二次世界大战开始的那段时间，海军对日本陆军的权限和欲望起到了最好的压制效果。十九世纪中叶，德国教官培训了日本的陆军，英国教官培训了海军。这留下了精神状况的长期差异，而服役的生活水平又让这种精神状况愈发明显。陆军将领除了战斗始终离不开本国，所以和时常到访外国港口进而对日本之外的世界上的某些情况有所了解的海军将领相比，形成了一种更偏狭自傲的和民族主义的思想。而且陆军觉得，它可以打败或者防御在远东或者能驶到远东的所有部队，可海军难过地发现，在船舰力量上，它比不过英国和美国海军，尤其是在日本领海以外战斗，更是这样，所以相比于陆军，海军想事情的时候更加小心和稳重。

和陆军或是海军不同，商人阶层没有那么受政府关注，也没什么正规的机构，对于自己生存所系的经济、工业和商业各类工作，他们从没有过一致的唯一的政策。他们的作用有些借助国会里的政治党派展现，有些通过和皇宫大内的人的沟通展现。总体而言，经济利益反对冒过高的军事风险，不过他们之中有一些人赞成陆军的侵占政策，尤其是去中国投资的。

因为以前陆军就有威信，而且人们认为它是抵制个人资本家的野心，捍卫国家利益的人，因此，在危急时刻，人们不愿意让自由主义资产阶级掌权，而更愿意让陆军掌权。

＊　　　＊　　　＊

依照 1889 年的日本宪法：签协议、宣战和订盟约等都是天皇的权限，是国会干涉不了的；对于军事力量，天皇也有最高控制权；可是他是按照海军和陆军的总参谋长们的意思去行权，按照内阁的意思去引导外交策略；虽然国会得经过两院的多数选举才能立法，可是内阁对国会是没有责任的；由天皇来甄选并委任首相；按照惯例，这种甄选和委任，天皇会按照"元勋"的意愿来。在这个世纪开始的时候，曾经有好几个元勋，可是他们死了以后没有接替他们的人，到了 1940 年，就只有西园寺公爵了。而那年年终他去世之后，首相提名的工作就交给了全部离任的首相——"新元勋"开会决定，在 1941 年，有八位这样的新元勋。

在内阁中担当陆军相和海军相的，一定要是正在服役的一个陆军将领和海军将领。假设首相找不到陆军将领或者海军将领来出任这些官职，那他就不能组建内阁，或者让内阁得以维持，并且门派斗争非常激励，致使一个陆军将领或海军将领所在的军事部门要是不支持那个内阁，他们就不会在里面出任陆相或者海相。所以陆军部或者海军部有办法能在政策上起到一种接连不断的并且有时是关键的作用，这个方法就是在内阁里将出任这一职位的军人召回，或者恐吓要召回。

＊　　　＊　　　＊

1936 年，日本曾和德国订立了反共和约，这次会谈原本是日本陆军省和代表国社党的里宾特洛甫举办的，那时两方的外交部部长还不知情。这虽然还不算结成了同盟，可是它为结成同盟奠定了基础。1939 年春，首相为平沼男爵的内阁，它的陆相妄图和德国订立一个彻底的军事联盟协议。因为海相米内大将不同意，他没能得逞。1939 年 8 月，日本一边继续着始于 1937 年 7 月的和中国的全面的战争，一边陷入了刚建成的"满洲国"和外蒙古的疆界问题这一地方性的和俄国对峙的活动里。顺着这一战火仍在燃烧的战线及其后方，两方部署了大批兵力。在欧洲战争开战前夜，德国没和自己的反共同伴日本商量或者进行告知就和俄国签署了互不侵犯协议，日本人觉得受到了忽视，这合情合理。他们和俄国的争执不再是位置最靠前的了，至于德国，他们对其十分恼火。英国曾经因为支持、怜悯中国而和曾经的盟友产生了隔阂，在欧洲战争开始的那几个月里，我们和日本的关系已经不友善了。可是日本对德国也几乎没什么，或者就是没有亲近感。

平沼内阁因为德苏条约"丢了脸面"，只得辞职。替代内阁的首相是阿部大将，他虽然来自陆军（退役了），却称得上是个温和派的人，1940年1月，海军大将米内替代了他的职务，在担任平沼内阁海相一职的时候，米内大将曾经抵制和德国建立联盟。阿部和米内政府时期，日本政府采取的是对欧洲保持中立，并连续日本自身接着和中国作战的策略。可是不久之后，极致的动荡撼动了全球。随着希特勒的进攻，法国、比利时和荷兰相继失守，英国在 1940 年秋，有被进攻和沦陷的危险，因此某些想了很久的辉煌的计划从想象走进真实。在远东有大量属地的法国、荷兰，还有英国极可能垮掉，在这中间，日本什么都得不到吗？它的历史机遇是否已经来临？在陆军和民族主义政治人物心中，深重的激情被激发了出来。他们让日本马上朝南进军，拿下法属印度支那、马来亚和早就渴望的荷属东印度。为了逼着推行这一策略，陆相畑俊六大将离开内阁，进而逼迫米内海军大将离开首相的职位。

日本从来不缺警醒和谨慎的人，可他们光想继续掌权就遭受了巨大的压力。元勋举荐近卫公爵替代米内，近卫是个年轻的贵族，和皇宫联系紧密，可和陆军将领们的关系也不错。他在职的时间段是 1940 年 7 月到 1941 年 10 月。这位政治家十分得人敬重，处事也非常灵活，他的办法是给陆军某些象征意义的慰藉，却不让它将国家拉到一场巨大的战争里。1940年夏，近卫公爵想办法制约陆军，让其完全不能对英国和荷兰的属地展开攻击。另一边，他却答应接着对维希法国施压，以便能在印度支那北面得到空军基地，还在9月和德国、意大利签订了三国联盟协议。这一协议规定，美国因为英国的权益而参加欧洲战争的时候，日本有责任站在轴心国那边参与战争。

某些别的大事在这个阶段已经更加显著了。到1940年11月末，不列颠战役的结局，还有希特勒放弃了侵占英国的战争"妄语"，都被日本视为最要紧的事。意大利停靠在塔兰托的舰队因为英国空袭得手，以致若干艘现代的一流战列舰几个月都无法战斗的事，让日本海军极大地认识到新型空军的力量和它可以实现的事，尤其是在突然袭击的时候。日本于是改变想法，觉得英国还没完。毫无疑问，它会接着战斗，且确实正进行着更加强悍的改变。那里广泛认为日本不该签署三国协议。在那儿，隐隐约约一直有一种担忧——怕英国和美国协同作战，将海上最强劲的两支海军凝聚到一起，万一它们把资源用起来了，将无法预计，不可战胜。这种危险看上去日渐临近了。1941年春，在得到内阁的认可后，近卫开始和美国展开磋商，期望能将两国间尚未解决的事情予以解决。需要关注的是，外相松冈觉得和美国进行此种磋商违背了日德同盟的某些规定，但这次陆相东条大将并不这么看，他认同了近卫的政策。

＊　　　＊　　　＊

尽管如此，日本人精神上的亢奋却在持续增强。在他们常规的现代政治生活发展之下，数千虽然职位稍低却拥有职权的将领和人物好像听见：

祖先预知战争将至的声音。

他们面对那些曾如沙俄一般对十三世纪的蒙古人加大报复的先祖，肯定会觉得羞愧吗？祖先武力上的强悍，鼓舞着后辈们去做最疯狂的冒险。况且全球都处在动荡之中。已经有了新的势力和新的巨人。欧洲会有"新的秩序"。亚洲是否也是时候建立一个"新的秩序"了呢？在这整个脉络里，有个经过了认真和耐心推敲的计划，是和全球巨变中的每次变更相协调的。陆军的领导人们认为应该展现出由他们担当巨头去选择发信号的时机。自然，他们能够肯定，若日本开战，那法国垮台这个时机是最好的，可是这个最佳的时机已经因为政客们的谨慎或者说懦弱，错失了。

天皇和公卿们，有最顶层的贵族服侍在侧，并不赞成进行一场侵略战争。在一个动荡的年代里，他们肯定会丢掉很多东西。他们之中有不少人曾去国外游历，见到了国外皇宫里和他们地位相同的人。他们向往欧洲的生活，害怕欧洲和美国强悍的实力。英国君主体制王位的坚实让他们感到钦慕。他们继续依赖他们浅显的议会体制，且期望可以平安顺利地继续当值或掌权。然而陆军会做什么谁也预料不到。祖宗制度，天皇或者所有的朝代都一直和陆军绑在一起。天皇和公爵们想要和平和慎重，可是不愿意为了此种事业而被消灭。

*   *   *

1941年7月果断推行的经济制裁让日本政局之中的危险到了引爆的时刻。保守派人士惊诧异常，温和派的领导者们十分恐慌。一直以来，日本陆军以其威望左右着国内政治的走向，如今其威望遭到了质疑。以前，海军对陆军还有些补充作用，可资依靠。可是如今美国、英国和荷兰采取的禁运策略，切断了海军的，并且其实是日本所有战斗力量仰仗的所有的石油供给。日本海军马上只能依赖自己的石油储备予以维系，所以太平洋战争开始的时候，十八个月的供额中，已经被使用了四个月的。这明显是一种约束，对日本而言，摆在他们眼前的选择有二，要么和美国签订协议，要么开战。按照美国的意思，日本不仅得从刚刚从印度支那夺取的新势力上撤走，还得从他们已经耗费了巨大撑力、鏖战多年的中国境内撤走。这个要求，虽然符合公义但并不宽松。在此种情形下，除非能外交上得到一个可接受的条约，否则，海军在战争的方针上就会和陆军拧成一股绳。此时，在海军的努力下，海军飞行队已经有了强劲的攻击力，这个实情，增加了他们采用这一政策的意愿。

日本掌权者的圈子里展开的激烈争论一直延续到夏天和秋天这两个季节。现在我们清楚了，宁可和美国开战这个最重大的问题，讨论的时间是紧邻禁运的 7 月 31 日。全部的日本领导人都明明白白地看到，选择的时间很短。可能日本还什么企图都没达成，德国就在欧洲胜利了。日本政府和美国政府还在进行磋商。至于日本政坛里的保守派成员和皇室，他们期望拿到一些能让他们掌控国内主战派的规条。和我一样，美国国务院也觉得在美国占有绝对优势的实力面前，日本或许会让步。

*   *   *

读者曾经看见，自战争爆发的第一天开始，对日本的担忧就残酷地在我们心里压着。日本的野心和机会都非常鲜明。让我们感到奇怪的是，法国垮台的时候，它并没有发动攻击。此后，我们松了口气，可是，我们一直紧锣密鼓地忙着守护不列颠岛，让它不会被毁，让它接着迎接西部沙漠之战。我得说，在我看来，与我们的其他需求相比，全日本的危险都处于不吉的混沌之中。我觉得，假设日本进攻我们，美国会参加战争。假设美国不参与，我们就守不住荷属东印度，并且，事实上也守不住我们自身在东方的国度。另一边，假设日本的入侵将美国扯进了战争之中，我宁可如此。我深信这一点。1941 年，我们战略部署的前后顺序是：一、坚守不列颠岛，包含侵略威胁和潜艇战；二、在中东和地中海的战斗；三、6 月之后提供供应品给苏俄；四、抵制日本的攻击。可一直觉得这件事是自然而然的，也就是，假设日本攻打澳大利亚或者新西兰，我们应该舍弃中东去守护我们自己的亲人和同族。由于马来亚、暹罗，特别是荷属东印度，足够日本展开很多次更加轻松，也更有诱惑力的侵占，所以我们所有人都觉得这种意外情况遥远也不一定会成真。要是马来亚命运的进程走向了他途，我坚信我们此时可以用尽所有能量，将形势拯救回来，就算甚至是中东战区完全落败或者不为苏联提供支援。在另一边，美国参与战争，却能将所有加在一起的灾祸都压下去。

这些开明的决定，千万别觉得是下意识或者没被战时内阁和他们的军事幕僚们深入、持续地认真分析，就得到了的。

＊　　＊　　＊

过了一段时间，我意识到 7 月 26 日总统宣布且我们和荷兰参与了的禁运行动引发的深远影响后，让英国和美国的海军舰队在太平洋和印度洋以最高的额度对日本进行示威的心思就日渐紧迫。我们只能拿出海军舰队了。我们曾经认真地盘查过我们的原料。

我于 8 月 25 日拿了份备忘录给第一海务大臣，提起建一支东方舰队的事，而且叙述了我对于这支舰队如何组建的看法。用不了多久或许会在印度洋建一支震慑性的舰队，且这支舰队可以用最少量的最棒的舰只构成，我强烈地这样感觉着。第一海务大臣回复说，按照海军部的规划，到 1942 年年初会在锡兰建一支舰队，含有"纳尔逊"号和"罗德尼"号战列舰、"威慑"号战斗巡洋舰和"赫尔米兹"号小型航空母舰。之后会把"皇家方舟"号派过去，不过派去的时间得等到 4 月。在这期间，"皇家"级的那四艘战列舰会当作运兵舰队的护卫舰队被派去印度洋。第一海务大臣在自己的备忘录中，详细阐述了大西洋战区高于一切的重大价值，在他看来，因为德国军舰"提尔皮茨"号或许会发动攻击，所以将我们全部三艘最新型的"英王乔治五世"号级战列舰留在大西洋非常要紧。

我不赞成这种部署。如果应对的巡洋舰配备的是八英寸口径的大炮，那护航工作交给老式"皇家"级战列舰来完成是有用的，但假设敌人为了进攻预备派出一艘速度型现代战列舰，那运输舰队和他们的护航舰队就会成为砧板上的肉。在这样的情形下，这些老式战列舰将只是些飘荡的棺材而已。所以，为了防范日本人派的舰队掺杂了重型攻击舰，有抽调一到两艘速度型主力舰的需要。

给海军部写的信，我以如下词句收尾。

1941 年 8 月 29 日

……我一定要额外说明，在我看来，日本已经被绑在了中国，而此时美国、英国和俄国已经形成了抵制它的合力，在这个时候，它绝不可能和这股力量相抗。它有很大的机会和美国展开磋商，起码三个月之内，任何深入的入侵行为或者热心加入轴心国的事都不会有。最能使它动摇的，就是我说的那个舰队，特别是一艘"英王乔治五世"号级别的战列舰的存在。这确实有机会是个关键性的预防措施。[①]

*   *   *

决议派"威尔士亲王"号和"击退"号，还有四艘驱逐舰，还有一艘当作首要的构成部分的"无畏"号现代化装甲航空母舰，组成我们远东舰队的首批船舰。糟糕的是，"无畏"号因为出事暂时没有了战斗能力。我们决议不管这一实情，让两艘速度型主力舰继续前进，期望以此稳固日本的政治局势，并和美国的太平洋舰队取得联系。我们总的海军政策，就是在太平洋里的美国主力舰队的远程保护下，筹建一支以新加坡为据点的东方舰队，到 1942 年春，这支舰队将拥有各类功能的七艘主力舰、一艘一级航空母舰、十艘巡洋舰和二十四艘驱逐舰。直到这个时候，我们信任的海军副参谋长海军上将汤姆·菲利普斯爵士被选拔成了司令，且在 1941 年 10 月 24 日，在"格里诺克"号军舰上升起了他的司令旗。

---

① 我和第一海务大臣这时沟通的信件登载在了附录（9）里，方便想更清楚地了解这件事的人员阅览。因为在这个时候还有无法预料的一些因素，派的是"威尔士亲王"号战列舰，而非"纳尔逊"号或"罗德尼"号战列舰。——原注

＊　　＊　　＊

10月末，我给澳大利亚、新西兰和南非联邦总理发电报，将我们预备在远东展开海军布置的详细情形告诉了他们。

1.除非（或者得等）俄国确实垮了，否则，我仍旧觉得日本不会轻率地对美、英、中、荷四个国家开战。就算到了那个时候，他们或许也会等德国已经保证的，在春天进攻不列颠群岛之后。俄国的反抗仍旧强劲，特别是在莫斯科城的城下，并且现在冬天已经要到了。

2.海军部的布置原本是在临近年终的时候组建以"罗德尼"号、"纳尔逊"号和四艘"皇家"级战列舰构成的船队，重要据点是新加坡。可是因为"纳尔逊"号刚刚受创，所以这个计划已经被破坏了，没有三到四个月时间，"纳尔逊"号是修不好的。

3.在这中间，我们把我们最新的"威尔士亲王"号战列舰派去印度洋和"击退"号一起。我国的舰队总司令并不同意这么做，但仍旧施行了，而且也是我们做的一次大冒险。没过多长时间，"威尔士亲王"号开到了开普敦。另外，"皇家"级的四艘战列舰只要准备好，就会调去东方水域。之后，会由"威慑"号替代"击退"号，前者的续航能力更强。

4.我们会竭尽所能让"威尔士亲王"号被永远地派出去，因为在我看来，再没有什么要素比它更能让日本退缩了。可是我一定要明确说明的是，在"威尔士亲王"号驶抵开普敦的时候，它的调度一定要再考虑考虑，因为在"约克公爵"号12月准备完成之前，"提尔皮茨"号有突然发动攻击的可能和别的战斗的可能。

＊　　＊　　＊

近卫公爵于10月将身上的重任放了下来。他曾提议和罗斯福亲自在檀香山举行谈判，为了让自己的陆军首长和海军首长在有机会解决的事务上受到制约，他想带他们一同赴会。可是总统否决他的建议，因此这个睿智的政治家受到了陆军那边更多的指责。东条大将取代了他的职务，在同一时间出任首相、陆相，还有内务相。战后，这个东条大将依照现代的惯例被判处了绞刑，在接受审判的时候，他说，他之所以亲自掌管内务省，原因是，若决议的是和平而非战争，他眼前出现了一种内部将会动荡的恐怖趋向。他按照天皇的指令，和美国再次展开外交会谈，可是他和他的政府人员心照不宣的是，若内阁的提议被拒，日本会参与战争。1941年11月，天皇听到东条和幕僚长汇报说战争或许不可避免，那时天皇说，为了免于此次战端，希望能够再想想办法，又对东条说，"事情要是像你说的那般，那没别的办法，只能备战了"。

*   *   *

11月初，我收到蒋介石发来的一封言辞激烈的警告信，说日本人将在中国继续行动。据他看，日本人已决议自印度支那发动攻击，攻占昆明，并将滇缅公路斩断。他请求英国将支援自马来亚空运过去。在末尾处，他说：

> 猛一看，你可能会觉得，你国正于欧洲和中东激战，这个时候这件事会把你国扯入和日本的战争之中。我却不这么看。在我看来，在中国坚持战斗的时候，日本还觉得自己仍有进攻的力量，要是这个顾忌都没有了，它会觉得攻打你国的时机到了……中国的抗战已经走到最紧要的时候。如今能不能守住通往新加坡和印度的陆上通道，最关键的要看英国和美国愿不愿意携手守住云南这个先提条件。日本人要是在这里打破了防线，那我的人和贵国之间的来往就会被斩断，而在空军、海军上，贵国和美国同荷属东印度进行调节的所有机关，都要以新的形式和新的角度遇到重大危机。我愿竭尽所能展现自己的意志，为中国提供我所说的支援实是睿智和有远见的行为。只有这么做才能

既让日本战败，又确保现在反抗侵占的国家取胜。殷盼回复。

除了将这一示警转发给总统，我做不了更多了。

前海军人员致罗斯福总统   1941 年 11 月 5 日

　　1. 蒋介石发给我们两个的将支援空运过去的请求，我已经接到了。我们新加坡的空军力量如何，你是清楚的。虽然这样，我还是打算派飞行员，甚至派些飞机过去，除非他们无法按时到达。

　　2. 我们眼下需要一种最周全、最无法轻视的办法以遏制日本。截至目前，日本人还没下定最后的决心，至于天皇，他好像在予以压制。我们在普拉森西亚湾讨论此事的时候，你说想获得时间，迄今为止，这一策略都极其顺利。可是我们共同禁运的行动正一步步逼迫日本做选择——是战，是和。

　　3. 如今看，他们好像会深入云南，将滇缅公路斩断，给蒋介石带来有严重危害的结果。蒋介石的抵抗万一被打垮，不仅对其自身而言是惨剧，还是种全球性的惨剧，会给日本省出大批部队朝北或者朝南进军。

　　4. 日本攻打云南的事，中国人已经对我们发出请求让我们警告日本人，这种请求，我相信你也接到了。我期望这么做你会觉得合适：警告日本人，如此从一个我们素来不承认他们有驻兵权的地方对中国发动攻击，是在明目张胆地藐视美国政府曾有的明确表态。自然，我们也预备发出一个相同的照会。

　　5. 在其他地方我们已经受到了太多的约束，我们自己单独采取的任何措施都无法遏制日本。可是，自然，不管你们选择哪种政策，我们都甘心同你们站在一处，尽全力声援你们。按照我本人的想法，相比于果断地参战，日本被形势扯进战局的可能性更大。你的看法如何？望告知。

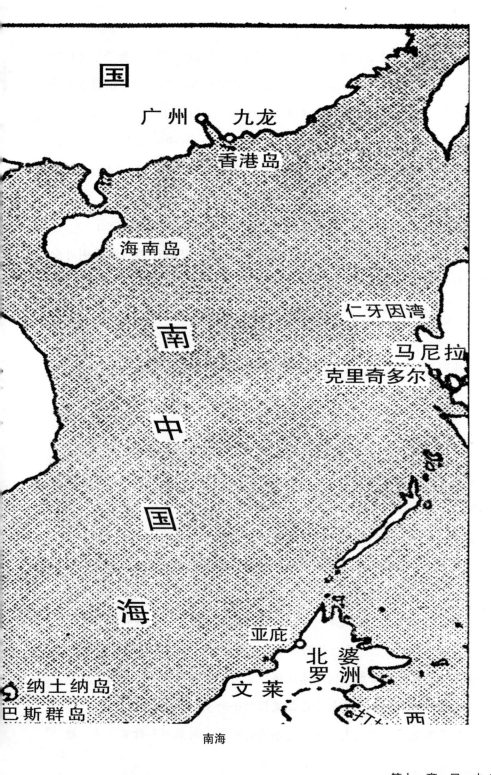

国

广州　九龙

香港岛

海南岛

南

仁牙因湾

马尼拉

克里奇多尔

中

国

海

亚庇

北
罗　婆
洲

纳土纳岛

文　莱

巴斯群岛

西

南海

11 月 9 日，总统回复说，尽管轻视这种危险的严重性，会产生可怕的后果，可是在他看来，日本做出的从陆上攻打昆明的筹备不表示日本很快就会施行。他会尽力按照租借法案支援中国，并且在中国建立美国的志愿空军。他认为：按照日本的情况，一切"新的空口白牙的口头警告或者劝告"起码有着相等的起反作用的机会。"我们会对整件事展开不间断的、仔细的关注、分析和努力"。

我尽力以反复强调这一慎重回复的关键点的办法来劝慰蒋介石。

我们只能继续推行我们在远东的海军计划，并且让美国试着用外交手段尽量让日本在太平洋上处于长期安稳的状态，除此，没有别的策略可行。

＊　　　＊　　　＊

我写信给史默兹将军，他曾经指出一些更严重的问题。

1941 年 11 月 9 日

照我看，我亲自请求罗斯福此时参战，什么效果都不会有。我在大西洋会议的时候，曾经和他的大臣们说，相比于拿到成倍的供应品但美国不曾宣战，我宁可六个月都拿不到供应品，美国立即宣战。大家将这句话复述给他的时候，他觉得这句话是刻薄的。我们必须重视他在宪法方面的困境。他能用行政领袖的身份去采取措施，但宣战这件事只有国会能做。他甚至曾和我说："宣战这件事，我可以一直都不做，不过我能引发战争。假设我呼吁国会宣战，他们或许能讨论长达三个月的时间。"要想让募兵法案获得通过，至少要拿到一票多数，这是必要条件，否则美国陆军就违背了当初组建时的基本规则。在事实上解除中立的事，他如今已经凭借极小的多数让参议院批准了。参议院若不反对，就代表德国和美国的大西洋上的船舰会时常战斗。近来美国国内舆论出现了新迹象，国会除了统计各种投票，已经做不了什么实事了。假如我能找到什么办法把这种局面往前推一步，我当然愿意。在这个时候，我们一定要有耐力，且相信浪潮正沿着我们的路和朝着首要事项前进。

＊　　　＊　　　＊

首相按照惯例需要参加的伦敦市政厅年会 11 月 10 日召开，我在这个宴会上说：

我不得不说，尽管在近四十年之前，也就是 1902 年，我曾经投票支持英日联盟协定，且一直尽力推动和日本这个岛国的友善往来，也一直是个热切期待日本人过得好并对他们的很多才华和特质都感到欣赏的人，可是眼下我非常惋惜地看到日本和英语国家间正出现矛盾。

大家都清楚美国在远东早就存在的权益。它正努力探寻通路以维系太平洋和平。它的努力能不能结出果实，我们并不清楚，可是假设它没能成功，美国又陷进了和日本的战争，那我不得不说，不出一个小时，英国将随后宣战，我的责任即是如此。

这个一望无际的晦暗的形势，我们若尽量镇定地探查，就会发现，对日本民众而言，加入一次世界大战是极不必要的，他们很容易就会发现，自己在太平洋对战的一些国家，其人数是人类总人数的四分之三，这一举动的风险看上去非常高。钢若是现代战争的重要基石，那么，对每年产钢大概仅有七百万吨的日本这样的国家而言，无缘无故地引起和如今产钢量大概在九千万吨的美国开战，此事危险性未免太高；何况这还没算上英国能够提供的巨大援助。所以，我期望太平洋的和平能够遵照日本最明智的政治家显露出的意愿得以维持。可是，以守护英国在远东权益和守护如今陷入险境的一致事业为目的的所有准备工作，都已完成，而且仍在继续展开。

＊　　　＊　　　＊

日本 11 月 20 日将它的"最后的话"送到了华盛顿。尽管通过这些建议能清晰地发现，其实日本只是妄想不战斗就得到战果，可美国政府认为必须要进行一次最后的外交建言。我们曾经拿到过有关这个日本照会的通告，还让我们谈及自己的看法。11 月 23 日，在写给外交大臣的一份备忘录里，我这样写道：

首相致外交大臣　　　　　　　　　　　　　1941 年 11 月 23 日

战争的苦，我们已经吃够了，所以不想看到更多的侵略和战争，这是我们重点关注的事。美国不会舍弃中国的工作，因此在这方面的事情上我们可以稳稳地跟随它。那种能让日本在西伯利亚随意地攻击俄国的部署，我们自然不能答应。就我个人而言，我觉得这在眼下是不会发生的。我没有忘记，在大西洋会谈的时候，罗斯福总统曾经亲自加一句话进去："在北方，任何侵略都绝不能再有了。"我认为在这件事上能（和美国人）达成共识。据我看，没必要让日本就解除轴心国协议之事予以正式宣告。他们不参与战斗这件事本身就能让德国人失望至极并饱受损失了。不让英国或者美国支援中国的一切条款，我们都不应该答应，可是美国也不会对我们提出这种要求。

以如上所述为基础，稍微解开一些日本的经济束缚，让他们将得以存活，就算我们额外获得的时间只有三个月也值得，不过这些只是初期的看法。

我不得不说，我要是得到消息说美日协议已经签署，且依照这一协议，我们在远东的境况在未来三个月里不会比眼下更糟，就知足了。

＊　　　＊　　　＊

总统 11 月 25 日发电给我，就磋商的情形进行解说。日本政府曾建议在中国问题被整体解决或者在太平洋地区整体恢复和平之前撤出印度支那南部，作为交换，日本预备完全撤出印度支那，美国应该为日本提供石油，避免插手日本在中国"重建和平"的工作，帮助日本拿到荷属东印度的制品，并且在正常的基础上展开日美贸易。两方应答应绝对不在东北亚和南太平洋地区展开"军事进程"。

之后，美国预备给出一个反建议，日本照会里的要求予以一般认可，并简单地列出特别条款，加在日本撤出印度支那南部的条令之后，至于中国的形势，则不予提起。美国准备承认对原来的禁止指令进行修改的一个限制性经济协议。比如石油只能按照每个月供应民众的用量提供。美国这一提议的时效是三个月，而且以这种谅解为基础，也就是在这段时间内，将探讨包含太平洋整个地区在内的整体处置办法。

这个原本名为"临时协议"，如今也仍是这个名字的初步回复，当我看到它的时候，我觉得并不妥当。荷兰和澳大利亚政府，特别是蒋介石，都这么看，蒋介石曾经送了一份言辞锐利的抗议到华盛顿。可是在我们只因为美国来决断是否行动的事对他们的策略横加评判的时候，我极大地感觉到那些我们不得不承受的制约。我感觉到了和"英国人正努力将我们扯进战争之中"这种观点，一起出现的危机。所以我不碰这件事，即任由总统来处理这件事，因此，我仅就中国之事发了以下电文给他：

前海军人员致罗斯福总统　　　　　　　　　　1941 年 11 月 26 日

你关于日本的电文，今天晚上接到了，哈利法克斯勋爵关于磋商的情况和你对日本提出的反建议的详尽汇报，也接到了……自然，这件事怎么处置，全看你的意思，并且我们确实没有再打一场仗的必要。我们只担心一件事：蒋介石怎么办？他正处在无以为继的情况下呢！

中国是唯一让我们担心的，它要是垮了，我们一致的危险会极大地提高。我们深信对中国事业的关注会控制你们的行为。在我们看来，对日本人最不信赖的就是他们自己。

这份电文自然在标注时间的那天早上到了华盛顿。赫尔先生在自己的回忆录里说：

晚上接到了丘吉尔先生针对我们的临时协议进行论述的写给总统的电报，明显受到了蒋介石发给他的电文的影响，这位首相担心蒋介石因为临时协议是否仅能拿到"勉强糊口的粮食"。按照他的说法，他因为中国感到忧虑，中国若垮了会极大地增加我们的一致危机。针对这点，我和远东事务的权威们又讨论了一次，之后我们得到的结果是，这个临时协议应该撤销。我们应该用以实现解决整体问题为目的的那十条意见，来取代临时协议；临时协议原本是这项意见的序言。尽管这个临时协议的条目包含的仅是些数量极少的棉花、石油和几种其他制品，和日本提出的无限量供给相比，它的数额极少，可是就算少量地为日本提供石油，美国群众显然也普遍不赞成。中国人十分反感，相关的别国政府要么不支持，要么冷漠以对……所以仅有的一点日本会认可这一临时协议的希望，并不足以成为理由，去扛下其中蕴含的危险，尤其是中国斗志与反抗的消沉，甚至是崩溃的危险。

*　　*　　*

那个"十条照会"我们直到这个时候都还没听说，这个照会不仅和我们与相关政府的期望相谐，事实上，比我们曾经有胆量提出的还高。赫尔先生 26 日在"国务院"会见了日本的使者们。他甚至没和他们说 23 日总统发电报告诉我的那个临时协议。相对的，他把这个"十条照会"拿给了他们。里面有以下两条：

> 日本政府要把全部的陆海空军及警卫军队自中国和印度支那撤离。

> 无论是军事、政治，还是经济，美国和日本政府将只为暂时将重庆设为首都的"中华民国"国民政府提供援助，除此之外的一切中国政府或政权都不在援助之列。

使者们全都"呆若木鸡"，非常尴尬地离开了。这或许是真挚的。这些人都是出了名的追求和平的温和派，所以才选了他们过来，好让美国放松警惕，直至所有的事都已经确定以及全部的准备工作都做完了。他们不太清楚自己政府的所有意图。他们完全不知道，在这件事上，赫尔先生知道的比他们多。自1940年年末开始，美国人就已经截获了日本的至关重要的密码，进而始终在对他们众多的军事和外交电文进行翻译。在暗处的美国人圈儿，说起这些电文的时候，将其叫作"魔法"。美国人将"魔法"告诉了我们，不过在我们接到之前，免不了会有延迟，有的时候是两三天。所以，在全部的特殊时刻，总统或赫尔先生了解的所有真相，我们并不清楚。对此，我们没什么可抱怨的。

相同的那天下午，总统给驻菲律宾的高级特办员发了如下电文：

> 筹备工作越来越鲜明……好在近期展开一种入侵性质的行动，尽管迄今为止尚没有清晰的痕迹显示，此次行动的力量，或者它针对的是滇缅公路、马来半岛、荷属东印度，或是菲律宾群岛。朝泰国进攻的可能性看起来最大。照我看，日本此次进攻有机会引发美日战争的出现……

＊　　＊　　＊

11月29日，赫尔先生在我们的使者哈利法克斯勋爵拜访"国务院"的时候和他说，日本的威胁"就在我们头上"。"事实上，我们和日本的外交关系已经终结。如今解决问题的将是陆军和海军的大臣们，我们和他们已经说过了……或许在我们没想到的时候，日本就会忽然发动攻击……照我看，日本人发现他们眼下整个重新启动的无条件侵占政策或许是破釜沉舟的，所以得拿出最大的胆量，冒最大的风险。""丘吉尔接到蒋介石有关临时协议的激烈抗议的时候，补充说，他要是发一封意态坚决的电文给蒋，让他奋起，用美国人和日本人显露出的那种激情去战斗，情况会好一点儿。他没这么办，而是将这封抗议信给我们转了过来，至于他那边，不表示反对……"

我们一不清楚日本已经定好了计划，二不知道总统的决心下到了什么程度。

前海军人员致罗斯福总统　　　　　　　　　　　　　1941 年 11 月 30 日

我认为还有一种能让日本不和我们两国开战的重大举措尚未使用：私下或者公开（哪种模式合适，由你选择）明确宣布，日本启动的所有更多的侵略行为都会马上造成严重的结果。你在宪法上的困境，我是清楚的，可是日本若尚未被公正刚直地告知，更多侵略行为的可悲属性，就因为侵略行为而被卷入战争灾难，那样的事是凄凉的。我希望在你觉得恰当的时候（这一时间或许并不远），你能声明，日本一切的更多侵略行为会让你只能对国会提出最重大的问题，或者意思基本相同的言论。自然，我们也会公布相近的声明，或者参与一项共同声明，不管怎么样，我们正布置和你们在同一时间采取措施。我亲密的朋友，我冒昧地让你启用这种策略，请你谅解，可是我坚信这能让事情得到好转，并让战争不会凄惨地进一步加剧。

可是我已经落在他和东条后边很远了。全球大事也是如此。

＊　　　＊　　　＊

赫尔先生 30 日刚过中午（美国时间）去拜访总统，我昨天晚上发过去的当天的电文① 正放在总统的桌子上。我的共同对日本发出警告的提议，他们觉得什么用处都不会有。对此，我们不会觉得奇怪，此时，他们已经截下了一封时间同为 11 月 30 日从东京发往柏林的电报，此封电文告知驻柏林的日本大使，如此通告希特勒和里宾特洛甫：

> 十分机密地告诉他们，有一种因一场武装冲突而致使盎格鲁萨克森国家和日本忽然开战的极大的危险，且额外解释，这场战争的发生的时间，快得或许谁都料不到。

这种电文的译稿我是 12 月 2 日拿到的。英国什么特殊行动都不用做，只要等就行了。实际上，25 日装载着将要袭击珍珠港的所有海军航空队的日本航空母舰舰队已经出发了。东京的受制指令自然仍旧掌控着这支舰队。

＊　　　＊　　　＊

东京 12 月 1 日召开的一次御前大会决议开启和美国的战争。在接受审判的时候，遵照的证词，天皇什么都没说。在之后的一周里，太平洋安静得就像死了一样。有机会起效的外交手段全都试过了。此时，任何武装侵略行为都没出现。最让我担心的就是日本人会攻击我们或者荷兰人，还

---

① 这些电文只要前后顺序没错，读者就没必要因为上面标注的时间而感到困惑。我时常到了凌晨两三点（英国时间）还在工作，而我发出的所有电文，得用两三个小时的时间去译成电码和译释。虽然如此，因为现实需要，我入睡之前写好的所有电文差不多都马上给总统送过去了——这就意味着，是在他睡醒的时候或者有需要将他叫醒的时候。——原注

有美国会因为宪法的制约无法宣战。12月2日在一次耗时很久的内阁会谈之后，我给外交大臣的一份备忘录显露了我们的论断：

首相致外交大臣 　　　　　　　　　　　　　　　1941 年 12 月 2 日

　　不在美国之前行动是我们的既定方针。日本只要不妄图抢夺克拉地峡，美国短时间之内，就不会直面日本的新的入侵行为。美国要是采取了行动，我们应该当即行动，声援他们。美国要是不展开行动，我们就只能再想一想我们的立场了……

　　荷兰属地随时都有机会遭到日本的攻击。不过，日本已经和美国进行了磋商，要是在这之后，那就是在公然侵犯美国了。我们应该同荷兰人说，对美国而言，日本的这个侵略行为是美日间的直接问题，所以引发的全部后果，我们都不能遏制。美国若声明和日本开战，不出一个小时，我们就会对日宣战。要是过了很长时间，发觉美国就算有我们的直接声援，也没有任何果断的行动，那，就算只有我们自己坚持，我们也会和荷兰人团结一致。

　　一切侵犯大不列颠属地的行为，自然都会引发和大不列颠的战斗。

*　　　*　　　*

　　没过多长时间，警醒的英国情报机关和空中侦察就发现某些调动和行为显示"日本即将攻打暹罗，并且这次还有海运部队的一次长途攻击，以抢占克拉地峡的战略要地。这件事，我们告知了华盛顿。为了讨论我们应不应该先行一步以守护克拉地峡，我们和我们的远东总司令，还有和澳大利亚和美国政府，都进行了一连串的长篇电文沟通。因为军事和政治方面的原因，我们决定为了不让事情变得更加麻烦，不应在一个重要性稍差的战区率先进行进攻，这个决定是对的。12月6日，伦敦和华盛顿都清楚正有一支日本舰队，大概有运输舰三十五艘、巡洋舰八艘和驱逐舰二十艘，从印度支那开过暹罗湾。在海上，还有一些别的日本舰队正在从事另外的工作。

＊　　　＊　　　＊

1946 年，一个巨型美国国会调查团将它的调查报告予以公布，这份报告详细地阐述了那些引发了美日战斗的事，还有为什么没能借助军事机构下达抓紧"警戒"的指令给他们暴露的舰队和驻军。所有的细枝末节，包含译好的日本密电以及这些密电的原文，总共四十卷都已经对外公布了。美国的实力让美国能够承受住美国宪法宗旨提出的这种严苛的考验。

美国史上的那个让人震惊的插曲，在这篇记述中，我并不想做出评判。在总统身边得总统信赖的那些优秀的美国人，我们清楚他们同我们一般警醒地意识到，日本会在远东攻击英国或者荷兰属地，还会谨慎地绕过美国，以及国会因此将不同意美国开战的那种庞大的危险。美国的领导者知道这或许代表着日本会侵占很多辽阔的地方，若是再算上德国打败俄国和将来英国被侵占，那会让美国独自迎接志得意满的侵略者们的不可阻挡的共同力量。如此，不仅那些身陷危局的崇高的正义事业将被遗弃，就连美国和直到现在才稍微意识到了自己的危险的美国民众的性命，或许也会被消灭。

在希特勒及其抵制者的斗争中，美国严守中立的巨大危险，总统和他信赖的朋友们早就认识到了，并且还因为国会的约束而忧心忡忡，一定要重新启动的强制服役，仅仅是一个月之前，这个国会的众议院才以一票的多数予以批准，这个制度要是再不重启，他们的陆军在世界的动荡中就会近乎崩溃。罗斯福、赫尔、史汀生、诺克斯、马歇尔将军、史塔克海军上将和他们所有人的联络人哈里·霍普金斯，全都同有一志。未来的美国人和各个地方的自由的民众会因为他们的远见而对上帝心怀感激。

美国的问题和工作因为日本攻击美国得到了极大的简化。和全美国为了自身安危将以从未有过的团结凝聚在一个公义的事业里这个事实相比，此次攻击的切实模式，甚至是它的程度看上去就都不要紧了。对于这个，我们有什么可觉得奇怪的？照他们看，就像我看到的一般，日本攻击美国，还和它战斗，和自杀没什么区别。另外，敌人所有的包括近期的目标，我们在英国知道得都比他们晚。我们记起，克伦威尔在盯着苏格兰部队从邓巴的高峰上朝下冲锋的时候，怎么高声叫喊："他们已经被上帝放到了我们手里。"

我们也决不同意通过外交往来的详尽记述，将日本刻画成一个清白的被害人，说它只是想借助欧洲战争的时机谋求适当的扩张和共享，可就在这个时候遇到了美国提出的一些提议——这些提议是它的被疯狂激励起的并且已经完全准备妥当的民众无法接受的。日本这些年来始终在用自己恶毒的侵占和驯服让中国饱受煎熬。这时它因为强行夺取印度支那在现实中，因为签署三国协议在形式上，都已经和轴心国家共命运了。它想做的事就随它去做然后担负全部结果吧。

日本居然会和英美战斗，且或许最后会和俄国战斗，进而自掘坟墓，这过去是近乎没有可能的。日本的开战不符合理性。我坚信这种鲁莽的行为会让它被毁长达一代的时间，这点的正确性已经被证实了。可是各个国家的政府和民众并不会一直都做符合理智的决定。有的时候，他们做出的决定是不理智的，或者一派掌握了权柄就逼着其他人听他们的，帮着他们做蠢事。我曾经坚定不移地再三表明我的主张，说日本不会做出不理智的行为。不论我们怎么诚挚地努力去将心比心地替别人考虑，那些用理智理解不了的人，他们思考和想象的进程都是我们都弄不明白的。

可是，在战争时期，疯狂是一种让人去追求突然袭击之便的灾难。

第十二章　珍珠港

12 月 7 日，周日，首相别墅——我的美国客人——九点无线电收音机里的消息——日本攻打美国——我和总统通话——我致电德瓦莱拉——我欣喜——必然取胜——我决意出访华盛顿——致国王书——总统因返程忧虑——英国对日宣战——我写信给日本大使——国会全部同意开战——达夫·库伯先生任职——美国严重受创——菲律宾群岛遭袭——希特勒的震惊——我们针对使用"威尔士亲王"号和"击退"号之事的讨论——菲利普斯海军上将的计划有风险——空军援助短缺——菲利普斯海军上将后退——再次进军的努力——日本人毁灭性的攻击——"浪涛湮没一切"——来自清晨的恐怖消息——我出国的筹备工作——12 月 12 日我对下院的申明——艾登先生奉命前往莫斯科——我跟他说了一些消息

　　那天是 1941 年 12 月 7 日周日的晚上。和我一同在首相的别墅用饭的只有怀南特和艾夫里尔·哈里曼。九点的新闻节目刚开始不久，我就把我很小的无线电收音机打开了。里面说了不少有关俄国前线的事，还有英国在利比亚前线作战的情况，说完这些，又说了几句美国船舰在夏威夷遭到日本人攻击，还有在荷属东印度的英国船舰也被攻击了。随后有个通告，说某某先生会在新闻节目之后评述此事，之后将开始的是回答听众疑问的节目，或者和这相近的话。就我本人而言，什么直接的感受都没有，可是艾夫里尔表示，日本人攻击美国人这件事还是有些要紧的，所以我们都忍着疲惫在那里坐着不去睡觉。膳司索耶斯此时接到消息进屋说："非常准确，这个情况我们在外边亲自听说了。日本人已经对美国人进行了攻击。"众人都没说话。我曾经在 11 月 11 日伦敦市市长府的午宴上宣布，日本人要是攻打美国，"不出一个小时"，英国就会宣战。我自桌边起身，穿过客厅走到办公室，我时常在这个办公室里工作。我提出把电话给总统接过去。那个使者跟在我身后也出来了，他猜测我会做一件无法挽回的事，于是说："难道你不觉得最好应该先予以核实吗？"

过了两三分钟，罗斯福先生接了电话。"总统先生，关于日本的这件事是什么情况？""非常准确。"他回道。"在珍珠港，他们已经对我们发动了攻击。我们如今是患难与共了。"我让怀南特来听电话，他们说了几句，开始的时候这位大使说"好的""好"，之后明显更加肃穆了，喊了一声"啊"。我接着又说："事情肯定因此变得容易了。上帝保佑你。"或者一些意思差不多的话。之后为了适应这件已经出现了的全球最大事件，我们回了客厅努力地对我们的想法进行了整理。这件事的属性如此耸人听闻，连那些临近核心的人都惊得呆若木鸡。我的两个美国友人以让人敬佩的果决承受这次震惊。美国海军遭受了怎样的重创，我们尚不清楚。美国哀叹自己的国家已经身处战争旋涡。实际上，人们近乎能够觉得他们从长时间的痛苦里脱身了。

*　　　*　　　*

议员们分散在岛国各地生活，那时又有种种交通难题，以致直到周二，国会才得以开会。我让办公室想办法给下院议长先生、国会各个党派的领导人以及别的相关人员打电话，要在第二天召开两院联席大会。我给外交部打电话，让他们及早处理对日宣战的事（在这件事上有些程序要走）以便不耽误国会开会，而且必须集合并通知所有的战时内阁成员，还有三军参谋长和陆海空军各大臣，我觉得他们已经得到消息了，这是对的。

做完此事，我的思绪当即就转到了心里一直想着的事。我致电德瓦莱拉先生，这样说：

1941 年 12 月 8 日

你的机会如今来了。机会难得，不可错过。重新建立一个国家吧！我愿意同你在你期待的地点相会。

我也没忘了奋战中的蒋介石，于是发电报给蒋介石说：

1941 年 12 月 8 日

英国和美国已经遭到了日本的袭击。我们素来是朋友，而如今，我们有了相同的敌人。

我们也发了以下电文：

首相致哈里·霍普金斯先生　　　　　　　　1941 年 12 月 8 日

这个时刻是历史性的，十分思念你。——温斯顿、艾夫里尔。

*　　　*　　　*

要是我声明说，对我而言，再没有什么比有了美国站到我们这边更让我欣喜的了，没有哪个美国人会觉得我错了。我没有预知事情发展进程的本领。我没有自作主张地评判过日本的力量，可是如今，就在此时，我清楚这场战争美国已经绝对加入了，且会战斗到底。所以，我们最终取得了成功。对！在敦刻尔克之后；在法国垮台之后；在奥兰发生的那个恐怖的插曲之后；在侵占危机之后，那时，我们国家仅有的军事装备就是空军和海军；在潜艇战斗的殊死相搏——几乎输了首次的大西洋战争之后；在十七个月的独自顽抗和十九个月的困境里，我扛起重担之后。我们已经取得了胜利。英格兰将继续存在，不列颠将继续存在，联邦和英帝国将继续存在。谁也无法预计战争会进行多长时间，或者它会如何结束，并且在这个时候，这种事也不是我所关注的。无论在我们久远的岛国史里，我们遭受了什么样的损害和破坏，我们再一次出现的时候，都是平安的、胜利的。我们会继续存在。我们的历史不会终结。在我们没有帮手的时候，我们没能消亡。希特勒的命运已成定局。墨索里尼的命运已成定局。而日本人则会死无葬身之地。剩下的所有事，只是恰当地使用绝对占上风的力量而已。我认为英国、苏联，如今又有了美国，他们同心协力，风雨同舟，他们的力量是其对手的两三倍。毫无疑问，这得用很长的时间。我估计东方遭受的创伤会很恐怖，不过，全部这些情况都只是短暂的。我们凝聚到一起，就能打败世界上的别的所有人。尚有不少的灾祸和无法预计的损耗和困苦在我们前方，可是结果已经清楚了。

智商低下的人有很多，并且也不是只有敌国有，他们或许小瞧了美国的实力。有人说美国人懦弱，有人说他们一直都是一盘散沙，他们会在远方游荡。他们会一直都不和人抱团，他们永远害怕流血，他们为战争做出的奋斗会因为他们的民主政治和按期选举体制而麻木。不管是敌人的眼里，还是朋友的眼里，他们都只是地平线上的一个含混不清的黑点。如今，这个成员众多可是距离漫长、丰饶又乐于言谈的民族，它的缺点我们应该能够看到了。不过我曾经分析过美国的南北战争，那是一场打到了最后一块土地的战斗。我的血管里曾经涌动着美国人的激情。我记得三十多年前，爱德华·格雷曾经同我说过这么一句话：美国就像"一只巨型锅炉。只要在它下方生火，它就能生出无限的能量"。在我去休息的时候，我心里弥漫着情感和思绪，因此以得到挽救并满心感恩的人的身份，睡了一觉。

*   *   *

我一睡醒就决定立即去探望罗斯福。我们中午举行会议的时候，我将此事交付战时内阁商讨。在得到他们的支持之后，我写了份奏章给国王。

1941 年 12 月 8 日

陛下：

我脑海中已经出现了一个想法，觉得我有责任马上出访华盛顿，只要罗斯福总统认为可以，并且我也认为他会同意的。有关英国和美国的防御与进攻的所有计划，一定要按照实际情况进行讨论。我们也一定要留心，别让我们从美国拿到的那些武器和别的支援遭到的损害超过势必会遭受的损害。我在华盛顿的时候，艾登先生会在莫斯科，如此，三大盟国间的某些大事能解决得更方便一些。

我希望陛下能同意我出国，因为今天我的内阁同事们也已经全都认可了这些理由。我准备快些坐军舰动身，不在国内的时间总计大概三周。和我同行的人数将和我去大西洋参会的时候一般多。

我不在国内的这段时间，我的工作将由掌玺大臣暂代，枢密院长、财政大臣和别的战时内阁人员会为他提供帮助。陆军、海军、空军的三位官员，这段时间，我准备让他们暂时参加战时内阁。我不在国内的时候，外交部将向枢密院长汇报，国防委员会将向掌玺大臣汇报。自然，我会时常借助无线电和所有正在展开的事务保持联系，还能在需要的时候进行裁定。由于在高层和美国人磋商全部的处理方案是最要紧的事，所以我预备带第一海务大臣和空军参谋长一起过去。我请求陛下能允准此事。至于我的目的，自然会严守机密。

陛下的最真挚、最忠诚的臣仆

温斯顿·斯宾塞·丘吉尔

另：按照和约上的责任，德国和意大利都会同美国宣战。去访问的提议，我会晚一些再向总统提，直至这种情况变得更加清楚。

　　国王批准了。

前海军人员致罗斯福总统　　　　　　　　　　　　1941 年 12 月 9 日

　　1. 你 12 月 8 日发来的电文，我收到了，谢谢。既然如今我们像你说的"和衷共济"，那，我们再开一次会，是否是个睿智的举动呢？我们能够按照真实和新的情况去检验所有的战争方案，还有制造和分配的事。我认为最上方的行政层能让这所有的事（其中一些正引起我们的注意）得到最好的处置。对我而言，和你再一次见面也是种极大的欣喜，而且越早越好。

　　2. 你要是不反对，一两天之内我就能从这儿出发，坐军舰去巴尔的摩或者安纳波利斯。路程大概需要八天，我会部署待上一周，好让我们能将所有的重大事务都处理了。我会带着庞德、波特尔、蒂尔和比弗布鲁克，以及其他需要的人过去。

　　3. 你是什么意思？望及早告知。

　　总统怕我返程的时候会遇到危险。我发电报让他安心。

前海军人员致罗斯福总统　　　　　　　　　　　　1941 年 12 月 10 日

　　在我们看来，返程并不存在什么重大的危险，不过我们若是没在最高层上对极具严重性的海军形势，以及所涉及的关于产出和划分的一切事项予以讨论，那危险就非常大了。在百慕大和你相会或者从百慕大飞去华盛顿的准备我已经做好了。在我看来，新的（尤其是太平洋的）不利形势已经出现，我们的联合行动若是一个月之后再确定，会产生极大的危害。我原本打算明晚动身，不过因为要知道你选择的会面地点，所以行程会推迟一些。现在我对最终胜利持有的信心是最大的，但想要取胜必须有步调一致的行动。

致以最亲密的问候。

第二天，我再次接到总统发来的电报。他说知道我能在白宫逗留一段时间，他非常开心。他认为自己必须留在美国，毕竟战争动员还在继续，太平洋战局也不够明朗。他深信我们能够解决关于产出和供给的所有难题。他又重申了我个人路上的危险，觉得应该慎重地进行考虑。

*　　*　　*

战时内阁批准马上对日宣战，所有程序都办完了。因为艾登已经动身前往莫斯科，而外交部的工作交给我来处理，于是，我将下面的信件交给了日本大使。

1941 年 12 月 8 日

先生：

12 月 7 日夜间，联合王国国王陛下政府得到消息，日本军队在没有提前宣战的情况下，或者以宣战为基础下达最后通牒进行警示的情况下，就妄图登上马来亚海岸，还轰击了新加坡和香港。

考虑到这种无故袭击的暴行明目张胆地违背了国际法，尤其违背了日本和联合王国都是签约国的关于发起敌对活动的第三次海牙条约的第一条规则，驻东京的联合王国国王陛下政府大使已经接到指令，以联合王国国王陛下政府之名告知日本帝国政府，两国处于战争状态。

致以无限敬意。

温斯顿·斯宾塞·丘吉尔

这种只限于形式上的行为，有些人不喜欢。不过，在你必须杀掉谁的时候，客套一下到底也用不了什么。

*　　*　　*

下午三点，国会召开会议，虽然下达通知没多长时间但国会大厅里到处都是人。依照英国宪法，国王按照内阁成员们的决议宣战，所以摆在国会眼前的是已经成了事实的定局。于是，我们得以践行我们对美国的承诺，而事实上是在美国国会还没展开行动的时候，就先和日本宣战了。除了我们，宣战的还有荷兰王国政府。在讲话的时候，我说：

> 最要紧的是：不应该轻视了我们在这儿或者在美国势必要遭遇的那些新出现的危机的危险性。敌人既然有胆子发动攻击，这或许是因为草率，但未必就不是因为相信自身的力量。英语国家和我们勇敢的俄罗斯盟友国正在经历这种磨砺，必定是艰难的，尤其是起初，而且有长时间的可能，不过，在我们环顾这个世界黑暗的情景的时候，没有任何理由，能让我们对我们事业的公正性，或者对我们的力量和毅力够不够支撑这一事业产生怀疑。
>
> 全球起码五分之四的人在我们这边。对于他们的安危和将来，我们是有责任的。以前，我们拥有的光是闪动的；现在，我们拥有的光绽放着火焰；未来，我们的光，将照亮所有的陆地和大海。

这一决议两院都投了赞成票。

*　　*　　*

在我看来，对已经回了新加坡的达夫·库伯先生，这时一定要当即任命他为远东事务常驻大臣。

首相致达夫·库伯先生　　　　　　　　　　　　1941 年 12 月 9 日

　　1. 你已被委任为新加坡远东事务常驻内阁大臣。战时内阁将借助战时内阁秘书指挥你工作，并直接接受你的汇报。你奉命建立一个武装参议院，并先行告知此参议院的构成及包含的地域。这基本将和军事上的总司令的辖区差不多。你的首要工作是配合远东武装行动的顺利展开，使用的办法：（1）尽量减少众总司令目前承担的其他工作；（2）为他们提供清晰的政治引导。

2. 遇到时间不足以询问国内意见的紧急事务的时候，当机立断也是你的工作。你可以建立一个当机立断处理问题的单位，好及早处理，否则，那些不太重要的惯常事务，就要询问这里的各部的意见了。至于所有你需要专门请示的事务，只要时间允许，你都可以问国内的意见。不管怎么样，你应该时常汇报给国王陛下政府。

3. 奥利弗·利特尔顿上尉当初被委任为驻开罗的国务大臣的时候，曾经有过规定，那些国王陛下政府派往中东的驻中东大使们的工作并不受其影响，也不影响这些大使呈报工作给国内的各个单位。这种原则在远东也适用。想顺利地筹建这一部门，在很大程度上取决于在这起初的紧急时刻你如何去操作它。

4. 既然你熟知各个政府机构和内阁的工作流程，在远东的事情上，应该能产生一种强劲的、就地协商的影响。你的详细意见和关于委任以及委任领域的划分还有你想要的宣布的形式，望你能立即发电告诉我。好运，并致以最亲密的问候。这场战争，我们在一切地区都要打到最后。

达夫·库伯努力地从事了这些新工作，并且有了清晰的想法，可是让我觉得可惜的是，我们在华盛顿讨论远东最高司令职务时，和美国议定的方法，让他的职位成了累赘，所以过了两周多，我又下令让他回国了。真遗憾，他没被同意继续在那儿奋战。

我有段时间并没有听闻珍珠港事件的详情，不过现在已经有了它的整个过程的详细记载。

日本对美国海军的战斗方案直到 1941 年年初都是让他们的主力舰队，像美国人预料的那样，在穿越大西洋把他们驻守在这个前方根据地的将士救出来的时候，在菲律宾周边的海面打上一场。想出突袭珍珠港这个主意的是日本海军总司令山本大将。如此险恶攻击的筹备工作，在一切形式的宣战之前均以极度机密的方式运行。11 月 22 日，以六艘航空母舰构成的进攻舰队，加上战列舰和巡洋舰构成的支援舰队，集结在日本本土北边千岛群岛里的一个人烟稀少的停靠点。攻击时间定在了 12 月 7 日（周日），因此南云海军大将统领下的这支舰队于（东京时间）11 月 26 日启程，停在距夏威夷北面非常远的地方，北纬地区的大雾和风暴使南云得以悄无声息地逼近自己的目的地。那个不吉日子，太阳尚未升起，攻击就在珍珠港北面大概二百七十五英里的地方开始了。算上受战斗机保护的各种轰炸机，参战飞机有三百六十架。第一颗炸弹被扔下来的时间是早上七点五十五分。在港内停泊着美国海军的九十四艘军用舰艇。太平洋舰队的那八艘战列舰是这些舰艇里的重点攻击对象。好在航空母舰，还有强悍的巡洋舰队，因为在别的地方有事情，没在港口里。

此次袭击的过程时常被描绘得绘声绘色。此处只介绍明显的实际情况，并将日本驾驶员残忍的效力记录下来就可以了。首批鱼雷和俯冲轰炸机的攻击在上午八点二十五分已经结束。战斗在上午十点终结，敌军撤退。留在他们身后的是一支被炸得支离破碎、被烟尘火焰包围的舰队和美国报仇之心。"亚利桑那"号战列舰被炸毁，"俄克拉荷马"号战列舰沉没，"西弗吉尼亚"号和"加利福尼亚"号战列舰在停靠之地覆没，而且剩下的全部战列舰都严重受创，只有"宾夕法尼亚"号停在干船坞没有受损。牺牲的美国人超过两千，受伤的也近乎两千。在太平洋占上风的已经成了日本人，全球在战略方面的力量对比已经发生了本质的变化。

＊　　　＊　　　＊

我们的盟友国美国还有其他一连串的倒霉事。

11 月 20 日，菲律宾群岛司令麦克阿瑟将军那边曾经接到示警，说外交关系上会发生巨变。为了在荷兰领海上和他将来的伙伴一起收拢一支进攻舰队，哈特海军上将——他统领的美国亚洲舰队力量较小——曾经和近处的英荷海军政府商量，并依照个人的战斗计划，将自己的船舰朝南分散开来。他能指挥的船舰只有一艘重巡洋舰和两艘轻巡洋舰，除此，就只剩老式驱逐舰十二艘和各种辅助船舰了。他的力量基本全靠自己总数为二十八艘的潜艇。哈特海军上将 12 月 8 日凌晨三点拦截的一份电报说起了袭击珍珠港这一让人震惊的消息。没等华盛顿那边核实，他当即对所有相关方面进行示警，告知已经出现了对抗活动。天刚亮，日本的俯冲轰炸机就发动了攻击，空袭在之后几天里，强度持续增高且从未间断。卡维特的海军基地 10 日被彻底烧毁，同天日本人第一次登上了吕宋岛北部。灾祸飞速加剧。在作战中，或者在陆地上，美国的大多数空军被毁，到了 12 月 20 日，美国剩余的空军已经撤到了澳大利亚的达尔文港。哈特海军上将的船舰已经在几天以前开始向南散开，只留下潜艇来同敌人在海上较量。日本首要攻击大军 12 月 21 日在林加延湾登陆，马尼拉于是出现直接危险。从此，事情的进程就像在马来亚已经进行的那般，不过坚守的时间稍长一些。

如此，在一片成功的火光中，日本筹谋已久的计划展开了，但是，这不是结局。

＊　　　＊　　　＊

驻柏林的日本大使在电文里，说起自己拜访里宾特洛甫的情况。

攻击珍珠港的第二天下午一点，我拜访了里宾特洛甫外交部部长，告诉他，我们希望德国和意大利马上正式对美国进行宣战。按照里宾特洛甫的回复，希特勒当时正在（东普鲁士）本部的一个会谈里磋商如何才能让德国民众对宣战过程有好感，你的意思他会马上告知希特勒，并尽量恰当地让这种期望变成现实。

希特勒和他臣属都吓了一跳。在接受审判的时候，约得尔说起希特勒如何"半夜时分，为了将这个信息告诉我和凯特尔元帅，来了我的地图间。这件事他一点儿都没想到"。可是，在12月8日清晨，他就给德国海军下令，攻击在一切地区见到的美国船舰。这件事发生的时候，距德国正式向美国宣战还有三天。

＊   ＊   ＊

9日晚十点，我在内阁的战斗间开会总结海军形势，参会的大部分都是海军部的大臣。我们大概有十二人。我们试着评判在我们和日本的战争局势里造成这一本质改变的结果。在大西洋之外，我们丢了所有的海上控制权。澳大利亚和新西兰，还有它们下属的首要岛屿全都容易受到攻击。我们手中掌控的决定性武器只有一种。"威尔士亲王"号和"击退"号已经到达新加坡了。之所以派它们来这片水域，就是因为想让踪迹不定能量最强的主力舰将可以施加到敌方身上的所有海军战斗计划里的那种无法估算的威胁力展现出来。此时，我们应该如何运用它们呢？它们明显必须起航，然后藏身于不可胜数的岛屿中间。这种做法得到了普遍的支持。

我个人的意思是它们应该穿过太平洋和美国剩下的舰队会师。这样会展现出一种豪放的态度，并且将英语国家凝聚到一块儿。美国海军部想将他们的主力舰撤出大西洋，我们已经诚挚地答应了。如此，不用几个月，美国的西海岸或许就能有一支舰队，能在需要的时候打一场关键性的海战。对于大洋洲的我们的同胞而言，再没有什么保护比这种舰队和这种实情的存在更好的了。对于这种主张，我们所有人都非常感兴趣。不过因为时间已经不早了，这件事我们决定留到晚上再想一想，然后等第二天早上再研究如何处理"威尔士亲王"号和"击退"号的事。

不到两小时，它们就沉到了海里。

*　　*　　*

在这些船舰的惨剧中，意外因素对命运起到的效用如此关键，如今，必须予以记述。

12月2日，"威尔士亲王"号和"击退"号已经开到了新加坡。汤姆·菲利普斯海军上将12月5日坐飞机到了马尼拉和麦克阿瑟将军与哈特海军上将就可行的共同行动展开磋商。让四艘美国驱逐舰加入菲利普斯舰队的事，哈特海军上将答应了。两位海军上将都认为此时新加坡和马尼拉不适合当一支联合舰队的据点。第二天，有消息说，一支巨大的日本海上运输舰队远征军已经开进了暹罗湾。关键性的事情明显已经临近了。7日清晨，菲利普斯回到新加坡。8日刚过凌晨，有消息说的确有敌军在哥打巴鲁登陆，之后又有汇报说，在宋卡周边和北大年，也出现了登陆的敌人。日本已经开始了一次对马来亚的大举进攻。[①]

菲利普斯海军上将觉得他有责任在敌人离船登陆的时候进行攻击。在一次他的高级将领大会上，所有人都认为，在这个紧急时刻，海军不能对

---

① 日本在袭击了珍珠港之后不过几个小时，就对马来亚和远东发动了攻击。因为各个地区用的时间不一样，所以不容易发现。下表展示的是和格林尼治时间对应的事件发生顺序。

	当地时间	格林尼治时间
首次登陆马来亚	12月8日中午12：25	12月7日下午4：55
袭击珍珠港	12月7日上午8：00	12月7日下午6：30
首次在菲律宾群岛发动空袭	12月8日清晨	12月7日晚上9：00
首次在香港发动空袭	12月8日上午8：00	12月7日晚上11：30

——原注

这场战斗袖手。他将自己的意思递交海军部。他请求新加坡空军司令部调战斗机去我们北边的机场，还提出让我们实力有限的空军为他们提供最大的帮助，也就是12月9日在其舰队北边一百英里的地方展开侦察，12月10日天一亮就去宋卡海面上展开侦察，以及12月10日清晨在宋卡一域为他们提供战斗机保护。最后这个最要紧的帮助，是提供不了的，原因一是估计到新加坡会被攻击，二是北边的机场已经要失守了。菲利普斯海军上将接到这个消息的时候，在8日下午五点半就已经带着"威尔士亲王"号和"击退"号，还有"伊列克特拉"号、"特快"号、"吸血鬼"号和"坦尼多斯"号驱逐舰出了港。消息还警告说，在印度支那南边的空军据点，驻守着一支巨型日本轰炸机队。

因为在暴风雨频密和云层低的情况下，空军行动不便，所以菲利普斯决定继续朝前追击。9日黄昏，天气开始转晴，没过多长时间，他就能够确定自己遭到了敌方飞机的追踪。出其不意发动攻击的指望没有了，而且一定可以推断出，第二天早上在临近宋卡的地方会受到激烈的空袭。所以，菲利普斯海军上将只能舍弃了自己的冒险计划，在傍晚之后掉头开回了基地。他确实已经尽其所能，而且原本所有的事都应该平息下来的。可是大概在凌晨时分，因为一种极大的厄运，有报告称，有另一队敌人在位于哥打巴鲁南边一百五十多英里的关丹地区登陆了。菲利普斯海军上将想，既然敌军最近一次看到他的舰队是朝北面走，那他们肯定想不到，这支队伍10号白天会开到如此远的南边。他总算能完成突袭的工作了。他担负了危险，将自己的舰队转向了关丹。

日本方面并没有9日曾在空中发现这支英国舰队的记录。不过日方有一艘潜艇曾汇报，下午两点的时候，这支舰队正朝北行进。据点临近西贡的日本第二十二航空部队正装配炸弹预备攻击新加坡。本人当即将炸弹换成鱼雷，准备晚上攻击英国舰队。他们没有任何发觉，因此凌晨回了基地。另一艘日本潜艇在10日天亮之前汇报说，英国军舰正朝南进发，因此一支以九架日本飞机构成的侦察队出动，之后过了一个小时，一支以八十四架轰炸机和鱼雷轰炸机构成的巨型攻击部队，以大概九架为一批，按批次构成，启程了。

有关敌人在关丹登陆的情报之后证实并不准确，可是因为新加坡那边不曾发修正电文过来，那位海军上将直至驱逐舰"特快"号在天亮之后个长时间到达了那个港口，进而发现那里并没有敌人，才没了指望。在接着朝南航行前，这支舰队在搜查之前看到了一艘拖轮和一些别的小型舰艇，并在它们身上耗费了一些时间。可是此时危机已经降临，命运多舛。日本航空队曾经朝南行进远至新加坡，但一艘船舰都没找到。它们搜索的对象，直到它们朝北返航才偶尔看到。

"威尔士亲王"号在上午十点二十分发现了一架追踪飞机，因此首批轰炸机在上午十一点之后不长时间就出现了。敌军持续分批次进行攻击。在首批飞机发动攻击时，一枚炸弹击中了"击退"号，点燃了它，不过没过多长时间，火势就得到了控制，所以"击退"号没有减速。"威尔士亲王"号在第二批飞机发动攻击时同时被似乎触到了紧邻着的两枚鱼雷，进而严重受损，海水灌进船舱。左舷的两只推进器失效，至此，这艘船就再也驾驭不了了。"击退"号在此次攻击中，未被打中。过了几分钟，"击退"号躲开了另一批朝它逼近的飞机，没有受损。两艘船舰此时已经分开一些距离，坦南特舰长于是发紧急信号给新加坡，汇报"敌方飞机正在进行轰击"，之后就将"击退"号朝着海军上将乘坐的旗舰开了过去。

敌人在中午十二点二十二分又一次对这两艘主力舰展开了致命的攻击。"击退"号在顺利地避开了很多鱼雷以后，中间被打中。在之后没多久的又一次攻击里，它的掌舵设备被一枚鱼雷损毁，之后迅速且连续被三枚鱼雷打中。坦南特舰长清楚，他的船舰的命运已成定局。他迅速下令，让全部将士上甲板，毫无疑问，这一适时的举动救了很多性命。下午十二点三十三分，"击退"号翻船、覆没。大概是下午十二点二十三分，又有两枚鱼雷打中了"威尔士亲王"号，之后另一枚鱼雷也打中了它。它的航速降到每小时八海里，没过多长时间，它也开始下沉。在又一轮轰击中，它被击中打翻，在下午一点二十分覆没。在近三千名将士里，有两千名为几艘驱逐舰所救。总司令海军上将汤姆·菲利普斯爵士及其旗舰舰长约翰·利希都死在了水里。

*　　*　　*

为什么三军参谋长没从新加坡派战机去支援这一舰队，在对相关一些问题进行回溯时，据证实，由于想让无线电保持安静，菲利普斯海军上将9日不曾发出信号表示自己更改了计划，所以，他10日早上在什么地方，新加坡那边并不知情，直至中午才接到坦南特舰长发出的求救信号，那时马上派了战机过去。可是战机抵达的时候，只来得及看着"威尔士亲王"号沉没。

要评价菲利普斯海军上将在这场灾难发生的那天采取的举措，必须先明白一点，那就是：他有充分理由认为，进攻关丹，并不会遇到他最担心的问题，即进入敌方鱼雷轰炸机的有效射程以内。鱼雷轰炸机以海岸为据点，不会飞太远，所以菲利普斯认为，自己只需在撤离时应对一下敌方匆忙飞出的远程轰炸机就行了。西贡飞机场距离关丹有四百英里，当时没听说过有鱼雷轰炸机能攻击这么远的目标。我们和美国人都大大低估了日本人在空战上的能力。

*　　*　　*

10日，床边电话在我正在打开箱子的时候响了起来。来电话的是第一海务大臣。他的声音怪异。开始的时候我没怎么听清楚，因为他发出了一种咳喘、下咽的声音。"首相，我必须同你汇报，日本人把'威尔士亲王'号和'击退'号都打沉了，我们觉得是飞机做的。汤姆·菲利普斯已经淹死了。""真的？你确定？""完全确定。"我于是放下了听筒。好在只有我自己在。在整个战争进程中，没有哪次惊诧是比这次更直接的。读过此篇记述的人会知道，和这两艘军舰一起沉进大海的是多少的奋斗、期望和规划。这个消息实在太恐怖了，这种感受在我在床上翻来覆去无法入眠的时候极大地进入了我的心里。若是不算美国自珍珠港残余的，正飞速撤回加利福尼亚的主力舰，在印度洋或太平洋里，就既没有英国的主力舰，又没有美国的主力舰了。日本在这片广阔的大海上称王，我们却处处弱点，处处都是防务空白。

当天上午十一点，下院会议一开始，我就亲自过去将发生的情况告诉了他们。

有个糟糕的消息，我带来给下院，我认为我应当尽早告诉你们。新加坡那边汇报说，在和攻击马来亚的日本人战斗的时候，英国战舰"威尔士亲王"号和"击退"号已经被打沉了。除了日本政府发出的通告，详尽的情况还不清楚，那份通告宣称，两艘船舰均是被空袭打沉的。

我额外说一句，在下院再次开会的时候，我会借机对战争的全局进行简要介绍，在过往数天的时间里，这一形势不管是从好的角度看，还是从不好的角度看，都发生了巨变。

*　　*　　*

此时，我 14 日动身出访美国的所有计划都在暗中展开。中间的九十六个小时事情非常多。我必须在 11 日对新的形势进行详细介绍。人们对在利比亚耽搁了很长时间，明显还没决出输赢的战争，有非常多的担心，并且还有很大的不快之感。日本手里有非常残酷的刑罚候着我们，我对这一前程给予了完全的坦诚。另一边，俄国的数次获胜已经显示了在东方之战中，希特勒犯了关乎生死的大错，而且冬天的威力还会继续显露。短时间已控制住了潜艇战，我们的损耗极大地降低了。最后，此时全球五分之四的人正站在我们这边战斗。一定能得到最终胜利。我在这一宗旨上发表了演说。我用的办法是镇静地讲述实情，不对初期的取胜进行任何承诺。在末尾，我如此说：

我自然不应该准备谈及远东和太平洋上形成的格局，或是以恢复格局为目标必须采取的办法。我们有很大的机会只能遭受严惩，可是我们会在美国、荷兰的紧密配合下竭尽所能地捍卫自己。不管是过去还是现在，大不列颠和众国的海军实力都远比三个轴心国合在一起的舰队更强大。可是在马来亚和夏威夷受创的危险性，或者这个已经攻击了我们的新对手的实力，我们一定不能轻视。另外，我们也不能轻视，为了能在远东制造、重整、调动可以完全获胜所必不可少的那支巨型武装力量需要的时间。

我们会经历一段非常艰难的时间，如此，就需要所有人迅速做一次新的努力。就像我曾经说的那般，在物资上，我们必须对俄国守信，而在同一时间，我们又不得不估计到，起码在未来几个月里，美国运抵不列颠的物资的数额，以及美国海军支援我们的规模会降低。一定要将这个不足填上，并且想将其填上，只能靠我们自己奋斗。不过，如今我坚信美国那一亿三千万的民众已经下了打这场仗的决心，而且他们肯定会一心一意地将此事视为他们生活里的首要目标去做，他们肯定会这样，如此，武器的制造量和各类支援会远远超出一直坚持到如今的、在平常能够预期的额度。如今，为性命而战的不止英国，还有美国、俄国、中国。这四个神圣的战斗集团身上凝聚了欧洲被敌人暴力统治压迫的所有国家的全部精神和期望。过去，我曾说五分之四的人类是站在我们这边的。这说的或许少了。以前能把这些恐怖的灾难带给人类的，仅仅是些拉帮结派的恶徒和他们的武装和党派机构。在千年的历史上，我们若是不能给他们一个永世不忘的教训，那确实会让我们这一代蒙羞。

下院默不作声，好像短时间内不想评价。我并不奢望或者指望他们给予更多的意见。

＊　　　＊　　　＊

12月7日到8日晚，就在珍珠港的情况切实地对我们揭露的时候，艾登先生已自斯科帕湾动身赶往莫斯科了。就时间而言，足以将他叫回来了，可是我想到他的使命因为此事的发生，看上去更加要紧了。俄日关系的改变，势必导致美国调整对俄英的武器支援，这种变化重大且微妙。内阁果断如此判断。艾登的旅程继续，至于我，则适时地把情况告诉了他。需要和他说的东西有不少。

首相致艾登先生（在海上）　　　　　　　　1941年12月10日

1. 你出发之后，出了不少事。一、在夏威夷，美国已经遇到了一场巨大的灾祸，眼下在太平洋和日本十艘战列舰对抗的，仅有两艘正在服役的战列舰。他们正自大西洋把全部的战列舰都召回来。二、据美国消息显示，在马来亚和全部远东地区，我们将受到拥有制海权的日本大军的激烈进攻。三、我认为意大利和德国势必对美国宣战。四、在列宁格勒，在整个莫斯科战线，在库尔斯克及南边，俄国部队都赢得了炫目的胜利。在恐怖的冬日情况中和俄国越来越强的反抗下，德国部队多半展开了防守或后撤。五、按照奥金莱克的汇报，利比亚的局势已经发生了变化，可是在我们所处的这个第二战场上，仍然有不少激战在前方。六、急需自中东派空军去支援马来亚。

2. 考虑到上述情况，眼下提出十个中队的意见并不合适。美国的支援是所有事情的核心，因此除非我抵达那里，不然我们处在什么位置，我说不清。

3. 望你身体越来越好。我们此间的生活非常不错。①

---

① 原文就是这样。——译注

我上船的时候，发了补充电文，说：

首相致艾登先生（在海上）　　　　　　　　　1941 年 12 月 12 日

日本的战列舰队因"威尔士亲王"号和"击退"号被毁、美国在珍珠港受创，赢得了太平洋的所有控制权。他们可以派任意一支海外船队去袭击任意地区。好在他们只能发挥出一部分力量和并非无限的力量，因为地域是这样的广阔。在我们看来，他们会攻击菲律宾、新加坡和滇缅公路。还需要几个月的时间，英国和美国才能建好新的战列舰，进而重占事实上的上风。因为太平洋上灾祸和宣战引发的动荡，美国眼下已经停运所有供应物资了。我希望在这件事上能够有所缓解，可是以如今的情形，既然俄国获得了战斗胜利，我们又出现了新的危机，就没办法在约定的供给数之外，做出更多承诺了。你应该说明，以我们而言，虽然东方对战机有着强烈的需求，但飞机极其稀缺；另一边，美国参与战斗，弥补了所有的事，因此再给一些时间，静心等候，将势必取胜……

我刚刚动身。

第十三章　世界大战时的一次航行

我们乘"约克公爵"号出行——我的随行人员——我们和国内的沟通与来往——我们应当迫使苏联对日宣战吗？——艾登先生和斯大林与莫洛托夫在 12 月 16 日到 18 日的磋商——在处理战后问题方面，斯大林的意思——苏联对波罗的海国家的要求——我的抗议得到了内阁的赞成——持续召开的莫斯科会议——俄国与日本——友善的分别——我们和维希的关系：不是福就是祸——日军袭击香港——守兵的顽强反抗——投降——日军登陆马来亚——12 月 12 日我致电韦维尔——一个重要的策略问题——达夫·库伯的劝说和我的意志——沙漠攻击的发展——隆美尔撤回阿盖拉——德国空军返回地中海——对美国政策的担心——比弗布鲁克勋爵积极的态度——无故的忧虑

发生的事情如此之多，此时，鉴于很多重要原因，我需要留在伦敦。我始终坚信，任何其他事情都不会比英国和美国之前的绝对谅解更加重要，我必须马上带领能够抽调出的、最强劲的权威顾问们去华盛顿。人们觉得在这个时节飞往一个不好的方向，冒的风险太大，所以我们就于 12 日航行到了克莱德河。"威尔士亲王"号已经没有了。"英王乔治五世"号正在监视"提尔皮茨"号。负责运送我们的是刚刚诞生的"约克公爵"号，与此同时，它也能渐渐将自己的能力彻底展现出来。战时内阁的比

弗布鲁克勋爵、第一海务大臣庞德海军上将、空军参谋长波特尔空军中将、以及蒂尔元帅——此时蒂尔元帅帝国总参谋长的职务已经由布鲁克将军接手——是我们此行的首要人员。有些大事等着布鲁克处理，所以我非常期望他能留在伦敦。我邀请蒂尔替他和我去华盛顿，因为蒂尔既了解我们事情内幕，又得大家的信赖和尊重。将有一个新的活动空间出现在他面前。

1941 年开始成为我常年医疗顾问的查尔斯·威尔逊爵士也随我一起出行。这是他首次和我出海，在之后的所有旅程里，他都跟我一起。我没死，或者是他细心照看的功劳。尽管我无法在他生病的时候，让他听从我的劝说，他也无法一直期待我能完全依从他的一切指令，可我们成了忠诚的朋友，并且我们都没有死。

因为想迂回前进以绕开潜伏的德国潜艇，这次航程我们计划以平均二十海里的时速，用七天走完。依照海军部拟订的线路，我们沿着爱尔兰海峡直下，驶入比斯开湾。天气糟糕，风浪极大，天空中乌云密布。德国潜艇在法国各个地区的一众口岸和大西洋上的侦察区域来来回回，我们必须从其间的通道穿行过去。周边的德国潜艇如此之多，以至于海军部给我们的船长下令说，必须和我们的小舰队在一起，可是在风浪里，这个小舰队的速度连六海里都不到，于是，我们就用这种速度围着爱尔兰南部缓慢地开了四十八个小时。我们穿过的一个区域距离布雷斯特不足四百英里，我不由得想起"威尔士亲王"号和"击退"号在一周之前被基地岸上的鱼雷轰炸机攻击，进而被炸掉的景象。因为云层的关系，我们全部的护航飞机都无法和我们一起（偶然才会出现一架），可在我走上舰桥之时，却看见了一大片让人厌烦的湛蓝天空。不过没有发生任何情况，万事平安。那艘巨舰带领护航的驱逐舰缓慢前行。然而我们已经因为它的速度太慢，心生不耐了。次日夜间，我们逼近有德国潜艇出现的航道。这个决定是庞德海军上将的意思，他说相比于被一艘潜艇发出的鱼雷打中，我们自己撞上潜艇，或许更加可行。当晚伸手不见五指。因此，我们丢开驱逐舰，用能达到的最高的速度，独自在持续的狂风大浪中航行。我们关紧舱口，大浪冲击甲板。比弗布鲁克勋爵抱怨说，他坐这艘战舰，跟坐在潜艇上没什么区别。

通过无线电，我们大量的电文翻译人员自然能接到很多工作去做。在一定程度上我们可以发出回复电文。从亚速尔群岛新派来的护航舰艇与我们会合之后，我们将电文用摩尔斯密码翻译成密电在白天交给它们，之后，它们会在我们后边距我们大概一百英里的地方，将这些密电发出去，以免泄露我们的方位。虽然这样，我们仍旧感受到了无线电不畅的恐怖——我们所在的世界，正在发生世界大战啊。

*　　*　　*

在航程中，我们也在分析我们全部的情况，我的心和外交大臣同在，他也正在旅程之中，不过是按照不同的方向全速进发。再没有什么事比我们让苏联政府对日宣战这一策略更加紧急了。如下电文，我已经给艾登先生发了过去：

1941 年 12 月 12 日

俄国对日本宣战对我们而言是不是有好处，在你出国之前，你曾经就这个问题咨询过三军参谋长。以下是参谋长们经过分析给出的看法：对我来说，除非，也只有这一个例外，俄国人担心这会在眼下或者明年春天危及他们西部的战线，否则，俄国对日本宣战好处极大。

之后，三军参谋长十分详尽地介绍了支持和反对的原因。两两对照之后，他们强调说防止俄国西线垮掉是最要紧的事。

我又告诉外交大臣：

你们磋商之后，你要是觉得俄国人有对日本宣战的意思，那你看看，若是需要施加什么压力，是不是应该让美国人来，而非我们去做。

我又说了一些话，当作他到达莫斯科之后的赠言：

考虑到美国、中国，而且我估计澳大利亚也明显非常渴望俄国加入对日本的战斗，所以，除非斯大林自觉实力不足以加入对日本的战争，不然，妨碍此事顺利展开的所有的事，你都不应当做。有鉴于我们过去也没帮上什么忙，我们也不该给他太多压力。

第二天又发电补充说：

俄国战线最近的成果，有很大的机会让斯大林更有心同日本一战。形势变得对我们越来越有好处，因此，你必须明断以多大的力度施压，以及施加到什么地步是睿智的做法。

艾登先生没过多久就到达了莫斯科，我们在旅程中收到了他发来的一连串电文，介绍他到达苏联之后对遇到的其他事务的见解。

他回国之后，以自己的言辞将这些电文的内容记述在了 1942 年 1 月 5 日的翔实的汇报里：

……12 月 16 日，在我首次和斯大林先生与莫洛托夫先生协商的时候，斯大林先生就自己考虑的战后欧洲各国疆界划分的主张，尤其是德国怎么处置的意见进行了详尽的介绍。他建议奥地利重新成为一个独立的国家，把莱茵地区从普鲁士分出来，变成一个独立的国家或者一个受到保护的国家，而且要在可能的地域中，建立一个独立的巴伐利亚国。他还主张波兰得到东普鲁士，让捷克斯洛伐克拿回苏台德区。他提议让南斯拉夫重新建国，甚至在意大利那里另外拿一些土地，阿尔巴尼亚应当复国，应该将多德卡尼斯群岛给土耳其，至于爱琴海里对希腊有很大价值的岛屿，可以给予一些对希腊有好处的改动。保加利亚内部的，还有叙利亚北边的一些地区，也可以给土耳其。通常而言，包含捷克斯洛伐克和希腊在内的被攻占国，应当再次拥有战争之前的国土，并且斯大林先生预备接受联合王国在比如法国、比利时、荷兰、挪威和丹麦的西欧国家得到据点等等一切特殊布置。至于苏联的特别权益，斯大林先生希望能在波罗的海国家、芬兰和比萨拉比亚那边重新拥有德国在 1941 年发动攻击之前的形势。"寇松线"应该变成未来苏波疆界的依据，罗马尼亚应该给苏联以据点等的特别便利，而且要在匈牙利眼下夺取的领地中得到弥补。

斯大林先生在此次谈判中大体接受用德国的东西来对被占国家予以弥补这一方针，特别是用机床等作为补偿，觉得用钱补偿不合适，拒绝了。他觉得战后"民主国家"建立武装联盟是一件有趣的事，表示那些欧洲国家只要自己愿意建成同盟关系，他并不反对。

斯大林现在在 12 月 17 日的第二次谈判里，催促英王陛下政府马上接受苏联将来的疆界，尤其是将波罗的海国家加到苏联境内，以及重新确立 1941 年的苏芬疆界。在他看来，这一点是一切英苏协议签署的前提。尽管我答应回国之后，会在联合王国国王陛下政府、美国政府和英王陛下各自治领政府间进行讨论，但也曾经对斯大林先生进行过说明：因为我们和美国之前有过协议，在现在这个时候，英王陛下政府绝不可能对任何一个国家的疆界负责。斯大林先生觉得在 12 月 18 日的第三次谈判中，对这个关键问题，已经展开了深入协商。

俄国的条件中，最靠前的就是在战争开始的时候俄国攻占的波罗的海国家应该收归苏联。还有其他很多有关俄国主权扩充的要求，和无条件支援与无法实现的武装行动的强烈要求结合到了一起。一读完这些电文，我马上对吞并波罗的海国家的事给予了强烈回应。

首相致掌玺大臣　　　　　　　　　　　　　1941 年 12 月 20 日

　　1. 斯大林有关芬兰、波罗的海国家和罗马尼亚的请求，对于他曾经支持的大西洋宪章的第一条、第二条和第三条而言，是一种直接的违背。我们绝不可能在没有先和美国达成共识之前，就签署一份这种协议，不管是私下还是公开，坦诚还是隐晦。还不到处理疆界事务的时候，只有我们取胜，举行签订和平协议的谈判的时候才能去解决这些事。

　　2. 我们只是想要签订一个能够宣布的协议，绝不能因为这个就让我们做出不合理的承诺。外交大臣处置得非常得当，因此，就算他只能悄无声息地撤出莫斯科，也没什么可沮丧的。不管怎么样，为了他们自身的存亡，俄国人必须接着战斗，而且他们需要我们为他们提供大量的供应品，这些供应品是我们费尽千辛万苦搜集过来，忠实地给予他们的。

　　3. 将以上各点告知外交大臣，我希望内阁不会反对。他会以必备的灵活谨慎来处理事情，这毫无疑问，不过，他应当非常清楚我们的态度。

战时内阁和我看法一致，因此发了电文。我如此回复艾登先生：

首相（在海上）致艾登先生（在莫斯科）　　　1941 年 12 月 20 日

　　1. 对于斯大林，你当然会谨慎应对。我们对美国有责任，不能签订机密或者特别协议。要是将这些提议拿去和罗斯福总统讨论，那必然会遭到毅然决然的否定，而且或许会造成两方长时间的矛盾。

2. 签署和平协议会谈的一个目的就是俄国西面疆界的战略安危。事实已经显示出列宁格勒的地位受到了严重的威胁。首要目标是以防德国再次发起一切攻击。将普鲁士自德国南部分出米，以及普鲁士自身切实的疆界问题，是未来需要处理的重要的问题之一，不过，这全部都不能保证，可能还是很远的未来的事。眼下，我们必须以艰难和漫长的努力取得成功。眼下要是明目张胆地讨论这些事，只能将全部的德国人都逼到希特勒身边。

3. 这些事，就算此时非正式地同罗斯福总统提起，我也觉得不合适。为了不让谈判的大门忽然或者最后闭合，我们应该遵从这个策略。内阁发给你的文件里说的原则，你若无法按照它们发表一份共同声明带回国，你也用不着觉得沮丧。我深信你的出访已经得到了最大的收益，而且你的立场是被广泛认同的。

此次航行好像很久。

艾登先生用自己的言辞记述了他同斯大林在莫斯科磋商告终的过程。

我们彼此道别的时候，氛围十分友善。斯大林先生在我进行了很多说明之后，好像已经完全明白眼下我们没办法在欧洲建立第二战场了。对于我们在利比亚发动攻击的近况，他表现出了极大的兴趣，而且觉得再没有什么事，比按照瓦解最弱一环以让轴心国随之覆灭的方针去打败意大利更合心意的了。

在和德国持续战斗的同时引发同日本的战斗，他认为他眼下的力量还不足以这么做。他曾经迫于无奈调了远东军的一部分力量去西方，他期望到明年春天能让其力量恢复到调遣之前。他并未承诺会在明年春天对日本宣战，仅答应那时会再次考虑此事。尽管相比于由他们引发对抗行动，他更愿意由日本人造成，不过他好像认为事情就会如此发展。

*　　*　　*

可是法国是这时最让我们忧心的外交关系。美国声明美国和德国之间出现战争，这会让维希法国发生什么变化？在英国，我们持续着和戴高乐的联系。美国政府，尤其是国务院，却和维希有着亲近的来往，并且予以支援。德国人控制的贝当正在生病。有人说由于前列腺增生，他必须做手术。魏刚已经被从北非召回到维希，还被罢免了司令一职。看上去此时最高兴的就是达尔朗海军上将了。何况奥金莱克在利比亚及利比亚之外区域的取胜，将法属北非的所有情况都在最上层显露了出来。在沙漠地域受挫，在俄国被拦截，经历了这些，希特勒此时会坚持让德国大军绕过西班牙，从海上和天上开进突尼斯、阿尔及利亚、摩洛哥和达喀尔吗？这种行为，或者里面的某些行为，会是他对于美国加入战斗的回应吗？

有痕迹显示，在贝当之后上位的或许是达尔朗海军上将，而且已经有私下的问询到了外交部，问及我们以及我们神圣的盟国和他关系如何。

这些许会出现的让人难办的情况涉及我们海军的整体形势——土伦舰队、两艘在卡萨布兰卡和达喀尔尚未建好的战列舰、封锁和不少其他情况。我们自首相的别墅坐火车去克莱德河的路上，我曾经将一份有关海军形势的备忘录给我隔壁房间的第一海务大臣送了过去。

1941 年 12 月 13 日

我希望我们能一起提一个不是福就是祸的共同意见给维希。要是维希不行，就提给法属北非。

美国参与战争会让法国产生什么变化，我们还不清楚，或许利比亚那边取得胜利能得到好的回应。特别是德国部队在俄国的处境越来越艰难，会影响每个人的内心。美国若建议派支美国远征军在卡萨布兰卡登陆，加上我们在推行的"体育家"计划的时候能提供的支援，这对法属北非（可能还会有马达加斯加）的行动有很大的可能会产生关键影响。不管怎么样，这有尝试的价值。除非知道了维希的回复，否则关于"体育家"或是"棍棒"战斗计划的布置，我是完全不愿意变动的。

美国通常不会反对将北非和西非当作英美共同行动的一个重要战区，这点绝不能忘。

我给史默兹将军发电报，说：

1941 年 12 月 20 日

在我看来，我有责任再次穿越大西洋，希望不用几天就能和罗斯福总统去讨论所有指挥战争的问题。自然，对于在法属北非和西非推行一种向前推进的策略，我期望在他那儿得到某种支援。这虽然合乎美国人的意愿，但它们有很大可能太专注于和日本的战斗了。情形如何，我会随时告诉你。

*　　*　　*

战斗在这段时间在新老一众战区展开着。在香港，日本的力量占有绝对的上风，所以对于它的命运，我完全不抱希望。可是英国如果反抗得更厉害，对大家更有好处。香港被日本袭击的时间和珍珠港差不多。摩尔特比陆军少将统领的驻军在最初要承担的工作就超出了他们的能力。日本人的军力是三个师，可我们算上两个加拿大营，仅能聚集六个营的军力。另外，还有稀少的机动炮兵、商民自卫队两千余人，以及守护港湾的海岸炮和高射炮。日本人在围困攻击的时候，一直占有无法抵抗的制空权。在当地民众里有一支"第五纵队"活动频繁，为敌军帮了不少忙。

驻军里的三个营，因为要将来犯之敌在九龙港被毁之前拦截住，带领十六门大炮在陆地上铺开。没过多久，他们就受到了激烈进攻，12月11日接到命令朝岛上撤退。这在之后两晚，在极其艰难的情形下，高明地实现了。

首相致香港总督和守军　　　　　　　　　　　　1941 年 12 月 12 日

你们对香港这个口岸和关卡的防守，我们每时每刻都在关注。你们捍卫着世界文明史上早就声名卓著的处于欧洲和远东中间的一环。我们深信香港对粗暴且无故的攻击抵抗，会为英国历史添上绚丽的一笔。

在你们遭受苦难的时候，我们大家的心和你们同在。你们抗争的每一日，都让我们和势必来临的最终的成功越来越近。

敌人用了几天时间去准备穿越陆地和香港岛中间的那段宽一英里的海面，这几天，他们以确定的顺序用大炮轰炸、攻击以及用迫击炮轰炸我方阵地。12月18日晚，他们第一次登陆，陆续而来的支援军队极力朝腹地进军。因为攻击的军力持续增多，守军被逼一步步撤退，因为损耗巨大，他们减员严重。虽然没有得到支援或者救助的可能，可是他们坚持作战。

首相致香港总督　　　　　　　　　　　　　　　1941 年 12 月 21 日

我们听说日本人已经登上了香港岛，非常重视。在这里我们无法确定是什么情况造成了登陆的机会或者什么情形造成了对入侵部队的有力反攻的阻碍。可是投降的想法决不允许。岛上的所有土地都要抢夺，而且必须以极大的坚忍去抗击敌军。

应该尽可能多地逼敌人消耗性命和配备。在里层防御上一定要全力战斗，如有必要，那就一间屋一间屋地打。你坚持抗争的所有日子，都是在援助整个世界的同盟国事业，而且因为展开了长时间的反抗，我们必定会给予你和你的将士你们应该获得的那种永恒的荣光。

这些指令的精髓得到了完全的依从。在众多忠心的举动里，有件事可以记录在此处。按照 12 月 19 日加拿大旅长劳森的汇报，战斗已经打到了他的总部；正在平射程内近战；他会打到最后。他如言行事，他与和他在一块儿的将士全部牺牲。守军坚持了一周。全部的人，只要拿得了武器的人，包含某些皇家海军和皇家空军，全都进行了殊死搏斗。和他们宁死不屈的精神一样出众的是英国民众的坚强。那一天是圣诞节，已经到了无法维系的极致，所以不得不投降了。马克·扬爵士，他们顽强的总督，在他的指挥下，这场仗这个殖民地已经打得很好了。确实，他们已经得到了他们应该拥有的那种"永恒的荣光"。

＊　　　＊　　　＊

其他的一连串灾祸在马来亚出现在我们身上。12 月 8 日，日军在这个半岛的几个地方上了岸，与此同时，对我方机场展开了毁坏性的空袭，我方已经力量不足的空军因为这些空袭，遭受重创，北边的一众机场当即就无法使用了。尽管我们的陆上部队和空军曾经对日军给予重击，可是日本人仍旧让一个师的大多数兵力登上了哥打巴鲁，那里的海岸防御工事由我们一个步兵旅在顺着一条长三十英里前线坚守。在三天的激战之后，敌人已经在陆地上站稳了脚跟，他们已经掌握了周边的机场，所以严重受创的那个旅接到命令朝南撤离。

12 月 8 日同天，日军登上了更北的地区——北大年和宋卡，没有遇到反抗。他们的几艘船舶被英勇出击的荷兰潜艇打沉。12 月 12 日之前，没有重要的战斗出现。12 月 12 日当天，在亚罗士打以北地区，敌人以他们最优异的一个师攻击第十一印度师，使其严重受损。

＊　　＊　　＊

在出国之前，我曾经给印度驻军总司令韦维尔将军发电报，说：

1941 年 12 月 12 日

1. 如今，你一定要留心东边。缅甸已经归你管辖。日军朝缅甸和印度推进的行动你必须予以阻挡，且尽全力将他们通向马来半岛的通道斩断。眼下正绕路好望角的第十八师和四个正朝高加索和里海战区运送的战斗机中队，我们正把他们调往孟买。还有一批特殊的高射炮和反坦克炮，我们正给你运过去，眼下有一些已经在路上了。第十七印度师，你应该留下防范日本部队。这些部队，你按照自己的意愿予以最佳的组合，且最大限度地将他们用在东方战线上。

2. 有个提议，在即将到来的以后的一个恰当的时机，预备让你和奥金莱克协商策略，将伊拉克和波斯交给开罗管辖。德军冲进叙利亚—伊拉克—波斯战区的险况，因为俄国战斗胜利和奥金莱克在利比亚的进军，短时间内已经没有了。虽然这种危险有再次出现的可能，但我们还有其他的更加紧急的危险需要处理。

3. 以往四天全球形势巨变引发的这些新的安排，我希望你是支持的。我会在念及我们处在的这种十分危险的情况的同时，尽量以最大的额度为你提供装甲车辆、飞机和英国战斗人员。你的看法和需求，望一定发电报详细告知。

我还发了如下电文出去：

首相致掌玺大臣，且致伊斯梅将军转参谋长委员会　　1941 年 12 月 13 日

望务必竭尽所能给印度调度人手和给养，且在利比亚获得最终胜利的时候，马上从中东派空军过去支援，在利比亚之战决胜以后，应该尽量安排及早将装甲车运出来。

首相致缅甸总督   1941 年 12 月 13 日

　　缅甸陆军和空军的防御已经任命韦维尔负责。为了让他能够按照
自己的分析给予最佳的使用，我们已将第十八师、四个战斗机中队，
以及高射炮和反坦克炮转而调去了孟买。虽然利比亚之战进展不错，
但在（战斗）决出确切输赢之前，我不会从那儿抽调走任何一支空军
队伍。为了能调四到六个轰炸机中队去你的战区，我们正在展开所有
筹备工作。

　　献上所有美好祝愿。

                          *   *   *

　　马来半岛的防御战在战策上有一种重要的抉择。我有清晰的想法，遗
憾的是，身处大西洋，我施行不了。

首相致伊斯梅将军转参谋长委员会   1941 年 12 月 15 日

　　最终要用来守护新加坡岛和堡垒的部队，小心别在马来半岛用光
或者被斩断。在关键性上，这个堡垒高于一切。你确定我们的部队足
够进行长时间的防御吗？与奥金莱克和自治领政府协商，将第一澳大
利亚师撤出巴勒斯坦，派往新加坡。处置情况如何？望详细告知。

　　相同的推论，我们的国务大臣达夫·库伯先生也曾经单独获得过，对此，
我觉得开心。

首相致伊斯梅将军转参谋长委员会   1941 年 12 月 19 日

　　1. 在以"小心"这个词开始的那封电文里同你说的担忧，达夫·库
伯也有。达夫·库伯提议将军力集中守护柔佛，以便坚守新加坡，这
和蒂尔的意思刚好一致。

2. 在英国和美国在太平洋和印度洋上的海军船舰受损之后，日本人持续派大批部队登陆暹罗和马来半岛的事我们就遏制不了了。所以，在柔佛防线以北的一切地域进行坚守，都无法实现，只能用轰炸和妨碍敌人前进的办法，并且柔佛防线自己仅能当作新加坡岛堡垒和海军据点的最终防守战的一环来捍卫。

3. 如今应当告知当地驻军总司令，他只有一个使命，捍卫柔佛和新加坡，绝对不能用别的事来和尽全力坚守新加坡的事争长短。不过这并不影响他在朝南撤离的时候使用阻碍策略和爆炸，并进行有序撤离。

4. 如今的远东总司令是谁，你没说。博纳尔到那儿了吗？若没到，他在哪儿？他应当及早坐飞机去那儿。

5. 韦维尔应该将自好望角调往印度的所有支援军队都用在守护缅甸上，或者在局势要求的时候，给远东指挥部运过去，我们的目标向来如此。我绝对支持你要采取的调动高射炮和战斗机中队的行为。

6. 第十八师，韦维尔同样也能按照自身需要予以使用，或者支援给远东指挥部，可是停在那儿是什么原因？第十八师要是朝东调，看上去起码往印度派一个澳大利亚师去替换，是个明智之举。

7. 你正在处理的事务如何，以及你预备如何处理向新加坡运援军难度越来越高的问题？另外，有关缩减少新加坡岛上的无关人员的事，现在运行得如何了？对于物资供应，你的答复是？

* * *

在这本书里是没办法将这个故事讲到极致的。新加坡的惨剧势必很快浮现。此处只说印度师在这个月之后的时间里，对沿着这个半岛西海岸往南推进的敌军主力给予了一连串拦截战就行了。敌军在12月17日攻进槟榔屿，虽然对那儿展开了引爆行动，可是敌人还是抢到了很多完整的小型船舰。敌人因为这些船舰得以数次用少量两栖战斗部队，从侧面发动攻击。

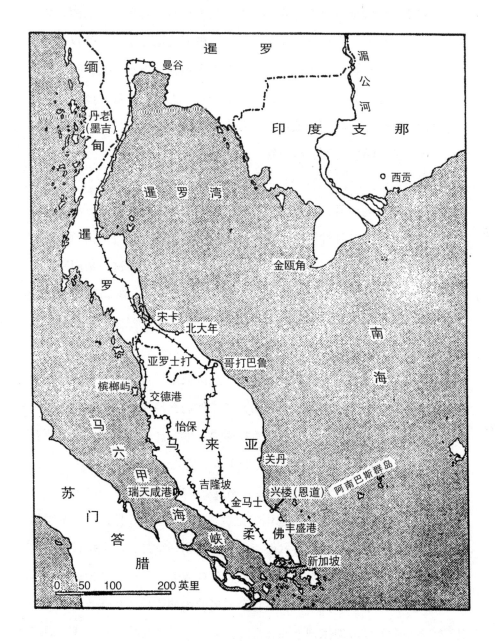

马来亚

到了这个月月末，数次遭受猛攻的我方部队在临近怡保一域战斗，这里距他们起初坚守的阵地足足有一百五十英里远，日本当时登上此岛的军队，算上禁军，起码有三个整师。敌军在天空也极大地增加了自己的权重。他们迅速部署到所夺机场的飞机，质量完全出乎预料。迫不得已，我们只能防守，受创严重。12月16日，婆罗洲北面遭到进攻，并很快被占，不过在这之前，我们已经顺利地毁掉了那些庞大且珍贵的炼油设施。在这所有的战斗中，荷兰潜艇消灭了不少敌军船只。

＊　　　＊　　　＊

在我们旅行的时候，奥金莱克将军在沙漠地区的战斗进展顺利。轴心国部队高明地绕过了种种围攻行动，顺利地撤到了自加柴拉向南的一条后方战线。第八集团军12月13日开始进攻这一阵地。此时这一集团军拥有第七装甲师、第四装甲旅和增援部队、第四英印师、护卫旅（摩托化的）、第五新西兰旅、波兰旅团和第三十二陆军坦克旅。第十三军司令部对全部这些军队进行调度。至于第三十军，则不得不应对被斩断和丢弃的，守在塞卢姆、哈尔法亚和拜尔迪耶的敌人——这伙敌军反抗激烈。在加柴拉的敌人打得不错，可是我们的装甲军团包围了他们在沙漠的侧翼，隆美尔于是开始由德尔纳朝阿杰达比亚和阿盖拉撤离。他们这一路遭到了我方所有能在这片广阔的地域进行活动和给养的军队的追逐。

敌方空军自12月的第一周明显开始变强。德国空军第一军团已撤出俄国战区，开往地中海。按照德国的记载显示，11月15日，这个军团的飞机数量是四百架（有二百零六架能用），过了一个月，增至六百三十七架（三百三十九架能用）。其中大多数飞机被派去西西里岛守护通向北非的海上航路，至于沙漠地区，则有日渐增多的俯冲轰炸机在高效的"梅塞施密特109式"战机的保护下冲出来。皇家空军已经丢掉了在开战首周获得的上风。随后我们会看见奥金莱克如此努力夺取且期望已久的战果，是如何被这种情况——敌军在12月和第二年1月重塑地中海上的空军实力，

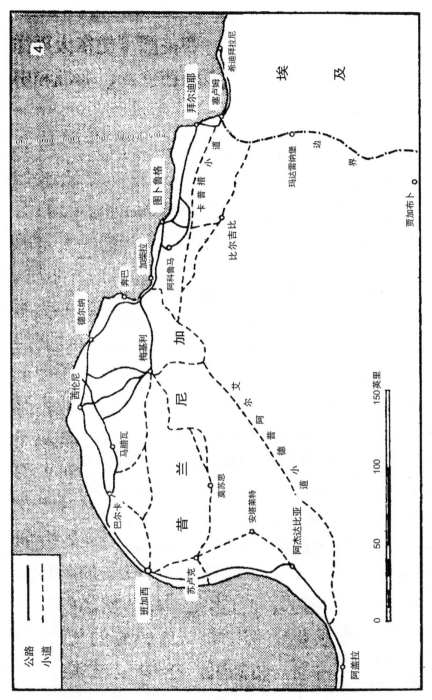

昔兰尼加

公路
小道

150英里

第十三章　世界大战时的一次航行 / 263

以及在数个月内我方制海权事实丢失——夺走的。

＊　　　＊　　　＊

在"约克公爵"号缓慢地朝西行进的时候，我们这些人里的所有人都在忙碌地工作，并且我们所有的心神都凝聚于我们不得不处理的那些新的大事上。我们热情而急切地盼望着和总统及他的政治、军事顾问们作为伙伴的首次直接沟通。出国之前我们就知道，美国民众因为日本人在珍珠港的恶行非常愤慨。我们接到的官方文件和报刊梗概都告诉我们，整个国家的怒火都会投向日本。我们担心民众无法理解整个战争切实的紧迫之处。我们意识到一个严重险情，就是美国或许会在太平洋攻打日本，而将在欧洲、非洲、中东与德国和意大利战斗的事交给我们。

在之前的一章里，我曾经说过英国长期的，而且截至今时今日还在持续增强的实力。和德国潜艇的首次大西洋战争曾明显有利于我们。我们深信我们能够维持我们大西洋航路的畅通。我们深信希特勒若妄图率军攻进这个岛国，我们可以击败他们。俄国抗击的实力激励了我们。我们曾经过于期待利比亚之战。可是美国各类供应品的输入，如同眼下这般持续不断地穿过大西洋送进来，是我们以后所有方案的根基。特别是飞机坦克和巨型的美国商船的制造，都是我们期待的。截至目前，美国身为一个中立国，总统之所以能，也愿意将美国部队的武器交给我们，是因为美国的军队没有参战。如今，既然美国和德国、意大利，特别是日本，处在了作战状况中，这种行为会受到制约也是理所当然的。自己国家所需有什么理由不占据首位呢？俄国遇袭之后，为了支援部队，我们曾经合理地舍弃了我们制造厂此时总算制造出的大多数装置和物资。因为俄国对纳粹侵略者做出了优异的抵制，所以相比于我们自己拿到的物资，美国已交付给俄国的甚至更多一些。对这所有的情况，我们曾经绝对认同。

虽然如此，可是要晚些时候再配备我们自己的部队，特别是我们正在利比亚激烈战斗的队伍拿不到急需的军火，那也一样不容易。我们不得不觉得，对我们的盟友国而言，"美国最优先"将是首要方针。我们担心在美国部队大批出击之前会有一段极长的时间，可在这个筹备阶段，我们必然会非常艰难。这会出现于我们自身不得不在马来亚、印度洋、缅甸和印度迎接一个新的恐怖的对手的时候。明显，划分物资的事有必要重点关注，而且会藏有很多难题和微妙的地方。我们已经得到消息，一切按照租借法案的供货方案全都叫停，等待整顿了。好在英国的武器和飞机制造厂的生产此时正在增加规模，且有发展的趋势，并且很快就有了很高的数量。可是在"约克公爵"号迎着持续不断的大风朝前行进的时候，在我们前面有一长串的"难题"，还有或许会出现的不再提供首要项目的事模模糊糊地在我们眼前出现，这将危及我们全部的生产系统。就像过去遇到麻烦的时候一般，比弗布鲁克还是那样积极乐观。他声称，截至目前，美国的资源连皮都没破，是无可限量的，并且美国人的所有实力要是都放到这场战斗上，得到的结局将远比所有已经筹划或者设想的情形都要好。另外，在他看来，美国人尚未明白他们在制造上的能力。美国的奋斗将超越、消除现在的一切统计数字。人们会获得充足的物资，这件事他没有说错。

比起那个首要的策略问题，这全部的思索看上去都黯然失色。在我们的劝说下，总统和美国的军事司令们将会发现希特勒并不会因为日本的战败而落败，但希特勒战败能让日本的崩溃变成只是个稍微麻烦的时间问题。这个重要问题，我们曾用了很长的时间认真分析。两位参谋长和蒂尔将军，以及霍利斯和他的将士们筹备了几份资料证明这全部情况，且着重说明对这场战争是共同意见。就像即将看见的，这些工作和担心都多余了。

第十四章　战争情况的演化

我给总统写的三份文件——第一部分，大西洋战场——希特勒在俄国的战败与损耗——我对奥金莱克将军能在昔兰尼加获得胜利心存幻想——德军或许会攻进高加索——亟须拉拢法属北非——英美支援北非——呼吁美国往北爱尔兰派遣部队——呼吁美国轰炸机队从英国攻击德国——维希或许不会同意在北非协作——由此引发的1942年英美共同战争——我们和戴高乐将军的关系——西班牙事件——1942年的若干首要目标——第二部分，太平洋战场——日本的海军优势——他们的资源这一要素会慢慢降低——我们需要重建海上优势——英国将"纳尔逊"号和"罗德尼"号交给了美国——航空母舰的战争——急需临时制造船舰——将美国陆军打造得过于庞大并不安全——我认为有必要在欧洲大陆展开大规模的武装行动——第三部分，1943年战事——1943年年初有机会出现的形势——英美掌控了西非和北非——事实上土耳其参加了同盟国战线——在意大利和西西里岛赢得立脚点——有必要筹备在西欧和南欧登陆——1943年的重点进攻——两栖战斗占大多数——为持续准备而轰击德意——战争有望在1943年或1944年结束——参谋部支持我的看法——终于实现了所有的目标——好在延迟了最后攻势日常工作的强制减少，以及不用去内阁开会或者同谁会面，这八日的行程中，我得以根据我按照战争忽然扩张情形的见闻对全部战争形势予以盘查。我想起拿破仑曾经说过，能将事情长时间不厌倦地聚集到心中思索的用处，他说："长时间且不厌倦地将事情放到一处思考。"我努力这么做，像平常一般，通过口述用打字机将我的想法写卜来。为了和总统见面，以及和美国进行磋商，我根据我认为的应当如何展开这场战争，针对这场战争将来的进展写了三份稿件。在拟订这些稿件的时候，因为两位参谋长庞德和波特尔以及蒂尔将军就在我的身边，而且霍利斯将军和秘书可以对一些相关真相适时地进行核实，所以确实有信心。一份文件用四到五个小时，总共用了两三天的时间。因为这场战争的全貌就在我心里，所以全部都想出来难度不大，不过快不起来。实际上，要是用平常的方法去写，在相同的时间里，能写两三遍了。文件每完成一份，核实完，我就会将它当成我的个人意见拿给我工作上的同事们。同一时间，为了联合参谋大会，他们也正筹备自己的稿件。尽管比较而言，我的中心笼统一些，他们的则更有针对性，但我发现我们在方针和评判上有着素来拥有的和谐，这真让我高兴。完全没有能够引起争议的不同看法，并且几乎没有需要修改的论据。如此，在所有人都没有受到切实或者严苛限制的情况下，我们共同得到了一条有真知灼见且我们全都确实认可的方针。

第一个文件整体介绍了一些原因，解释为什么由英美大军去夺取的非洲的整条海岸线和自达喀尔到土耳其疆界的地中海东部海岸应当是1942年我们在欧洲战区作战的首要目标。第二个文件说的是，要采取哪些行动才能重新在太平洋掌握主动权，还指出了1942年实现这一目标的月份——5月。它十分详尽地分析了以短时间大规模制造的办法去得到更多的航空母舰。第三个文件指出，为了解放欧洲，由大量英美部队在德国占区里最合适的地点登陆是最终目标，并表示这次最重大的进攻的时间是 1943 年。

　　这三份文件，我在圣诞节之前交给了总统。我表示参谋们完全可以进行正常的意向沟通，不用受到这些文件的影响，就算它们是我个人见解也一样。我将它们写成备忘录的式样，交给了英国参谋长委员会。我又同总统解释说，这些文件并非专门写给他看的，可我认为有一件事非常关键，就是他应当知道我在想些什么，还有我期望能够实现的和以大不列颠来说会竭力推行的事。他拿到之后当即翻阅，且在第二天问他是不是能留下这些文件的副本。对此我完全认同。

　　我在 10 月 20 日写的信[①] 中说起过这些事，当时是由艾德礼先生转交的，尽管这封信我没有得到正式的回应，而且也确实不指望回应，但我有种感觉，在法属北非采取措施的事上，总统以和我一样的脉络想了许多。10 月我能告诉他的是我们英国人仍在独自战斗的时候持有的见解和计划。如今我们成了同盟，采取的措施自然是共同的，规模也是更高的。我深信他和我的看法大体相同，这一根基已经有了，所以我非常有信心。

第一部分

大西洋战场

1941 年 12 月 16 日

　　希特勒在俄国吃败仗和受损是此时战争里的重要实情。德国部队和纳粹政权遭受的损害有多严重，我们并不清楚。这个政权能够存在，靠的素来是轻松和简单得到的胜利。如今它必须迎接的是冬日的杀伐和燃料物资最高程度的损耗给予的震荡，而非他设想的飞快和轻松的成功。

　　1. 在这件事上，大不列颠和合众国什么都不用做，只要将我们承

---

① 　原书第三卷 482 页可见。——原注

诺给予的物资及时送过去就行了。要让斯大林继续受到我们的影响，并将俄国强劲的努力收归到这场战争的总和中，我们能用的办法只有这个。

2[1].奥金莱克将军很快就能在昔兰尼加取胜，这在小范围上对德国的实力也是一种损耗，我们能够预期在今年年末之前明显有机会将利比亚的敌军全部消灭。这一方面能重创德国人和意大利人，另一方面也能解除我们在尼罗河流域的部队这么长时间所承受的那个自西方打进来的首要危险。自然，奥金莱克将军将及早展开名为"杂技大师"的战斗计划，这应该会让他夺取的黎波里，所以可以让其装甲兵团的前锋抵达法属突尼斯疆界。在我们在华盛顿分别之前，他或许能给出某种估测。

3.在俄国的失利和损耗，以及被赶出利比亚，自然会逼得德国人不得不在明年春天以最大的力量朝东南方向进逼直冲高加索或猛冲到安纳托利亚，或者两种一起，好从困着他们的包围圈冲出去，可是我们需要怀疑的是，这个工作他们是不是有足够的战斗力去完成。冬天复原之后，俄国会从列宁格勒至克里米亚的整条战线给他们予以重创，用不了多少力气就能逼得它们撤出克里米亚。如今，觉得俄国海军掌握不了黑海，觉得以如今的局势而言，德国现存战力足以完成攻打土耳其和穿过安纳托利亚的任务，都是不合情理的。土耳其人手里握着五十个师，他们的战斗力和他们国家的自然关卡有着赫赫声名。就算土耳其一直顾虑安危，可俄国掌握黑海、英国在地中海东岸区域及北非海岸的成绩，都已经证明了意大利海军的弱小，都让我们这边有努力让土耳其一同行动的理由，且一定能够激励它抵制德国人的攻占。

---

① 因为奥金莱克将军后来落败，这点被证明并不正确。但我们此时完全有理由有所期待。——原注

尽管觉得德国朝东南方向开进波斯—伊拉克—叙利亚前线的危机已经解除难免有些草率，但如今看，和素来的情形相比，这种危险出现的机会看上去非常小。

4. 所以，我们应该尽量拉拢法属北非，并且如今已经是时候对维希政府和北非的法国政府使用我们能用的种种措施引导和施压了。法国和法国民众的心肯定会因为德国部队在俄国失利，英国部队在利比亚取胜，意大利气势低落和武装上的垮台，特别是德国和美国彼此宣战而受到强烈的冲击。眼下就是告诉维希以及法属北非不是福就是祸的时机了，福是美国和英国同意将法国重新打造成一个强国，并确保它的疆域不会减少。如此，就应该连英美远征军也自摩洛哥的大西洋海岸和阿尔及利亚方便登陆的地点给予踊跃支援，另外，还要让奥金莱克将军自东部开来的军队也给予踊跃支援。应该为法国人和忠诚的摩尔人提供足够的军用物资。应该让维希将他们的船队撤出土伦调往奥兰和比塞大，且让法国再次以一个参战国的身份加入战争。

这代表着德国人得掌控整个法国，并将其当成占区进行控制。已经沦陷的地区和尚未沦陷的地区的情形看上去没什么差别。任何情况的发生都改变不了欧洲的法兰西被彻底隔离的命运。自然，有一种可能性是一直存在的，就是德国人因为陷在了俄国，就算法属北非和他们开战，他们可能也不关心去统治法国的未沦陷区。

5. 我们若想让维希起码对法属北非加入我们这边不表态，我们就得预备及早派遣大批兵力过去。先不说奥金莱克将军若在的黎波里达尼亚赢得胜利的时候，能自东边带来的部队，在不列颠，我们预备了（"体育家"作战计划）大概五万五千人，其中有两个师和一个装甲军团，以及运输船舰。在受到邀请，接到命令后的第二十三天，这些部队就能开进法属北非。在得到命令后，从马耳他出击的首要军队和空军能够迅速到达比塞大。我们期望在同一时间，美国同意在未来的六个月里借助卡萨布兰卡和非洲别的大西洋码头起码派出十五万的兵力过来。重点是，美国在维希或者法属北非表示同意之后，能及早派出大量的美军过去。

6. 在北爱尔兰，我们也呼吁美国能派出和三个师与一个装甲师兵力等同的部队。要是有需要，这些师的训练可在北爱尔兰实现。那里要是驻扎美国的部队，敌人得到消息之后，或许会高估驻兵的真实数量。对德国的侵占计划来说，在不列颠群岛驻守的美国部队，是另外一种极大的遏制力量。因为这个，我们可以派另外的两个师和一整个装甲师去补充在法属北非战斗的军力。若能有一种这种次序的部队填到已经驻守在北非的法国部队身上，且有合适的空军援助，那德国人要想从他们没掌控住的海面穿过，进而夺取北非，就必须打一场极其艰难且损耗巨大的战斗了。因为我们穿过大西洋的航道既直接又便利，可敌方的地中海航道会遭到重大妨碍，就像他们在利比亚冒着风险尝试的时候出现的情形，因此再没有哪个战区比西北非洲战区对英国行动更加有益了。

7. 此处能够说起，我们十分期望美国的轰炸机部队能够将不列颠群岛作为攻击德国的据点。我们自身轰炸机的轰炸方案和我们的期望不匹配。这个宏伟，且增加了新条目的方案，它的充足发展已经被延误了。绝不能忘了，我们对这件事——用日渐凶猛和精准的对德国城镇和港口的轰炸来破坏德国的生产和斗志——有极高的期待，而且算上他们在俄国战斗的失利，德国民众的战斗欲可能会受到严重影响，进而导致德国政府的里层变化。美国若是往联合王国派例如二十个轰炸机中队，这一进程就会变快，而且这对德国对美国宣战来说，也是一个最直接和最有力的回复。大不列颠会进行布置以便加速这一进程，而且，还将改进英国和美国从现在到战争终了对德国的无上限轰击。

8.可是我们一定要预先考虑到维希或许不但不按我们的意思行事，相反，还鼓动法属北非极力反抗。他们或许会帮助德国部队开进北非；德国人或许会暴力穿越西班牙，也可能会被同意借路；德国或许掌控了法国在土伦的舰队，而维希或许会让法国极力和德国协作来抵抗我们，尽管这件事看上去有利展开的机会不大。很大一部分法国人都倾向英国，而如今更多的人倾向美国。达尔朗海军上将未必会将土伦港的船队整个儿送给德国。法国的战士、水兵全力同美国、英国战斗，是最不可能出现的情况。尽管如此，法国和北非的那些悲观主义者真假参半地和德国勾连的可能性，我们绝对不能不予考虑。要真是这样，我们在北非的行动就更难了。

为了夺取或者控制北非海岸，摩洛哥在大西洋陆地口岸也在其中，1942年一定要打上一场。同年年末之前，一定要拿下达喀尔和法属西非的其他口岸。不过，尽管急需派兵去法属北非以防范德国人进占，但为了拿下达喀尔和法属西非口岸，得用八九个月时间以做筹备也有很大的可能。应该马上拟订方案。要是时间充足，准备充分，且给予合适的配备，上面的后部分行动完全没有解决不了的难题。

9.我们应当查看以下自己和戴高乐将军、"自由法国"运动①的联系。我和他沟通信函中存在的那些责任，截至目前美国是没有的。问题并非主要出在他自己身上，法国民众对他的运动已经有了新的敌对情绪。如今美国认为不论对他采取什么措施，都应该更能出现一种效用，也就是重定我们对他和对法国的责任，好让那些责任同他和法兰西民族在洗刷国耻上能够给予的奋斗更加密切。假设在法属北非这件事上，维希将要采取的措施是我们所期望的那种，英美两国就要想方设法，

① 自由法国是戴高乐在第二次世界大战期间领导的抵抗纳粹德国的侵略的机构。——原注

让"自由法国"同预备重新拿起武器去反抗德国的别的法国人平息纷争。反之，维希要是一定要跟德国勾连，可我们又必须开进法属北非和西非，那就一定要支援戴高乐派的行动，并彻底地予以使用。

10. 西班牙会出现什么情况，我们预计不了。西班牙人看上去或者不会答应德国人随心所欲地穿过西班牙去袭击直布罗陀和侵占北非。渗透的情形或许会有，不过，让一支部队穿行的正式提议会遭否决。要真是这样，对于德国人暴力穿过西班牙的图谋而言，再没有什么时节比冬天更糟糕了。何况希特勒还得暴力压制近乎整个落败的、只能勉强吃个半饱的欧洲，不会鲁莽地去控制法国未沦陷区的可能非常大，另外，还有很大的机会卷进同伊比利亚半岛上恼怒凶狠也饥饿的民众的剧烈的游击战里。英国和美国一定要竭尽所能去增强这些人的反抗意识。如今不应终止限量提供的方针。

对我们来说，直布罗陀口岸和据点用处极大，因为这样，德国人要是不能夺取伊比利亚半岛或者让西班牙人同意其从西班牙境内穿行，就完全不用考虑夺取大西洋的岛屿的事了。

11. 总而言之，1942年西方战争的首要进攻努力有：英国和美国夺取并掌控所有的法属北非与法属西非和英国深入掌控自突尼斯至埃及的全部北非海岸，如此，要是船舰能行，我们就能任意穿过地中海抵达中东和近东各个国家以及苏伊士运河。想要实现这种首要目标，必须有以下几个前提：保证英国和美国在大西洋的海中和空中优势，运输线继续畅通无阻，还有不列颠群岛获得反抗侵略的切实屏障。

* * *

在我们登陆之后，我的第二份有关太平洋战争情况的稿件才写好。

第二部分

太平洋战场

1941 年 12 月 20 日

1. 因为拥有海军优势，日本人得以将他们的部队送去近乎一切他们想去的地方，攻占那里，并建造为海军补充燃料的据点。同盟国在一定的时间之内失去了普通舰队的战斗力。它们的运兵能力得靠大海的面积降低被阻截的可能。就算海军不占上风，我们仍旧能在各个地方展开突袭，可是穿洋过海的继续攻击我们做不到。所以我们应该考虑到，我们太平洋上的属地和根据地会被一个个夺走，可敌军能轻松地一个一个地在所有地方站稳脚跟，并将那里的驻军消灭。

2. 我们在这个过渡期的使命是在所有遭遇攻击的地方进行拼死抗争，而且抓到机会，只要有必要就不惜代价地将供应品和援兵偷偷地送去。我们的部队要是激烈反抗，我们又尽量多地进行支援，那敌军就不得不担负远离国家，又越来越重的海外工作；他的船舰储备将会非常吃紧，他的运输线路会成为易于攻击的靶子，而美国、英国和荷兰应该将所有可用的海军和空军，尤其是潜艇的战斗努力聚集起来。最要紧的是不能让敌军轻松赢得最高利益；要逼他去为所有占领的地区提供给养，让他延长战线，耗尽物资。

3. 日本的资源属于损耗型要素。这个国家因为在中国展开的损耗庞大的战争早就处在十分吃紧的状况中了。攻击珍珠港的那天他们的实力最强。要是真像斯大林说的，除了自身的空军，他们另外还有一千五百架德国飞机（这些飞机是如何运过去的，他肯定曾经有知道的机会），那么，除了以国内的每个月三五百架的少量产出进行填充，他们已经没办法用其他办法去弥补自己的消耗了。我们的方针应当是，让他们在海外占区的部队数尽量达到最高额，并尽量让他们马不停蹄地奔走，好让他的运输线路全部启用，并引发极高的飞机损耗率。我们要是什么措施都不启动，任由他们悠闲度日，他们就能轻松方便地扩大他们的占区，派最少的海外部队得了最大的好处，却只用负最少的责任，如此就让我们严重受损。因此，我们必须保证在所有地区和他们战斗，让他们持续损耗和扩张，这种举措是必要的，也是对的。

4. 然而，及早重塑海上优势一定要是我们坚定不移的目标。想要达成，方法可以有二：一、强化我们的主力舰。那两艘不受协议束缚制造的日本新型战列舰，必须将其视为一种必须慎重对待、会影响全太平洋的要素。据悉，5月，美国会有两艘新的战列舰可以参战。自然，战争里的全部计划的前提必须是敌人的活动、突发事件和祸事，可是我们战列舰的数量要是不再降低，并且完全没有新的预料之外的突发事件出现，我们期望将这两艘美国新战列舰同"纳尔逊"号、"罗德尼"号聚集到一处，好让现代主力舰中有四艘配备的是十六英寸口径大炮。应该有相当数量被改造的可用的美国老式战列舰充当这个舰队的依仗，好让这个舰队能在5月之后的任意时间，只要局势有益，就能筹划一次舰队作战，重塑我们在太平洋的海军优势，就算不进行力量比拼，也能确保全美洲西海岸的安危，所以那些肩负攻击使命的部队，没必要被分布到大量的防守型工作中。所以，我们首要的战略任务必定是，在太平洋建立一支彻底占据主动地位的战斗舰队，而且必须将5月设为完成这个工作的月份。

5. 不单是那个时候，就算是过渡期，航空母舰也应当尽量起到最大的效用。我们自身正在打造一支舰队，有三艘航空母舰和数量众多的护卫舰，航行在南非、印度和澳大利亚中间的水面上。美国符合标准的航空母舰已有七艘，日本有十艘，不过美国的航空母舰更大一些。我们在这支规范的航空母舰舰队以外，一定要努力打造一批有大有小的临时制造的航空母舰。不这么做，我们是没办法迅速扩张我们的制海权的。就算这些母舰无法让太多飞机起航，可是他们能和别的航空母舰携手发挥效力。我们应当建一种飘动的空军设备，这种设备一方面，相对于据点来说，能让我们在很长的时间中在海边的飞机得到和维持相对区域内的空中优势，一方面还能保护部队登陆，去攻击敌军新的攻占区。就算我们的舰队占上风，但只要不是确实得到了这种相对区域内的空中优势，或者尚未得到这种空中优势，战斗条件对我们也会极其不妙。除了现在已经能够看到的将于1942年建好的战列舰，我们得不到再多一些的战列舰，可是航空母舰，我们可以，也一定要得到更多的。要用五年的时间才能建一艘战列舰，可是在六个月之内临时造一艘航空母舰并非不可能。所以此间就出现了一个创造和手法的空间，就像美国南北战争的时候，在密西西比河上出现的那些舰队和小舰艇队的情形。不得不说，率先发展合适型号的舰载飞机肯定会妨碍我们大规模对德国进行的轰炸，可我们分析的首要战斗模式正是这个。但是这是个时间与规模的问题。

我们为1942年拟订的投弹数的那个指标我们是完成不了了，可是到1943年，我们能超出这个数。我们共同作战的方案或许过些时间才能达成，可总能达成。并且德国的城镇和别的目标在这个过渡期也都还在。虽然一定要想尽办法去提高向德国投炸弹的速度，直至达到拟订给1943年和1944年的庞大数量，可是我们的计划或许会因为别的需求而不得不延迟。所以这段时间更关键的是美国轰炸机中队里的一支，就算仅仅是象征意义上的，也该将不列颠群岛作为据点对德国的城市和口岸发动攻击。

之后的几段说的是赢取空军基地的事、俄国插手对日本的战争的事、太平洋上的护航的事以及运用新加坡的事，此处没有刊登的必要。以下是最末一段：

12. 太平洋上的这场战争在第一次突然袭击之后，将牵制太多美国部队的情况，我们是不用担心的。我们应该期望，1942年他们用在欧洲的部队人数不会影响到他们在太平洋的活动，尽管这些活动肯定不是无限的。会对我们造成损害的是，打造一支兵力在一千万的巨型美国陆军，起码在两年的训练时间里，它会吸纳全部的可用物资，却按兵不动地坚守在美洲大陆上。再没有什么法子，比让美国人得以在太平洋上重塑他们的制海权，又不妨碍他们去做他们或许准备去做的那些重要性明显稍差的海外武装行动，更能预防此种情形的出现，并对很快就会产生的大规模的部队和足够的武器支援予以恰当地使用了。

我素来都不赞成大规模在欧洲大陆展开武装行动，对于这件事曾经有不少谣言在世间流传，所以有必要重点解释一下真实情况。我一直认为获胜的办法只有一个，就是尽量以最高的程度对德国征服的国家展开关键性的攻击，而且实现这个目标的时间应当定为1943年夏天。读者会发现，还是1941年年末之前，我制订的行动方案，其规模就是以四十个装甲师和一百万别的兵种的军队为最初时期里基础需求的部队。在我发现按照我对这一问题的立场进行某种主观臆测撰写的那些书的时候，我认为一定要让读者看见那时真的负责任去写的那些文件，里面有些其他例子会在讲述的时候进行列举。

第三部分

在 1943 年展开的战争

1941 年 12 月 18 日

1.要是能在 1942 年将第一部分和第二部分概括的行动顺利实现，那 1943 年初的形势或许会是这样：

（1）英美两国将重新享有太平洋上的事实上的海军优势，日本人在海外的所有入侵任务都会被卷入危局，这既是因为他们的运输线遇袭，也是因为英美派远征军将失去的区域重新抢回来。

（2）不列颠群岛将依旧完整，且和过去相比，在抵御进攻的筹备方面，更加强劲。

（3）从达喀尔开始至苏伊士运河结束，还有从地中海东岸地域开始到土耳其疆界结束的全部西非和北非海岸，将会由英国和美国掌控。

尽管土耳其未必参战，但一定会投向美英俄战线。俄国的地位会被大力加固，它失去的武器制造能力会因为英国和美国承诺过的供应品得到一些弥补。意大利内层可能因为在西西里岛和意大利已经建立了据点，而有很大机会出现非常有益的回应。

2.可是想让战争终了，所有这些也还是不够。将日本赶回自己的国家，打败它的海外部队，这就能让战争结束了吗？绝不可能。战争想要结束，只能是因为德国部队在欧洲被打垮，或者战斗情况恶劣、经济上陷入困境，以及同盟国的轰炸引发德国内层变革。等德国人开始发觉美国、英国和俄国实力增强，德国内层的垮台终究有机会出现，可是我们绝对不能把希望放在这个上面。我们的计划一定要遵照这种假设走——德国陆军和空军的战斗能力会持续在如今的水准上，而他们的潜艇战会通过越来越强的众多舰队展开。

3. 所以，为了拯救西欧和南欧被攻占的国家，我们派出足够的、强悍的，能让那些屈服的民众可以反叛的英国和美国部队在合适的地方陆续或者同时登陆。只靠自身实力，这些国家完全没有反叛的可能，因为德国会用冷血手段进行镇压，可是假设在如下国家，挪威、丹麦、荷兰、比利时、法国的海峡沿岸和大西洋沿岸以及在意大利，以及巴尔十众国，要是有装备妥当兵力充足的部队登陆，那么，解放部队的实力和反叛民众的怒火，德国的守军就对付不了了。

我们只要在选定的区域握有必备的制海权，德国人就会束手无策，他们没办法在所有国家都拥有充足的兵力进行抵抗。特别是他们没办法把自己的装甲兵团从侧面自北朝南或者由西向东调派；他们必须将它分派到所有夺取的国家，它在此种情形下就处在零散状态，是一点指望都没有的；要不然就只能将它拉回德国国内的一个中心根据地，在此种情形下，它赶过来的时候，我们已经在海外发动过攻击，并打造了大面积的首要据点。

4. 长期计划和短期计划间通常会有的矛盾，我们此间也不得不面对。战争是种持续的争斗，一定要一天天展开。为日后筹谋，只能是在历经千辛万苦，且在部分程度上。经验显示，推测常常不准，筹备一直不足。尽管如此，想让战争在一个合乎情理的时间里胜利告终，规划和主旨是必不可少的。在现代这一背景下，一切大规模的攻击想要展开，都得先把特定的设备认真地研制妥当，所以就更需要有规划了。

5. 于是，眼下我们不得不面对的事情，除了将日本赶回自己的国家，在太平洋上重建毋庸置疑的掌控权，还有为了解放欧洲的那些沦陷国，英美大军要在1943年夏在这些国家的海岸登陆。应当拟订一个方案以便在以上全部国家登陆。至于到底选哪些国家，应当尽量都到以后解决，好得益于形势的变化，且保证机密。

6. 因为装甲部队和机械化部队可以不用在港口登陆，通过登陆艇或者从特别改制的远洋船在海岸登陆就行，所以，原则上应该用这些部队来进行登陆。如此，能够发动攻击的战线就将十分辽阔，进而使得镇压这些特定国家的德国部队没办法在每一处都充分强悍。为了让这种大型登陆做得又快又妥当，一定要研制一种登陆设备。到了1943年春天，英美众远征军的先行军应当在冰岛、不列颠群岛，而且要是有机会，在法属摩洛哥和埃及聚集。至于主力，则直接过海。

7. 别觉得这件事得用大批兵力。要是装甲兵团的袭击得手，解放攻击的主力将是当地民众（一定要为他们提供武器）的反叛。四十个装甲师，一个师一万五千人，或者和这些师相当的坦克旅（英国将尽量提供其中的近五成），将有六十万。这些装甲兵团身后将另有一百万各个兵种的部队，对于从希特勒手里抢回大面积的地域而言，这些部队足够了。可是这种战争只要开始，就算所费巨大也一定要给予提供。到了1942年年末，我们的各种工业和培训机关已经有了足够的数量。

8. 在制海权（没有制海权，任何事都无法顺利展开）之外，对所有这些举措而言，拥有一支占据上风的空军至关重要，而极力改进母舰上运载的飞机对登陆的展开也是必需的。可是，不管怎样，这对1942年的战争而言都是必备的。为了损耗敌军，且让其无法顺利进行防守上的准备，自英国对德国，以及从马耳他，要是而且有机会从的黎波里和突尼斯对意大利展开轰炸，一定要以最大的激烈程度进行。鉴于英国的最前线的飞机力量已经稍胜德国一筹，在大多数的俄国前线，俄国的空军已经居于上风，而且它的力量可视为是德国的最前线飞机力量的五分之三，何况美国的来源和日后的发展也得算上，所以，觉得我们直到1943年夏天，还无法建立一种关键性的空军优势，是没有道理的。况且在这段时间内，还能激烈且持续地惩处德国。有鉴于轰击肯定是个强度的问题，以及对象不会消失这一实际情况，对不少现有的或者势必建好的母舰和暂时改建的母舰上必备的战斗机和专载鱼雷的飞机进行改进，将是应当做的。

9. 这些工作我们要是眼下限定下来，并留心别让它们过分妨碍到如今的需求，那么，就算德国没有先行垮台，我们也有可能在1943年或者1944年年末获胜。如今就宣告我们预备在1943年派解放部队开赴欧洲或许有好处。这一方面会让沦陷地区的民众得到希望，另一方面也能遏制他们和德国入侵者有什么往来。使得且维持数千万民众的心思按照我们的指向走，单说这件事实本身，就是一种强大氛围的影响。

在行进中，在这份文件写好的当天，我把它读了一遍给三军参谋长听。下面是从我们的会议纪要中选取的：

首相说，这份稿件，他期望三军参谋长能对全文予以考察，他预备将这份稿件当成他和总统谈判的依据。在他看来，让英国和美国民众知道我们将在1943年大举开进欧洲大陆的这个目标，意义重大。战争的三个进程通常可以称为

1. 收缩包围圈。

2. 解放各国民众。

3. 最终攻向德国堡垒。

这些见解，我的同僚全部认同，而且在别的文件里说的主张也得到了他们的普遍支持，这些主张的确概括了我们此时已经达成的有关战争事项，共同分析和谈到的结论。

＊　　＊　　＊

与日后出现的情况作对比，从总体上看，我觉得这三份稿件还不错；

如今再瞧这些稿件，会发现英国和美国在 1942 年和 1943 年的战斗中，切实展开的工作和它们是十分相近的。总统总算答应我，进行远征西北非（"火炬"计划）了，如此，我们得以首次大举发起共同登陆的袭击。我十分期待的穿过海峡且解救法国（这一战斗计划那时名叫"围剿"，后来更名"霸王"）之事，在 1943 年夏天得偿所愿。

可是筹划将来虽然要紧，且有时候也能在一些层面上估计到将来，但是谁也无法担保敌人的活动和反抗不会干扰到这种至关重要的大事件的进程。英国和美国部队按照此间规定的顺序将这些备忘录里的全部目标都实现了。我指望奥金莱克将军能在 1942 年 2 月实现对利比亚的清剿，结果没能实现。他遇到了一连串重创，相关情况很快会说到。可能就是因为此种成绩的鼓励，希特勒才决定去竭力为了守护突尼斯战斗，因此，没过多久就取道意大利，并穿过地中海，朝这里调集了二十多万的生力军。英国和美国大军于是被扯进了一场比我筹谋的更加宏大，更长时间的北非战斗。进度表因为这个被逼延迟了四个月。到了 1942 年年末，英美盟国尚未掌控"所有的法属北非和法属西非，以及由英国深入掌控自突尼斯至埃及的全部北非海岸"（第一部分，第十一条）。这些成果直至 1943 年 5 月我们才得到。所以，当年夏天，我曾经十分期待和尽量展开的穿过海峡且救出法国的这一最要紧的计划，没能施行，直至 1944 年夏天，被逼延迟了一个整年。

我因为之后的回想和我们如今得到的所有掌握的情况而坚信，对我们来说，这个计划没能实现，反倒是件好事。在当时往大里说是个非常危险并且或许会成为一场引发震动全球灾祸的险行。那场远征，因为被耽误了一年，我们才没能施行。希特勒要是智者，就该降低自己在北非的损耗，在新建的美国部队和人手的工作还不够熟练和精良前，在大批登陆艇和那些飘动的港湾（"桑葚"）尚未被特定建好的很早之前，就用他在 1944 年存有的兵力的两倍，同我们在法国开战。如今我敢说，"火炬"行动就算像我期待那般在 1942 年告终，或者就算从没准备这么做过，

1943 年穿过海峡的努力也会引发一次最惨烈的失败，而且给战争的结果带来无法预料的危害。这一点我在 1943 年整年都越来越有体会，因此接受"霸王"计划的延迟避无可避，尽管我完全清楚我们的苏联伙伴的恼火和忧虑。

一旦我们确定，必须要到 1944 年才能穿过海峡，要逼敌军在地中海战斗的事就变得十分清晰了。我们不登上西西里岛和意大利，是无法和敌军大打一场的，而且起码得将轴心国同盟里稍弱的那个打残。就是因为要确保这个决议施行这一显著的目标，总统才答应让马歇尔将军在 1943 年 5 月跟我从自华盛顿赶赴阿尔及尔。等事情切实发生，会对所有这些进行详述。

第十五章　华盛顿和渥太华之旅

到达白宫——诚挚的招待——工作繁忙——英美插手法属北非——我将我们第一次磋商的情形告知战时内阁——大联盟方案——赫尔先生与"自由法国"运动——诺克斯先生和威克岛——澳大利亚的担忧——12月25日我给卡廷先生的报告——在白宫过圣诞——我向美国国会进行演讲——圣诞节第二天的一个经历让人印象深刻——西南太平洋指挥部——委任韦维尔将军——没有将来的使命——我延长停留时间——渥太华之旅——12月30日我向加拿大议会进行的演讲——哈里·劳德爵士——预测战争前景——火车上的元旦

　　我们原计划坐船顺托马克河逆流而上，再坐汽车去白宫，可是在海上过了近十天之后，我们都急着结束旅程。所以我们重新布置，在汉普顿停靠时改坐飞机，12月22日傍晚，在华盛顿机场降落。总统坐着汽车等在那儿。他的手十分有力，我欣慰且愉悦地紧紧抓住。我们很快就到了白宫，不论从哪个层面讲，这都是我们未来三周的家了。在这儿，我们得到了罗斯福夫人的招待，为了让我们住得舒服，她花了很多心力。

　　不得不说，我因为心里忙着考虑大量事务和我一定要做完的私人工作，在我的记忆再次醒转之前，这段时间留给我的印象并不清晰。自然，我和总统的来往是明显的特征。每天我们见几个小时，而且总在一块儿吃午饭，哈里·霍普金斯时常陪同我们。我们只说工作，在不少事上（大事小情都有）签订了很多协定。晚餐的情况就有些社交性了，不过洋溢的亲近和友善的氛围是一样的。出于礼节，总统亲自调制了开场饮用的鸡尾酒。出于敬重，也是想起了瓦尔特·雷利爵士将自己的外套铺到了伊丽莎白女王跟前的事，我将总统从客厅推进了电梯。这位优异的政治家，将他的意向浇筑到美国的实际生活中长达近十年，而对于那些触动我心弦的牵动力，他的心好像都有回应。我对他生出了一种十分浓烈的情感，这种情感随同我们相交的时代变得更加浓厚。我们两个人出于工作需要，也因为个人习惯，很多工作是在床上做的。任何时候，只要他想见我，就过来我的房间拜访，而且鼓舞我也这么对他。我卧房对面的屋子就是霍普金斯的住所，而我旅程中的地图间很快就在他的隔壁布置妥了。由皮姆上尉完成的这一布置，总统十分感兴趣。他乐于到这儿潜心研究迅速挂满几面墙的众战区的大地图，船队和部队的派遣被快速精准地记在了地图上。没过多久，他也布置了他个人的十分高效的地图间。

一天，一天，按小时算的时日流逝过去。没过多久，我想到过了圣诞节我必须马上向美国国会进行演讲，而且不出几天又要在渥太华对加拿大议会进行演讲。我的生命和能量因为这些神圣的工作不得不承受艰巨的诉求，并且是在全部的每天的磋商和大批日常工作外另加的。实际上，这所有的工作，我都不清楚自己是怎么完成的。

*　　　*　　　*

有关我们在 22 日晚首次磋商的一份记录曾得以保留。我马上同总统和他请来参会的人说起英美插手法属北非的计划。我在船上写好的稿件，此时总统还没看过，这些稿件我得等到第二天才能给他。可我 10 月 20 日发来的信件，他明显仔细考虑过。所以我们大家发觉我们的态度十分相近。首要问题在我们抵达的当天晚上就进行了深刻的讨论，这在我给国内的汇报中就能看出来。

首相致战时内阁和参谋长委员会　　　　　　　1941 年 12 月 23 日

1. 昨天晚上（12 月 22 日），我和总统对北非的形势进行了探讨。赫尔先生、威尔斯先生、霍普金斯先生、比弗布鲁克勋爵和哈利法克斯勋爵也参与了磋商。

2. 我们全都觉得，希特勒若被遏制在俄国，势必会想做些其他活动，而他最可能选的开进北非的线路，就是从西班牙和葡萄牙推进这条。希特勒想（他要是能）及早夺取摩洛哥的另外一个原因，就是我们在利比亚的成绩，还有同法属北非合作的前程。与此同时，按照汇报，危险好像并不非常紧急，这可能是因为希特勒手里现在还有很多事得做。

3. 我们全都觉得事先在西北非洲和大西洋岛屿遏制德国人非常关键。撇开各种别的理由不说，不管对谁而言，法国那两艘战列舰——"让·巴尔"号和"黎歇留"号，都是货真价实的战利品。因此探讨的内容是如何展开，而非是否展开。

4. 曾经有种种提议：

（1）美国政府可用十分严厉和果决的言辞告诉维希，这是他们最后一次重新考虑自身境况，进而投向确保让法兰西重建这边的机会。至于如何做这种选择，华盛顿将召开一次同盟国大会，可以让贝当派魏刚做自己的代表参会。

（2）为了改变北非局势，我们可以派一支军队到北非，并就英国的推进和美国的参战问题与魏刚沟通。

5. 另一边，有人提议，走这一步或者会得到这样的结果：贝当和魏刚给出世故的承诺，然后在同一时间把我们的意向告知了德国人，所以要是进行这些往来，妥当的方法是不管是否接到邀约，[①] 都拟订开

---

① 作者在原文中用了斜体。——译注

赴北非的所有计划。我重点说明这件事因为美国参加，或许会对在法国，还有在北非的法国部队产生重大的心理影响。赫尔先生觉得事情持续下去，北非有很大机会出现一个头领。

总统说，他急于让美国的陆军尽早开赴最有帮助的地方进行援助，那项无论情形怎样，也就是不管接不接到邀请，都先,筹备好开赴北非的计划的建议，他是赞成的。

6. 人们赞成将这一计划交给各个参谋部按照以下这一假设去分析——先在那一地区提前遏制了德国人的关键行动，且利比亚战争获得预想中的胜利。人们都认为船舰之事明显是最关键的要素。

7. 我叙述了利比亚之战的发展情况，对此，总统和别的美国人明显印象深刻，且受到了激励。

8. 在会谈中，总统说他会在之后的会谈中提议，让美国来替换我们在北爱尔兰的部队，还说会派三四个师去那儿。对于这一点，我十分欢迎，而且我说我希望那些师里会有个装甲师。大家觉得，这和想将一支美国部队开赴北非的事并不矛盾。

*   *   *

过了一两天，总统对我提的首个重要计划就是草拟一份肃穆的由全部对德国、意大利或者日本宣战的国家署名的声明。我和总统再次用我们拟订大西洋宪章的办法各自将声明稿件筹备好，再将它们整合到一块儿。不管是原则方面，还是情感方面，或是切实的用词上，我们都一模一样。预备建立的大联盟的范畴让国内的战时内阁马上感到了吃惊和震动。那时曾经有不少电子信息的往来，关于应该有哪些政府和组织在声明上署名，以及署名的前后顺序问题，大家有争议。第一的位子给美国，这是大家一致同意的。战时内阁并不赞成让印度以一个主权国家的身份参与其中，这相当正确。赫尔先生不同意使用"组织"这个词，我之所以用这个词，也是为了便于把"自由法国"运动的机构囊括进来，不过毫无疑问，该机构并不讨美国国务院喜欢。

这是我和科德尔·赫尔先生的首次会面，我和他协商了几次。在我看来，那时他和总统并不绝对一致。在众多的大事里，他好像被一件小事控制了思路，这让我感到惊讶。戴高乐将军在我还在英国的时候曾经告诉我们，他准备去解放由维希总督洛贝尔海军上将坚守的圣皮埃尔岛和密克隆岛。这项工作"自由法国"的海军舰队绝对有力量去完成，而且英国外交部也没有不赞成的道理。可是就像之后发生的情形，美国国务院的意思却是派一支加拿大远征军予以攻占。所以我们呼吁戴高乐放弃，而他也确实说过他会这么做的。可是他却给他的海军上将密赛里埃下令，让他将这些岛屿拿了下来。人民热情欢迎"自由法国"的水兵们，而且一次公民表决显示对维希的抵制占了九成。

此事并没有影响到赫尔先生。在他看来，这已违背了国务院的方针。在圣诞节的时候，他发表宣言，说"我们的初期信息显示，所谓①自由法国'，其船舰在圣皮埃尔岛和密克隆岛展开的行动是种独断行为，它违背所有相关层面的协议，而且确实没有事先告知美国政府，或者得到任何有价值的承认"。他想把"自由法国人"从他们自维希政府手里解放的那两个岛屿上赶出去，可是美国的言论强力地表明另外一种意见——他们见这两个岛屿在这个紧要关头被解救出来觉得十分开心。因为，从此之后建在这些岛屿上，正朝全球传播维希的谎话和毒瘤的，而且有很大机会给此时正追击美国船舰的德国潜艇发机密信号的可恶的电台，终于能安静下来了。所谓"自由法国"这个词，近乎引发了广泛的怒火。

我清楚赫尔先生的实际才华，对他，我抱有最高的尊重，可是在我看来，他将最多只是一个部门的事，提高到了远超它自身领域之外的地方。我们平时的谈话告诉我，总统对于这整件事并不赞成。总而言之，有不少别的

---

① 作者在原文中用了斜体。——译注

麻烦缠着我们，或者将要降临到我们身上。在外交部激烈的催促下，戴高乐将军和所谓的"自由法国"得到了认可。美国和法国的书刊曾经有很多文章说起过这件事，可是此事完全没有影响到我们首要的磋商。

*   *   *

海军部长诺克斯先生一天下午来了我的房间，看上去十分烦恼。他说："你曾经遭遇很多灾祸。你能告诉我，下面的情况，你觉得如何吗？我们曾给我们的舰队下令，让他们去和日本人打一仗将威克岛解放出来，可是，还没航行几个小时呢，指挥官就决定返回了。遇到这种情况，你会怎么处理你的舰队指挥官呢？"我答道："舰队指挥官们若是说他们无法完成什么工作的时候，干扰他们可不安全。他们始终有种种辩解的理由，气候啊，能源啊，或是其他什么。"在少量的美国海军陆战队殊死坚守之后，当天，威克岛就失守了，这些陆战队在牺牲或者被抓之前，让日本人死伤了比他们更多的人。

*   *   *

我们一定要尽可能注意澳大利亚政府因日本战争体系可怕的发展速度而产生的感情。丢了对太平洋的掌控权；他们最强的三个师都在埃及，还有一个师在新加坡。他们清楚新加坡遇到了关乎生死的险情，他们怕澳大利亚自身也会受到确实的侵犯。他们的全部大型城镇都在海边，拥有的人口占全洲人口五成以上。摆在他们面前，他们急需去做的就是全部退往内陆，在没有兵工厂或者供应品的情形下筹建游击队。国际的支援山高水远，美国的武装力量只能一点一点地在大洋洲的海面上兴建。在荷属东印度和马来亚，日本人有那么多肥美的猎物握在手，他们会穿过三千英里的茫茫大海去进攻澳大利亚？我个人是不信的。可澳大利亚内阁不这么看，他们全部都因为浓重的不祥之兆非常忧虑。就算是这种紧要关头，他们也不放弃派系斗争。工党政府只拿到两票的多数。他们就算为了守护本地的强制兵役制度都不认同。尽管同意让反对党参与军事会议了，却没建立全国联合政府。

我发了如下电文给卡廷先生：

首相致澳大利亚总理　　　　　　　　　　1941 年 12 月 25 日

1. 日本参战后，经过总统的同意，我们当即将正坐着美国的运输舰绕路好望角行进的英国第十八师调去了孟买和锡兰，而且让美国"芒特弗农"号运输舰运载的那一首要的（英国）旅直接开赴新加坡，如今也已经得到了罗斯福先生的首肯。将第十七印度师自印度调往波斯的计划我们已经撤销了，如今这个师正开赴马来亚。一周前，我在船上给伦敦发了无线电电报，提议由你自巴基斯坦将一个澳大利亚师撤回，让它开赴印度去替换别的部队，或者要是可以部署，就直接开赴新加坡。我已经让武装政府明白了，要紧的是别把需要用来守护新加坡和柔佛道路的部队，全都用在守护马来半岛北部上。他们会慢慢地后撤，一边进行拖延战斗，一边将道路毁了。

2. 日本人，因为我们和美国在海军上遭受了重创，而有了用大量援兵登陆的力量，可是你 12 月 24 日发给凯斯先生的电文里说的意见：觉得新加坡堡垒恐怕用不了多久就会沦陷，在我们看来是错误的，因为我们已经决定要用最大的意志去捍卫这一堡垒。

3. 你曾得到消息，增援你们的空军已经在路上了。成功正在我们手中，我们此时不顾奥金莱克将军的推断，调走他的部队，致使对隆美尔和利比亚的掌控发生了松动，这并不是明智之举。我们已经给驻中东的众总司令下达了指示，让他们拟订方案，等利比亚的形势同意，马上派战斗机和坦克去新加坡。

4. 我和三军参谋长跟总统以及他的参谋们正在进行热切的协商，我们已经得到了让人振奋的发展。他们不仅意识到了新加坡的关键性，还急着在情况允许的时候，持续从澳大利亚调集部队和飞机去拯救菲律宾群岛。要是菲律宾群岛沦陷，总统会答应将部队和飞机派往新加坡。由于美国人急于在澳大利亚兴建和日军战斗的重要据点，所以他也非常同意派大批部队来澳大利亚。韦维尔将军已经接到任命，成了缅甸和印度的司令，还按照指令将开到印度的援兵给了马来亚和缅甸前线。和一切别的人一般，新加坡的极度关键性，他也发现了。如今，博纳尔将军已经到了。他是个极有才干的陆军将领。

5. 你可以期望我会竭尽所能增强自仰光到达尔文港的全部战线。我正在我们的美国伙伴那里探求协作。两天以内，我会发电报告诉你更加确切的消息。

*　　　*　　　*

我们的圣诞节得到了并不繁复的庆祝典礼的装点。传统的圣诞树被安置在了白宫的花园里，在阳台上，我和总统对聚集在黑暗里的众多民众进行了简洁的演讲。由于在这个场所，在这一氛围里，我用的那些言辞好像是十分自然地从心中涌了出来，所以我有胆量在此处将这些言辞予以公布。

这个节日我是在远离我自己的国家、我自己的家庭的地方度过的，可是我完全无法说我认为自己是在离家很远的地方。无论是因为什么，是我母亲那边的血缘，或是我在多年动作频频的生活中在这里建立的友情，是说着相同的语言，或是跪在相同的祭台面前，或者在很大的范围内追逐着相同的理想的神圣民族的一致事业里拥有的伟大的情感，在这儿——合众国的中枢和顶点——我不觉得自己是外乡人。我感受到的是众志成城和兄弟一样的团结，加上你们迎接我的诚意，这让我坚信，自己有坐在你们的壁炉跟前和你们同享圣诞欢愉的权利。

这个圣诞节前夕是奇妙的。近乎整个世界都被扯进了殊死之争里，而国家和国家之间却用科学研制出的最恐怖的武器彼此砍杀。我们若无法确定将我们引入战场的不是对一切其他国家人民的土地或者金钱的贪婪，不是粗鄙的欲望，也非自私自利的邪恶的野心，那对我而言，这个圣诞期①就是悲惨的。这，是侵袭了全部陆地和大海，且距我们的家园日渐趋近的战争的暴风雨里，这，是在所有纷争之中，今晚，我们在所有的茅草小屋里，在所有宽广的心胸里，都得到了心灵的宁静。所以，我们起码能在今晚将那些包围着我们的烦恼和危险扔开，而帮孩子们在一个狂风暴雨的世界里寻求一个愉快的夜晚。因此，此间只有一晚，全部英语国家的所有家庭都该是阳光明媚、愉悦安宁的岛屿。

让儿童们畅享他们这个欢呼雀跃的夜晚吧！让他们因为圣诞老人的礼物玩得更加开心吧！在我们重回我们严峻的工作和我们面前的那些不同一般的时代之前，让我们和他们共享无尽的欢乐吧，我们决定用我们的牺牲和英勇来换取这些孩子不会被人抢走遗产，或者不会被指为无权在一个自由和和美的世界生存。

借上帝的恩慈，祝大家圣诞快乐。

圣诞节当天，我和总统一起去了教堂，在质朴的仪式中，我得到了宁静，还品鉴了著名的赞美诗，其中有一首《啊，小镇伯利恒》是第一次听到。确实，这能让所有相信精神掌控着宇宙的人的意志得到极大的增强。

＊　　　＊　　　＊

我去践行对美国国会之请的时候，正心潮澎湃。这对我坚信的攻无不克的英语国度的同盟而言是个重要场所。这是我首次对一个外国的议（会）进行演讲。不过，若在我母亲那边的父系中上溯五代，曾有人在乔治·华盛顿的部队中担任尉官。因此从血统上或许可以说，面对我们的共同事业中的这一神圣共和国的代表们，我是有权进行演讲的。事情的走向竟然是

----

① 说的是12月24日到1月6日。——译注

如此，这确实让人惊奇；我又一次感觉自己被用到了某个拟订的计划中（我说及这点，或者能求得原谅），虽然配不上这样。

圣诞节的大多数时间，我都花在了筹备我的讲稿上。12月26日，参众两院的领导们陪我一起从白宫赶往国会议事厅，在出发的时候，总统祝我好运。顺着那些宽广的道路好像有大量民众，可是出于安全考虑采取的防御手段（在这方面，美国远远超过我们惯常的手法）却将他们远远地隔离开了，两三辆汽车，装满了便衣警察，在我们身边守护。下车之后，我因为一种浓烈的兄弟之情，想走去欢呼的民众跟前，可大家并不同意我这么做。议事厅里的景象感人又不同寻常，视线穿过那排喇叭，我看见那个半圆形的大厅已经被人挤满了。

不得不说，我感觉非常自由，且相比于在英国下院的时候，我信心更足。大家用最大的好意和专注来听我演讲。在我演讲的过程中，人们欢笑和鼓掌的地方，正是我希望他们那么做的地方。我谈及日本人的恶行时，有人问："在他们眼里，我们是哪种人？"此时回应的动静最大。在这个肃穆的聚会里，我始终能感觉到美国这个国家的力量和意志。一切终将好转，没有人会质疑？

在演讲的末尾，我如此说：

> 参议院议员们和众议院议员们，请允许我再花点儿时间，自眼下的争端和暴动进而说及将来的更加普遍的基础。在这里，我们正同心协力地抵抗那群想置我们于死地的强敌；在这里，我们正同心协力地捍卫一个自由人珍重的全部事物。世界大战的灾祸，只是一个世代就已经落到了我们身上两次；我们这一生，掌管命运的神灵，已经有两次伸出手臂穿洋过海地将美国扯进战争的最前沿。我们要是在前次大战结束之后就团结一致，我们要是为了自己的安危采取了一致手段，是绝不可能再次遇上这种灾难的。

为了我们自己，为了我们的孩子，为了遭遇艰难的人类，我们难不成没有保证这些灾祸不会第三次将我们吞入腹中的责任？恶性瘟疫能够发端于旧世界却将毁灭性的灾祸带进新世界，只要开始传播，新世界就避无可避。这是已经被证实了的。出于责任，出于慎重，我们必须：一、对于仇恨和厌恶的病源中央区域，要时常且警醒地进行盘查和适时处置；二、建立一个恰当的机构好确保在这种瘟疫开始启动的最早的时候，在它尚未传播和在全球肆无忌惮的时候，就予以压制。

美国和英国五六年之前很轻松就能让德国必须践行它在世界大战之后签署的协议里有关裁撤部队的条例，而且还有可能确保德国得到我们在大西洋宪章里曾经宣告的所有国家（不管是获胜国还是战败国）都不该拥有的那些资源，一点儿血都不用流，可是那个机会已经没有了，再也不会回来了。以前想将我们再次凝结到一起得花费很大的力气用棒子砸，或者，你们要是不反对我用其他的言辞，我会说，这个人的心肯定是被蒙住了，要是他没发现一种神圣的目标和规划在这个世界上正在实现，我们运气不错正是它忠实的仆从。我们没能获得预测未来玄机的天赋。可是我仍要宣告我坚实、不能违背的愿望和意志——在将来的时间里，为了自身的安危和大家的权益，英国和美国两国人民将并肩携手，庄重、刚直与和平地向前行进。

之后，那些领导人跟我走出来，朝那些围着议事厅的民众走过去，我因此得以亲近地和他们问好。随后，便衣警察和他们的汽车再次在我们身边保护我们前行，送我回了白宫。我的演讲总统也听了，他和我说，我说得不错。

＊　　　＊　　　＊

在华盛顿，大家正处于忙碌之中，我通过这些天持续的来往和讨论推测，总统及其幕僚参谋们正草拟一份要对我提起的重大意见。美国人的想法在军事、商业或者制造范畴里，趋向于确切的、整体的、有逻辑的最大限度的定论。他们的现实中的想法和行为就是以这些定论为基础建立的。在他们看来，只要将基础依照现实和普遍的原则拟出计划，一切别的阶段自然而然会，并且近乎是会避无可避地紧随其后。英国人的想法却完全不是这样。在我们看来，在飞速发展和无法确定的局势下，符合逻辑又确切的方针对于应当去做事情而言，未必就是仅有的钥匙。尤其是在战斗的时候，我们更看重见机行事和临时部署，我们试图遵照正发生的事去存活和取胜，而不指望用一些基础决议去掌控事情。有关这两种看法，有不少地方可辩。矛盾的中心是侧重点，而这点却树大根深。

哈里·霍普金斯告诉我："除非你清楚我们选的人是谁，否则总统即将向你提出的意见，你别轻易否决。"从这件事上，我察觉到将要在东南亚组建同盟军最高指挥部和划分疆界了。

第二天，我得到消息，美国人提议选择韦维尔。因为被选出来的是位英国的司令，我得到了恭贺，可是我认为，因为日本人的攻击，这位司令统领的战区用不了多久就会被攻破，而能调给他统领的部队也会被消灭。我发现三军参谋长知道这件事之后的反应也是这般。

记载显示，在 12 月 26 日的一次会议上，我曾经同他们说，这一部署在我看来，既不可行，也不妥当。"那里的形势是，某些特别的战略要地一定要坚守，所有地方的司令都绝对明白他该做什么。难点是运抵那里的原料该怎么用。这些事只有那些相关政府才能处理。"尽管这样，我们明显一定要合乎美国的心意。

*　　*　　*

艾德礼先生把他自己和内阁发给我的我在美国国会发表演说的祝贺电文给我发了过来，在回复电文中，我开始同他说起西南太平洋指挥部的事。

首相致掌玺大臣　　　　　　　　　　　　　1941 年 12 月 28 日

　　1.知道你们满意我的演讲，我非常开心。得到了不同凡响的迎接。此间工作展开得至为火热。我和总统今天用了五个小时去和全部别的同盟国或者友国，还有英国自治领的使者们见面，还说话鼓舞他们。我和总统的协商越来越亲近和友善。在供给的事情上，比弗布鲁克也得到了优异的成绩。

　　2.对西南太平洋进行统一调度已变成了一个紧要问题。昨天晚上，总统权力要求我委任一个单独的将领去调度英国、美国和荷兰的陆军、海军、空军，今早，我邀请马歇尔将军过来，他对此事十分坚持。美国的海军部官员并不认同，不过肯定势必会有全新、影响远大的部署。总统看中的是韦维尔将军。马歇尔明显已经更进一步，制订了周密的方案，还草拟了训示文件。尽管提出这一建议人的广阔心胸让我敬佩，但截至目前，我并未赞成这个计划，我已经表明，忧心于它对美国言论的影响。这件事，参谋长们已经全天都在研究，今晚拿到他们的看法后，我会把我思考后的想法发电告知。

　　3.明天下午我会动身前往渥太华，待上两整天，周二会向加拿大议会进行演讲；之后返回这里再逗留三到四天，因为有不少事需要决断。各种应当对部队施行的调集所需要的船舰，我们正竭力寻找。向所有同僚献上最诚挚的问候。在此种切实的基础上展开行动，是件十分愉悦的事。

　　除非我已经知道了我国研究之后的意向，否则，总统和马歇尔将军急切的期望，我是不会拒绝的。因为事情的进展过于迅速，没办法隔着大西洋协商很长时间。28 日这天，我是这么过的：和总统举行会谈，和同事、下属们起草了以下一连串用字斟句酌过的言辞讲述的实际情况。

首相致掌玺大臣　　　　　　　　　　　　　1941 年 12 月 29 日

1.我已经答应总统了，他的提议，我们应该接受，可是一定要得到内阁的认可，马歇尔将军对他的提议给予了强烈的支持：

（1）应当在西南太平洋设立统一调度。边界尚未最终敲定，可是暂时可以视为包含马来半岛，包含缅甸前线，抵达菲律宾群岛，且朝南到重点为达尔文港的那些必备的物资供应点和澳大利亚北面的给养线。

（2）美国、澳大利亚、英国与荷兰的全部可由各个相关政府调拨的那个战区的陆海空三军总司令，或者，若不反对，可称之为最高指挥官，应当委任韦维尔将军去做。

（3）起初，韦维尔将军的总部应当建在泗水，他的副总司令应该让一位美国将领来当。看上去获选的有可能是布雷特将军。

（4）应该遵照（1）和（2）条限定的总则，将战区里的美国、英国、澳大利亚和荷兰的海军舰队，分给美国的海军司令调度。

（5）就像之前福煦的高级统辖指挥部及法国的那些大型的英法部队指挥部一样，预备让韦维尔将军在南太平洋地区也建个指挥部。他会受命于一个合适的共同机关，这个机关将直接听命于身为国防大臣的我和总统，总统也是全部美国部队的总指挥。

（6）算上韦维尔将军辖区里的，司令主要有缅甸总司令、新加坡和马来亚总司令、荷属东印度总司令、菲律宾群岛总司令，以及取道南太平洋和澳大利亚北部的南方运输线总司令。

（7）一定要给印度设立一个临时总司令，至于澳大利亚，则会有单独的总司令，除了遵照以上说明的情形，印度和澳大利亚将不在韦维尔将军的辖区内，这两个地区是两个大型的据点，自英国和中东，或者从美国把人和物送往战区的时候会路过这两个地方。

（8）美国海军会接着对菲律宾群岛和大洋洲以东，以及算上自美国到大洋洲的航路的全太平洋负有责任。

（9）给最高指挥官的训示正在拟订，训示会确保各个相关政府必需的剩余权益，且笼统地限定最高指挥官的工作。你很快就能接到这份草拟文件。

2. 美国的这项我们已经承认的宽宏和忘我的提议，对它，我没有试图去予以辩解或者拒绝，视这个提议为一种获胜的办法，它的优势已经得到了我极大的认同。行动急切，甚至1月1日，我还没从加拿大返回可能就看见行动已经展开了。自然得和澳大利亚、新西兰、荷兰讨论，可是讨论应该发生在我们得到战时内阁的看法之后。此时，假设没有任何方面表示反对，这里的人就会制定细则。

首相致掌玺大臣　　　　　　　　　　　　　　1941年12月29日

事情进展得极为迅速。在上次电文里我说的那个已经得到参谋长委员会认同的举措，总统已经得到了美国陆军部和海军部的支持。所以，我急于等着你的准许。等我告诉总统你已经认可之后，总统会向荷兰人倡议。外交部应该采用相同的措施。

如下电文，你应当给韦维尔将军发过去。在这儿，大家正单独制定细则，也和美国人一块儿制定细则。要审查达夫·库伯的工作情况，而且不管怎么样，都不能让这种更加宏大的处理办法更复杂了。你的看法如何，请告知。

我需要靠你让国王知道各个层面的情报，并得到他的准许。

我必须和韦维尔将军提的建议，除非有最强的责任心，否则他是不会接受的。他势必要在动荡中扛起失败的重负，这近乎是一定的。

首相致掌玺大臣　　　　　　　　　　　　　1941 年 12 月 29 日

等内阁通过总方针之后，务必将下文给韦维尔将军发过去：

1. 总统和他的陆军、海军参谋们曾经重点同我说明，急需在西南太平洋进行统一调度，而且均认为，并且总统和马歇尔将军极力坚持，拨到那个战区的盟国陆海空军最高指挥官由你担任。相关指令正在拟订，其中的条令很快就会予以宣布。虽然我期望这些条款，在其触及的未有前例的各条上，能让你宽心，我自然愿意知道你对各条有什么想法。

2. 我深信你会重视给予你的信任，因此我呼吁你马上接受你的使命。事情十分紧急，因此别因为参谋长委员会正在对细枝末节进行分析，就耽误了公开的声明，1 月 1 日，周四是最晚的声明的时间。

3. 只有你有同时管理众多战区的阅历，你清楚的，我们会是你的后盾，而且会让你得到公平的对待。形势有多晦暗和艰难，所有人都清楚。总统将发表声明，他的心愿造成了你的委任。

4. 对于指挥部，你有什么看法，请一定跟我说，大体上，这个指挥部并不是一个真实的指挥系统，而是个前线指挥部。你的参谋长这个职位，你若是不反对让博纳尔来担当，那，珀西瓦尔就能出任新加坡和马来亚司令。

*　　　*　　　*

如下电文，我已于 12 月 27 日给艾德礼先生发了过去：

首相致掌玺大臣　　　　　　　　　　　　　1941 年 12 月 27 日

你准许我增加停留时间，我表示感谢。

12 月 30 日，周二，我将对加拿大下院进行演讲。绝不可能在过年那么早的时间里，再下一个蛋［指的是在英国下院进行演讲］。

我乘坐 12 月 28 日到 29 日的夜班车出访渥太华，在总督阿斯隆勋爵那里留宿。29 日，我参加了加拿大战时内阁会议。然后，总理麦肯齐·金将反对党即保守党的领导者们介绍给我认识，还让我和他们待在一块儿。在忠心和意志上，没有人比这几位先生更加出色了，可是与此同时，他们却在哀叹，没能得到亲赴战场的荣耀，于是只能听从他们的反对党——自由党党众显露的很多被他们一生拥戴的主张。

30 日，我在加拿大议会演讲。在无休无止的行政工作中挤出时间，撰写两篇需要穿越大西洋去向整个世界公告的演讲词，无疑非常吃力。身为一个刚毅的政界精英，演讲并非什么重担，可是现在空气中电流涌动，选择该说和不该说的话，却让人忧心和难办。我竭尽所能地进行准备。在加拿大发表的演说里，谈及维希政府的部分最为成功，加拿大和这个政府仍有往来。

（1940 年）他们去北非，既是因为责任，也是因为利益，在那儿，他们原本会处在法兰西帝国领袖的位置。在非洲，他们在我们的帮助下，能握有占绝对上风的制海权。他们将获得美国的认可，且能够使用他们留在海外的全部的黄金。他们若是这么做，在 1940 年年末，意大利或许就已经无奈撤离战场了，法国将在同盟国的大会里，在获胜国的谈判桌上，保住它作为国家的身份。可他们的将军们将他们带上了错误的道路。在我告诫他们，不列颠无论他们如何做，都会独自继续战斗时，他们的将军们告诉自己的总理和支离破碎的内阁："只需三周，英国就会像一只小鸡一样被扭断脖子。"唉！话从何来？太恶毒了！

这儿发展得不错。我还引用了一首哈里·劳德爵士的有关上次大战的歌，以引起追忆，这首歌的开始那句是：

我们大家若回想曾经的历史，

我们就能准确地陈述我们如今的位置。

在演讲词里我是这么写的："那个伟大的老滑稽剧作家。"在将要说到这里的时候，我想起了"吟游诗人"这个词。这个改动太棒了！知道他当时也在聆听，而且因为得到了引用而欢喜，我真高兴。这个人的歌曲让人心潮澎湃，他一生英勇无畏，对苏格兰民族和英帝国做出了不可胜数的功绩，能为他找到一个对的词汇，这让我感到极其欢喜。

在演讲的末尾，我对于战争的前景进行了大胆的预测。

眼下的战争，我们可以看到三个首要的时段或进程。开始的时段，是强化、联合和展开最终筹备。在这个必然以众多激烈的战斗的存在为特点的时段，我们仍需要将我们的力量集中起来，以抵挡敌军的攻击，并得到必需的绝对占上风的空中优势和船舰吨位，好让我们的陆军不管要用多少人，都能穿过将我们和敌军分开的大海（俄国的情形不在其中）。只有在美国已经得到了这么大的发展，你们正在强力支持的那个宏伟的船舶制造方案开展到顶点的时候，我们才能举全国男人之力，充分发挥现代科学装备的力量，把对手死死钉在靶上。我们放在军工产业和船舶工厂里的努力制造的全部激情决定了这一时期所持续的时间。

随后开始第二个时段，可以将其叫作解放期。在这一时期中，我们的目标一定要是将已经沦陷的或者还没沦陷的土地抢回来，我们也一定要期望，被制服的民族在解放和救援他们的队伍和空军大量地在他们的国家里出现的时候，发动起义。

被敌军夺取的国家或者地域，被制服的政府或者政权，为了这个目标，为了那个获得解放之日，万勿放松灵魂和物质方面的努力和筹备。侵略者（日本人也好，德国人也罢）在各个地方，都一定要视其为应该尽量绕开和被隔离的传染病患者。在无法主动反抗的时候，一定要保持被动反抗。一定要让侵略者和独裁者们意识到，他们的胜利长久不了，将会遭到恐怖的审判，他们是通缉犯，他们的工作命定无法成功。那些当了敌人爪牙的卖国贼和背叛者，将会受到特殊的处罚，会把他们留给他们的同胞们去判决。

第三时期——对欧洲和亚洲这两个洲的犯案国的城池和境内进行攻击，也需要进行谋划，

如此，我试图以几句话来说明将来的灰暗和无法预知的奥义。可是，对于我们应该竭力顺着它前行的道路，在我们如此进行预估的时候，我们一定要铭记，敌人的实力和行动在所有时期都能左右我们的命运。并且你们应该留意到，对于每个时期，我都完全没有给出时间上的限制。由我们的努力，我们的成绩和危险又莫测的战争的发展决定了这些时段的长短。

我运气非常不错，在华盛顿和渥太华发表的这些演讲都十分妥当。这两篇演讲发布的时间，正好是我们大家因为同盟的确立和它引发的绝对上风的潜能而觉得精神振奋的时候，而且，也是日本在长时间的、难以想象的筹备之后，展开攻击让我们遭受了一系列创伤之后。甚至我在用自信的口吻发言的时候，已经预感到了很快就会击打在我们裸露的肉体上的鞭子。在太平洋和印度洋上，还有这些浪涛所及的所有亚洲的大陆和岛屿上，牺牲惨重的不仅仅是英国和荷兰，连美国也没能幸免。呈现在我们眼前的这个时段，势必充满了数不尽的军事灾祸。我们不得不在承受众多晦暗和让人厌烦的遭遇失败和创伤的月份之后，才能重见阳光。元旦之前，我坐火车回华盛顿的时候，受邀去了一节坐了很多美国的首要新闻记者的车厢。我过去，并非心怀期待，祝大家过个荣耀的新年："1942 年将至。这会是个苦年——努力与苦难的年份，而且会朝胜利迈一大步。这一年，我希望我们所有人都能平安而荣耀地度过！"

第十六章　英美一心

签署联合国公约——李维诺夫的忧虑——美国部队被调往北爱尔兰——1月3日给战时内阁的汇报——联合参谋长委员会——它顺利展开的速度——俄国没有代表参会——约翰·蒂尔爵士身份特别——比弗布鲁克勋爵的"酵素"——美国的"军事制造局史"——美国供应物资制造的飞速发展——商船制造量的急剧增加——在棕榈海岸的休息——有力的保密——来自亚历山大的坏消息——意大利的"人控鱼雷"——我们的地中海战斗舰队失去战斗能力——以空军支援埃及——有关印度自治的不妥的提议——俄国和波罗的海国家——1月8日我致电艾登先生——温德尔·威尔基：一件趣事——返回白宫

当我再次抵达白宫的时候，所有的在联合国公约上署名的工作都预备妥了。华盛顿、伦敦和莫斯科间有不少的电报沟通，不过这个时候，已经没有任何问题了。总统曾用最高的热情力劝最近因为局势变更而再次出头的苏联大使李维诺夫，让他认可"宗教自由"这个词，所以特地将他请到了总统的房间，同我们一起享用午饭。他在自己的国家有过艰难的经历以后，必须谨慎行事。之后总统用了不短的时间独自和他讲，触及其灵魂和地狱火焰这样险峻的问题。有几次，罗斯福先生曾经同我们说起他和这个俄国人的谈话，让我们印象深刻。真的，有一次，我对罗斯福先生承诺说，下次总统选举的时候，他要是落败了，我会举荐他出任坎特博勒大主教[①] 因为 1944 年他在选举中取胜，这件事没发生，所以在这点上我们完全没有正式同内阁或者国王举荐过。"宗教自由"这件事，李维诺夫汇报给斯大林的时候明显处在惊恐和颤抖中，可斯大林把它视为理当如此的事认可了。战时内阁也拿出了他们有关"社会保障"的论点，作为首次的失业保险法的草拟者，我真心地予以了认同。大批电报在一周的时间里在世界各地来来往往，随后，一切的大联盟里的国家达成共识。

"联合国"这个名字是总统起的，用以取代"协约国"这个名字。在我看来，这迈出了关键一步。拜伦那首诗《柴尔德·哈罗德游记》中有几行是这样的，我指给我们的朋友看：

> 此处，联合国拔刀的地方，
> 那天，我们的同胞们在战斗！
> 这是很多将万古流芳之事——且一切都将万古流芳。

总统在 1 月 1 日清晨坐着轮椅被推到了我这儿。我走出浴室，接受了声明的草稿。各场战斗并不能只靠声明自身就获得成功，可是它表明了我们是哪种人，还有我们为了什么在战斗。当天晚些时候，在总统的书房，罗斯福、我、李维诺夫和中国代表宋子文在这个肃穆的文件上签了字。留给国务院的工作是把剩下的二十二个国家的签名集齐。此间，得将声明的最终内容予以记载。

美利坚合众国、大不列颠与北爱尔兰联合王国、苏维埃社会主义共和国联盟、中国、澳大利亚、比利时、加拿大、哥斯达黎加、古巴、

---

① 英国国家宗教的最高领袖。——译注

捷克斯洛伐克、多米尼加共和国、萨尔瓦多、希腊、危地马拉、海地、洪都拉斯、印度、卢森堡、荷兰、新西兰、尼加拉瓜、挪威、巴拿马、波兰、南非和南斯拉夫联合声明。

本声明的签名政府：

已经认同了 1941 年 8 月 14 日被美利坚合众国总统、大不列颠及北爱尔兰联合王国首相称为大西洋宪章的共同声明里包含的有关目的和原则的联合纲要。

坚信对于捍卫生命、自由、独立和宗教自由，对于留有自己国家和别的地区里的人权和正义，彻底打败敌国至关重要，坚信他们如今做的是团结一致共同对抗妄图征服世界的蛮横和凶残的势力，特别声明：

（1）为抵制和自己战斗的三个公约国家和依从它们的国家，所有国家的政府承诺使用自己的全部军事或者经济资源。

（2）所有国家的政府承诺和本声明的众签名国携手，且不单独和敌国停战或者勾结。

在打败希特勒主义的战斗里，以上声明，正在或者有机会在资源上做出帮助和付出的别的国家均可加入。

*   *   *

在我对总统发出的其他倡议中，位于显著地位的是派三四个美国师去北爱尔兰。在我看来，有六七万美国军队开赴厄尔斯特，将是美国决议直接插手欧洲的事的明证。这些新召集的部队的训练可以在厄尔斯特做，就像在美国境内一般，与此同时，还成了一种战略要素。这一行动落在德国人眼里，肯定就变成了又一个遏制进攻不列颠群岛的布置。我期望他们会高估登陆部队的数量，如此就会接着关注西方。另外，穿过大西洋过来的所有美国师，将让我们能够调一个久经训练的英国师离开英国开赴中东，或者去北非——这自然是我心里一直想着的。尽管这么想的人（就算是有）不多，实际上，这却是满心期待的，让同盟国大军对摩洛哥、阿尔及利亚或突尼斯发动突然袭击的第一步。这点总统十分了解，因此对于这个理念我们尽管没有给它切实的形式，可我已经意识到了，我们的思路是顺着相同的方向走的，尽管我们两个人都认为还没到有需要探讨详细举措的时候。

进入爱尔兰的举措，在陆军部长史汀生先生和他的专业幕僚看来，是符合他们及早出击欧洲的意愿的。所以，全部的事项进展顺利。这一战略举措，我们非常想让敌人知道，因此宣告了实情，部队的数量自然是没说的。我们也期望德国的部队会因此留在西方，这样也能对俄国的战斗有所助益。英国的民众、报纸不知道是我们的原因，因此出来了很多胡乱的猜测。比如，有人问："美国的部队为什么要派去厄尔斯特？派他们去新加坡更合适吧？"后来知道了这种想法的时候，我记起一句诗，是波普的：

　　众神啊，让空间与时间湮灭，
　　以使两个恋人幸福吧！

实际上，想调一支部队赶如此长的路又适时地起到什么作用，怎么可能？

＊　　＊　　＊

我将这些决议都对战时内阁汇报了。

首相致掌玺大臣　　　　　　　　　　　　　　1942 年 1 月 3 日

　　1. 关于我们昨天所做之事的两封电文你应该已经收到了。如今展开合作的全部这些国家，总统已经给它起了名字，叫作"联合国"。由于"同盟"这个词在宪法上有麻烦，"协约国"又没什么味道，所以相比于"同盟"或是"协约国"，这个名字好多了。

2. 李维诺夫生性刻板，加之最近的遭遇把他折腾得手足无措，所以我们无法说服他把"或者当局"这几个字加到声明的最后一条里。用换函的办法可将其包含进去，在函件中指明像是"自由法国"组织，或是有机会出现于西班牙、北非或者德国自身的起义组织那种当局，都在"国家"这个词之中。由于已经通知了近三十个国家，所以消息肯定会泄露，因此要尽快决定。总统也期望1月1日能签字。

3. 给韦维尔指令也需要迅速决断。此处，美国的意思不能不听，要知道，我们已经不再是只有自己了，我们凝结到了一块儿。我本人支持将缅甸划到韦维尔的战区之中，可是缅甸当地的总司令自然得将印度作为据点，且有自己的使命。韦维尔一定要和蒋介石友好往来，看上去，蒋介石不管是对他，还是对布雷特，印象都不怎么样。

4. 即将有大量的美国部队和空军开赴北爱尔兰，眼下，为了在这些部队调动的时候，有机会施行"超级健将"计划，我们得搜集必需的船舰。

5. 在这儿，我们就像是生活在一个大家庭里一般，非常亲密和随意，并且我对总统生出了最高的钦佩之情。再多颂扬的话，也说不尽他目光的深远，他的决心和他对一致事业的忠实。对于开始的那些悲剧，此间完全没有过激或者忧虑的痕迹，这些悲剧，大家将其视为平常，这些悲剧，将会得到聚集起来的占有绝对上风的各类军力的弥补。自然，民众中很快会有一场剧烈的争辩。

6. 战时内阁恭贺新年的电文充满善意，请代我表示感谢。获悉你满意我加拿大的演讲，我十分开心。我感动于在那儿得到的欢迎。

*　　　*　　　*

我们代号为"阿卡迪亚"的华盛顿首次会议最珍贵和最长久的战果，在将来的史学家眼里，有很大可能是建立了眼下声名卓著的"联合参谋长委员会"。此委员会的本部在华盛顿，可是由于英国的三军参谋长只能在临近英国政府的地方居住，因此，常驻华盛顿的高级将领就成了他们的代表。每天，其实是每个小时，这些代表们都会和伦敦来往，所以可以在一切时间，不管是白天，还是晚上，将英国三军参谋长对一切战斗问题的看法，告知他们的美国同事。在全球的各个地方：卡萨布兰卡、华盛顿、魁北克、德黑兰、开罗、马耳他和克里米亚半岛，军官们自己被聚集到一处频频开会，有的时候有两周那么长。战争时期，联合参谋长委员会一共召开了约二百次正式会议，其中八九十次是以这种方式举行的，大多数重要决议也是在这些会议中形成。

通常的步骤是，各方参谋长委员会各自开会。两方在那天稍晚的时段聚到一起开会。他们通常在晚上再开一次共同会议。他们对战争的整体调度问题进行分析，将商议的见解汇报给我和总统。自然，借助电话和电报，此时我们自身的直接的讨论也在进行，我们和我们自家的参谋人员也是频频联系的。可是，专门幕僚们的意见经过全员大会的考虑之后，就将指令下达给了全部的战场上的指挥官。在联合参谋长的大会上，无论主张有多矛盾，不论辩论有多坦诚甚至是激烈，对一致事业的诚挚和忠实都高于国家和个人的权益。决议一旦制定，且得到了政府领导者们的认同，众人，尤其是那些原本的主张被否决了的人，都会绝对忠实地执行起来。从没出现哪次会议没得到对行动有用处的结论，或者能给各个战区指挥官下的确切的指令。所有受命的将领都清楚，其得到的指令包含两方政府共同的意志和权威的威信。在同盟国里建立的所有战斗组织中，再没有哪个组织比这个更有用处，它虽然有外观上的变动，实际上却直到今日都一直存在。为此，我感到欣慰。

俄国人不曾派代表加入联合参谋长委员会。对他们而言，参谋部整合一是没有用处，二是施行不了，因为他们的战场不仅遥远、只有一个，还是独立的。他们行动的普遍区域和时间，我们能够了解到，而我们的，他们也能清楚，这就行了。在这种事上，我们尽可能在他们能够接受的程度上和他们保持往来。我几次亲自出访莫斯科，在合适的时候，我会进行介绍。在德黑兰、雅尔塔和波茨坦，三个国家的参谋长们聚在一张桌子的边上开会。在英国和美国的所有磋商中，语言相同自然是最大的有利条件，避免了使用翻译时的延迟和经常发生的局部误解。可是，开始的时候，因为说法不一样，还引出了一件趣事。英国的顾问们拟订了一份准备及早处理的文件，于是告诉他们的美国同僚们说，他们期望能"加入议程"。可对美国的顾问们而言，这句话意味着将文件放到抽屉中忘了它。两方在长时间甚至是剧烈的争论之后，才明白对于这件事的好坏，他们的想法是相同的，并且呼吁的是一件事情。

＊　　　＊　　　＊

我曾经说过，蒂尔元帅虽然离开了帝国总参谋长的职位，却和我们一块儿坐着"约克公爵"号过来了。在所有的磋商中，他都起到了绝对的用处，不仅是在海上的时候如此，在我们和美国的领导层会面的时候，更是如此。我马上意识到，在他们跟前，他的威信和影响力已经到了极致。战争时期，我们派去大西洋彼岸的所有英国将领，没有任何一个人在美国人那里得到了和他相同强度的敬重和信赖。他的人格、慎重和睿智，让他几乎马上就得到了总统的信赖。与此同时，他又和马歇尔将军达成了一种诚挚的同僚之情和个人友谊。

＊　　　＊　　　＊

我们也曾大幅度提升生产制造规模。比弗布鲁克在这些事上，是个有着强劲的促进力量的人。对此，美国官方公布的战时工业动员过程[①]给出了很多证明。美国战时制造管理局局长唐纳德·纳尔逊曾制订了一些宏伟的规划。"可是，"按照这份美国记录中的说法，"大胆一试的需求，是因

---

① 1940——1945 年，《战时制造局史》——原注

为纳尔逊在 12 月 29 日极大地受到了比弗布鲁克勋爵的影响……"此情况，用纳尔逊先生自己的话语来说是最合适的了：

比弗布鲁克勋爵重点指出这一实情——为了应对那个资源丰沛且刚毅的敌人，我们一定要让我们制造的眼光远高于 1942 年。他说，对于如今正展开的这种战争里独有的物资损耗，我们尚缺少经验……他一再着重说明这一实情，在准备制造必需的战争物资上，我们应当将眼光放得更开。比如 1942 年拟订制造坦克的数量，努森先生的预计是三万辆，可实际在他看来，应该是四万五千辆。

这项美国记载继续说：

渐渐浇灌到纳尔逊心中的想法，比弗布鲁克勋爵也给了总统。比弗布鲁克勋爵在发给总统的一份备忘录里，将预计的 1942 年美国、联合王国和加拿大的制造量同英国、俄国和美国的需求进行了对照。这种对照显示 1942 年的预计产量严重短缺。坦克缺少的数量是一万零五百辆，飞机缺少的数量是二万六千七百三十架，大炮缺少的数量是二万二千六百门，步枪缺少的数量是一百六十万支。比弗布鲁克勋爵认为，务必提高制造标准，"美国制造业庞大的制造潜能"使他坚信新标准能够达成。1942 年的制造额应当有四万五千辆坦克、一万七千七百门反坦克炮、二万四千架战斗飞机和两倍于原本计划当时生产的，且算上所有预备增加出产数量的高射炮。最后拟订了一连串的制造标准，它的数量甚至比纳尔逊要求的还要多。总统坚信一定要彻底地考察我们制造业的能力这一理念……他下令要实现一个武器制造计划，也就是在 1942 年制造四万五千架战斗机、四万五千辆坦克、两万门高射炮、一万四千九百门反坦克炮和五十万挺机关枪。

这一切好消息，我都汇报给了国内。

首相致掌玺大臣   1942 年 1 月 4 日

曾经就供应之事开了一连串的会。这些会不是总统亲自主持，就
是副总统主持。每天都在展开磋商，争论详情。之后周五，在我和总
统的主持下，开了一次会。周六开了两次。以下是最终结论：

决议将 1942 年的美国商船制造量增至自重八百万吨，1943 年增
至自重一千万吨。在产量上，1942 年的新船舶的预计制造量较之前提
高了三分之一。

经决议，1942 年和 1943 年军火制造计划如下：

武器	1942 年	1943 年
战斗飞机	45, 000	100, 000
坦克	45, 000	75, 000
高射炮	20, 000	35, 000
反坦克炮	14, 900	未定
供地面和坦克使用的机关枪	500, 000	未定

1942 年的新制造计划，比旧制造计划上调了一些，这一计划在美国参
战之后，曾经是这样规定的：

战斗飞机	31, 250
坦克	29, 550
高射炮	8, 900
反坦克炮	11, 700
供地面和坦克使用的机关枪	238, 000

所有相关部门均已接到命令。本周之内（总统）给国会的咨文将

简单地谈及制造规划。必需的财政条款将涵盖在预算之中。此次工作马克斯做得非常漂亮，霍普金斯真是个天使。希望你听见生产规划大幅提升的消息会觉得高兴。

这些让人惊异的数额到了 1943 年年末不是得到了完成，就是被超过了，比如在船舰上。以下是美国新造的船舶吨数：

1942 年	5，339，000 吨
1943 年	12，384，000 吨

*　　*　　*

这所有的事情——持续地将心绪聚集在整场战争上，时常和总统与他的首要幕僚们及我个人的幕僚们讨论，我那两篇演讲稿与加拿大之旅，再加上接踵而至的需要决断的急事和全部与国内同僚们彼此联系的电文，使得我在华盛顿的这段时间不仅繁忙、劳碌，甚至耗干了我所有的力气。我的美国友人们觉得我需要休息，因为我看上去很累。于是，斯退丁纽斯先生出于极大的善意将他临近棕榈海岸的一处安静的小别墅交给了我，因此，1 月 4 日，我坐飞机去了那儿。在我出发的前天晚上，我白宫房间的空调忽然坏了，温度非常高，让人觉得透不过气来，在我试图将窗子打开的时候，我的心脏忽然加速跳动，致使接下来的几天我都觉得难受。不过，我的医药顾问查尔斯·威尔逊爵士的意见是，不必耽误去南方的行动。马歇尔将军陪我坐飞机过去，我和他愉快地聊了几次。在斯退丁纽斯的别墅里，我们待了五天，我们在遮阴的地方，或者阳光下躺着，在让人振奋的海浪中冲凉，虽然有次见到了一只非常大的鲨鱼。不过他们告诉我，那只是一只"海底鲨"①，可我还是有点儿担心。不管是被海

---

① 一种慵懒地生活在海底的鲨鱼。——译注

底鲨吃掉，还是被别的种类的鲨鱼吃掉，都一样糟糕，所以从那开始我就待在浅水区了。

我的踪迹是机密信息，白宫曾告知新闻界，说对我和总统的所有活动，都应该像是对待美国的战列舰的活动一般对待。所以，报纸上没有任何只言片语。在另一边，在佛罗里达却有不少接待我的人，而且有不少和我有过融洽谈话的新闻工作者和摄影记者在我们休息的地方的门口，可出现在报纸上的消息，一条都没有。

首相致掌玺大臣　　　　　　　　　　　　　　　　　1942 年 1 月 5 日

1. 我将去南方几天，期望绝对保密，总统将去海德公园。参谋们在这段时间正勤劳地工作着，对于结果，我们回来之后会进行处置。在制订进攻方案的时候，要解决的难题有很多，可是我们一定要坚持到底。此间，美国部队开赴爱尔兰这个大规模的行动已经全部部署妥当。你务必保证我们那边筹备好了所有事情。请留心办妥此项工作，而且要考虑他们的特别食物之类的事项。

2. 我要是没有说错，你应该已经猜到了，我们不仅想要满足眼下的需求，还希望能拟订一个计划，可以在一切可行的地方将美国部队有力地使用在敌军战线上。

3. 由于我会时常保持电报往来，所有必需的事务我都愿意通过电报予以告知。此间，他们正全力对我所在的地点予以保密。有关我回国或者我踪迹的信息，能让我们的报纸别妄加揣测就最好了。

首相致掌玺大臣　　　　　　　　　　　　　　　　　1942 年 1 月 7 日

累了很长时间之后，我在查尔斯·威尔逊①的劝说下如今正在南方，

---

① 查尔斯·威尔逊如今是摩兰勋爵。——原注

准备休养几日。总统给美国报纸下了禁令，让它们不要谈及此事。请保证英国那边什么消息都没有，要不然美国的新闻界就要恼了，我也会被他们游客们缠上。

＊　　＊　　＊

亚历山大港受到意大利"人控鱼雷"的袭击，"伊丽莎白女王"号和"勇敢"号没有了战斗能力的消息传过来的时候，我正在"棕榈海岸"温和的阳光下躺着，对所有这些电文和备忘录进行口述。之前的一章曾经说及过此事。这个惨剧紧随此时我们全部的别的战舰损耗到来，再没有比这个更加不合时宜又让人恼火了。我马上看出此事关系重大。短时间内，地中海上已经没有了战斗舰队，短时间内，我们守护埃及，让其不遭遇海上直接攻击的海军势力已经被截断了。在这个危急时刻，好像需要从英国南部海岸将能够搜集到的鱼雷飞机全都分派出去。很快就能看见，这引发了让人不快的结果。

首相致伊斯梅将军转参谋长委员会，并致空军大臣　　1942 年 1 月 7 日

　　考虑到海军在地中海的形势，自海防空军总队或者轰炸机总队派强悍的空军支援，尤其是鱼雷飞机过去，明显急需，也是重要的。在一定程度上降低用轰炸机对德国等国家和船舰的轰炸的举措，是不得不接受的。阿诺德将军[①]同我说，他会尽可能早地派两个轰炸机队，也就是八十架轰炸机，以及一些别的战斗机中队去厄尔斯特。你正在进行的工作和坎宁安海军上将有没有得到慰藉，望务必告知。

我国唯恐意大利的冒险行动在斯科帕湾重演。

---

①　美国陆军航空队队长。——原注

首相致第一海务大臣   1942年1月9日

让人烦闷的亚历山大港之事让我想到一个问题：这种类型的攻击，斯科帕湾能平安抵御吗？我们是否实际上每过二十分钟就用深水炸弹盘查一下入口？毫无疑问，相比于亚历山大港平稳的水面，湍急的水流防护效果更强。

如今情况如何？

我们安稳地停靠在亚历山大港的那两艘巨型战列舰的实际情形，别让敌军知道是最要紧的事。

*　　*　　*

让我为难的若干棘手的问题，我眼下挪出时间解决了。印度总督和内阁那时提出了一个设想——要为印度拟订一个新的宪法，好让国民大会党凝聚在这个宪法之下，专注于一致事业和自身安危。这种一点儿好处都没有的构想，我们会在之后的一本书里见到。

首相致掌玺大臣   1942年1月7日

1. 敌人已经抵达了边疆，在这个时候，提及宪法的事，特别是改动宪法那种险况，我期望我的同僚们能知道。有什么理由觉得此时让国民大会党掌政，我们"在印度那里会得到更多东西"呢？可是，若启用的是一切表决模式或者议会模式的根基，那结局就是自然而然的了。在防御体系中加入彼此敌对的政治人士，行动就会无法展开。只选用友善的印度人，这不会引发重大的险情，可是不管怎样，政治需要是实现不了的。印度的自由党人尽管能说会道，可从未实现过。印度部队的战斗情况非常不错，可是千万别忘了，他们忠心的对象是英王和印度皇帝，一个正在斗争的民族，绝对忍受不了国民大会和印度僧人组织的掌控。

2. 在我看来，在美国的言论上，你什么问题都不会遇到。我见到的所有报纸，在评价印度的时候，都十分谨慎，特别是在他们加入战争之后。这里的想法都放到了及早赢得这场战争上了。已经被提名去掌控省政府国民大会党的人，最要紧的工作就是，再次扛起他们身为部长的工作，并展示出在这个危急时刻交付给他们的重要责任，他们能够顺利完成。这些看法望务必告知内阁。我坚信我们是不会不顾及我们慎重选择的态度的。

艾登先生自莫斯科得到的有关苏联对疆界的欲望（尤其是对波罗的海国家）的消息，让我十分紧张。两百年来，彼得大帝制服的这些国家一直被沙皇控制着。他们自俄国革命开始，变成了欧洲抵制布尔什维主义的先锋。它们是"社会民主主义国家"，可是极端积极和残暴。在1939年战争开始之前，希特勒和苏联来往的时候，曾以它们为抵押品，那里曾经出现过一次残酷的俄国和共产人的清剿。经过各种办法之后，一切有权有势的人和势力都被消灭了。从此之后，这些坚毅的民族，它们的活动就转到地下了。就像我们即将看见的，希特勒很快用一种纳粹的形式进行了反清剿。最终，在全盘获胜的情形下，这些国家又一次被苏联控制了。如此，爱沙尼亚、拉脱维亚和立陶宛，被致死的木梳来来回回梳了好几次，可正义在哪儿，是毋庸置疑的。波罗的海国家应当独立。

首相致外交大臣 1942年1月8日

1. 1941年的俄国疆界，我们虽然实际上默许，但从未正式认可过。这些疆界是通过卑鄙地和希特勒串通得到的。不顾波罗的海国家民众的意愿就将他们送给了苏俄，这不仅破坏了我们参与此次战争的所有方针，对我们的事业也是一种辱没。这点在比萨拉比亚和北布科维纳身上也适用，而在波兰那边，也并不是完全不适用，只是适用的程度小一点，因为按照推断，并没有绝对的去制服和兼并这个国家的意愿。

2. 通向列宁格勒的通道之事，俄国人可以从战略因素上去提，这些通道，芬兰人曾经借助它们攻打过俄国。对俄国的安危来说，波罗的海有些岛屿或许是必备的。对于布科维纳或者比萨拉比亚的疆界，在一些场所也能以战略上的安危为借口。在此种背景下，如果民众不反对，就一定要将他们撤走，并进行补偿。在别的任何情形下，领土的转换，都只能在战后，通过自由、公平的民众表决来解决，这和俄国提出的办法截然不同。不管什么情形，除非签署了和平协议，否则都轮不到处理疆界的事。我清楚罗斯福总统也同我一般非常支持这个看法，有不少次，他都跟我说，他高兴于我们在莫斯科选的坚定的道路。英国内阁要是对这种原则妥协，我是绝不赞成。

3. 在我看来，我们的诚挚就包含在拥护斯大林曾经予以认同的大西洋宪章的方针里。我们和美国的合作靠的也是这个……

5. 在战争的这个时段，我们因不肯做违背和平谈判之事，或者违背大西洋宪章方针而对俄国造成的影响这件事，一定要注意的是，他们会参战只是因为受到了德国的攻击，之前，他们对我们的命运可完全不感兴趣，而且，在我们最危险的时候，他们的确加重了我们的包袱。他们的部队曾经战斗得十分勇敢，而且在捍卫自己的国家的斗争中，他们显露了无可辩驳的强劲的力量。他们正为了自己的性命战斗，可是从没关心过我们。相反，我们由于对他们捍卫自己国家的敬佩，由于他们加入了抵制希特勒的阵营，我们正竭尽所能地帮助他们。

6. 战争终了的时候，实力对比会是如何，或者获胜国的部队会到什么程度，谁也无法预料。可是美国和英国看上去应该不会用光所有的力气，而会变成全球史无前例的最强悍的武力和经济体，并且在建设上，苏联会需要，远比我们当时需要他们提供的多得多的我们的援助。

7. 俄国的需求，你曾承诺会让我们和美国与自治领一起探讨。那个承诺我们决不能违背。可是决不能对由我作为长官的一切英国政府的主张，有一点儿误会，这一主张即，坚决执行大西洋宪章里宣告的有关自由和民主的方针，一旦出现割让领土的事，就一定要让这些方针分外起效。所以，我们应当这样回复，所有有关领土的疆界事项都只能留给签订和平协议的会谈去解决。

从律法的角度来讲，当下的局势就是如此。

*   *   *

我在"棕榈海岸"的时候，自然能通过电话和总统及在华盛顿的英国顾问们时常沟通，并且在需要的时候，还能和伦敦打电话。出了一件有意思的事，尽管在当下是让人尴尬的。温德尔·威尔基先生曾经提出想和我见一面的要求，他那时和总统间关系不太好。对于我和反对党的名人见面的事情，罗斯福好像完全不积极，所以我始终没这么办。可是想着，一年之前，在1941年的1月，温德尔·威尔基出访英国的事情，还有我同他结成的友好的关系，我认为离开美国海滨之前，我应当同他见一面，我们的大使也是这个意思。所以，在5日的黄昏，我给他打了电话。一些时间之后，我得到消息说："你的电话已经通了。"我于是说："和你通话我非常开心，我希望我们能见一面。明晚我得坐火车返程。你能在某个地方上车，跟我一块儿游览几小时吗？下周六你在哪儿呢？"一个声音回答说："啊，在我眼下所在的地方，书桌的边上。"我问道："什么意思？""你觉得你在和谁通话？"我答道："难道不是温德尔·威尔基先生吗？"回答是："不是，和你通话的人是总统。"我没太听清，又问，"是谁？"回答说："和你通话的人是我，富兰克林·罗斯福。"我说："我原本没打算在这个时候打扰你。我想同温德尔·威尔基通话，不过你们的电话交换机出了点儿状况。"总统说："我期望在那儿，你生活得不错，并且开心。"随后就高兴地说了些个人的活动和规划。我最后问："我猜你应当不会因为我想和温德尔·威尔基谈话而感到不快吧？"对此，罗斯福说："不，我不会放在心上的。"就这样，我们的通话结束。

有一点不能忽略，即，这是我们亲密往来的初期，因此在我回到华盛顿之后，我觉得我应当问问哈里·霍普金斯，我有没有引起冒犯的地方。于是，我给他写信说：

请你跟我说说，由于我的确觉得对一位社会要人应当予以礼遇，我是依照我的职责在做事，所以我期望和我们说起的那个人通话这件事不会被视为有一丝一毫的不合适。因此，在你给我不同的说法之前，我仍准备那么做。

霍普金斯表示没有引起任何阻碍。

*   *   *

现在，是时候回国了。

首相致掌玺大臣   1942 年 1 月 9 日
......

3.从联系的电文，你就能知道我在这儿并没有待着。相比于在华盛顿那种繁忙的状况，这种幽静的生活确实更能让我将事情清楚地聚集到一处。我正在写一份重要的讨论英美协作的文件，回国之后，我会马上和三军参谋部协商，之后和总统讨论。

4.知道 8 日的辩论已经和平通过，而且下院同意晚一些再辩论首要问题，我十分开心。自然，那些聒噪啰唆的话和大喊大叫的声音，此间已经全部刊载了，而且大家会觉得下院的看法就是如此。有几句话曾经传到了这儿，对美国的言论造成了不太好的影响，因此我会告诉总统，就像他无法控制美国国会中来自偏远山区的议员们的见解那般，我们也控制不了极少数的议员的奇怪见解。你和安东尼①演讲的关键点，望告知。

　　5.也许我应该把周二的发言做成一个汇报，供人在议会上讨论。这既能让平时都有的指责得以提出，而我又留有回复之权。可是在你看来，可能并不需要这样做。我不由自主地发现我们有不少话要讲，虽然出彩的地方，我们讲不出来。

　　9日晚，我坐火车启程回华盛顿，11日到达白宫，路上一直在为公事忙碌着。

---

　　①　艾登先生的名字，罗伯特·安东尼·艾登——译注

第十七章　重回狂风暴雨之中

英美协商之后有关战争的一些其他文件——美国陆军的扩张——空军的扩张——武器和船舰的制造量越来越高——往北爱尔兰派一支美国部队的关键性——隆美尔的殊死抗争和北非计划的延迟——为耗损德国空军，须继续不间断交火——我们因为俄国部队在南方取得胜利而化险为夷——高加索地区隐藏的危机——对日战争——我们需要拿回掌控权——攻击日本占区的机动进攻部队——1月12日的最后一次白宫会谈——英美主张一模一样——马歇尔将军发问——我们动身回国——总统的忧虑——"波音式"飞机——我想使用它——波特尔和庞德的权威见解——决议不坐"约克公爵"号而是坐飞机——我在百慕大议会的发言——一次长途飞行——清晨时分的险情——平安抵达普利茅斯

在佛罗里达修养的时候，我草拟了第四份备忘录，它含有两个部分，是写给参谋长委员会并呈送给战时内阁国防委员会的。我草拟这份文件也是想给美国人看。它和之前的三份文件的区别在于写成的时间是在我同总统及他的幕僚们，还有合作的三军参谋长彼此在华盛顿磋商之后。随后，等我回了伦敦，我就将这全部的文件拿给了战时内阁传看，让他们作为参照之用。我们两个国家已经有了不少的约定，事实上，给我们的事项限定的方向，战时

内阁的认可度是很高的。在此，我只写下那些总结性较强的方面。[1]

致伊斯梅将军转参谋长委员会及国防委员会　　　1942 年 1 月 10 日

借着几天清静隔绝的机会，我回忆了一下，我在这里磋商完，此次战争的特征显露出来的情形。

1. 因为遭到袭击，美国已经和三个轴心国处于作战状态了，而且希望尽量快速、有力地让自己训练有素的部队开赴前线战斗。因为船舶不足，这一目标是没办法在 1942 年以内大举达成了。美国的陆军会在这一时段以内，将从三十余个师和五个装甲师的军力增加到大概六十个师和十个装甲师的总量。眼下留有或者将要招募大概三百七十五万人加入陆军和空军（超过一百万人）。事实上，并没有人员储备的限制，可是在眼下这个时段招募更多数额的兵力，对于战争努力的指引并不正确。

2. 1942 年切实运往事实战场的数额，好像不会超出上面说及的美国部队的四分之一到三分之一。可是到了 1943 年，通过以前和新近的船舶制造计划制造出的船舰，吨位得到了极大的提升，能运过大海的军队，肯定比以前多得多，因此 1943 年夏天的特点或许就是大举的进攻行动，这段时间应该认真分析这些行动。

3. 美国空军已有强劲实力且正在急速变强，在 1942 年年内可参加大范围的战斗行动。将不列颠群岛作为据点的强悍的轰炸机队应当攻击德国和夺取港口，对此已经进行了规划。美国的战斗机中队可以参加大不列颠的防守战，可以在战斗机的航程内对法国近海区域进行打击。

4. 总统已经告知国会，美国的武器和船舰的制造量的大幅提升将

---

[1]　因为篇幅原因，略去了第九条、第十条、第十四条、第十五条和第十六条。——原注

在 1942 年开始，1943 年达到顶点；希特勒因为想要避开美国的全部压力，更要在 1942 年一决雌雄了。

5. 希特勒原本是有时间筹备（或许是大规模制造）在一切海岸登陆的坦克运输车的。毋庸置疑，他已经对使用降落伞，特别是用滑翔机进行的空袭给予了难以估量的改进。总统曾经声明大不列颠是联合国的关键壁垒，这显示了美国首要军事家支持的意向。在即将来临的 1942 年的关键战斗中，大不列颠确实是或许会让这场战争遭遇失败的仅有的地区。最鲁莽的事，就是让不列颠群岛能够起效的防御陷于险境。

6. 所以，往北爱尔兰派四个美国师（包含一个装甲师）这一战斗部署是有价值的，完全不该受到妨碍。替换英国的冰岛部队将挪出一个额外的英国师。可是有人提议，应当呼吁美国政府想想是否能在冰岛尽量多训练一些在山区和雪地战斗的部队，因为若没有足够受过此种训练的可以滑雪的山地大军，是准备不好日后对斯堪的纳维亚半岛的解放战斗的……

7. 敌军在昔兰尼加的殊死反抗、隆美尔将军撤走或者带领部分部队撤走的可能性，或者已经抵达的黎波里的援军和绝不能疏漏的在拖延的时间内赶来的别的支援军队，特别是我们前行大军的物资难题，全部这些引发的延迟甚至会妨碍“杂技大师”计划（对的黎波里实行清剿）的彻底达成。所以我们是可以更加完全地分析“超级健将”计划（英美部队共同夺取法属北非），并高速展开“磁石”行动（美国部队开赴北爱尔兰）的。

8.……在数额上，德国的前线空军已经比英国前线的少了。它的绝大多数只能留着攻击俄国。可由于敌军有着顺畅的内部运输线，且有着快速的移动能力，所以尽管眼下需要面对的德国轰炸机和战斗机与之前相比更分散了，但大多数英国空军只能被绑在国内，仍得聚在一起。另外，还需要顾及意大利的空军。

......

11. 我们摆在自己眼前的目标，应该是以持续交火的办法，一点点地把德国的空军实力耗掉。俄国战场就在使用这种办法。在敌军重新开始他的轰击或者白日进攻之前，英国的战场只能在一定的范围内使用这种办法。可是在地中海地区，敌人看上去有意开辟一个战场；因此我们在那里应当用优势力量去和它对抗，可美国的空军抵达之前，这种优势力量是没有的。最要紧的是让德国的空军在所有可行的时候，在所有进攻地点持续战斗。在承受此种消耗上，我们的潜能远比他们的强。确实，考虑到日后将会运来的大批物资，我们就如同格兰特将军的最后一战那般，大概可以承受二比一的损耗。德国的一架飞机或者一名飞行员在1942年失去作战能力，相当于在1943年的两架或两名。想让敌人空军力量的消耗高于他的飞机制造厂和空军学校的填充能力的水准，我们唯一的办法就是让他时常展开空战。由于敌军将会像我们素来那般彻底在应对日常需求和勉力支持中无暇分身，如此，我们就能重新拥有掌控权。

12. 俄国部队沿着顿河，还有在克里米亚半岛上的抗战胜利，得以接着掌控黑海，这对我们的帮助极大，我们应该对此表示祝贺。我们在三个月之前还只能预测，说德国部队会穿过高加索开到里海和巴库油田。近乎可以确定，那种危险，在四五个月的时间里，直至冬天结束，都不会发生了，何况我们因为俄国部队在南方持续出现的抗战胜利，自然会得到彻底的保护。

13. 可是到了春天将尽之时，这种危险或许会再次出现。在德国和德国占领的国家里，看上去出现了严重的石油供给不足的情况，这导致对德国而言，夺取巴库和波斯油田，成了一个十分要紧的任务，只比顺利攻进不列颠群岛的需求稍微逊色……德国陆军强悍的实力等天气情况好转之后，或许会马上得以重现。在此种情形下，他们有很大的可能会认可此种做法：在顺着俄国和德国战线的北边和中间摆出一种防御的姿势，而将攻击的利刃直指东南方，取道高加索朝在那儿的油田推进。

……

对日本的战争

17. 人们总体相信德国若是战败进而垮掉，会让日本遭受无法抵挡的力量；可日本若是落败绝不会让世界大战告终。另外，用心对日本本土发动攻击会因为太平洋广阔的距离和日本人已经攻占的那些有益的重要推进根据地而变成经年累月的工作。让重点以澳大利亚和印度为据点的部队将如今交给韦维尔将军的西南太平洋地区中的岛屿、机场和海军基地一个个攻占下来，也一样要花费很长的时日。相比于打败日本，打败德国或许更快一点。鉴于我们有别的工作要做和船舶的制约，不管怎样，在很长的时间里，我们不用指望能在以上地区，得到充足的海军、陆军、空军优势。

18. 尽管因为这样，应该将和德国的战争放到第一位，可是并不能说我们对日本就要"处于防守的位置"；相反，只有一个办法能让我们在打败德国之前在远东安度中间的这段时日，即重新拿回掌控权，就算只是在稍小的范围内。

19. 在这样的一个区域里：有数千的岛屿，里面还有不少能充当临时的海空军据点，完全的被动防守会遇到某些解决不了的麻烦。既然日本人在短时间之内已经得到了海上的主动权和在范围广阔的空中优势，那它就有实力攻占近乎它想要攻占的一切地点，新加坡堡垒，人们期望它并不在这之中。他们可以派一支巡游军队开往各个地方，清剿我们或者荷兰人截至目前尚能坚守的一切驻军地区。他们会尽量使用一种布置周密的空军据点网去守护他们夺取的地方，而且，毫无疑问，他们期望能在数个月内确保拿下新加坡堡垒。他们只要夺取了这一地方和马尼拉，且在所有的中心区域修建了空军据点，他们就建造了一种可以长时间战斗的海空防守系统……到了1942年夏天，英国竭尽所能去支援的美国海军优势应当能够重建。

20. 从此，或许应当及早对日本人已经夺取的岛屿或者口岸发动攻击。据我所知，总统已经下令在美国西海岸建立一支和游击队差不多的部队。因为功能特殊，这种部队在两栖战斗时，对重要据点和防御工事发动攻击的用处极大。要有很多小型旅团对它进行协助，这些旅团的机动性和装备要和预计的特殊使命切合，并且所有的任务在确定前都得经过认真分析。只要不是战略因素所需，就没必要在夺取或者收回的岛屿上停留。剿灭或者抓捕当地驻军，毁坏所有有用的装置之后撤走就可以了。要对每个任务和活动需要部队的切实构成进行单独的分析。我们的经历告诉我们应该有充足的舰载飞机和坦克军以及坦克登陆艇提供保护。敌人肯定没有准备，必然有不少地方是非常容易被袭击的。此种性质的行动甚至只成功少数几次之后（对于军队和指挥官们而言，这全部的行动都是能够用来当作教程的非常珍贵的经验），敌人就会被吓得只能在一些坚实的据点中囤积大量兵力，而没胆量用少数兵力去坚守某些地方了。到了那个时候，我们要是不想留过多的岛屿，就有机会非常轻松地得到一些合适的岛屿，并且可以在这些岛上建造临时的或者永久的空军基地和填充原料的据点。对于重夺更多沦陷地区和给从澳大利亚向北进发打造巨型基地的行动来说，在敌军各个独立的据点里引起恐慌，看上去是一种极有价值的准备。

我把这份文件拿给了总统。

*　　　*　　　*

我返回白宫之后，发现联合参谋长会议的工作取得了不少成果，而且大多数都和我意向相同。1月12日，总统举办了一个会议，此时大家对于战争的总体方针和目标都达成了绝对共识。矛盾只是在于前后顺序和侧重点，并且全都受到了船舰这一严苛且霸道的要素的限制。按照英国的记录显示，"总统十分关注'超级健将'计划，也就是美英一起远赴北非作战这个计划的筹备。派九万人的美国部队和九万人的英国部队，预计一支巨型空军开赴北非的一个暂行的日程表已经制定好了。"决议派两个师的美国部队去北爱尔兰，原因，前面已经说了。暗地里，总统曾告诉我，在需要的时候，他会及早往澳大利亚和那些支配着日本人通道的岛屿派五万人的美国部队。有二万五千人的部队会及早派出去夺取新喀里多尼亚和位于美国和大洋洲之间的别的落脚点。在"首要战略"上，参谋们全都认同"在和德国的战争中，只能抽出必需的最小数量的部队去捍卫别的战区的关键利益"。对于这个基本决议的确立，影响最大的非马歇尔将军莫属。

这位将军有天晚上过来看望我，还说了件棘手的事。他曾经答应往北爱尔兰派近三万的美国部队。我们自然已经将两艘"女王"号级别的船——世上仅有的八万吨的船，为了这一目的拿给他用了。马歇尔将军向我询问，到底我们应当让多少人上船，还说起救生艇、筏子和别的漂浮装置大概只够八千人用。假设忽略这一点，可以运载的人数是一万六千人。我是如此回应他的："我唯一能做的就是跟你说说我们的做法，而你将承担的风险，你只能自己来评判。假设这是现实武装行动的直接的一环，这两艘船能装多少人，我们就会足额装满。假设这只是个在妥当的时机调集部队的事情，我们就不该超出救生艇、筏子等能够容纳的限额。这件事得由你来决断。"听见这些话，他缄口不言，因此，我们就换了一个话题。这些船首次出行的时候，只运了很少的数量的部队，不过之后就装了整整一船。碰巧命运站在了我们的朋友这边。

*　　　*　　　*

如今已经到了我们不得不从白宫和美国民众的热情好客和振奋人心的氛围里离开的时候了，美国民众那时顽强坚毅、满腔义愤地抵制着独裁和侵略者。我一定要回去的那个地方，拥有的不是阳光灿烂。尽管我十分期待回去伦敦，而且坚信最终的胜利必将属于我们，可是我始终有这样一种感觉：势必延续很多个月的大灾难的时段就要到了。我曾经指望在西部沙漠取胜进而消灭隆美尔，现在这个指望没了。隆美尔已经跑了。奥金莱克在希迪列格和加柴拉取得的战果并非关键性的。在我们制订英美对法属北非展开突然袭击的所有计划中，这些战果带给我们的声威的确没那么高，所以这一行动显著地延迟了数月。

＊　　＊　　＊

首相致掌玺大臣　　　　　　　　　　　　　　　　1942 年 1 月 12 日

　　因为我很快就要沉默一段时间（尽管我坚信不会一直这样），望今天晚上务必将我启程之前需要在此决断的一切重大问题，发电报告诉我。

　　14 日，我和总统辞行。他看上去担心航行的安全。整个世界都知道我们正在华盛顿，已经有不少天了，按照图文显示，在我们返国的航道上，有超过二十艘德国潜艇。在晴朗的天气中，我们坐飞机从诺福克去百慕大，就在这里，"约克公爵"号统领护航的驱逐舰正在等候我们。我们坐的那架巨型"波音式"水上飞机给我留下了最棒的感觉。我和飞行员凯利·罗杰斯上尉在飞行的三小时里成了朋友，他这个人看上去才华出众且很有经验。我在操纵台前学了很长时间，试着操纵这台足有三十吨或者更重的空中巨兽。我越来越喜欢这飞机。没多久，我问这位上尉："从百慕大开到英国怎么样？它能运载足够的汽油吗？"他尽管看上去木讷，却显然激动起来。"自然，我们能这么做。据眼下的天气推断，我们后边吹来的风速是一小时四十英里。不用二十小时我们就能抵达。"我问距离是多少，他答："大概三千五百英里。"对此，我不由得思虑起来。

　　可是，等我们降落之后，我将对波特尔和庞德提及此事。马来亚有重大事件正在发生，我们都应该尽可能早地返国。空军参谋长当即说，他认为完全没道理冒这种风险，所以他无法对此事负责。第一海务大臣和他的同事看法相同。"约克公爵"号及其驱逐舰都在那儿，什么都帮我们预备妥当了，它会让我们安稳又舒服。我说："你曾经指给我看的那些德国潜艇，你怎么评价它们？"这位海军上将摆了个藐视的手势。显然，对于我们这艘有妥当保护且速度很快的战列舰，这位将军很自信。我想起这两位将领都觉得我的方案是，我单独坐飞机，他们则乘"约克公爵"号返国，我于是说，"自然，我们人人都有椅子可坐。"当听见这一句，他们两个的表情突然变了。安静了很长时间之后，波特尔说，这件事可以研究一下，他们将和飞机的机长认真商讨，并和气象局分析天气变化。此事就说到这里就结束了。

他们两个过了两个小时全都回来了，波特尔说，他觉得这件事行得通。在条件合适的情况下，那架飞机肯定能完成使命；因为是很强的顺风，预测的天气情况也十分有利。快点儿返国十分要紧，这是毋庸置疑的。庞德说，那个机长十分得他看重，的确有着极其充足的经验。这自然是在冒险，可是，在另一边，德国的潜艇也不能忽视。因此我们决定只要天气没变糟，就坐飞机。启程的时间定在第二天下午两点。人们觉得我们必须将行装减至只剩几箱重要文件。蒂尔将待在华盛顿担当我和总统联络的个人的军事大使。我们这行人将只剩下我自己、两个参谋长和马克斯·比弗布鲁克、查尔斯·威尔逊以及霍利斯。剩下的全部的人将坐"约克公爵"号航行。

当天下午，我对百慕大议会发言，西半球的议会属它年老。我劝他们答应在这个岛上建立美国的海军、空军据点，且尽量提供支援，对此他们觉得有些难办。眼下整个国家的生存都受到了威胁。虽然路途遥远，但我们和美国同盟的成功发展，早晚会带来最终的胜利。对此，他们是认同的。当晚总督洛里斯勋爵大摆筵席，接待岛上的名人和即将离开的客人。我们所有人都兴高采烈。只有被我叫作中校顾问的汤米[①]，担心自己在飞机上没有位置。他说他只要想到得从水路返国，就非常难过。我提示他说，他应该想起他服务于海军的忠实和海上生活给一个英勇的水手的趣味。我仔细地说起从德国潜艇那边来的无可辩驳的险况。他并不是一个易于说服的人。可是他想了个法子。飞机上的一个厨房工作者同意让他替代自己的身份；他会自己去洗盘子。可是我问："机长呢？他怎么想的？"汤米认为到了最后关头要是机长遇上这种布置，也就答应了。他已经查清楚了，相比于那个厨房工作者，他的体重更轻。我耸了下肩，就这样，我们去休息了，时间已经很晚了。

我醒得非常早，并且感觉肯定睡不着了。我不得不说，我感到十分恐惧。我想着海面的辽阔，想着在接近不列颠群岛的土地之前，我们需要飞行一千英里之远。我想这件事我可能做得鲁莽了，这件事需要看运气。我素来害怕在大西洋上飞行，可是此事已经商量好了。尽管这样，我不得不说，要是在用早饭的时候，或者是在用午饭之前，他们来我这儿汇报说，天气已经变了，我们只能从海上返回，那么，让那艘从很远的地方过来接我们的豪华的战舰，拉上我们进行一次航行，对我来说，一点儿难度都没有。

绚烂的阳光散落在这座岛上，天气情况非常不错，已经证明了。中午，我们坐汽艇去飞机那儿。由于去"约克公爵"号那儿拿行李的值班艇耗费的时间超过了预期，所以在船埠，我们耽误了一个小时。汤米看上去不太开心。机长已经按照机长们常用的办法无视了他的打算。那个厨房工作者是个经过培训的机组人员，他不同意再加一个人上飞机，所有油箱装着满满的汽油。就靠这些，想脱离水面飞起来也不容易。因此，我们滑行到了距离码头很远的一头，没被带走的汤米伤心得像是诗里的厄林勋爵，[②]只是

---

① 皇家海军汤普森中校。——原注

② 托马斯·坎贝尔写的名为《厄林勋爵的女儿》的诗。——原注

伤心的原因不一样而已。在这之前和之后的这种旅程里,我们从没分开过。

　　就像机长预测的,想离开水面飞行难度非常大。确实,我觉得我们无法从那些环绕着港口的矮小的山头飞过。事实上,没遇到什么险情;我们有这个技艺出众能够信赖的人。在距离珊瑚礁四分之一英里的地方,飞机笨拙地飞了起来,这让我们不至于丧命在几百英尺的高度上。这种巨型飞机上的设施毫无疑问,让人觉得舒适。在飞机的后端我的双人间里有张豪华的大床,两边都安装了非常大的窗户。向下穿过所有房间去客厅和餐厅,要经过一段非常长、有三四十英尺的走廊,餐厅里的吃的喝的东西有很多。飞机飞得很稳,并没有让人感到不适,我们下午过得很快乐,而且晚饭用得很开心。这种飞机包含两层,从一个普通的梯子上去能抵达操控间。天黑了,所有汇报都不错。此时,我们正在七千英尺的高空穿越浓重的大雾。人们能够看到机翼的前侧以及流泻到翼面上的大面积的高热输出气流。此时,在这种飞机上有一只时胀时缩的大型胶皮管被用来防范结冰。机长告诉我它是如何起作用的,我时常看到冰块在它膨胀的时候破裂掉落。我到床上安睡了数个小时。

*　　*　　*

　　我醒的时候正好天要亮了,我因此去了操作间。天越来越亮。我们下方的云层近乎连在了一起。

　　坐在副驾驶的位置上一个小时以后,我发觉我身边出现了一种担忧的感觉。我们应当自西南方飞向英国,我们应该已经过了锡利群岛,可是不管穿过云层里的哪个缝隙,都没见到它们。因为我们已经在雾里飞了超过十个小时,而且这段时间里只见到了一颗星,所以我们有很大的机会稍稍脱离了我们的航行路线。无线电沟通自然因为平常的战时原则而受到约束。从正发生的争论来看,我们明显不清楚自己的位置。始终在分析位置的波特尔没多久和机长说了句话,之后告诉我说:"我们会马上掉转方向朝北飞。"照此行事,又在云层中飞了半个小时,我们见到了英格兰,很快就到了达普利茅斯上方的天空，在这儿，飞机绕开那些长在闪烁着的空中的防御气球，我们平安着陆。

机长在我离开飞机的时候说："我这辈子最高兴的时候，就是让你平安在港口着落的时候了。"那时，我们还不知道他的这句话代表了什么。之后我才知道，我们若是没有改变方向朝北飞，而是顺着原来的方向继续飞，过个五六分钟，我们要飞到的地方就将是德国在布雷斯特的炮台的上方天空了。在夜晚飞行时，我们朝南边偏得过多。何况，果断采取的修正，使得我们飞过来的方向是自南偏东，也就是说，从敌人那边，而不是我们预计的从西南方向，我们应该飞过来的那个方向飞来的。过了几周，我得到消息说，这引发了一个这样的后果——有汇报说我们乘坐的飞机是自布雷斯特飞过来的一架敌人的轰炸机，因此，战斗机总队的六架"旋风式"战斗机接到命令要将我们打下来，不过它们没有完成此项工作。

我发电报告诉罗福斯总统，说："我们自百慕大开始进行长途飞行，借助一股三十英里每小时的顺风到达了这里。"

附　　录

一、缩略语

A.A.guns	高射炮
A.D.G.B.	英国防空委员会
A.F.V.s	装甲战车
A.G.R.M.	皇家海军陆战队高级副官
A.R.P.	空袭警备处
A.T.rifles	反坦克步枪
A.T.S.	（女子）地方支援队
C.A.S.	空军参谋长
C.I.G.S.	帝国总参谋长
C.-in-C.	总司令
Controller.	第三海务大臣兼军需署长
C.O.S.	参谋长
D.N.C.	海军建设局局长
F.O.	外交部
G.H.Q.	总部
G.O.C.	总指挥官

H.F.	本土部队
H.M.G.	英王陛下政府
M.A.P.	飞机制造部
M.E.W.	经济作战部
M.of I.	信息部
M.of L.	劳工部
M.of S.	军需部
P.M.	首相
U.P.	非旋转炮弹——火箭的代号
V.C.A.S.	空军副参谋长
V.C.I.G.S.	帝国副总参谋长
V.C.N.S.	海军副参谋长
W.A.A.F.	空军女子辅助工作队
W.R.N.S.	皇家海军女子服务队

二、密码代号

（带星号标记的是德国的密码代号）

杂技大师：从昔兰尼加向的黎波里进军的计划。

阿卡迪亚：1941 年 12 月的首次华盛顿会议。

* 巴巴罗萨：德国攻打俄国的计划。

战斧：1941 年 6 月进攻塞卢姆、图卜鲁格和卡普措堡地区的计划。

帆布：袭击基斯马尤的计划。

科罗拉多：克里特岛。

十字军战士：1941 年 11 月在西部沙漠的作战计划。

出口商：对叙利亚的作战计划。

* 菲利克斯：德国进攻直布罗陀的计划。

体育家：夺取法属北非的计划。

汇流：夺取西西里岛的计划。

美洲虎：1941 年支援马耳他岛的计划。

光辉：援助希腊的计划。

磁石：调集美国军队开赴北爱尔兰的计划。

下颚：进攻多德卡尼斯群岛的计划。

* 马瑞塔：德国进攻希腊的计划。

桑葚：人工港。

东方：德国试图推翻英国在中东各处地位的计划。

霸王：1944 年解放法国的作战计划。

朝圣者：夺取加那利群岛的计划。

* 惩罚：德国轰炸贝尔格莱德的计划。

围剿：1943 年解放法国的作战计划（后来更名为"霸王"）。

炙烤：保卫克里特岛计划。

＊海狮：德国进攻英国的计划。

加压：调换在图卜鲁格的澳大利亚军队的计划。

超级健将：英美联合夺取法属北非的计划。

老虎：W.S. 第八号运输舰队的一部分穿过地中海的计划。

火炬：英美对法属北非的作战计划。

棍棒：对里窝那的联合进攻计划。

鞭绳：夺取西西里岛的计划。

车间：夺取潘泰莱利亚岛的计划。

三、首相以个人名义发出的备忘录和电报

（1941 年 1—6 月）

1 月

首相致爱德华·布瑞奇斯爵士、伊斯梅将军和西尔先生

1941 年 1 月 1 日

新年伊始，为更好地对指导战斗的相关事宜进行保密，必须展开一次效果显著的新行动。你们应该一起研究下如下各条，之后给我一份汇报。

1.一年前发布的有关禁止闲聊、争论陆海空三军状况的公告，再发一次。或许得重拟一份公告，才能让大家注意起来。

2.一年前给每个部分发的指令，再发一次。

3.更加严格地控制机密文件，尤其是关于武装行动、军队人数、外交策略等文件的传阅范围。要让政府各部上交控制文件传阅范围的方法。因为政府各部和白厅职能人员的工作越来越多，此事就变得十分关键。

4.所有保密文件都应当放进装着弹簧锁的箱子中。各部大臣和他们的私人文书应该给书桌装上配有弹簧锁的箱子，保密文件在他们离开工作室的时候所在的地方绝不能是公文盘里。

5.箱子不用的时候，应当顺手锁上。尽可能不让无关人员出入机要秘书和各部官员的办公室，为了便于招待客人，应当设立会客室。

6.应当设计一种红色的星形标签，贴在最秘密的文件，也就是关于武装行动和军队人数的文件上面。这种贴了红星标签的文件，不用全都给办公室秘书看。转交这种文件的时候，必须把它放在锁好的文

件箱中，转交完马上放到其他箱子中锁上，以便我与众位官员取用。

7. 对于涉及日后武装行动的电文应当进行控制。近日，我有时接到谈及将来武装行动的电文，里面不管是地名还是日后的代号都说了。昨天，关于"汇流"计划的电文也是这样。写了地点、代号的文件应当全都集中到一起，然后烧毁或者放到保险箱里。

8. 应该让各部官员尽可能减少非参与探讨秘密事项不可的人数。进去国会的私人秘书（枢密顾问除外），只了解施行国会那边和政治工作必须知道的事情就行了，别的消息不必告诉他们。

9. 眼下，国外的新闻工作者，男的也好，女的也好，都让我们非常头疼。今天登报的、恩格尔说出去的消息就是个不错的例证。应该找个办法减少让他们得到秘密消息的有利条件。千万别忘了，告诉给美国新闻界的消息，德国马上就能知道，并且我们一点儿弥补的法子都没有。

10. 大范围传看情报文件的情形一定要减少，而且对增印各类汇报的普遍趋向予以限制。应当让同战争相关的所有部门上交一份报告，说明在新的一年里，他们预备采取什么办法更好地进行控制和减少。前段时间，上任内阁曾经要求非战时内阁官员，在发言之前，将有关战争的讲稿或者讲稿中涉及战争的地方先拿给新闻官过目。这个方法明显如今已经废弃了。请告诉我，现在的情况到底怎样。有个更便捷的方法——预备提及此种问题的官员们先和国防大臣的特使伊斯梅将军谈谈。到外国访问的官员，除非得到了总部大臣的准许，否则不能公开发言，说起他们的工作。

11. 将秘密消息告知亲善国武将的事情，我已经解决了。我们控制告知他们的消息的属性。这种办法应该接着用下去，传递文件的大多数内容应该是能刊在报纸上的有意思的旁白。

12. 报纸上再三刊登的——大部分并非有意——那些不利于我们

的关于战争和政策的真相。这种新闻，除非之前审查通过了，否则事后都要进行控告。信息部应当针对此部眼下进行的工作进行汇报。

以上问题，请全部予以考虑，望告知你们想起的其他事项。而以什么形式，以什么渠道把这些事情告知众相关部门，也请给出建议。

首相致雅各布上校　　　　　　　　　　1941 年 1 月 3 日

我认为，为了彻底杜绝新的纳粹小组的滋生，应当对这个德国军团进行细致的、反复的清剿。我极其赞同召集亲善的德国人参军，用严苛的纪律去限制，别让他们毫无价值地待在集中营，可是我们一定要更加谨慎，别让错误的人混进来。

首相致海军大臣与第一海务大臣（抄送军需大臣和海运大臣）

1941 年 1 月 3 日

1."贝德福城"号运载货物的损失，让我非常难过。在武器上，我们蒙受的最重损失就是这个。对我们来说，没了七百五十万发子弹是个重创。这些货物要是由多一些的船舶分别装载，就没这么糟了。

2. 此次相撞的原因，还有运输舰队开进和开出的两条航线为什么会这么近，我猜你们应该已经查看了。我必须重申一次，此次损失是惨重的。

首相致爱德华·布瑞奇斯爵士　　　　　1941 年 1 月 4 日

1. 请将组成中央政府一环的部级组委会，以及或许会有的下级组委会，全部制表呈阅。

2. 请众单位将眼下的和众单位同级的组委会，全部制表呈阅。

3. 此调查资料即为我们新的一年裁撤这种组委会的序曲。

首相致爱德华·布瑞奇斯爵士 　　　　　　　　　　　**1941 年 1 月 4 日**

拟订宣言初稿的工作，战争目标组委会已基本完成，现在应该立即送往内阁审核。不管怎样，已经大体上完成了拟制声明草稿的工作，现在应即送交内阁审阅。无论如何，战争目标与国家的重建（应由其他部门官员来做）这两件事不太一样……我们一定要特别小心，别因为这种很远的战后的事情，把作战（或许要用好几年）必需的力量损耗了。

（即日办理）

首相致伊斯梅将军转罗赫将军及别的相关人士 　　　**1941 年 1 月 4 日**

1. 对于光电信管①，最惹人注意的是它在天上对抗在超过一万英尺的天空飞行的飞机的效力。这种飞机不是做俯冲轰击的，它的意图是借助新型投弹瞄准器去打击美国的船舰或者陆地上的目标。为毁掉敌人的飞机，我们预备让八只或者更多的排炮在它附近一块儿爆炸。由于能够按照天气状况去部署重大的军事活动，所以就算这个方法只有天气明媚的时候才有用，也极有好处。

2. 在研发、制造以及培训上，这一高空任务有没有积极展开？相关将领清楚整个情形吗？原本这类信管是用来防范俯冲轰炸机的，光电信管也好，防空信管②也罢，都能实现这一目标，不过，眼下侧重点一定要放到高空任务上。

3. 这一方针对于将空雷的防空信管在天空最高处引燃，也适用。不向着这个方向走，是没办法在战术和战斗中得到最佳效力的。

---

① 光电信管：较早时期的某种近爆引信。——原注

② 防空信管：一种用来对付飞机和降落伞的火箭。——原注

首相致内政大臣和卫生大臣   1941 年 1 月 4 日

有的防空洞有危险，可仍在使用（眼下这种情形很多），要怎么应对？照我看，应当制定规范，正在工作的所有防空洞，安全也好，不安全也罢，洞里的陈设都只能交给卫生大臣去管，符合规范的和不符合规范的防空洞，都要同等对待。除非防空洞不用了，否则，卫生大臣都得管控。另一边，随着防空洞资源的增多和改善，境内安全大臣自然能关掉那些安全性最差的防空洞。

此种想法正确与否，望告知。

首相致外交大臣和经济战大臣   1941 年 1 月 5 日

在起草对意大利的发言时，我特地将意大利民众和法西斯政权、墨索里尼予以区别；法国如今既已不再参与战斗，我自然应当多说纳粹党人，少说日耳曼人。我们的眼睛决不能被怨恨挡住，我们的目光决不能因情感蒙胧。

将普鲁士人和南日耳曼人分别对待是一种有效的办法。我若没记错，"普鲁士"这个词好像用得不多。"纳粹暴政"和"普鲁士军国主义"是我看重且预备重申的说辞。

（即日办理）

首相致工程与建筑大臣   1941 年 1 月 6 日

（卫生大臣亦阅）

既然有更多的房屋被毁，你自然就更需要将快速修复毁坏程度较轻的建筑物当作最要紧的工作了。你在此事上的工作请每周跟我汇报。我时常看见有不少房子，它的墙和房顶还是好的，只因为窗户没修好就无法住人。在我看来，你眼下最重要的战时工作就是这个。将旧世界剩余的东西保存下来所需要的力量，你可不能因为打造新世界的宏伟蓝图都用掉了。

首相致外交大臣   1941 年 1 月 11 日

前些天你曾经和我说起电报篇幅太长的事。我认为这个坏习惯应该得到控制。国外的特使和大使们好像觉得，他们同国内汇报时写得越多，他们工作就做得越好。种种谣言、闲谈，也不论真假，全都发了过来。就像准备喋喋不休地闲谈，全都不愿意简明扼要一些。我提议你发个通告，对过于啰唆或者琐碎的电文进行批评，且告知来电者"这份电报长得没必要"。不将意思提炼到合适的长度，是一种极其懒惰的表现。这些电报我是想全看完的，可是感觉长度越来越长。

望告知，应该怎样处理。

首相致陆军大臣和帝国总参谋长   1941 年 1 月 12 日

1.使驻巴基斯坦的骑兵师机械化的事让人非常头疼。这些部队和马，开战没几个月就运过去了，驻守在中东用不少钱保持着。陆军部在数个月之前决议将其变成机械化部队。我高兴地答应了。眼下我自己查过才清楚这件事根本没办，还要将整个师的人送回国，而那些马多半带不走了，能带走的还得等到 6 月 1 日才能开始运。他们返国以后，想起作用，得过七八个月才行。八千五百名将士，里面有一些是我们最出色的正规部队和义勇骑兵团，就这样，在两年又五个月的战争期中，耗费了众多钱财，却什么都没干，只做了点儿防守的活儿。

2.以下各条需要的资金，算好之后，详细上报：

（1）将这些部队送往中东。

（2）从开战之时起，到 1942 年 3 月初结束，为他们提供的粮食、薪资和补贴。

（3）再将他们送回国内。

3. 这些部队在中东肯定有不少更合适的用处。有鉴于他们原本优异的素养，他们肯定能迅速做完另外的新训练。组织和体系的任务，未必全部按照国内的机械化或装甲编制的额度走。相比于师的体系，对这些部队来说，独立摩托化旅团体系或许更加合适。1918年春天的近卫骑兵队也好，1917年秋天的也罢，都曾经迅速被改成机枪团，且只用了两个月就在埃塔普勒训练好了。这个骑兵师怎么不在巴基斯坦训练，我不清楚。在那儿，他们不管怎样都能当作当地的防御部队了。没有人会觉得那个地方不是最妥当的。

4. 这些极有才干的正规或者半正规的军队能接下我们俘获的一些意大利坦克设施。这些坦克设施要是不用，还能换成（或是换一些）轻机枪战车，这种战车我们准备了很多，派二百辆过去一点儿不难。

5. 还有些别的处理方案。可以像前次大战里的那几个骑兵师似的，将他们改成一个步兵师，或构成若干独立旅。在此种背景下，就能将他们整个编成些数量足够的步兵营。这个法子要是不行，还能将他们调去印度，把在那儿当兵的营数相同（比如八个营）的正规军替出来。要不然，还能把他们变成一支掌控伊拉克的部队的中心。可以确定的一点是：既然我们正拼命收紧腰带，用越来越少的船往东方运部队，那将这么一大波部队和这些珍贵的将领运回国内就完全说不到了，尤其是在中东的战争正打得最激烈呢。

首相致空军大臣和空军参谋长　　　　　　　　**1941 年 1 月 12 日**

自中东那边发过来的战斗汇报必须像现在这般长篇、烦琐吗？一有十多架飞机对敌军战线发动空袭，就详尽地介绍全程，用密码在两地将电报翻译过来，再翻译过去，将电报线路弄得十分拥堵，确实不必如此。

我提议统计最近两个月这些常规电文每周的平均字数，并让朗莫尔空军中将压缩电文长度，比如在现在的长度上减去三分之一。

请再让外交部缩减电报篇幅。

首相致内政大臣 1941 年 1 月 12 日

由于此种宣传①直接违背国会心意，且会影响我们和敌人抗争的工作，所以应该予以禁止。莫斯利都抓起来了，有什么道理不将叛乱者抓起来呢？只要损害了我们的战斗努力，都得受到法律和制度的惩罚。保守党的见解就是如此，我也觉得这一见解非常对，这也是整个国家都会支持的见解。我清楚你期望事情能够得到公正的对待，此事你若是对内阁提起，我敢说你肯定能得到完全的赞成。"相同目标一样对待！"

首相致伊斯梅将军，转参谋长委员会 1941 年 1 月 13 日

多德卡尼斯群岛里的这些小型岛屿，照我看没必要予以攻击，因为它们自身什么用都没有；再来，由于我们已经拿下了克里特岛，所以那些大点儿的岛屿，也没有夺取的价值。这个地区要是受到惊扰，敌人就会进行防范；而且会引发希腊和土耳其的矛盾，这种情形已经不能更加明显了，因为对于此事，我们已经进行了试探性的考察。这些武装行动，国防委员会并未准许。

首相致自治领事务大臣 1941 年 1 月 17 日

这两份文件我已经看了，我认为，对于我们已经知道的，或者说是明显能够看到的南爱尔兰的眼下的形势，它们没进行多少填充。曾经对战略局势进行过再三分析，并且海军部有个文件谈及我们急需爱尔兰基地和南部海岸、西部海岸的机场。这一情形，我正让伊斯梅将

---

① 共产党向所有男女工人发传单。——原注

军重点和你说。

在我看来，眼下并不能说对这些据点的夺取会影响到我们的生死。少了它们，我们会遭受很大的影响和损害。眼下要是说得太过就假了。可是，狄龙先生提议的承诺——我们不论什么情形都不"违背爱尔兰的中立"，我却给不了。就我个人来说，我觉得爱尔兰的中立是违法的。南爱尔兰不接受那个协议，我们也不认可南爱尔兰是主权国家，既然如此，那这个国家就处在一个特别的位置上。我们努力战斗，要是因为用不了爱尔兰的据点，而致使我们有死于非命的危机（眼下倒还没到这个程度），那我们就只能选用自保和捍卫我们事业的措施了。眼下反倒应当如你做的那般将我们新近做出的决断策略变成现实，并且一定要想方设法地受益于美国的影响。我曾经和霍普金斯先生畅谈过几次，他或许会亲自去爱尔兰考察，我觉得他的考察或许有好处。照我看，除非德瓦莱拉先生直接约你，否则，如今还没到你出访爱尔兰的时间。看看在经济上和航海上施压的效果怎么样，或许不错。爱尔兰的形势发展迟缓，随时都会因为德国的侵略被暴力中止，到了那个时候，无论我们接没接到邀请，都必须过去驱逐入侵者。所以眼下照我看，也只得推行我们新近推行的路线了。

首相致外交大臣   1941 年 1 月 18 日

你要是不反对，我想用英文名词来亨（Leghorn）做里窝那（Livorno）这个地方的称谓，用英文名词君士坦丁（Constantinople）做伊斯坦布尔（Istanbul）这个地方的称谓。自然，在书写或者讲土耳其话的时候，我们用土耳其的称谓即可。不过你要是有机会使用意大利语和墨索里尼欢快地聊天，那使用里窝那（Livorno）就没错了。另外，暹罗的称呼怎么被泰国这个名词取代了呢？

（即日办理）

首相致伊斯梅将军转参谋长委员会和内政大臣

1941 年 1 月 19 日

1. 有不少日渐增多的痕迹显示，敌人会早些对我们施放毒气。这种或许会发生的情形，武装部队绝对可以应对，如今面具、眼罩他们已经用惯了。不过，最妥当的做法是重新给众指挥部下达指令，且为了防范或许会用的新型毒气，考虑是不是要用新型过滤设备。

关于此项，请写份汇报给我（一页）。

2. 可是普通民众拥有的防毒面具是个什么情形？这些面具有没有时常维护？眼下随身带着面具的人非常少。有积极的防毒培训体系吗？这件事看上去已经非常紧迫了。请针对眼下的情形，还有怎样得到更高的工作效率，及早交份报告给我。此份汇报也应当含有消毒措施和工作人员等条款在其中。

3. 最后，我们正大规模展开防范毒气的计划工作，都绝对不能在报纸上或是英国的广播中泄露出来。这极其重要，否则只会被敌人当作一部分理由，说我们预备对他们使用毒气，可是我仍旧觉得有必要进行一次全国性的努力。

首相致本土部队总司令

1941 年 1 月 20 日

要是为数不多的巨型水陆两用坦克到岸上胡作非为，你预备如何应对？我猜你的轻型武装会对他们进行围困，死死地看住它们，不让坦克兵填充原料或者拿到食物、睡上觉，或许会让他们无时无刻都需要车上铠甲的守护。我这么想，正确吗？登陆的这种坦克若数量在四十辆以内，那在大炮、地雷和坦克陷阱能够起到的效用之外，用这个方法能将它们逼上死路吗？

不管怎么样，望告知你的方案。

首相致枢密院长   1941 年 1 月 21 日

　　我得到消息，近几周每周送到伦敦的煤是二十五万吨。矿务局若没算错需求量，那眼下从 3 月末，除非每周送四十一万吨过来，否则就会出现煤炭不够用的情形。

　　我想知道矿务局的预测对不对，还有，你若认可，你预备用什么方法依照需求量提高供给？近来的三个月，为什么铁路的运煤量居然降到了去年的五分之三？这让我无法理解。

首相致卫生大臣   1941 年 1 月 21 日

　　伦敦各个收容站里流浪者的数量能减少得再快一点儿吗？我真想这周就能让他们全都离开。下次的猛攻什么时候会来，没人知道，因此一个没发生空袭的星期真的是十分珍贵的机会。

首相致伊斯梅将军，转参谋长委员会   1941 年 1 月 22 日

　　对罗弗敦群岛发动攻击是否会惊扰到挪威海岸，进而使得德国发兵进行援助？我认为不存在此种危险，因为我们攻击的对象是某些岛屿，并且明显和封锁行动相关。我得到消息是，此次战斗没有朝岸上推进的必要。

　　你们的意思如何？望告知。[①]

---

　　① 1941 年 3 月 4 日，在挪威北面的罗弗敦群岛，两个突击队发动了一次非常成功的进攻，毁掉了敌人的重要物资和几艘船舰，抓获了二百名德军俘虏，救下了所有的三百一十四名挪威志愿军。我方部队在 12 月 26 日发起的第二次进攻里再次暂时夺取了港湾。——原注

首相致空军参谋长、第一海务大臣及第五海务大臣

1941 年 1 月 23 日

（抄送海军大臣和空军大臣）

我要提醒你们，再没有什么事情比及早想办法给在地中海战斗的航空母舰配置十几架"格伦门·燕子式"战机或者重装的"普鲁斯特式"战机更重要了。在此事上，我已经催了不少时间，可如今地中海地区总指挥发出的第 824 号文件说得非常明白，"'海燕式'战斗机的速度确实太低。"为我们的航空母舰配备少量确实高速的战斗机完全有需要。要是少了这些战斗机，我们船舰的整个行动都会受到损害。机翼无法折叠的麻烦、刹车钩不足等情形，我非常清楚，可是说这些难题 4 月之前肯定解决不了，却一定不能草率相信。

我希望你们能仔细考虑一下，这件事先一步办成的可能性。就算提供的飞机数不多，对你们也是极有益处的，能给你带来很大的缓解。作为一种特别的工作，手动将几十架飞机的机翼变成折叠的，应该能做到吧。

我认为，这种小范围改动的紧迫性和关键性，大家还没完全明白。

首相致军需大臣

1941 年 1 月 23 日

1. 有关步枪（新的）的事。以下是从去年 8 月到现在步枪出产量减少的情形：

8 月……………………9，586

9 月……………………8，320

10 月……………………7，545

11 月……………………4，363

12 月……………………4，743（基本是以现有的部件配置的）

据我所知，这种减少，其原因是伯明翰的小希斯工业区遭遇了若干次空袭，彻底停工了。我想知道如今生产恢复得如何了。

2. 在9月、10月和11月三个月，三点七英寸高射炮架的出产率（它制约了器材的组装）大概是一个月八十架。可12月，就少了百分之三十到百分之四十，据我所知，这是因为伯明翰和考文垂遇到了空袭。原本预期的交货量会发生什么变化？

首相致伊斯梅将军，转参谋长委员会　　　　　1941年1月26日

周五我去多佛尔考察，看见那些最新最优异的炮台的装配工作开展得非常迟缓，并且干一会儿停一会儿，这种情形让我十分焦虑。

（1）有些炮原本即时就能架起来，可因为配套设施比如瞄准器和操作器等没到位就无法加入战斗。海军军需署长如此提议：可以临时灵活地制些简易能用的控制设备，及早让这些大炮参战，尽管在技术层面上，这些简易设备满意度不像之后提供的正规控制器那么高。

（2）一些大炮总是没有炮架，于是无法安装好留用，这是由于固定炮架的木料不足，工作的效率非常低以及天气限制造成的。

在第一条上，这部分情形在附加的《工作进度报告》里已经介绍了，不过若是例如"没有确定交货时间"这种硬邦邦的言辞都能认可，那只能得出这种结论：此间劳动的积极性不足。

在第二条上，要是开展工作必不可少的设施不足，那好像就得马上采取一些行动了，而工作人员的事，可以交给人力部处理。

据我所知，通过"惯常的渠道"，种种延迟原因都已经提交过了，可是按照熟知当地情形的人的了解，好像没见到什么措施。所以从"惯常的渠道"的另一头起，从上到下地予以审查，好弄清在解决此事的进程中，到底哪一环造成了延迟的出现。

通过拉姆齐海军上将的话，我知道他是这么想的：尽管有几个职

位低一点儿的将领在自己职责内积极主动，可是好像所有高级将领都不觉得自己需要关注此事，所以才导致了此项工作动力不足。

海军部军需署长曾经说，那两个弹药不足，也就是五英寸半信管和六英寸炮弹不足的问题，他可以想办法处理，可是在"惯常的渠道"里，有关此事的汇报好像也停了。

将这些炮台建好的工作是非常急迫的，因此我让参谋长委员会下达所有必需的指令，且让他们催促每周进行汇报。

首相致自治领事务大臣　　　　　　　　1941 年 1 月 31 日

你（和杜兰迪先生）讲话的总体原则，我是认同的。就如同你说的那些原因一般，我不管在什么情形下都不会给出那种承诺。

有关武器之事。南爱尔兰要是真想参加战斗，我们自然会把我们的防空设备分给他们一些（要是能行），并且，还能暗中和他们合作，尽量帮他们完成所有必需的防御工作。可是，除非南爱尔兰的态度合我们的心意，否则，我们是不愿意让他们得到更多军火的，并且我们自身也必定不会为他们提供军火。

斯威利海湾的妥协意义重大，它显露了事态的走向。我们抵制爱尔兰中立策略的深切而激烈的感情，一定要让德瓦莱拉先生知道。我们虽然已经默认忍下了这一策略，可我们从没在法律上认可是个独立自主的国家，并且自治领的身份，它已经自己舍弃了。它在世界上的位置既模糊又怪异。眼下这种形势要是保持到战争终了（恐怕不会这样），在南爱尔兰和北爱尔兰中间就会出现一道这辈人越不过去的天堑。

2月

首相致经济作战大臣   1941 年 2 月 1 日

（抄送财政大臣和军需大臣）

就算德国能够以铝来替代铜，可这两种金属在整体的供给情形上极可能非常短缺。考虑到此种情形，你们肯定已经在研究怎么做才能让它得不到铜的供给了。

据我所知，南美的铜矿剩余量非常大。我听闻，如今还没有证据表明已经有铜从南美运到了德国，不过去年南美曾经大概出口七万吨给俄国，十五万吨给日本，而且按照估算，俄国和日本的铜储备量够一年之用了。德国要是把储备用完了，明显会竭尽所能地去拿南美的铜，因此，最重要的是先想办法不让日本和俄国扩充储量，并且关闭德国拿到智利过多的铜矿石的渠道。

从加拿大、罗得西亚、南非和比属刚果，我们正进口大概六十万吨铜。因为这些渠道全在我们的掌控之下，因此我们能够掉过头购买南美的，而不担心德国在我们舍弃的渠道中得到供给。

我知道你们始终在想这件事，也清楚财政部对于我们应不应该将钱花在抢购上心存疑虑。请告诉我，你们的计划是怎么样的。

首相致伊斯梅将军，转参谋长委员会   1941 年 2 月 2 日

或许"玛丽"（吉布提）是一次非常有意义的武装行动。这些塞内加尔人应当一直留着，直至外国部队的一个营赶到，而非将他们派去阿比西尼亚。准备将他们安排在哪里，如何安排？

魏刚任何时候都有机会站到我们这边来，这一点必须予以考虑，要当真如此，自由法国的部队就能开赴吉布提去鼓舞那些走回正道的驻军，甚至能和意大利部队战斗。

我们在厄立特里亚的进军若能让英国部队和吉布提的法国移民建

立往来，那么，就有机会出现另外一种有益形势。不管怎样，这种有益的形势既然有发生的可能，那我们要是不掌控住现存的法国部队，就太遗憾了。而政治结果，不到开战的前几天是推断不了的。

首相致陆军大臣   1941 年 2 月 4 日

　　看看 2 月 4 日的《泰晤士报》吧。按照这份报纸上刊登的，这个师上到将军下到战士全都必须参加七英里的越野跑比赛，当真是这样吗？军事参议院觉得这是个不错的法子？照我看，这实在太过了。一个校官或者将官因为要和年轻人比赛，一口气在郊区跑了七英里，弄得自己一点儿力气都没有了，有什么道理？将领们自然有维持自己身强体健的责任，可是更要紧的是为下属的战士们考虑，并且对有关他们的安危和闲适的事进行决断。谁是这个师的司令？他自己去跑七英里没有？若是如此，那相比于战斗，他或许更适合去踢足球。拿破仑能在奥斯特里茨的郊区跑上七英里？怕是他逼得其他人逃跑吧？按照我这么多年的观察所得，在高级将领里，有顶级运动员资质的，作为将士未必优秀。

首相致伊斯梅将军，转陆军大臣和帝国总参谋长   1941 年 2 月 4 日

　　（抄送本土部队总司令）

　　有人说，无论形势怎么危急，或者如何认真地先把准备工作完成，想从大不列颠朝爱尔兰派一个师，没有十一天绝无可能。你需要密切关注此种言论。我们只要想想去年 5 月大量军队在敌军持续进攻中自敦刻尔克调去多佛尔及泰晤士河的时候，就会发现兵力调度明显成不了限制条件。所以大炮和车辆调动才是问题所在。这确实有专门进行分析的价值。请将这十一天如何部署的详细进度表（需要对人员、大炮和车辆上船的顺序进行介绍）交上来看看。在这个进度表里基本可

以发现，根本不用十一天，这个师大概九成的人都能参战。除此，还有个方法：部分运输车、军用产品甚至某些大炮，算上轻机枪战车，都能从我们国内的储存里拿，先行运往爱尔兰；那里要是用不到，也算是我们的存贮。我们现在时间还够，既然如此，我们不妨想些高明的办法减少这十一天，让一万五千名战士的运送出现在两个装备优良的口岸间（只航行几小时即可）。为了实现部队快速调度和分散这一重要战略目标，要是有需要可以在一定范围内改变原本的编制水平。

我们绝不能忘，在刚刚进行的名为"胜利者"的演习里，（我们曾经假设）含两个装甲师和一个摩托化师的五个德国师迎着激烈的反抗，在荒芜的海岸上，而非有码头和起重机的口岸，在大概四十八小时里顺利登陆。我们若是假设德国人可以这么做，或者甚至只能实现二分之一，那我们就需要用此种情形来同此种论调——要用十一天的时间才能从克莱德河口向贝尔法斯特派一个师，对比一下了。除此，还有参谋长委员会，他们是这么说的，在没有遭遇反抗的情况下，要用三十天才能让一个英国师顺着丹吉尔的码头登陆。在"胜利者"演习里，给德军设计登岸方案的将士们或者能给出些意见，如何才能不用十一天就将这一个师的人从贝尔法斯特送去爱尔兰。我想知道，是哪些军官周密计划、拟定详细步骤，努力争取用十一天来实现这次调动的。不妨让他们接触一下在"胜利者"演习中模拟德军的那些军官，吸纳一下他们的才智。毕竟，那些军官能让大批德军在我方海岸快速登陆，并仅用 48 小时就让整师的装甲军团和摩托化部队彻底进入战斗状态。

运送这个师的决策明显最好是尽量别在短时间急着给出，如此为了用少的时间将这个师运出最多去爱尔兰参战，就需要我们制订出最佳方案。除非此项调研考察已经弄妥，否则，我是不会同意对这个师进行调遣的。我们觉得敌人可以完成的事，和其实我们自己能完成的事中间，有着显著的距离，这一距离，我们一定要竭尽所能地弥补。

首相致内政大臣   1941 年 2 月 5 日

　　一个战士或者一个年纪已经足够服役的男性，让他去做烟雾防御的工作，在我看来并不合适。大龄的志愿者、女性或者少年你要尽可能地用起来。对于能用在现在的部队里的人，很快会有极大的需求。你眼下同陆军部提的条件，我没办法接受。

（即日办理）

首相致海军大臣和第一海务大臣   1941 年 2 月 5 日

　　1. 运载着非常重要的武器的几支运输舰队眼看就到了。我清楚你们情况危急，可我坚信你们会竭尽所能。

　　2. 我们又获得了一批赠送品：步枪二十五万支和 0.300 英寸步枪子弹五千万发。让这些军火又快又安全地抵达这里这一使命，十分重大。望和别的相关方面讨论此事，并将分析的结果汇报给我。把超过五万支的来复枪或者超过一千万发的子弹放在一艘船上运送，这我绝不同意。尽量装得少一点。

首相致农业大臣   1941 年 2 月 6 日

　　养猪数量的急剧降低压制了饲料的销路，所以你担心数量高达五十万吨的北爱尔兰土豆若是卖不出去，或许只能销毁，这我已经看出来了。

　　我留意到，你对粮食政策委员会第五次大会曾经态度积极，可是详细的意见针对的只是二十万吨，问题才解决了一半啊。

　　要是真剩下这么多饲料，另一边又因为担心饲料不够，致使养猪的数量急剧降低，好像就太糟了。我坚信能够找到将这些多余饲料予以利用的方法。如今，扔掉数十万吨的食物，我们哪有能力承受？

首相致空军参谋长　　　　　　　　　　　　1941 年 2 月 6 日

　　我们在前段时间曾经让希腊给十四个空军中队预备机场，如今这个工作还没结束。此外，在多次沟通之后，你提议派十个中队去土耳其，土耳其人尚未同意此项提议，不过有同意的可能。收到我的电报之后，土耳其总统已经提前终了自己的旅程。如果他们真的同意了这一提议，但希腊见到这个情况，要求在已经提供给他的五个中队之外，再增加支援，你要怎么做？此事，我认为必须仔细想一想。我也会花大力气同你一块儿考虑此事。可是事实上我们难道不是将一头猪同时卖给两个客人了？我们或许能从法律的角度就"应允"这个词给出模糊解释，可是在我看来，此事我们一定要深入分析。你的意思如何，有什么办法？望告知。

　　在时间或者先后顺序上，从前没说过，因此在这点上我们有很大的操作空间。

（即日办理）

首相致海运大臣　　　　　　　　　　　　1941 年 2 月 11 日

　　在到达利物浦之后，"新多伦多"号船舶接到命令转北朝伦敦开，是真的吗？由于船长不同意，他说船上转载的货物非常珍贵，光手持机枪就有一万九千六百七十七架，子弹二百四十五万六千发，之后这一指令才撤销，事情属实？每次有这种装着大批珍贵武器的船舰开到的时候，你要十分小心。

　　望务必交份报告给我。和这封信一起的是一份将要抵达的船舰的名录，我素来按照这份资料探查这些重大物资的下落。上边说的那艘船在第五页。

首相致海军大臣和第一海务大臣   1941 年 2 月 12 日

有关"暴虐"号现状的汇报，我希望每三天就能看见一次。最急迫的工作就是夜以继日地抓紧工作，好让它可以适合战斗。

首相致外交部   1941 年 2 月 12 日

我们已经提出重要意见给魏刚，不过尚未得到回应。明显，唯一能对维希起效的压力是来自纳粹党人之手。眼下我们在他面前的姿态不应该是祈求。除非他借助一种渠道回复了我给他发的电文，否则，不能让他拿到物资。截至目前，这些人也没显露出任何崇高或者英勇的品性，因此在他们明白过来之前，降低他们的粮食供给最为合适。

海军那边若情况允许，应在需要的时候采取封锁策略。

（即日办理）

首相致伊斯梅将军和布瑞奇斯爵士   1941 年 2 月 12 日

（在电报稿上）我看见一种新标志："仅将领可看。"由于在将领之外，还有不少人需要了解最秘密的事情，因此我觉得这个方法并不合适。请告诉我，这个方法是如何开始推行的，不过如今我绝对认为它需要终止了。

首相致枢密院长   1941 年 2 月 12 日

伯金博士（在他对政府机关的独断风气进行指控的信里）说得一点儿错都没有，所以不该用官样文章去应付他。我建议你去拜访他一下，对他说的事情予以处理。政府一点儿都不能公正地对待别人的事，我听说了不少。我认为伯金博士的信或许是个让你使这些单位确实振作精神的不错的机会。一般民众对于某些不好的事情的感触，一个人在握有权力的时候是无法理解的。伯金博士人才华出众，又经验丰富。你能否让他直抒胸臆，看看他有什么提议？他对某些旁事给出的见解，我觉得说得非常对，你问问他能不能给出一些实际的例子。

首相致军需大臣，转进口管理局　　　　　　1941 年 2 月 14 日

我非常急迫地想要派一个足额的步兵师，带上大炮和必需的车辆，同 W.S. 第七运输舰队开赴中东。用将别人撤下来的法子就能将士兵插进去，可是得另外准备船舶来运输大炮和车。我得到消息说，陆军部原本就预备让这个运输舰队运四百五十辆车，不算它需要的船，还需要八艘运输舰来运送汽车。

据我所知，想让这些船和运输舰队一块儿或者在运输队抵达之后很快就开到埃及，装船的工作就一定要在 2 月 21 日左右启动。请想想如何得到这八艘船，并且同我汇报办法有哪些，还有这会让输入工作产生什么变化，不过暂时不要行动。

首相致帝国总参谋长助理　　　　　　　　　1941 年 2 月 15 日

按照你的汇报，大家会觉得（多佛尔的防务）全部事项都开展得十分顺利，一点儿让人为难的地方都没有。可我在那里见到的那些处理此事的将士们却完全不这么看。他们怨气冲天，言辞中充满情绪，让我十分难过。我要求每周都能看到海防炮队司令的汇报，这些汇报可以从你那儿转过来，你要是有什么看法，完全可以写在上边。

首相致爱德华·布瑞奇斯爵士　　　　　　　1941 年 2 月 15 日

（我着意指出，只有战时内阁和陆海空军的众位大臣可以传看。）

去年 9 月，我们就这全部的情形（空袭时，白厅容易受到攻击）进行分析，进而得到一个意见——我们能在伦敦坚守到最后。如今，

尽管各建筑离安全还有很远的距离，可已经有了不少好转。迁都的难度确实非常大，不过3月1日之前，在另外一个地方的总部一定要预备好，让它处在一个任何时间都能启用的状况中。我始终在意的是，本国军队的大本营，唯一的防护措施就是他们用的房子的结构非常坚实，除了这个，就没有别的防护工具了。

在中心战斗指挥室一千码范围之内，曾经落下了多少颗炸弹？那种我们没有仔细筹备过的论调，我本人并不认同，不过我们的确应该为承受一次以两千磅甚至是五千磅炸弹进行轰击的新攻击做好防范工作。

在保护国内军队大本营上，应当以更快的速度予以更多的努力。

首相致经济作战大臣　　　　　　　　　　1941年2月16日

（新闻大臣亦览）

有关（在法国和比利时用来扩散的）联络宣传单，我是支持的，不过全部工作要靠你和新闻大臣为一边、戴高乐为另一边的两边的紧密沟通。对于戴高乐，我们决不能约束得太厉害，维希那边从没善待过我们，甚至完全没有礼貌，因此我们的首要策略仍旧是推动"自由法国"运动。我深信你要是和戴高乐或者他的人去协商，所有事都能得到妥善的处理。在我看来，眼下彼此竞争的法国人里，没有人比他更好了，因此我想要尽量去帮助他。

（即日办理）

首相致陆军大臣和帝国副总参谋长　　　　1941年2月17日

1.在我看来，派这个师去（北爱尔兰）并不合宜，更重要的原因是我们或许会将第五十师调离。

2.不过与此同时应该拟订方案，好在必须调动的时候，可以按需求增加调遣的速度。这些方案应当含有：（1）启用默尔西河口和克莱德河口的主张，海军部不赞成，所以要再考虑考虑。小一些的能作为登船的码头有吗？（2）在部署调遣任务的时候，留四天的准备时间，好将多出来的车辆运输船在这四天里收拢到一起，可以吗？（3）某些车辆不赞成调遣的主张，有深入分析的必要。例如，这些部队还没离开英国的时候，可以给它们额外发一批车作为训练之用，之后将这批，或者是一批旧的送去爱尔兰。如此小数量的需求，我不信无法从车辆的流动储备里抽出来予以达成。稍微检查、收紧斯劳等地的车库，需要的汽车肯定能拿到。

3. 在调动这个师的时候，海峡两边有十一天是无法战斗的，要是不能将这个时间减掉五天，我们无论如何也不会觉得合适。一定要将这个时间减少到六天，可是各个层面或许想要获得一定的防范通告。

首相致陆军大臣　　　　　　　　　　　　　1941 年 2 月 17 日

这批出色的战士（在巴基斯坦的骑兵师）的经历，让我感到非常可惜；陆军部找不到别的更合适的方法，只能在 6 月将他们全都送回国内，着手培训，如此，他们有很长时间都无法参战了，这也让我觉得十分遗憾。

帝国总参谋长说"深秋"，这有什么切实的含义吗？

这个师在这段时间以内，或许可以承担以下工作中所有必需的工作，比如守护苏伊士运河、维护秩序等，或是在需要的时候押运俘虏，好将某些英国的营撤换出来参战。

首相致伊斯梅将军　　　　　　　　　　　　1941 年 2 月 17 日

日本要是入侵英属哥伦比亚，在对待那里的日本移民方面，有什么部署吗？这自然要由加拿大政府来管，可这个自治领没有充足的部队进行调遣这件事，也惹人注目。大概三十年之前，在发生抗日动乱的时候，日本人的行动不仅非常顽强，还很有系统，最后形势被他们彻底掌控了。

首相致外交部　　　　　　　　　　　　　　　　　1941 年 2 月 17 日

带着怀疑和忧虑，我关注此种形势的进程（让达尔朗海将当贝当元帅的继任者）。在维希那边，我们只得到了不友善的对待。由于达尔朗这个人阴险、吝啬、充满野心，又不像莱法尔那般臭名昭著，所以在我们看来，相比于达尔朗，让莱法尔做继任者更合适。照我看，绝对不能给这种人好脸色，除非我们没有船舰了，否则都要展开封锁。眼下，对于戴高乐将军和"自由法国"运动，不应该继续摆出冷硬的态度了，尤其他们还帮过我们一些忙，并且我们曾经十分严肃地和他们承诺过。侧重点应该稍有改变了。

首相致亚历山大·卡多根爵士　　　　　　　　　1941 年 2 月 17 日

艾登先生下令让驻外国大使别再给外交部发长篇电文，对此，需要重新予以关注。一个外交使臣的热情和效率，不是靠他给出情报的量来评判的，靠的是情报的质。他一定要先帮自己做很多选择，而非将那些彼此冲突的闲言，只要听到了，就一块儿通过拥堵的线路发给我们。发过来的情报过多，真实情况如何就不好判断，如此就变成只看得到局部，看不见整体了。将"背景资料"打包发过来，倒是没什么坏处。

首相致参谋长委员会、陆军大臣和帝国副总参谋长
　　　　　　　　　　　　　　　　　　　　　　1941 年 2 月 17 日

1. 千万别因为"师"这个字眼弄混我们的观念。师是各式兵种聚

集成的整体，用以对敌的一个战略单元。几个师合到一起形成军、集团军和集团军群，体系越大，持有部队就越多。一个地方，要是无法将师当成整体去用，或者将师当作超过师体系的一部分去用，那就没有上面说的那些特征。尽管为了推行行政工作方便，对有特殊使命的，和一个师差不多的部队，能够称之为师，但我们不可以因为这样就误会了。

2. 例如，我们时常谈及一个在冰岛的"师"，可是要是将这个师和那些同德国人战斗的师同等对待，就荒唐了。这个师是必须完成的工作，还有它的布局如何，我们如今已经了解了。它分为若干防守部队，在一个辽阔地区的众登陆点坚守，毫无疑问，它有一些机动部队，能够快速开赴所有遇到危险的地方。它的炮队和师之外的军队，还有供应线上的后勤，应该依照合乎冰岛现实工作的尺度进行组织和调配。管它叫"冰岛部队"就可以了，它和普通的师一点儿相像的地方都没有。它或许在一些方面有更多的需求，而在其他方面的需求更少。

3. 非洲殖民地师，的确根本不该称为师。任何人都没有让它们和一个欧洲部队战斗的计划。它们是由大量西非和东非步枪兵构成的，这些步枪兵被划分成营，在展开行政上的工作后，被划分成旅。眼下我们能够预测出，在北非的意大利部队在若干个月之后将被翦除。在那以后，又有哪些敌人会来同这三个非洲殖民地师战斗呢？一切了解这些辽阔区域的人，都看得出来，这些非洲"师"将被疏散到众多小岗哨和据点中，不过会留下一些含有装甲车等在中间的机动部队。而那种给它们供应师或者军会有的炮队，且依照英国规范为它们装备运输线部队的想法，可不聪明。北方，比如利比亚，因为天气寒冷一些，这些部队就无法启用。我们难道要这样的假设？阿比西尼亚才获得"解放"，我们就去镇压它。人们确实在构想全部东北非会迅速恢复和平期间的状态。所以，非洲殖民地这三个师，在我看来并不是师。事实上，它们只是非洲防御大军里的一些杂牌军队罢了。

首相致帝国副参谋长和作战局长   1941 年 2 月 17 日

韦维尔将军手里的英国正规营有三十一个，按照我算得出来的，里面编进师编制里的大概仅有十五个营。我要是说错了，请予修正。让他给克里特岛和马耳他岛抽调几个营，就这么难办，实在让人惊讶。要是将西非旅自肯尼亚调往弗里敦，那眼下可以将在那儿越来越没用的那两个英国营调过来插进尼罗河集团军里。

全部这些军队——将战俘押去印度的三个营、巴基斯坦眼下还没用起来的全部义勇和正规骑兵师、传闻尚未依照正规体制标准配备的大量澳大利亚军队、波兰旅、正等待划归且尚未遭受任何损失的特遣部队，要是能高明且有效地使用起来，都是不错的兵源。

有英国营在东非吗？

这些事情，请帮我进行探究。

首相致运输大臣   1941 年 2 月 18 日

对"新多伦多"号的卸货和转换口岸进行决断那群人，我听闻他们居然不知道船上装的货是什么，非常吃惊。装运着大量武器行驶过来的船舶，我自己一直都亲自进行核查。你既没有及时索要这种船舶的清单，也不曾亲自关注这些关键货物的命运？要是不曾，请马上予以布置，并告诉我什么时候能部署好，还有部署的详细方案。

首相致劳工与兵役大臣   1941 年 2 月 20 日

（抄送军需大臣）

我们的弹药极其紧张。因为填充弹药的原因，生产受到了彻底的影响，而因为人力因果的问题，填充弹药也受到了影响。我们眼下拥有的这些制造厂，要是我们能够提供人力，让制造厂接着运作，那弹药的制造量到了 5 月中旬，可以增加到两倍半。

需要增加的人力：

3 月 31 日之前	5 月 15 日之前
男工熟手……………340	940
其他男工……………9，100	20，100
女工………………22，500	40，900
总计（约）………32，000	62，000

望告知，在供应这些劳动力上，你们有什么难题，还有正通过哪些手段在解决这些难题。

首相致军需大臣　　　　　　　　　　　1941 年 2 月 20 日

如今已经做了布置，以便使船运数量和按照船运数量制订的消费方案的数量结合得更密切，这让人欣慰。

在这段时间之内，虽然需求量多了，可是看上去这一季度的前五周里，给用户的钢的出货率没比以往的三个季度高。

据我所知，在以往的七个月中，进口的钢数净重是二百三十万吨，钢制造量净重是五百一十万吨，可交给用户的钢净重仅是六百一十万吨。这明显超出来的一百三十万吨，要是拿出一些交给用户使用，情形不就极大地缓解了吗？

据我所知，铁矿砂的进口量仍旧比原本预计的要多，至于钢和别的货物，就少于计划。从船运的情形上看，这好像并不合理。

首相致石油管理委员会秘书　　　　　　　1941年2月21日

1月11日之前的一个星期，石油的进口量非常小，这件事发生之前，曾经有报告送过来，说1月11日之后的进口量仍旧非常低，只达去年1月份进口量的半数，而且只达使用量的半数。

为了不用自波斯湾绕路好望角经过漫长的路程运过来，我深信你们正想方设法，尽可能地从美国获得石油。试试和美国制造商洽谈，让他们东方的买家在波斯湾、缅甸与荷属东印度获得供给，好补充给我们运来的等量的石油，与此同时，想些维持信誉的措施。

首相致加拿大总理　　　　　　　　　　　1941年2月21日

2月17日你在加拿大下院的演讲稿，我看了觉得非常高兴。你让大家对将来的一次非常严重的动乱有了精神准备，这非常对。念及如今我们的准备远比去年秋天要好，心里觉得安慰。我还要同你说，这里所有的人都因为2月2日你在广播里对自己收集真相的强劲罗列而受到了非常大的激励。在这儿，你们的船舰和飞机正在完成崇高的使命。你们的空军训练方案居于战争首要环节之列，而且或许是关键性的一环。你们的陆军方案用处极大。上周，我和麦克诺顿一起享用了午餐。就还针对加拿大部队的事，和他以及他的首要将领们进行了长谈，这些部队已经在我们的国防要地坚守着了。陆军大臣眼下就在我这儿，对这所有的事，他表示了支持，并向你献上最诚挚的问候。

看见全英国戮力同心，真让人高兴。朋友，相信我吧，在指引加拿大的庞大的战斗努力上，你为何能取得成功，我是知道原因的。

首相致陆军大臣　　　　　　　　　　　　1941年2月22日

1.得到认可的我们的陆军，有五十五个师，以及一个另外的南非师，不过按照我的意思，得减去三个非洲殖民地师；总共有五十三个战略师，其中装甲师的数量应该是十一个。我认为这个目标，眼下不用动。

2. 在未来的六个月里，陆军要十三万人，但人力大臣预备供应十五万人。你看这么做会不会更加妥当：眼下拟订六个月的方案，四个月之后，等我们对战斗的规模和属性有了更加清晰的认知再重新考量形势？

3. 请告诉我，人力大臣的汇报和林德曼教授给我预备的那几份文件（将当作机密文件对待），你的看法如何。我十分希望装甲师的扩张可以超过现在正施行的，不过由于眼下的难题不是人力上的，而是坦克和坦克炮上的，所以不需要当下就进行决断。

4. 请你安心，我肯定会竭尽所能地声援陆军，不过，得让我们相信陆军会主动精缩，我才会提供援助。

首相致亚历山大·卡多根爵士　　　　　　1941 年 2 月 23 日

这全都表明我们应当接着为戴高乐将军提供更多的支援。一个人受德国人的喜爱而当上了国家领袖，对于一个这样的人，法兰西民族会对他忠心？我是不信的。我们应该不厌其烦地劝说华盛顿别为法国未沦陷的地区或者北非提供食物。要让驻华盛顿的我们的代表知道，大家因为维希—魏刚行动的情形而生出的各种敌对情绪，以便实现这一目标。达尔朗的确是个充满欲望的流氓。他的诈骗行径和魏刚的懦弱窝囊，大家正看得越来越明白，这会提高戴高乐的声望。

首相致帝国副总参谋长　　　　　　　　1941 年 2 月 26 日

眼下存在于印度的老式大炮的种类和每一种的数量，我想要了解。我期望在那儿新设立的某些团体的训练能够用投射二十五磅炮弹的大炮进行，可事实上，那里没经过改装，可投射二十五磅炮弹的现存老式大炮，已经够那里用了。再者，我预计印度的那些老的炮兵团队，不算那四个师的炮队，肯定已经按期得到大炮补充了。

印度还有储存的老式大炮吗？

首相致伊斯梅将军　　　　　　　　　　1941 年 2 月 26 日

我希望知道马来亚的部队和新加坡的守军的部署情况和需要供应的人的数量，并且对那里武装体系的情形进行介绍。

（即日办理）

首相致海军大臣和第一海务大臣　　　　1941 年 2 月 28 日

按照汇报，原计划 3 月 2 日开到尤湾的"加尔各答城"号将驶往哈尔，3 月 9 日到达。尚不能让这艘船开去东海岸。它装载了一千七百挺机关枪、四十四台飞机引擎和超过一千四百万发子弹。对于大不列颠的防御工作来说这些子弹必不可少，而这一防御工作，极大的可能是由海军托付给陆军和空军去做的。尽管有各种新的险情，可仍有人建议这么一艘船开去东海岸，真让人生气！这份备忘录，我预备给交通大臣抄送过去。

眼下"尤利阿迪斯"号是另外一艘十分关键的船舰，它应该在 3 月 3 日驶抵利物浦。这艘船装的子弹有九百多万发。

怎样处理这两艘，我希望你们能给我一份专门的汇报。

3 月

首相致陆军大臣　　　　　　　　　　　1941 年 3 月 1 日

听说那二十五万支步枪和五千万发子弹，已经和护送加拿大部队的舰队一起平安到达，我才安下心来。在我提起海军部应该用美国的 0.300 英寸步枪换掉 0.303 英寸步枪时，有人在其他汇报中跟我说，要是将新运来的美国步枪交给在英国的守军，挪出二十五万支 0.300 英寸的步枪给正规部队使用，或许能出现更多的改变和更佳的成效。我认为眼下可以按照他说的那样做。美国步枪前一次运来的时候，我们曾经照旧演习过一次，而且备车等待等等。对于这些新的意外之喜，我希望你及早预备一次演练，好将这批军火能够及早交给需要的人。

你们正在进行怎样的部署？望告知。

首相致殖民地事务大臣　　　　　　　　　　　1941 年 3 月 1 日

韦维尔将军和大部分英国将领一般，是坚定拥护阿拉伯的。在给那些遭遇船难的非法移民发准许证的时候，他发了一封比这封的言辞更加尖锐的电报。在电报中，他推测阿拉伯世界将出现广泛的灾祸，还会丢了巴士拉—巴格达—海法这条线。这封电文和我的回复电文应该拿出来认真翻阅，在回复电文中我反驳了韦维尔将军，并告诉他内阁为什么会这样决定。万事顺利，没人出声。

从以上情况看，这全部的胡说八道完全没有影响到我。见到新近取得的胜利，阿拉伯人眼下是不会闹事了。可是为了"光辉"（支援希腊）的方针，我不愿意让那些和眼下战事不相干的事情的持续争辩惹韦维尔将军心烦。所以，应该同威兹曼博士说，有关犹太军队的计划一定要延迟六个月，不过过了四个月可以重新研究。只要说武器不足这个原因就行了。

首相致国内安全大臣、新闻大臣和空军大臣　　　　1941 年 3 月 7 日

我们经过仔细分析的用来度过 7 月到 11 月（7 月和 11 月这两月也在其中）的措施，我不觉得有舍弃的理由，因为空袭在以往两个月

里已经少得非常多了。对民众的气势造成了"不好的影响"？我是没有发现，实际上，在我看来这些事他们已经习以为常。所以，就像有人同我提议的那般，我们用于对抗敌人对普通民众的胡乱轰炸（敌人眼下或许已经不再这么做了）的策略，我们决不同意改动。敌人击中了特别的军事目标，我们就给出确切的信号，我会觉得更沮丧。可是，这一切都仅仅是我个人的看法，因此，你们要是觉得有需要，我非常支持将这些问题交付内阁重新进行研究。①

首相致伊斯梅将军　　　　　　　　　　　　　1941 年 3 月 9 日

　　此次（攻击卡斯特洛里佐）的武装行动，实在让我觉得摸不着头脑。我觉得三军参谋长需要认真查一查。这么一大群援兵，海军怎么能让它们登陆呢？像是这类的情形，重点都在海军能不能封锁这个岛屿。为了将要来临的，以及更加要紧的某些战斗行动，我们需要把此事解释清楚。并非想要为难那些正在不少方面帮我们取得优异的成果，并且精神也非常紧绷的人，只是不想让这种傻事再次出现，对我们的胜利而言，这绝对有需要。②

首相致伊斯梅将军　　　　　　　　　　　　　1941 年 3 月 10 日

　　因为我们的战斗机在云层较低或者有雾的时候无法找到敌方飞机，所以只有这个时候，低空袭击才会引发切实的危害。应当考虑借助挂在小气球上的空雷去守护工厂。由于它需要的上升力量只有二十

---

　　①　这是在回复国内安全大臣、空军大臣和新闻大臣的备忘录，这份备忘录说了一些防范有关空袭引发伤亡和毁坏的不利流言四处传播的办法。——原注

　　②　卡斯特洛里佐岛处在罗德岛和塞浦路斯岛的中间，它是自多德卡尼斯群岛延伸至叙利亚的一条链形岛屿里的一环。一支英国突击队在 2 月 25 日没遇到多少反抗就拿下了此岛。海军因为不曾留意事情的进展，退到了塞浦路斯。之后，敌军发动激烈空袭，他们的援兵，没遭遇我方海军的对战就登陆了。我们只得舍弃了此岛。——原注

磅，所以用一只非常小的气球就行了。他们建议用这个办法对河口进行防范，在稍高的天上布置空雷。若真如此，需要制造的气球就大得多了，而巨型气球需要使用电力卷扬机……如果有稍小的、较为简易的气球，可以升到一千或一千五百英尺高但不必使用电力卷扬机，那就太好啦。有风的时候，也许可以用风筝代替卷扬机。

因为我们自己的飞机升起或者降落的时候，这些气球只能全都收起来，所以这种防御手段并不适用于机场。因此用火箭将空雷带到天上，在守护机场上，好像十分合适。

（即日办理）

首相致新闻大臣   1941 年 3 月 10 日

明显有两种情形——正在开战的地方和没有开战的地方。面对第二种情形，这个词——"停滞"（stay put），绝对不合适。最多的就是这种地区，或许占到了整个国家的百分之九十九。给这些地方下达的指令，应当是让它们"继续进行"（carry on）。

对于正在开战的地方，"停滞"（stay put）也未必就真的合适：第一，这个俗话是美国的；第二，它无法显露实际情况。民众没被"固定"在某个地方。怎么不用"坚守原地"（stand fast）或者"死守原地"（stand firm）之类的词儿呢？在这两样中间，我喜欢后边那个。这种说法是英国的，并且他能明确地显露第三段的意图。

有关破坏地图等那些段落哦，明显只对战斗地区适用。要是按照这份文件的前后文去看，整个国家的地图、车辆和自行车或许都得毁掉。

你可以这么起头："这个岛国要是遭受重大攻击，整个国家的民众会马上得到的指令，要么是'继续进行'（carry on），要么是'停滞'（stand firm）。除非那些极少数的情形，否则命令会是以下文件里前三段限定的'继续进行'（carry on）。'死守原地'（stand firm）只适合事实上正在发生战斗的地区，它的意图就是确保那些避祸的人不会拥堵交通，还有确保一切决心留在有遇袭可能地区的人，比如东海岸和南海岸一域，都要在他们居住的地方或者防空洞里'停滞'（stand firm），直至消灭或者驱走附近地区的敌人。"

首相致粮食大臣　　　　　　　　　　　1941 年 3 月 10 日

　　3 月 8 日的来信已经收到并了解。请问：你提议派去美国的食物使节团，它的意图和工作内容是什么？现在，我正认真考虑派遣阿瑟·索尔特爵士去美国推进商船制造之事。由于我们想在美国的船舶制造厂推行一个宏伟的制船方案，所以这项工作需要持续地努力和关注。迄今为止制造的船舶数量，还不到我们需求量的一半。

　　不过我觉得这件事和粮食的事不能放到一起看。美国食物丰饶，按照我们当前持有的美元配额，怎样使用我们的吨数，我们应该能做出明智之选。还用为这件事特地派个使团？

　　我始终在尽可能地压制派往美国的使团数，可是你是什么原因，我非常想知道。

首相致陆军大臣等　　　　　　　　　　1941 年 3 月 10 日

　　我们的需求，我们应该清楚地始终如一地告诉给美国政府，而不应该让他们为我们做的努力，因为弄不明白我们的关键诉求和这些需求的前后顺序而出现任何妨碍，这件事非常要紧。我最近处理了此事的一个方面，我那时下令说，应该将给美国政府预备的关于我们的战斗努力的统计报告全都聚集到我这儿，调节之后再通过我们派去的华盛顿大使送过去。

　　如今，同一件事的其他方面已经让我关注起来。霍普金斯先生汇报说，驻伦敦的美国大使馆里的武将习惯按照他们和伦敦海陆空军及军需机构的下层官员来往得到的信息发电报，可这些信息和交给华盛顿海军部和陆军部的情形一比较，差异巨大。他举了个例子：就在伦敦催美国海军部给我们调拨驱逐舰的时候，伦敦的一个军事机构里的一个默默无闻的官员却讲了一番驻伦敦的美国大使馆里的一个武将说的消息——除非我们得到的远程轰炸机能再多一些，否则想用驱逐舰攻击潜艇，没什么可能。

我期望你可以采用必需的手段，确保陆军部的官员们在和美国大使馆的人，尤其是大使馆的武将来往的时候，别发表或许会和这样的意见——一些人为了我们的权益在华盛顿努力坚持——矛盾的见解。这些官员可能不清楚，他们顺嘴一说的意见，华盛顿很简单就能知道。此外，我们时常同华盛顿美国政府提的请求的属性，和美国大使馆武将来往的官员们应该基本了解，如此，他们就能留心不发表和那些请求相悖的言论了，这也非常关键。

首相致林德曼教授　　　　　　　　　　　1941 年 3 月 11 日

为了便于我研究用铅笔在哪些地方再去掉五十万吨粮食输入，今天晚上，我希望你能帮我把分好类别的进口计划情况表准备好。

首相致空军参谋长　　　　　　　　　　　1941 年 3 月 12 日

德国人在法国北方增建机场的汇报，我看到了。我要是没算错，我前段时间预备在本岛东南方建立的机场，如今已经一个挨着一个地用起来了吧？请交一份简短的报告，告诉我增建工作进度或者完成情况。

（即日办理）

首相致空军参谋长　　　　　　　　　　　　　1941 年 3 月 14 日

　　昨天晚上轰炸机又成功了一次，只消耗一架就完成了它的狩猎。在设计和打造投弹装置上，延迟情况居然如此让人吃惊，我真是不明白。不少远比这个问题难办的工作都在解决着，可为了处理这件事，似乎已经耗费了三个月。要是无法在机械上找到处理方案，在飞机的肚子上开个口，让一个人趴着，用手将炸弹（大约和斯蒂尔顿干酪差不多大）从开口处一枚枚地扔下去，不行吗？炸弹的投掷时间不会完全有序，不过或许一样能撞好运。无论如何，这种投弹设备我得亲自见见。你要是能想办法将相关人员召到一起，今天（周五）下午四点我可以去诺索尔特机场。要是你也过来，而且在契克斯待一晚，就更棒了。

　　如今还有种新危机。空雷，以及它的电线、降落伞等意向，海军部气球防空网方面的工作者既然已经说出去了，用不多久敌人或许就会派快艇过来，而等我们做好最终准备的时候，可能已经太晚了。

　　如今，敌人好像正将视线转到默尔西河和克莱德河那边，而且肯定会慢慢挪到那些选定的地点上，眼下这个时候，的确正该轰炸机大显神威。

首相致空军大臣　　　　　　　　　　　　　　1941 年 3 月 14 日

　　1. 你的（扩大皇家空军规模的）计划，其依据是假设这四个月损失的（飞行员）人数是一千五百五十个，但真实的人数是一千二百二十九个。所以，你节约的飞行员人数是三百二十一个，你原来估测的百分之二十六这个数是慎重的。这让人欣慰。

　　2. 我始终估计且多次告诉你，在冬天的几个月里，战事会明显变少。情形的确如此。请告诉我，你对于以后的四个月或者六个月（3 月份也在其中）的推测是什么样的。由于我们正在抓紧尽可能多地培养飞行员，而且我们的计划是按照培训机构的大小来确定的，并非按照特定的任务来确定，所以你的"假定"（你乐于用"假定"这个字眼，好像用"估计"更加自然），不管怎样，只会是学术上的重要。但是，我们仍可以对可能性进行预估。

首相致伊斯梅将军　　　　　　　　　　　1941 年 3 月 15 日

我答应让第五十师和 W.S. 第八号运输舰队一起出发，而且为了确保不会因为要运第五十师（将全都过去）裁掉原本预备装运的首要人员供应，答应应该增加这个运输舰队的船只。如此增加运输工作会引发什么后果？望告知。

（即日办理）

首相致海军部军需署长　　　　　　　　　1941 年 3 月 15 日

运载坦克的船舰铸造进程如何，请写份报告给我。眼下船舰有多少艘？它们的吨位是怎样的，每次航行能装载多少辆坦克？所有船舰造好的时间和地点？它们能运什么类型的坦克？

首相致外交部　　　　　　　　　　　　　1941 年 3 月 15 日

我这个人对于君主制度是绝对支持的，君主立宪制是反对独裁体制的堡垒，加上别的一些原因，所以原则上认同君主立宪制。英国若想将自己的制度强行施加到其他国家身上，并非正确的做法，那只会带来偏见和抵抗。可是外交部的首要方针应该是在其他国家的人民自然而然地向着君主政体发展的时候，友好地对待它。我们若是不能提供帮助，自然也不该予以阻碍。

首相致粮食大臣　　　　　　　　　　　　1941 年 3 月 21 日

我希望别用"公用餐厅"（Communal Feeding Centres）这个名字。这可不是什么讨喜的字眼，让人想到了共产主义的救助站。我提议你们叫它们"英国饭店"（British Restaurants）。说起"饭店"一词，所有人都会联想到一顿美食，因此他们若是得不到其他东西，起码能听见一个不错的名字。

（即日办理）

首相致海军大臣和第一海务大臣　　　　　　1941 年 3 月 21 日

1. 在海军部的时候，我曾经多次呼吁要让在海上填充燃料的工作得到更好的进展。如今我们发现德国的战列巡洋舰一次可以航行几周，完全不去根据地或者口岸填充燃料。在海上填充燃料，若他们能做成，我们却做不成，那还有什么脸面？这种情形：在抓捕敌方舰队时，我们的船舰本有很大的机会，却扔了他们，去六七百英里外的地方填燃，已经发生过很多次了。有人说，德国人知道自己的船舰在哪儿，能将自己的油船开到那里，可我们因为用的是防守之势，处于被动状态，完全摸不清形势的发展，这种论调我是不信的。应该想办法将几艘油船安置到距离航线较近的合适的地方，如此，要是我们的船舶按照眼下的情形展开行动，它们就随时都能呼唤一艘油船过来和它相见。因为没重视在海上填充燃料的政策，英国海军的实力会遭遇重大损害。海军部有想办法处理这个问题的责任。

2. 还有一件事，甚至更让人难过，就是我们在非洲海岸外相对宁静的海面上，也无法为我们的驱逐舰填充燃料。眼下这个大运输舰队自塞拉利昂北上，一艘跟踪的德国潜艇每天都打沉一到两艘船舰，并且如今那艘护卫战列舰也被鱼雷打中了，想起这种景象实在让人难过。一艘战列舰，让它在时速为六海里半的运输舰队身后跟着缓慢前行，在三艘驱逐快艇之外，就没有别的强悍的反潜艇舰保护，这无疑是"自作自受"。那些塞拉利昂运输舰队必须和驱逐舰在一块儿。如同在我们的西北海口一域被打沉一般，在这些海面上，船舰被打沉也让我们严重受损，因为这也一样是大西洋之战的一环。我听人说驱逐舰无法应付这么远的航程。驱潜快艇既然因为局势的压迫不得不在海上填充燃料，那它们为何不能？听说有空军支援，我很欣慰。可是驱逐舰也应该有。它们一定要在整个航程中都随同一起，并让护送舰为它们填充燃料。

3.如今一定要重新探讨德国人将佛得角群岛变成潜艇加油站的事，重点研究采取什么措施。请告诉我对于上述各条你的看法如何。

首相致海军大臣和空军大臣　　　　　　　　　　1941 年 3 月 21 日

除了受到飞机的袭击，我们的船舰还受到敌人以飞机指挥的潜艇的袭击；西北海口的我们的损失，多半是因为这个。我们应该想尽办法毁掉"福克乌尔夫式"轰炸机。我们要是能用雷达之法，去找出它们的方位，并指挥远程战斗机或舰载飞机予以攻击，我们应该能让它们遭受重创。能在洛考尔建立一个雷达基地吗？那个地理位置太棒了，因此就算再如何不便和不好处理，仍旧有给予极大努力的价值，起码夏天那几个月，在那儿建立一个雷达基地。洛克·厄恩南边的山地区也有价值。我们若能想办法在托里岛或在克里海岸外边的一个岛上设立雷达基地，就再好也没有了。这些岛屿可将其暗中租给几个有钱的美国友人。以上事项，无论哪件，要是能做成，那在军事上，会引发什么后果，另外，还有什么可能性是已经讨论过的，或者可以予以讨论的，从技术层面望全部汇报给我。

我们还应该找办法去扰乱德国飞机和潜艇之间的信息沟通。据我所知，它们的办法是："福克乌尔夫式"轰炸机给布雷斯特发信号，布雷斯特再将命令发给潜艇，整个进程要用大概一个半小时的时间。能扰乱他们的通信，或者以持续的假的信号予以扰乱？常用的"福克乌尔夫式"轰炸机的无线电导航法（在天气状况糟糕的时候，这种办法对于海上飞行而言不可或缺）的设施，我们应该不会忽略对它进行干扰吧。我推测我们能算出敌军发射信号的位置。敌人要是在飞机上装配了雷达，那应该可以用适宜的设施算出它的地点并测量它启程的位置。

（即日办理）

首相致海军大臣和第一海务大臣　　　　　　　　　　1941 年 3 月 22 日

1. 在比斯开湾的码头内部，要是真有敌方的战列巡洋舰，那，海空军就该竭尽所能将它们消灭在那儿，并且，为实现这一目标，就一定要果决地迎接严重的危机和付出。可是，若糟糕地给它们逃了，并且再次展开抢掠，那依照如下办法采取措施，好像就是必需的了，并且现在就该予以研究。

为重建在大西洋上的掌控权，应该及早建立三个搜寻组："威慑"号和"皇家方舟"号一组，"胡德"号和"暴虐"号一组，"击退"号和"阿尔戈斯"号一组。一定要为每组准备一到两艘油船，而且应当尽全力让这些船舰可以在海上填充燃料。油船未必要随同搜寻组一起，不过应该待在能够和它们碰面的位置。

2. 自冰岛开始到佛得角群岛为止的海上战线，总体会分成三段，一个搜寻组时常在一段做事。尽管它们的任务和运输船队无关，不过会给途径附近区域的运输舰队予以更多的守护。这些部署应该在 4 月之前铺开，且及早开始按期活动。

3. 为了能及早将"暴虐"号撤出来，应该预备将一艘或者更多艘船舶重装成飞机运输舰。与此同时，空军部将想方设法往塔科拉迪多运一些飞机。

4. 考虑到我们接手护卫工作的舰队已经分散到各处，所以只能同意用"纳尔逊"号替换"胡德"号。

5. 一定要给弗里敦的运输船队建一支小型舰队。剩下的那二十五艘美国驱逐舰，终究要在此南部海域行动，因此可从这里面抽船建成这支舰队。一定要想办法让守卫的巡洋舰或者战列舰给这些驱逐舰填充燃料。

6. 眼下的情况显示德国人正在朝佛得角群岛渗透，并且他们或许借助这些岛屿来给德国潜艇补充燃料，所以，"敏捷"计划，有及早进行的必要。这些岛屿，只要我们拿下来了，就必须在那儿设立一个不错的燃料站，且驱走敌军的潜艇供给船。此事在政治层面的输赢，我愿意予以探讨。

应该尽可能朝弗里敦地区派飞机取用（可以多达六架），这些飞机也会从新夺取的岛屿上起飞。

7. 请告诉我，对于上述各条，你的看法如何，以及怎样将其变成现实的所有可能的方案。

首相致林德曼教授　　　　　　　　　　　　　**1941 年 3 月 22 日**

假设三千五百万吨的（输入）计划，我们可以维系，你要想的，应该是如何才能不造成损害就将二百万吨转到粮食部。三千五百万吨的计划要是无法达成，就按比例下调这种挪用，不过不管怎样，眼下对食物的最低需求应当达成。请为我写份计划书，好方便明天晚上和安德鲁·邓肯爵士商量。

（即日办理）

首相致伊斯梅将军　　　　　　　　　　　　　**1941 年 3 月 23 日**

对自己征集的所有肉类冷藏船，还有这些船舰眼下在哪儿使用，如何使用，应该陆军部和中东那边进行详细介绍。我听到消息说，部分船舰在中东被当作军用物资的创库了。望给我一份详细的清单，在清单里要分别列明那些已经在严重改动之下变成运兵船的，和那些容易重新执行原本工作的船舰。

首相致伊斯梅将军转参谋长委员会和海军部　　　　1941 年 3 月 23 日

1.陆军部提出在运兵船上，要一天给一个人提供八加仑水，并且这个条件已经成了引起运送战士数量极大减少的一个原因，这是真的吗？陆军部给的指标，有公平地分析过吗？听闻"伊丽莎白女王"号和"玛丽王后"号运载的士兵人数都只有三千五百个，这让我非常吃惊。这个数目和它们坐豪华客船的时候比，恐怕都比不上。要是我没记错，1915 年 5 月"阿奎泰尼亚"号或者"毛里塔尼亚"号曾经往达达尼尔海峡运了八千多名战士。

2.把人自这些运输舰转去开普敦的巨轮上，能达到节约船舰的效果吗？既然红海很快就将没有敌军潜艇和飞机的踪影，那部署一次自开普敦出发的快速运输，好像是件很好的事。不管怎样，此事可以探讨一下。

首相致伊斯梅将军　　　　　　　　　　　　　　1941 年 3 月 23 日

这些话多半是虚言。比如，说没给稍小的码头准备起重机，说这话有用吗？这些稍小的码头，我们还没用到呢，自然遇不到这种麻烦。为了将货物卸载到驳船和岸边的船舶上，且借助对公路和铁路运输的改善进而让小型码头不用承担运输工作，我们确实应该弄些装备。能够如此使用的码头，请列一份清单给我，且提些意见给我，好让我起草一份备忘录（有关推行有力的关键保障办法的备忘录）。在克莱德河和默尔西河，我们过于冒险了。

为实现以上目标，有任何需要，你都可以同我说。

首相致诺瓦纳加邦主贾姆先生   1941 年 3 月 24 日

邦主院 3 月 17 日批准的决策，所用的言辞让我和我的同事受到了极大的激励，在决策激昂的文字中，还提及了我，这让我很感动。在北非，印度大军对帝国的胜利给予的无畏的付出，联合王国的英王陛下政府以感恩之心予以称赞，并且他们很清楚这种付出不管是在程度上，还是在范围上，都在日渐增加。对于印度众位邦主和各个民族显露出的勇敢的精神，我代我的同事请殿下将我们的激赏转达给邦主院。

首相致自治领事务大臣   1941 年 3 月 25 日

为什么要用这些很有问题的事（可能会发生侵略）去打扰众自治领？它们让我们对此进行推断了？当然，要对事情的另一方面予以解说，即：

1. 就算敌人开始成功登陆，我们的海军也会在一周之内斩断他们和这些地区的运输。

2. 我们绝对有理由坚信在英国我们可以维持白日的空中优势，所以，就像"纳姆索斯之战"那般，对于各个登陆地点的敌军，我们的轰炸机队既能在晚上集中轰击，也能在白天这么做，逼着它撤走。

3. 不算海岸上的军队，在 4 月 1 日，我们会有等同于近三十个师千辆坦克的力量充当后援，能够加入一众遭到进攻的地点。

4. 我们有一百六十万人的国民自卫军，里面持有步枪或者机关枪，用以对付伞兵等时常降落的人数是一百万。

可是坦白讲，滔滔不绝地将这些情形都讲出来，有什么好处？难道是觉得不如此恫吓众自治领，它们不会尽忠职守？里面有些情形泄露出去，还会产生不好的结果。

首相致外交部

对斯托亚丁诺维奇先生，在招待方面应当用正规的礼仪，不过要时常监督他。应该和总监说，他不是什么好人，并且在眼下的重要时刻，他绝对是个潜藏的塞尔维亚"吉斯林"[①]。不能让他和总督或者和总督的家庭，或者和毛里求斯人民之间出现非官方的来往。他的生活规格，应该依照上校的标准来。

首相致伊斯梅将军转参谋长委员会和本土部队总司令

1941 年 3 月 30 日

1. 在"胜利者"这一反抗侵略的演习里，我们假设在诺福克海滩，敌军不顾我们的有力抵抗，有两个装甲师、一个摩托师和两个步兵师上了岸。他们奋战四十八小时，用鲜血铺就了这条登陆之路。

2. 我猜这一让人震惊的事项的详细情况，相关参谋员已经设定好了。请拿给我看看。比如：要装载这五个师，所用的船舰和运输舰的数量是多少？这五个师的装甲车的数量是多少？货车的数量、大炮的数量、弹药的数量、战士的数量、军用物资的吨数、他们在最开始的四十八小时里能往前走多远、在开始的十二小时里假设登陆的战士和车辆的数目及相应的消耗数占比是多少？运输船和军用物资船在开始的四十八小时的战斗里情形如何？它们是已经卸完货了，还是仍在距离海岸不远位置停着？有哪些海军守护着它们？此时是否有白日的战斗机队在保护敌军进行登陆？要是如此，敌人要用多少战斗机才能保护众登陆点？

对于我们日后的进攻活动，这些材料用处极大。我非常想让这些参谋再拟订一个我们登上法国海岸的计划：登陆的军队是支相似度极

---

① 指的是维德孔·吉斯林，吉斯林在第二次世界大战中和纳粹德国的合作，使吉斯林成了英文中"卖国贼"的同义词。——译注

高的部队，登陆的位置也一样要在我们的战斗机能够予以掩护的区间内展开，而且假设德国人的海军在英吉利海峡占据上风。此事若能在四十八小时以内实现，就会变成历史上的里程碑，因此这些参谋若能确定全情投入此项大胆之举，且能详尽解说达成的过程，我自然十分愿意向国防委员会提起此事，好及早予以实施。

4月

首相致安德鲁·邓肯爵士和进口管理委员会　　　　1941年4月1日

人们在前一次的"大西洋战役"委员会大会中生出了一种这样的感觉——抽油的办法的改善在很大的程度上使得油船的循环得到了极大的发展。事实并非如此。在时间上，从11.3天减少为3.3天。省出的时间基本是由于出色的调度工作，而且发展了体系。这一点，附表能够予以证明。省下来的所有时间，三分之一是因为输油手法的改善，三分之二是因为系统更加精炼。

这件事，你和你的委员会应该予以调研，并分析石油管理委员会的办法，海运部可以使用到什么地步。

首相致内政大臣　　　　　　　　　　　　　　　1941年4月2日

在《每日电讯》上，我看见一个消息，说是用不了多久你会同国会解说赛马行业的发展前景。请先同我说说你预备讲些什么。选取的办法若会损害赛马行业，让它在战争时期停业，或让纯种马消失，那，这全部的事情有交付内阁分析决断的需要。

首相致海军大臣和第一海务大臣　　　　　　　　1941年4月4日

有关在海上填充燃料之事。鉴于"马来亚"号正为一支航行速度为八海里（甚至或者是六海里）的运输舰队护航，我觉得不应该着重说明它为一艘航行速度为十二海里的驱逐舰填油的危险。自然，这艘战列舰在为驱逐舰加油时，是没办法使用技术来避开鱼雷的攻击的。不过在另一方面，驱逐舰和运输舰队一起行进，对于这种危害来说是一种极大的弥补。若调四艘驱逐舰和这些运输舰队一起前进，那，可以用一艘填充燃料，剩下三艘负责守卫。不管怎样，没有比将一艘战列舰绑在一支航行速度六海里或者八海里的运输舰队中，且没有反潜艇舰保护它更危险的了。以上提及的那个运输舰队就是此种情形。

首相致空军参谋长　　　　　　　　　　　　1941 年 4 月 5 日

（有关中东那边的空军）有两件事让我无法相信：

1. 虽然总人数高达二万六千六百个，有一千一百七十五个飞行员，有一千零四十四架飞机开展工作，可我们能够与之战斗的敌方飞机只有二百九十二架。

2. 虽然有这么多人和一批旧式飞机，可在新飞机运过去的时候，空军总司令居然找不到必备的后勤，只能派不少人绕开好望角开赴中东，以致引发无可挽救的延误。

首相致海军大臣和第一海务大臣　　　　　　　1941 年 4 月 5 日

要是一周之内能在纽约拿到七艘快艇，那有什么道理无法更进一步，自冰岛为它们准备好人手，让它们可以在两周之后参战呢？不管怎样，请确保筹备好所有事项，及早给这些船舰准备好人手，使它参战。

首相致爱德华·布瑞奇斯爵士　　　　　　　　1941 年 4 月 8 日

复活节这段时间，工作不该出现重大停顿，这十分关键。周一的例会应当在下午五点召开。无论什么时候，各部大臣都要能够接到电话。官员们能轮班放假就最妥当了。

休假的人和待在办公室的人，请列个名录给我。有消息说，复活节这段时间是不错的进攻时间。

首相致伊斯梅将军   1941 年 4 月 8 日

我们必须知道图卜鲁格最详尽的情况。请拟就一项不仅包括图卜鲁格而且包括艾德姆地区在内的大规模的计划，并尽早制成一个模型。同时请为我准备从空中和从地面上摄制的最清晰的照片。

首相致军需大臣   1941 年 4 月 8 日

在机床调查表上，我看见了 1940 年 6 月至 11 月的机床制造情况从一周从平均六十六小时减少到了五十八小时，不由得有些担心。自然，不能要求各类不同机床之间达到绝对的均衡，让所有机床都得到充足的使用，可事实上工作的时间量并不如预期的高。空袭是少量损害（一周一小时）的直接原因。另外的损害，或许是因为大部分在关灯时都没有开工。我想知道眼下众工厂推行几班制。

现存的机床，我们要是无法予以更好的使用，那我们怎么张口让美国快点儿交付机床呢？

相同的备忘录我正分别发给飞机制造大臣和海军大臣。

（即日办理）
首相致印度事务大臣 1941 年 4 月 10 日

你昨天采取的措施不仅速度快，而且效果好，对此我十分感谢。数天之内，你要制订一份将巴士拉变成美国的巨型专配站的方案，对于这个方案，我十分关注。自然，你在拟订计划时，会将它分成若干段，如此，我们才能在这个方案一步步推行开来的时候，使用它。还得筹备一个一般的防空计划。为了让我们的战斗机可以适时起飞，必需的雷达点一定要建。这一地区的大批照片，请同军方索要，和你的汇报一块儿上交。汇报要尽可能简洁。

首相致帝国总参谋长 1941 年 4 月 15 日

在这份报表中（我每周都会对报表进行分析），你会发现我们有一千一百六十九辆重型坦克都在部队手里。在将要到来的以后，一个月二百多辆坦克的制造量会得到提升。坦克交付的情形已经被延迟很久了，人员训练若还是赶不上，那责任就在陆军部那边了。给一个装甲师二百三十八辆巡逻坦克，给另外一个装甲师的却只有三十八辆，若训练由此遭遇困境，我觉得非常正常。第十一装甲师的步兵坦克要是再有几辆，训练的进展就能快点儿了。

在我看来，将所有师都弄成一个模样，未必正确。可是让一个师得到不错的武器（虽然速度不一样）协作，应该妥当。此外，这些装甲车中的一部分还应该配备野战炮，甚至一门到两门大炮或迫击炮。望写份报告告诉我德国人是怎么做的。

首相致海军大臣 1941 年 4 月 15 日

我得到消息，说海军部正在探讨在运输舰队的两边航行的护卫舰身后，安装长形的艾克提恩鱼雷防范网，或者相似的设备。进展如何？望告知。[①]

这种东西若能制成，在处理我们的麻烦上，它的帮助极大。

首相致空军大臣 1941 年 4 月 15 日

我们若是被敌军逼得用了化学武器，那在这件事上，我们的筹备

---

① 那时正探讨在商船上装艾克提恩网去防范鱼雷。安装上这种网，护航舰的行动自由会受到极大的影响。原书第一卷，附录 (2)，1939 年 9 月 21 日备忘录可见。——原注

工作，我非常不满。

我跟前放着一份海陆空军化学战组委会针对此事的一份汇报，还有军需部给出的一份评述。在这两份文件里能够发现以下几个特征：

（1）毒气弹仍旧处于极其短缺的状况。六英寸和五点五英寸的毒气弹尽管 2 月份就应该开始制造，可是直到日前还没制造好。据我所知，二十五磅毒气弹之所以不够，是因为空弹壳不够。

（2）陆军用的五英寸火箭推进器（新型机械投射装置）的制造要比三十磅的 I 号 L.C. 炸弹的制造快。确实后者的供给量甚至都不够训练用。

（3）光气的制造短缺。眼下出产量大概是设计出产量百分之六十五，之前有几个月曾只到半数。

我建议国防委员会（负责供给的小组）及早开会，对情形进行整体盘查。

为让此次检查能尽量细致，我希望飞机制造大臣和军需大臣能分别针对和自身机构相关的情形给出简明扼要的说明，交上来，在会议开始之前进行传看，里面的内容需要就所有首要毒气武器和构成材质（包含毒气）的以下情形进行介绍：

（1）给出它们的需求总量，标明时限。

（2）4 月 1 日各个部门掌管的构成材料的储备数量。

（3）截至 4 月 1 日，为皇家空军或者当前陆军提供的数量。

（4）未来六个月里每个月的大概产量。

我希望一周之内拿到这些介绍。可将它们呈交给布瑞奇斯爵士。

相同的备忘录我正分别发给陆军大臣、军需大臣和飞机制造大臣。

首相致雅各布上校 1941 年 4 月 16 日

英国本地军队在如今和去年 9 月的力量情况，请列在一页纸上予以介绍，其中含有：（1）步枪和小型高射炮的数量；（2）大炮——包含各种野战炮和中型炮（合成一项），还有海防大炮和重型、轻型高射炮的数量；（3）部队掌握的步兵坦克和巡逻坦克的数量；（4）作战部队的供养人数和步枪数量；（5）师和旅的数量：在海滩上，还有在海滩后面，归集团军或者总司令部的储备队或者别的军队的数量分别是多少；（6）眼下和去年9月能够参战的战斗机数分别是多少；（7）轰炸机在两个时间段放炸弹的数量和重量分别是多少；（8）本国海面，在两个时段中的小型舰队的力量怎样。只给个大概的整数就行。不用十分详尽。

（即日办理）

首相致空军参谋长　　　　　　　　　　　　　**1941 年 4 月 17 日**

1. 不得不说，轰炸机指挥部无法打中布雷斯特港里的敌方巡洋舰，将这一兵种的衰败十分确定地显示了出来。他们没想用心地进行白天的低空攻击。全部的教训都表示，这种策略——用轻慢俯冲轰炸机这种类型的飞机——是个重大失误；眼下我们不仅攻击的力量不够，惧怕受损之心也广泛存在，这就是空军部的失误使我们交付的高昂代价。

2. 德国的两艘战列巡洋舰，由于我们不管是抓获它们的武器，还是打沉它们的武器都没有，所以在战争中德国最关键的船舰就是它们。我从没让你一边和敌人战斗一边和天气战斗，可是日后的好天气将日渐增多。在我看来，应该继续和这两艘敌方战舰作战。和它相反的是，应该努力解决无法成功的原因。如下问题，望你和海军部予以探讨：

"胜利"号虽然没准备好，不过在它的上甲板上，可以布置二十架"旋风式"战机。在装备了我们能够改善的最精准的投弹瞄准装置的情形下，有如此多的战斗机予以掩护，够让十余架轰炸机在清晨发动攻击吗？请马上分析此事，并汇报给我。

3. 自然，我既支持攻击德国，也支持用最重的炸弹对柏林予以最重的轰击，并且我还支持轰炸机指挥部的大多数飞机去打击德国目标；可是也应该每天给那些战列巡洋舰拍照，并且，在上述的白日展开的特殊进攻之外，还应时常去攻击它们，天气合适的时候，以少量的飞机，在夜里发现船舰移动的时候，就派出大些的规模予以攻击。[①]

（即日办理）

首相致帝国总参谋长　　　　　　　　　　　**1941 年 4 月 18 日**

1. 第七装甲师曾经经历过不少艰难的战斗，夺取了众多优异的战绩，2 月 6 日，在它们夺取班加西之后，接到命令返回开罗重新整顿。这得跋山涉水走上四百多英里，而且不少坦克的履带会彻底磨坏。某些人报道称，已经有德国人在的黎波里行动，要真是这样，那这个师从如此遥远的地方回来，可不是什么明智之举。在同一时间，这个师的坦克都要全面维修的可能性并不存在。应该在前边建立暂时的工厂予以小规模维修，与此同时朝那儿派工作者。在第三装甲旅之外，在第七师的装甲旅里，有很大一部分坦克也会是此种情形。可是韦维尔将军和他的将领好像觉得在 5 月末以前，不会出现任何棘手的事情。这种误判非常严重，它已经引发了让人难过的后果。

2. 在这些装甲兵团返回之后，起码有巡逻坦克一百一十四辆和步兵坦克四十八辆，一共一百六十二辆坦克开进了埃及工厂，现在还没

---

① 实际上，在 4 月 6 日，布雷斯特港，"歌奈森诺"号已经让空军海防总队的一架飞机射出的鱼雷打中了。在此次勇敢的攻击中，飞机被击落，上面的人员全部牺牲。我们给飞行员追赠了维多利亚十字勋章。数日之后，这艘军舰被轰炸机指挥部的飞机的炸弹扔中了四次。那时，这些成果我还不清楚。"沙恩霍斯特"号 7 月因为试行和海上训练，曾经自布雷斯特驶入比斯开湾的拉帕利斯，不过三天之后，在港内被炸弹打中，严重受创。它开回布雷斯特深入地进行了一次全面整修。——原注

出来。预计最快要到 5 月 15 日才能离开工厂的只有四十辆，要到 5 月 30 日才能有四十一辆离开工厂。能用自身的力量开回来的坦克居然没有一个耗费的时间是更短的，至于在图卜鲁格的坦克，能开出工厂的只有零星几辆，这好像让人无法相信。望交一份汇报给我，确切标明巡逻坦克和步兵坦克开进埃及各个工厂的时间和那些已经维修好的坦克离开工厂的时间以及剩下的坦克将在什么时间离开工厂。看上去，维修出现了一定的消极懈怠和严重的管理欠缺的状况。

3. 有消息说，4 月末将从美国运六十辆第三型号的巡逻坦克过来，他们到底是什么类型的坦克？截至目前，这方面的消息，我们尚未听说。

首相致陆军大臣　　　　　　　　　　　　　　1941 年 4 月 20 日

目前在利比亚，有些德国坦克已落到我们手中。这些坦克即使是坏的，我们也应当想尽一切办法找一位熟练的英国坦克设计师或其他适当的工程专家来对它们进行检查。

在形势许可下，到一定的时候可把一辆德国坦克或适当的部件运回国来。同时，如果在中东目前没有合适的专家，就应当立即派一位前去，以便就地进行检查。

我正以同样的备忘录送交军需大臣。

首相致伊斯梅将军　　　　　　　　　　　　　　1941 年 4 月 21 日

针对坦克和坦克将来的发展问题，我想开会研究一下，请邀坦克师司令官和军需部代表们参加会议。会议时间定在下周一，也就是 5 月 5 日。

坦克兵团的将领们，应当鼓舞他们为提出意见做准备，可以随意陈述看法。议程应依照总司令的标准拟订。

请务必筹备好所有事情，并帮我拟订一个恰当格式的备忘录，好交给陆军部。

（即日办理）

首相致帝国总参谋长　　　　　　　　　　**1941 年 4 月 22 日**

1. 坦克的状况我已经和克劳弗德将军一起看过了。等将那六十七辆巡逻坦克及其储备零件送出去，之后的三个月出货量应当在二百八十八辆以上。步兵坦克的出货量或许能到五百辆，并且我们几乎可以确定，大批"A.22 式"坦克将在 5 月和 6 月出货。IV 号坦克和 VI 号坦克的储备零件看上去基本相同，只有方向盘和较为次要的一两个零件除外，并且中东那边已经有了 VI 号坦克，可以调集大批零件。所以，我们只送不同的零件过去即可。

在未来的三个月里，你将要遇到的难题是，为你接到的坦克寻找有过合适的受训经历的军队。

2. 那一千一百辆掌握在部队手里的坦克，训练时别耗损得太厉害，此事，我要你亲自干预。我们希望没人会忽然告诉我们说，我们仰仗那一个师的坦克像第七装甲师的坦克似的，当我们要用的时候，居然必须修很长时间。照我看，训练应当分为两块：（1）坦克操作训练。为了推行此种训练，一定要装备模型坦克，就算是还没配齐的师里也要这样。（2）战术训练。在训练过程中，尽量别让坦克大范围活动。不少演练必定能用轻机枪战车按照坦克的行驶速度前进，直接用坦克演练，会耗损坦克履带，所以不能常用这种方法。骑兵将领们应该欣赏在交火之前，平常始终骑"劣马"的方针。

针对以上问题，请交份报告给我。

首相致帝国总参谋长　　　　　　　　　　　1941 年 4 月 23 日

　　我猜在即将到来的日后，你会遇到（国内）坦克过多的问题。你说起这些车的速度和路程。现实并不会按照你预想的发展。一支构成成分一样的军队，需要长时间行进或者动作的时候并不多。由于只有少部分能走，大部分人得在一边等待，所以在大多数情形下，在各个动作里会花掉很多个小时。所以支持混合体制的理由就已经不能更加充分了，可是为了让一个师全都是坦克，就将五个师的巡逻坦克都撤掉，我觉得没有比那更蠢的事了。"坦克议会"中一定要讨论的一个问题就有这个（我正准备将有关这一会议的备忘录拿给你）。我们一定要及早开一次会。在英国通常距离都不远，农村全是圈起来的地，因此巡逻坦克和步兵坦克之间的差异会一点点减小直至近乎看不出。相同类型的坦克构成的军队，它的体系要在旅以内。在此次战斗暂时熄火的时候，应该把坦克更加均衡地分给所有队伍。

首相致陆军大臣　　　　　　　　　　　　1941 年 4 月 23 日

　　在此次战争里获得的所有经验都强劲地表明，优异且足够的反坦克设备不可或缺。可以制造的反坦克炮肯定不多；所以就需要抓紧研制能够发挥反坦克效果的替代品。

　　我原本觉得迫击炮非常合适，而且听闻你已经决议买两千门这种炮，算上应付坦克的炮弹三十万发和伤人的炮弹六十万发。什么时候，这些武器能送去部队,要用多长时间能送一批过去？望给我写份计划书。

首相致陆军大臣　　　　　　　　　　　　1941 年 4 月 23 日

　　说德国人正在研制厚装甲坦克的流言传得到处都是，留言中说及的数字是四英寸到六英寸。这种装甲，眼下全部的反坦克炮，甚至是机动炮都打不透；至于履带和别的薄弱部分，目标又太小。

试验表明，比如布莱克上校和杰弗里斯上校改善的迫击炮用的那种针对甲板的黏性炸药，穿透力极强，这或许能解决此事。不管怎样，我们一定要有所防范。我坚信陆军部已经发现了厚甲坦克的危险，并且正在踊跃地想办法。望交份报告给我。

首相致韦维尔将军   1941 年 4 月 24 日

1. 按照风向来源放出的烟雾能对图卜鲁格港里的船舰予以良好的保护吗？必需的供应品和设备，你有吗？

2. 我们想要详细了解图卜鲁格守军近日斩获的德国坦克的情况。尤其是，它们能在热带、沙漠，还有温度极高的天气里用吗？

首相致陆军大臣和军需大臣   1941 年 4 月 24 日

有关坦克和反坦克的事，我建议按期开会讨论，首次会议召开的时间是 5 月 5 日（周一）上午十一点，地点是唐宁街十号。请你们在合适的官员的随同下参会。陆军部那边，我提议邀请帝国总参谋长、帝国助理总参谋长和波普将军参会，除此，还应该邀请马特尔将军和他的装甲师师长等参会。军需部那边，我想让伯顿先生、布朗海军上将和克劳弗德将军参会。

2. 对于应该谈论的问题，我尤其希望能激励参会的全部官员给出意见，并鼓励他们畅所欲言。事实上，我想建立一个"坦克议会"。

3. 针对所有会议，我的国防部会制定议程，它包含你们想要加进去的全部事情，还有坦克司令官们想提的全部意见或者问题。至于我自己，则想要探讨装甲师的体制、眼下它们在机械效能上的情形，还有 1943 年的某些较为关键的问题。

首相致哈利法克斯勋爵　　　　　　　　1941 年 4 月 28 日

请勿阻拦总统直接对我提出他的问题，也别劝他禁止任何海军官员这样做。我同他的私人关系是重要的，如果这种关系为一般的日常公事关系所代替，那是很可惜的。

首相致伊斯梅将军　　　　　　　　　　1941 年 4 月 28 日

1.我去年夏天写的有关命令预备好五千名伞兵的备忘录，[①]希望今天能交上来，致使我后来答应将人数减到五百的全部相关机构的备忘录，也一块儿交上来。这份资料，我希望中午之前能拿到。

2.眼下支持增加跳伞和滑翔机军队的全部提议，以及有关预计结果的时间表也一块儿拿给我。

首相致帝国总参谋长作战局长　　　　　1941 年 4 月 28 日

昨天提及在需要的时候从埃及撤出的计划已经拟订好了。这些计划和相关的全部材料，请给我一阅。

首相致海军大臣和第一海务大臣　　　　1941 年 4 月 28 日

前段时间，中东总司令整个专注在对成功展开的撤离工作进行指挥上，不过眼下他得再次将精力放在对昔兰尼加众口岸进行封锁，和搜捕那些船舰或者尽可能地搜捕船舰上了。对昔兰尼加众口岸的封锁应该远比对的黎波里的封锁简单。两样都得试，不过后者要是无法封

---

① 伊斯梅将军转参谋长委员会　　　　　　　　　1940 年 9 月 1 日

降落伞方案要是比不上滑翔机方案，我们自然要用滑翔机方案，不过，能用心地做下去吗？我们有这种危险吗，就是鲁莽地相信一种还在试验的、结局无法预料的方法，却将另外的那种已经被证实为有用的方法扔掉了？有关滑翔机方案展开的情况，望交份详细的汇报过来。——原注

锁，那是非常遗憾的。

首相致伊斯梅将军，转参谋长委员会　　　　　　1941 年 4 月 29 日

我们曾经声明我们在夺取班加西港的时候，这个港一点儿作用都没有，还曾经声明我们撤离的时候，已经将其彻底隔离了，可是此时敌人居然在随心所欲地使用这个港口，这不是很奇怪吗？

首相致伊斯梅将军　　　　　　　　　　　　　　1941 年 4 月 29 日

我听说周六降落的伞兵有几个指关节被割得非常严重。你们曾经想过保护他们的手和（为他们提供）护膝的事吗？

5 月

首相致伊斯梅将军　　　　　　　　　　　　　　1941 年 5 月 4 日

请写一份汇报告诉我，在新加坡管控十五英寸口径大炮和探照灯的炮手和工作人员的作用。雷达装置，那里有吗？

首相致空军大臣　　　　　　　　　　　　　　　1941 年 5 月 4 日

这个（给罗斯福总统发的有关在美国增加轰炸机产量的电文）自然应当通过常规渠道发送。关于整体方案的电文，我不想给罗斯福总统发，应该让为此而悉心组建的组织对这个方案进行充分的研究。

首相致财政大臣　　　　　　　　　　　　　　　1941 年 5 月 4 日

战士若是放假的时候因为敌人的活动牺牲了，他的遗孀得到的抚恤金只是她的丈夫当值时的一半，这件事是真的吗？

首相致财政大臣　　　　　　　　　　　　　　**1941 年 5 月 10 日**

　　你觉得这种区分有道理吗？要用的钱非常多？有人和我说了一个例子，一个水兵当值的时候，因为喝醉酒淹死了，他的遗孀拿到了全部的抚恤金；另一位水兵死在了敌人的活动中，可当时他正在放假，于是他的妻子得到的待遇就差得多了。对正在工作的和正在放假的全都当成服役的同等对待，这会耗费你非常多的钱财？对此，我十分不信。这么做，将消弭一些看上去很有道理的敌对情绪。

首相致财政大臣　　　　　　　　　　　　　　**1941 年 5 月 16 日**

　　死于敌军的炮火和死于一般意外，我予以了显著的区别对待。这是我们在战争伤害赔偿法里始终得以顺利维持的一种界线。我们遭遇空袭的时间不长，出现的频率也不高，并且有很大的信心能将其压制在特定的区域里。所以以下看法我并不认同：将特殊酬劳扩展到一般意外，且自军队扩展到雇来干一段时间的人身上，比如民防队员等。在我看来，无论是在放假还是身在军队，在其遗孀拿到抚恤金等事上，都要享有同等的特殊权利。这条分割线也能得到良好的维持。

　　放假对于一个有纪律的正规的军队而言，是理所应当的，也是军队常规体制的一环。因此，若只是因为战士被敌军大炮打中的时候是在休假，进而使得他的寡妻能够拿到的抚恤金只是他人的一半，那自然会让管理机关藐视。

　　请告诉我，规定要是按照我的想法改动，需要多少资金。

首相致帝国总参谋长　　　　　　　　　　　　**1941 年 5 月 6 日**

　　克里特岛的部队是否有十分不错的地图，应该查一下。要是没有，用不了多久，我们就会发现，相比于我们的战士，到这儿的任何一个德国人对这个岛都有更加详尽的认知。

首相致第一海务大臣   1941 年 5 月 6 日

　　它（海军基地机动护卫队）的航程竟然是十二周，什么原因？已经装箱的器械居然和它的用途完全无干，又是为什么？早先最开始要做的应该是将海军基地机动修理厂的所有装置都装上船，如此才能拿出来用。

　　我认为应当调查一下办事的漏洞。

首相致外交大臣   1941 年 5 月 7 日

　　请你想一想，直接将我发给松冈的信发布出来是否合适。在我看来，重点应该是让普通的日本民众和强于松冈所派军人的组织了解到，如今他们正在前行的方向如何。

首相致伊斯梅将军   1941 年 5 月 8 日

　　既然我们已经夺取了拜尔迪耶、图卜鲁格、马萨瓦、阿萨布、基斯马尤和别的意属非洲口岸，那请你预备一份汇报给我，介绍在这些地点我们见到的敌军海空防御设施的具体情况，好和我们情报机构原本的推测对照。这份报告可以写两周。我主要了解的是真相，务必对情报机构保密，不能让他们知道，要和他们的数目对照。

首相致史默兹将军   1941 年 5 月 8 日

　　我预备同国王进言让你出任英国陆军名誉元帅，不知我这么做你是否赞成？在我看来，就你在我们的军事事项中发挥的重大作用和南非军队的关键性而言，这个任命，不管从哪个层面上讲都合适，而你的老朋友和同志，能向你坦露此种敬仰，他们会有多开心，就不用说了。

首相致比利时首相   1941 年 5 月 10 日

　　今天是德国政府背弃最庄重的协定，无故以武力侵犯比利时国境的一周年，我以英王陛下政府之名感谢比利时政府、比利时帝国和比利时军队及商船在过去一年里为同盟国事业提供的有力支援。比利时之战，你们的战士们和入侵者对战，眼下他们在自己家和侵略者的意图对战，我们也始终记得。比利时人民此时正身处可恶的纳粹暴政的统治之中，英王陛下政府和英国人民十分同情，也十分敬佩他们，在捍卫自由上，这些民众凭借自己的英勇和隐忍每天都在帮忙。

（即日办理）

首相致空军参谋长   1941 年 5 月 10 日

　　眼下，相比于依赖坦克，埃及之战的结果对空军增援的依赖更高。必须将从各地，借助所有通路，算继续推行"美洲虎"计划在内，将战斗机派过去。塔科拉迪这个狭小的瓶颈一定要疏通，消除那里的拥堵情形。在其他文件里，我曾经提出再派一批"韦林顿式"轰炸机过去，起码再派六个中队。为了把埃及剩余的飞行员调回来，应该组织一个常用的水上飞机航路。空军上将朗莫尔正在英格兰，应该借此机会，拟订一个整体的援助方案。由于各方都有敌军正在加速动作的消息，所以务必及早办理。

首相致麦肯齐·金   1941 年 5 月 11 日

　　很高兴听说孟席斯先生的访问十分顺利。他在这儿同我们共度的时光里十分忙碌，我们认为他是个忠诚的伙伴。若能安排，最好在 7 月或者 8 月用一个月或者六周的时间召开一次英帝国大会。我期望我们能在中东收获不错的成绩，希望我们已经竭尽所能。献上我所有的美好祝福。你带领加拿大万众一心地勇往直前，真心让人钦佩。

前海军人员致罗斯福总统　　　　　　　　**1941 年 5 月 10 日**

　　阿诺德将军向我们提的那个不错的意见——美国快速增加训练的飞行员的人数，三分之一将留给此间的学生——我猜你已经知道了。由于下个月月初就要开始培训，所以筹备工作我们已经积极完成，首批五百五十位年轻人现在已经预备动身，第二批五百五十人随后就会到。我获悉眼下还有些律法方面的麻烦。总统先生，事情若眼下被延迟了，那不仅会让我们觉得沮丧，还会使我们之前的准备工作付诸流水，所以我期望麻烦不大。阿诺德将军的提议使得我们训练任务的有利因素变多了，对此我们非常开心，极为期待。无论如何，我们也无法如此迅速地找到这么多的现有的、协作出众的飞机、飞机场和教练了。这会极大地增加我们在空军上的成绩。

首相致阿诺德将军　　　　　　　　　　　**1941 年 5 月 11 日**

　　1. 在埃及的你们的侦察员所汇报的情形，我是十分感激的。空军部和我说，我们近日已经把能够找到的最出色的将领送去了塔科拉迪，可是相比于英式飞机和发动机，他们对美式的了解肯定差一点儿，因此期待你派出美国的专家。所需人数和军官级别的详情将及早通过空军部送过去。

　　2. 谁也没办法如同在国内一般顶着西非的炎热天气拼命干和长时间干。我们可以施行三班制，且正在规划用船舰增加些住宿的地方。

　　3. 我们正把我们最出色的一个高级技术官派去非洲，他将直接归总司令统领，负埃及方面的管控修理之责，且总理塔科拉迪的支援航路，而这条航路是由空军部独自管控的。从英国或美国起，至埃及结束的那条通道的管控权，需要将恰当地分给局部关节。

　　4. 一些送抵塔科拉迪的新战士存在技术经验不足的问题，对此进行的指控是对的，可是眼下皇家空军里掺杂很多新手的状况广泛存在。我们如今正把甄选出来的人送过去。你暂时借用的权威的看法，我们心怀感激地承认，且敦促飞机制造部准备好用具和设施。

5. 我们也觉得英国买家团进行考察意义重大。你们的指控，我正转告给飞机制造部。

6. 我十分感激你们已经提供的支援和你们供应经验丰富的技术员的提议。从塔科拉迪交货的劣势并非只有飞机组装一条。想快些交货，我们就非相对增加运飞机部件的飞行员所用的运输机不可。把美国运输机运去非洲交货这件事你已经同意了，能快些展开吗？你直接给我来电报，让我十分感激。

（即日办理）

首相致海军大臣和第一海务大臣　　　　　　1941 年 5 月 14 日

我的二号"老虎"计划，还有一点需要解释一下，就是人们期望它展开的时间是 6 月中旬之后没有月色的时候。考虑到安全因素，马上把"胜利"号派过去最合适，如此，地中海战区总司令就得到了最想要的东西——装甲型航空母舰两艘。不过为了这一目标，能给"胜利"号及在可行的程度上让与它同行的别的航空母舰一批可在浮船上发射的最优秀的、最高速战斗机就最合适了。那些美国的"燕子式"飞机如何了？它们的信息，我已经有数月没听见了，不过听说它们因为速度快，前景极好。"老虎"计划的卸货任务进度如何？

首相致伊斯梅将军　　　　　　　　　　　1941 年 5 月 16 日

马提尼克的形势如何？那五千磅黄金还在那儿吗？有哪些法国部队在那儿？港里的法国船舰有什么？我认为美国有鉴于维希政府的叛国行为，为防马提尼克变成德国潜艇的据点，或许能接手管控。

首相致帝国总参谋长　　　　　　　　　　　　**1941 年 5 月 16 日**

　　你 5 月 15 日的备忘录，我已经接到了。你同我说，第七装甲师里一个旅拥有二百一十辆巡逻坦克（算上两成的储备），步兵坦克旅有二百辆步兵坦克，如此一算，第七装甲师的重型坦克共有四百辆。我们一定要想办法用相近的事务类比。我听闻德国的方针是一辆重型坦克协助两辆轻型坦克，因此德国的一个装甲师大概有重型坦克一百三十五辆。换言之，德国一个装甲师的重型坦克还比不上我们一个坦克旅的数量。不算重型坦克，我们的装甲旅在轻型坦克或者装甲车上配置如何？在这种协助配备上，它们肯定装备得非常够用吧。你若能将第七装甲师标准配置（按照你介绍的情形）和一个德国完备的装甲师的配置分列两栏，再多加一个第三栏，将一个德国殖民地师的配置写出来给我，会帮我们极大的忙，并且我们的工作量会少很多。

　　你发现没有，来自所有层面的汇报都显示，我们直接接触过的德国师里，都只有一个炮兵队在起作用。

首相致海军大臣和第一海务大臣　　　　　　**1941 年 5 月 17 日**

　　海军部改成巡洋舰的一万吨和超过一万吨商船，到 2 月末的时候，好像已经有四十艘了。我记着自那时开始，被打沉的有三艘。眼下我们极缺运兵船，所以我们只能让你们从这些船里抽几艘出来。我的意思是，你把超出三十艘的部分拿出来，也就是大概七艘，不动它们的武装，但裁撤水兵，且选出的七艘能运的兵力要最多。如此，它们就能又保护自己，又保护它们分属的运输舰队了。

首相致海军大臣　　　　　　　　　　　　　　**1941 年 5 月 17 日**

　　见到这张表格，从中可以看出打捞处做了很多事，我非常想让你将我对该部门负责人的极高和明确的称赞转告给他。你的意见如何，能写份初稿给我吗？

首相致伊斯梅将军   1941 年 5 月 26 日

见到我们的情报机构把某些意属口岸（现在已经被我们掌握）的防御工作推测得如此夸张，我觉得非常有意思。我早就觉得意大利人（法国人可能也是这般）有意让人们认为它们有极高的海上防御强度。比如，我们听闻马萨瓦的防守装备有八英寸的大炮四门、大口径的大炮十门和六英寸的大炮十六门，威力极强的大炮一共是三十门。事实上，一门都没有。此次真相显示，各单位的情报部门应当重新认真地查看它们预估的外国海上防御的强度，要不然，推断的强度或许会阻碍到行动的展开。[①]

首相致伊斯梅将军，转参谋长委员会   1941 年 5 月 27 日

1. 这段（有关降落伞军队和滑翔机的）经历是惨痛的，我没抵挡住某方面施加的阻碍，我觉得我应当承担首要责任。我们看空军参谋部汇报的时候，比照在克里特岛正在发生的情形，和或许很快就会在塞浦路斯和叙利亚出现的情形，就会发现这些阻碍仰仗的根据错到什么程度。

---

①

港口	情报机构推测大炮数量	占领后呈报的大炮数量
图卜鲁格	26	15
班加西	37	12
拜尔迪耶	7 到 9	5
马萨瓦	64	29
基斯马尤	10 到 11	23
共计	144 到 147	84

——原注

2. 请参阅我 1940 年 9 月 1 日的有关滑翔机的备忘录[①]。已发生的状况就是如此。滑翔机的制造始终都在最少的数量上没变，所以眼下我们在这五百架之外，伞兵也好，滑翔机也罢，都没有。

3. 所以，敌人一直走在我们前边。我们原本应该有五千名伞兵及一个依照德国指标的空降师，并且在阅历的增多中，实力也会一点点加强。我们原本还应该有些运载飞机（也就是运输机）。在 1942 年（若可行，会提早）的地中海战役里，全部这些都不可或缺。我们一定要想办法把敌人轻松夺取的几个岛抢回来。我们或许不得不在东方、波斯或者伊拉克北边的大范围区域战斗。起码有一整年的时间我们没有利用好，如今我要三军参谋长尽量给出意见，以挽救形势。

请在今天晚上把整个档案交给三军参谋长。

首相致伊斯梅将军，转参谋长委员会　　　　　　**1941 年 5 月 27 日**

帝国总参谋长的评述我大体认可，不过，显然要让参谋长委员会对每个战斗动作的先后顺序和侧重予以限定。

盼三军参谋长们马上研究给出的如下命令：

1. 考虑到韦维尔将军近日发来的电文，应当令他马上撤出克里特岛，无论有多少财物损耗，也得救出尽量多的人，只要有用，支援也好，别的办法也罢，都可以用。

2. 既然敌人已经在南部把苏达湾或卡斯特里拿下来了，他们肯定十分着急，想运一支军队自海上登陆。海军一边要继续维持他们海上紧密的守卫工作，一边还要想办法让敌人受到严重损失，好补偿我们自身的某些损耗。

3. 克里特岛空袭带来压力的持续加大，使得自西面和北面守卫

---

① 原书第三卷第 677 页脚注可见。——原注

埃及成了一个规范的军事难题：一支中央军要和来自相反方向的两个进攻对抗。在此种背景下，要怎么选，好像应当绝对由现实状况决定。

4. 敌人自土耳其和（或）叙利亚发起攻击，在很多周内都无法大范围进行，事情在这段时间里的发展或许会让进攻无法展开。

5. 获得关键军事进展的机会只存在于西部沙漠。在那儿，战斗目标是，在一次倾尽全力的战斗里，我们将敌人的军队或者大多数军队剿灭。之后，应该有机会在两周之内将昔兰尼加的德军狠狠击败。韦维尔将军的重型坦克超过四百辆，敌人拥有的重型坦克是一百三十辆，此外，他们还有九吨的坦克，两方均有轻装甲兵团。韦维尔将军有很多别的武器，尤其是大炮。他有可信的运输线、足够的军用物资，和从海上过来的众多支援。所以，在西部沙漠，他应该用最强的力量去攻击在军用物资和弹药上已经陷入极大困境的敌军。这是获得重大军事进展的仅有的机会，它完全不应遭遇妨碍。

6. 与此同时，我们并不反对他提出的专用一支部队进入叙利亚的建议，他可以在德国人的空军力量经过巨大消耗而得到恢复以前，取得那里的飞机场（德国空军力量的消耗是弗赖伯格的军队出乎意料的猛力抵抗所造成的）。

7. 值此关键时刻，军力不该浪费在塞浦路斯岛上。想守住塞浦路斯，就得先拿下叙利亚的飞机场。等夺得这些机场，我们若是再于尼加赢得一次关键性的胜利，有充足的空军提供保护，就有机会开进塞浦路斯。我们绝对不能在塞浦路斯重现克里特岛之战的惨况。

8. 为了实现以上目标，一定要马上重启且扩展"美洲虎"计划。"胜利"号眼下处于闲置状态。由于自英国派出的第五十师（差一个旅）和其他援兵即将抵达，因此一定要尽全力督促全部部队和交通工具自阿比西尼亚朝北走。

9.总体来说，应下达如下指令：

（1）撤出克里特岛。

（2）剿灭昔兰尼加的德军，进而解除图卜鲁格之围且夺取图卜鲁格西面边的机场。

（3）在昔兰尼加获得第（2）条的成功之后，尽量在叙利亚给援军限定驻扎的区域。

以上全部行动，6月15日之前应该可以做完。

首相致澳大利亚总理（孟席斯先生）　　　1941年5月29日

请接受我对于你在加拿大、美国，特别是回国之后发表的强劲且感人的演讲献上的诚挚恭贺。英国已经对这些演讲予以了充足的报道，进而确定了你在我们的民众这里获得的全部友谊。多谢你亲近地提及了我。我说及澳大利亚的信息，时常会记起查塔姆那句出名的祷告词："变成一个民族吧！"祝万事顺利。

首相致农业大臣和苏格兰事务大臣　　　1941年5月30日

你们4月初交上来的有关在苏格兰种甜菜的备忘录，我始终在进行研究。在我看来，没人反对此事，也就是为了节约船舰的吨位，应该接着种植甜菜。此外我听闻，一英亩出产的甜菜和土豆比，淀粉含量超出三分之二。不过，由你们的话我猜，鉴于收入原因，农民更愿意种植土豆，可土豆是不缺的。

所以事情再明显不过，应该采取行动以确保有充足的甜菜出产，要是有需要，可以舍弃土豆。各相关单位之间应该有机会商定：增加产量的地方是苏格兰，还是北英格兰。不过，增加的产量看上去种在苏格兰最便捷，之后生产的工作交给库百制造厂。

多出来的这项产出，要是因为今年已经太迟无法得到，那就该采取措施，确保这种不足不会在 1942 年发生。确实，在如今的背景下，既然甜菜这种作物明显用处很大，那就应当考虑以后是不是应该极大地增加出产甜菜的区域。一段时间之后，请针对这一问题交一份深入的报告给我。

6 月

首相致伊斯梅将军，转参谋长委员会　　　　　　　　1941 年 6 月 1 日

虽然我要求（眼下）我们不该将军力浪费在守卫塞浦路斯岛上的态度是非常强硬的，可我并不想无视有必要进行空防的可能，甚至，这个岛我们应该在没夺下叙利亚的机场之前，就应该施行空防。若是"虎仔"计划顺利展开进而可以调出两到三个战斗机中队，那这些中队就应该派过去；不管怎样，为让塞浦路斯随时都能收下这些战斗机，此刻就应当做好准备。现有的机场有着怎样的境况和遭遇，我并不清楚。

望各参谋部就此问题展开彻底分析。

（即日办理）

首相致伊斯梅将军，转参谋长委员会　　　　　　　　1941 年 6 月 1 日

我期望西非旅能马上自东非返回弗里敦，且以斩获的意大利军火武装眼下在弗里敦或者弗里敦周边正组织着的预备旅。我因为此事和吉法德将军聊过一次。他说，西非一个营平均要配八十个英国军官，这些军官预备旅是拿不到的，而且就算为他们提供这些军官，把我们能得到的一切现代装置都给他们也是最合适的。有人曾经跟我说，波兰师里的军官太多，有数千人之巨，可以放到这个西非预备旅里。我深信非常轻松就能劝西科尔斯基将军找出二三百个人，并且他们会是十分出色的军官。

望务必考虑这件事，并且针对此事写一个方案。应该和吉法德将

军讨论，并且，为了将西非旅自东边调往西边，并且以使用意大利设施和加入波兰白种人因素的方法去强化预备旅，我希望他能在离开英国之前拿到报告。[①]

首相致新闻大臣   1941年6月1日

再没有什么比将预备开会的日期告知敌国，且在开会之前还有部署空袭的时间更危险的了。敌人了解的情况全来自他们自己的这种论调，我并不认同。

（即日办理）

首相致空军参谋长   1941年6月2日

知道你在抓紧展开（增加战斗机的航行时间）这一重要使命，非常欣慰。所有人都清楚，想要航程，就必须舍弃威力和机动性，可是这或许有极大的必要性。

你所说的话，照我看还有欠缺。为了让我们不管是用轰炸机，还是战斗机，都能在白天的时候，在特定的地点战斗，我们还不得不重装飞机。由于在爱琴海我们应该可以在战斗机的掩护下，在日间对克里特岛和多德卡尼斯群岛上的机场进行轰炸，所以这点对爱琴海而言十分正确。需要的飞机行程，我们一定要予以改善。此外，既然，有很多德国空军正朝东边行进，法国又严重受损，我们就该努力在白天开进德国采取激烈轰炸。我们一定要增加我们战斗机的行程，以实现这一目标。这件事若实现不了，我们就无法在西部战场展开行动，在东边战场也要被动挨打。

---

① 按照提议，大概有四百名波兰军官被派往西非师，他们做得非常好。——原注

首相致马耳他总督   1941 年 6 月 6 日

你的总体意见我觉得赞成。你指出的各条，陆军部会认真分析。看上去两三周以内马耳他不会受到攻击。在此期间，要对别的重大事项予以决断，进而让我们可以选择新的想法或者逼我们选择新的想法。你能够确定，在我们看来，马耳他是英帝国的一把全盘钥匙。我们深信拿着这把钥匙的人就是你，因此我们愿意用所有的人力去帮你。

（即日办理）

首相致林德曼教授   1941 年 6 月 7 日

我曾经数次让你依照欣格尔顿法官考察结束时的情形，对德国和英国的空军力量进行核实对照。这份报告望你最晚能在周一交上来。

照我推测，敌人损耗的飞机远比我们多，不过他们获得的新制造率是多少？眼下是什么情形？我上次仔细核对已是两个月之前的事。

首相致澳大利亚总理   1941 年 6 月 9 日

除非拿下叙利亚的飞机场，否则是守不住塞浦路斯的。所以，在我们看来能想办法夺下这些机场就最好了，那时，我们对塞浦路斯的声援才能更有力。那里现在有一个澳大利亚师的机械化骑兵团和一个英国营，此外，还有本地部队和"旋风式"战斗机六架。在敌军用极其强悍的军力攻击之前，这些部队还能抵挡敌军。若是还没等我们拿下叙利亚，敌军就极力攻击，那塞浦路斯的那一千五百名战士就只能躲进嶙峋的山峰里，在那儿尽可能地保持游击战了。我们要是夺不下叙利亚，或是山里的游击队被德国人打败了，那我们可能得撤走不少人。三军参谋长觉得，如此部署部队没什么不公可言。战争中，比此种情形更恶劣的事情不知道有多少。唯一的办法就是马上撤走（所以让敌人没遭遇反抗就顺利登陆）。你遇到麻烦时，我非常希望可以帮到你，因此，不管是否有援兵，你若不反对，我愿意想办法让澳大利亚军队撤出塞浦路斯。

首相致殖民地事务大臣和伊斯梅将军　　　　　　1941 年 6 月 11 日

我们的方针是严密包围吉布提港。对于这些人，我给的要求是最公正的。会引发围困严苛强度降低的一切活动，都绝对不能采用。不过，若针对新生儿和儿童的数量上交报告，那在最严苛的约束和监督下，可以把非常少量的营养品送到城里。

足以引发围困强度下降的行动，亚丁总督不管怎样都不能采用，并除非得到了我的批准，否则一切种类的物资都不能运进城。

首相致枢密院长　　　　　　　　　　　　　　1941 年 6 月 14 日

我知道民用汽油限量方案里写明，每三个月按照基本限量的半数卖一次，这个方案开始执行的时间定在今年 8 月。可以不在 8 月开始吗？我们别忘了银行的假期，别忘了不少人从战争开始到现在，或许是首次放假。他们肯定一心期待 7 月末把自己的汽车装满油，期待随意掌控 8 月的所有配额。

这个使用方案的起始时间，你能布置在 10 月吗？可以在冬天的时候额外加一次半数售卖，以弥补损失。

（即日办理）
首相致伍尔顿勋爵和农业大臣　　　　　　　　1941 年 6 月 14 日

1. 自你们那儿听说，为推行"除非参加公共养鸡场，否则母鸡数超过十二只的人，政府不为他提供饲料"的政策，预备舍弃"十二只母鸡"计划，我十分开心。"公有鸡饲料只用在出产公有鸡蛋上。"

2. 在兔子的饲养上，你也做了合适的处置吗？虽然兔子自身没多少营养，可是能拿来缓解顿顿吃素的状况。既然它们的食物主体是青草和蔬菜，那激励养殖和繁育应该没有危害吧？

3.我期待你能提高肉类配额，不过若到了冬天，新鲜蔬菜都要变少，在这个时候，肉的供应量也会变少，那这件事就可惜了。为了补偿冬天食物的短缺，你能多提高美国碎牛肉罐头、猪肉罐头和咸肉罐头的输入量吗？人们越是只能多吃面包，需要运输的数量就越高。只靠面包生活不但是一件糟糕的事情，还会朝着恶化的方向发展。看上去你要以更多的努力去换取肉类的渠道了。

4.大量宰杀牛羊让我十分担心。对我们来说，活的牛羊是重要储备。

首相致空军大臣和空军参谋长　　　　　　　1941年6月15日

一段时间之前，我曾经提议你让休·道丁爵士写一篇文章讲述不列颠战役的过程，此战发生于去年7月、8月、9月三个月里，是他指挥的。我了解到，空军参谋长那边对此是认可的，我猜你也一样。

请马上采用必要的措施，怎么样？

首相致伊斯梅将军　　　　　　　　　　　　1941年6月18日

今天请把叙利亚和利比亚使用频率最高的地名编制成表。所有地名选最简单且人们熟悉的写法。日后就通过电报给中东发过去，且和填充部分一块儿给各个相关方面送过去。

首相致空军大臣和空军参谋长　　　　　　　1941年6月18日

1.数日之前，我在报纸上看见一个报道，说空军正募集数千名志愿者去守卫机场。它的目的是什么呢？报道说，这是局部使用克里特岛的教训。不过不少人觉得没道理对这么一个微小的行动大肆宣传。

这些可能都是子虚乌有的消息。

2.借此机会我要说，在机场的所有空军地面后勤，都必须在所有武器运用上和守卫机场必备的演练中，受到紧张、有力和严苛的培训。所有人都必须在守卫方产生效果，且应该为获得高的灵敏性和效用而进行各种尝试。

请写一份有关这方面的汇报交给我。

首相致戴高乐将军   1941 年 6 月 19 日

多谢你 6 月 13 日发来的电文，已经接到。我非常重视你的建议。这些建议，以近日发生于叙利亚的事情来说，极有帮助。你可以相信，我们始终记得"自由法国"运动的优势，对法国的重生而言，这个运动关系重大。献上最美好的祝愿。

首相致伊斯梅将军   1941 年 6 月 20 日

以下问题，请用文字进行确切集中的解释：

1.眼下，对于陆军如何与协助自己战斗的空军中队沟通得更加紧密的问题，找到了哪些解决措施；

2.敌人若是发动攻击，联合王国众机场的职责问题。

首相致伊斯梅将军，转参谋长委员会   1941 年 6 月 23 日

1.在对加来海峡展开的进攻中，皇家空军表现优异，赢得的成绩应该能够激励我们日渐抓紧此种进攻，除非其结果是有害的。为了能对白天可见的所有目标予以彻底的打击，应该尽可能地提高白天起飞的轰炸机的数量。为实现这一目标，应该让内阁答应，轰击敌人用以大量修理或者制造飞机的全部首要工厂，至于敌占区的所有首要目标，则应该在白天予以最激烈的轰击和有力的破坏。应该

及时告诉法国工人离工厂远点儿，但这不应该妨碍我们在他们接到通告之前展开轰击。

2.众参谋部可以以此——在这一地区我们夺取了空中优势——为假设，研究在获得空军充足的保护后，应不应该发动一次大规模进攻的重要武装行动。我计划的规模是两万五千人到三万人，可能是以突击队和一个加拿大师。或许不用限制在常用的师这种体制，需要建一支和作战计策足够协调的部队。只要我们保住在英吉利海峡和加来海峡的空中优势，就应该有获得关键成果的机会。

3.至于别的目标，是：破坏大炮和炮台，破坏所有船只（尽管眼下数量已经不多了），破坏所有军用产品且杀死和俘虏大量德军。除此，可以努力围困加来港和布洛涅港。

4.前期讨论的时间，我想定在今天晚上九点四十五，以我们得到空中优势为前提条件。若以上建议，原则上未被反对，那就该及早让计划趋于完美。既然眼下敌人忙着攻打俄国，这正是我们及早狠狠地打击敌人的时候。

首相致伊斯梅将军转参谋长委员会、海军部军需署长，及别的相关人员　　　　　　　　　　　　　　　　　　1941年6月27日

1.英国在海外的海、陆两栖进攻，一般在晚上发动。我们想这时就将大量的"博福斯式"高射炮拉到陆地上，可是这些高射炮在防御俯冲轰炸机的进攻，为登陆地点提供掩护的时候，有很大的缺陷，可在清晨或者清晨之后没多久，登陆地点近乎随处都有被俯冲轰炸机攻击的可能。我们得先在黑夜中选好地方，可时间这么短，是没法将高射瞄准器和联合控制器调好的。

2.在开始登陆和占领机场，且最终安排好英国战斗机中队和空中保护之间有一个程序——要给予有力的防空炮火（起码是低空炮火）

进行援助。这件事怎样才能做到？唯一的办法就是预备水上炮台，这种炮台能在攻击前期的黑夜时段选好地方，从清晨开始就准备好为登陆地点提供掩护。

3. 眼下每个月有一百七十艘坦克登陆艇快速出产。起码得装配起十二艘坦克登陆艇作为水上炮台。它们应该配有"博福斯式"高射炮，或者各种配有空防信管或是光电信管的火箭发射器。这种武器十分适合配备在大型坦克登陆艇上。望能针对装配高射炮或火箭发射器，或两种均有的最佳措施制订一个方案。为了同时自所有位置攻击来犯的敌军，应该对最佳的调度射击的模式和四角形船舰的原理进行分析。这是大炮策略权威和火箭权威的责任，应该让他们知晓能使用的甲板的面积，并针对需要的特殊装备和人员制订整体方案。海军部军需署长应该写一份介绍这些船舰应当如何改动的报告。应该马上以此为依据组装一艘登陆艇，且培训一批当作中心的将士，在以上情况下借助水上炮台战斗。眼下只组装一艘即可，可将这艘用作培训和试验，不过剩下的十一艘应该准备好安装高射炮或火箭发射器，能修正的地方要尽可能修正。为了快速完成大炮的组装，应当将所有大炮的底座做好并予以安装。在此期间，这批高射炮和火箭发射器仍可以继续在大不列颠的防空系统中发挥效用，而要用到的那批，可以贴上标签，好在两栖行动火烧眉毛时快速启用。

望一周之内交一份报告给我，介绍你们建议采取的措施，并拟一份进度表。①

---

① 这份备忘录显示了登陆艇上高射炮火的来源，这是重组的一种装备了一组火力强劲的轻型高射炮的坦克登陆艇。它的用处是在发动突然袭击的时候，为登陆艇提供周密的空中掩护。到 1942 年 5 月，参战的此种坦克登陆艇有六艘，之后数量就极大地增多了。——原注

首相致伊斯梅将军　　　　　　　　　　1941 年 6 月 27 日

为了让我清楚哪些人使用过国防部专用间的档案，请就每周去那儿翻阅档案的总司令官的数量和名字列个单子给我。另外，请把拿给他们翻阅的首份档案的副本给我看看。

（即日行动）

首相致陆军大臣和帝国总参谋长　　　　1941 年 6 月 27 日

前段时间，我开始发觉以名称替代坦克的各式编号很有好处。这些名称一方面记起来非常简单，一方面还能防止因为使用编号和标志而造成的称呼混乱。当时这种看法没得到认可，可是明显有显示需求，例如通常都将 2 号步兵坦克称为"马蒂尔德坦克"，而别的步兵坦克里有一种名为"瓦伦丁坦克"。另外，眼下的名称也发生了改变。我记着 A.22 就有一个其他的名称。所以，望你写一份名录，把我们还有美国眼下拥有的和正在打造或者设计的所有坦克已经使用的正式的名字，按照种类和编号，再加上提议的名称罗列出来，好进行研究讨论。

（即日办理）

首相致外交大臣、海军大臣和第一海务大臣　　1941 年 6 月 28 日

谁让美国人生出了这种看法：相比于让他们的驱逐舰在我们这边活动，我们更希望其行动区域是在大西洋上他们自己国家那边。散布这种论调的人，在极大地破坏国家的利益，应该马上禁止他和美国人来往。史汀生先生的提议我绝对认同。我能提议马上将这一提议作为正式的大政方针吗？而且，要是需要，周一交付内阁研究如何？

首相致空军大臣　　　　　　　　　　　1941 年 6 月 28 日

据我了解，从飞机场竣工能够使用之日起到实际接收之日止，防

务上并没有什么准备，或简直一点没有，而且这段时间往往很长，特别是在主要工程完竣后尚须进行小规模整理之时。这似乎是我们防务上的严重漏洞。盼将现况见告。

首相致空军大臣和空军参谋长 1941 年 6 月 29 日

以下文字为对我 6 月 20 日的备忘录的深入解说，重点谈及皇家空军在独自就地守护机场上的职责之事。只要身穿空军服饰，任何人都要装备武器，无论是步枪、手提机关枪、手枪、长矛、还是钉头槌；而且所有人都应该每天起码训练、演习一个小时，没有任何例外。所有空军都应该部署到防御方案中。起码应该每周拉一次警报进行演练（事先告知这是演练信号），所有人都得去自己的工作岗位。五分钟之内，起码得有九成的人在自己的战斗位置出现。各层将士都必须明白，大家对他们的希望就是为捍卫他们的机场作战牺牲。和保卫计划相互协作的所有建筑物都应该做好准备，如此，敌军降落伞或者滑翔机兵团抵达的时候，就必须挨个儿进行攻击才行。所有这种职务都得有一个人统领。大军两到三个小时之后就会抵达；在此期间，所有岗位都必须抗争且保住阵地，就算只是一座茅屋或者杂乱无章的地方也没什么不同，要让敌人只能一个个地抢。这种过程对敌人来讲，不仅迟缓，还是种损耗。

2. 在皇家空军体系中，为照料少数勇敢的飞行员（一般情况下，肩负作战任务的只有他们），必须安排大量非战斗人员，这是个始终存在的难题。如今有个机会可以让为数不少的这些人在必需的后勤上增加战斗能力了。所有机场都该是作战的空军地勤人员要坚守的据点，而非穿着制服的、年轻的文职们在若干军队的守护下居住的地方。

3. 为了让我可以周密地考虑此事，请将诺索尔特机场的具体布置情况列出来给我，分别指出各级的空军人员名字及其担负的职责、他配备的武器和在防守计划里承担的使命。穿着制服的五十万人里的出众区域拥有皇家空军的所有名声，却只帮飞行员们做些必需的后勤工作，而没有相应的作战价值，如此庞大的浪费，我们绝对承受不了。

首相致陆军大臣和帝国总参谋长   1941 年 6 月 29 日

我们必须假定大概有二十五万名伞兵和通过滑翔机或者飞机降落的飞机运输的军队自天空降落。所有穿着制服的人和全部其他有心杀敌的人，无论在何处遇见敌人，都一定要攻击他们，且非常灵敏地对他们发动进攻——

"让每个人杀一个德国敌人。"

一定要持续地耐心告诫英王陛下部队的每个将士，让他们拥有这种思想，尤其是针对陆军学校、培训机构和兵站每个后勤都必须养成可以独自拼死战斗的品格。部队掌握的建筑物，在没遇到激烈进攻之前是不应该投降的。所有人都得携带一种武器，就算是一把钉头槌或者是一支长矛。面对这种新型分散攻击，所有人都得顽强反抗，这种思想极其重要。我坚信不少工作已在展开。

在本岛供给数量里穿制服的人到底有多少，他们的装备状况怎样，请给我一个精确的说明。

我想让艾伦·布鲁克爵士看见此份备忘录和附件，且提出他的看法。此外，请把钉头槌和长矛的样本拿给我看看。

首相致伊斯梅将军，转参谋长委员会   1941 年 6 月 30 日

我们虽让敌军死伤严重，不过敌军仍有大量援兵在持续穿洋过海开到非洲。皇家海军好像没什么办法。皇家空军能挡住的敌人大概只有五分之一。形势非常危急，你们肯定已经意识到了吧。

（即日办理）

首相致军需大臣   1941 年 6 月 30 日

    在研究安德鲁·邓肯爵士提议的秘密会谈中，欣维尔先生问我们眼下"重型坦克"上的状况。迄今为止，我们始终将 A.22 型视为我们应该生产的最重的坦克，尽管还有一种体形更加巨大的坦克（我记着是由斯特恩厂研制的），也让我们下了不少功夫。除此，我记着还试了一种式样。自然，因为海上运输的原因，我们的状况和俄国或者欧洲大陆上的某些大国有些差别，尽管，这种问题可以克服。

    不过按照威信力最高的那边的消息，俄国人如今好像已经制造了一种非常大的坦克，传闻重量超过了七十吨，面对它，德国六磅反坦克炮弹也毫无办法。照我看，如今研制更重的坦克的事，其重要性已经十分明显。我们必须分析全局，我们定要迅速看清自己眼下的状况。

四、被敌人击沉的英国、盟国、中立国的
商船和渔船每月数字统计表

（1949 年 5 月 1 日修正数目）

1941 年	英国		盟国		中立国		总计	
	船舶数	总吨数	船舶数	总吨数	船舶数	总吨数	船舶数	总吨数
1 月	44	209,394	30	107,692	1	2,962	75	320,048
2 月	79	316,349	20	82,222	1	3,197	100	401,768
3 月	98	366,847	32	138,307	9	32,339	139	537,493
4 月	79	362,471	67	256,612	8	34,877	154	653,960
5 月	96	387,303	24	98,559	6	14,201	126	500,063
6 月	63	268,634	35	142,887	10	19,516	108	431,037
7 月	36	95,465	6	23,994	1	1,516	43	120,975
8 月	31	96,989	9	32,010	1	1,700	41	130,699
9 月	61	215,207	13	47,950	9	22,595	83	285,752
10 月	32	151,777	14	53,434	5	13,078	51	218,289
11 月	29	91,352	4	6,260	1	6,600	34	104,212
12 月	124	271,401	44	159,276	19	53,308	187	485,985
总计	772	2,833,189	298	1,149,203	71	207,889	1,141	4,190,281

说明——12 月的损耗含有远东损耗的大概 270,000 吨。其中英国损耗 194,000 吨。

五、首相以个人名义发出的备忘录和电报

（1941 年 7—12 月）

7 月

首相致希腊国王   1941 年 7 月 1 日

在吃紧、危急和烦心的数个月中，我时常想念陛下，我得告诉你，你在这些人员变动中表露出的态度，在英国的众多友人和普通的英国民众中引发了浓重的钦佩之情。这里所有人都下定决心，要么赢，要么死。我们会以极致的热情迎接陛下驾临。我们期望且坚信，等好日子来了，希腊得到的荣耀有助于希腊如今遭受损失的好转。

首相致伊斯梅将军   1941 年 7 月 1 日

德国人正大规模启用火焰发射器。情形到底如何？

（即日办理）

首相致海军大臣和第一海务大臣   1941 年 7 月 1 日

我推测我们已经采取有力措施，遏制叙利亚的维希部队通过海路获得援助了。这件事如今是什么情形？

首相致空军大臣   1941 年 7 月 1 日

我留意到 5 月你们实际用掉的炸弹是两千九百二十吨，连原本推测的第二季度月使用量的五成都不到，依照这个使用率，你们的储备够用三十个月了。

你们在预备投放大批炸弹的时候，我们自然最不想让你们觉得炸弹不够用。可是在这些数量上看，你或许得再查一下你的需求了。你所以会提这些需求，好像重点是想获得六个月的储存。

　　这么多的储存，你要是无法切实确定你们可以彻底使用，我们会研究把多的那部分炸弹拿出来用在别的事上。

首相致粮食大臣　　　　　　　　　　　　　1941 年 7 月 2 日

　　听说由你拟订的那个蛋类产品方案，事实上并不是你预备推行的方案，我非常开心。维持提升总的食品供给量和保持平均分配两种需求间的平衡，这件事，一直不太好办。通过自身（生产）努力去提高自身供给的人，我们不应该把他们限制得太紧。

　　肉类情况正在改善，让人欣喜。我还希望因为我们催促美国提高猪肉的制造量，用不了多久，我们就可以增加配额，而不会紧接着就调低配额。

　　我们不愿意逼着农民把他们不用进口饲料就能养得很壮的菜牛杀了，这会让他们生出敌对情绪；另一边，自然也不能因为农民不想卖菜牛，就让整个国家饿着。毫无疑问，你们可以同农业大臣协商，拟订一个方案（这个方案的依据或许是个小心制定的物价政策），尽量让肉类的供给维持一个定量，自然，也得考虑季节原因。

　　而小麦的事，说我关注的是我们的储备，说我关心的是我们遭遇恶性循环的危险更合适：因为肉类短缺，人们只能吃更多的面包，进而使得小麦的进口量更大，以致压制了能够进口别的食物的船舰的吨位。今年的收成极有可能会被敌人损毁？我并不相信。我们注意到烧掉农作物这件事非常困难，你要是问空军部，他们会说："既然我国雾多，那什么原因使得烧这里的农作物比烧欧洲大陆上的难？"

首相致陆军大臣和帝国总参谋长　　　　1941 年 7 月 3 日

1. 在战争时期，想组建一支我们预想中的那种大规模的装甲兵团，那这种军队一定要有极大的暂时性，并且这一方针对于相对落后的装甲兵团尤其合适。对于装甲兵团而言，师的体制合不合适，很需要怀疑。在战斗和行政管理上，通过单独的旅团组建"皇家坦克兵团"的方法，会更加合适。第七装甲师是我们练得最好、装甲最棒的军队，作战的时候，"比不过一个旅"（其实它仅有两个旅和一些别的构成），由此可以发现师这种体制太不适用了。可是，一些军队要是已经建成了师的体制，并且一个装甲师强度的武器已经装备妥当了，那，眼下战争的状况是不会让它更改体制，进而引发混乱的。相对差一些的军队，情形就不一样了。他们应该始终被编制成旅，以当时能够获得的最好的武器武装，且通过调高最新装甲车的比例来一步步地扩张。应该留心让它们改进的所有阶段都留有相对的战斗力。可能没办法在同一时间给每个装甲旅一样的武器。它们一定要使用现存的武器，尽量把所有能用的都用起来。例如，在国内组建一个新型（或者老式）装甲旅团的时候，它第一应该拿所有剩下的装甲车或者轻机枪战车，而且应该马上拥有"旅的认知"。它们的训练应该以团或者旅的演练需求展开，就像它们是个有着完全装备的装甲兵团一般。在各类无线电讯任务中更要这样。在危急时刻，它们要以一个摩托化机关枪部队的身份作战。等能拿到大量坦克，就应该将这些坦克分去各个团充当发展的中枢，直到战士们对摩托车的保护习以为常，且熟识了装甲旅的演练。此时他们或许总算能用手里的坦克实现充分武装了，之后新得到的或者有武装得更好的军队分过来的新型坦克又会取代这些坦克。如此，在所有阶段，所有不适合在坦克兵团干的人就都会被调走，学会坦克战的人会日渐增多，到了关键时刻，这种装甲部队就能拥有切实的作战效力。

2. 而那支在巴基斯坦很长时间都没变成武装力量的骑兵师的情形就截然不同了。这个骑兵师应该在战争危急状况允许的情形下，及早改制成两个旅，一个旅包含坦克团三个、摩托化野战炮十二门、摩托化机关枪团一个和一些附属军队。最先组织好的应该是这两个装甲旅，其中之一是比别的更差的英国装甲兵团必须先组编好。这两个旅要是可以运用如今已经开始运送的美国轻中型坦克，率先自原本单薄的摩托化机关枪大军变成坦克大军，那就十分便捷了。罗斯福总统已经和我说了（不算即将运抵的六十辆坦克和预订的别的货物），他已经调了轻型巡逻坦克二百辆，预备在未来的数个月里通过美国船舰运往苏伊士。由骑兵师改组成的那两个装甲旅确实应该将新来的这二百辆坦克变成首要武器。短时间来说，各团其他部分可以接着使用他们已经在用的装甲车或轻机枪战车。在获得意料之外的那两百辆美国轻型巡逻坦克之后，这些优异的部队将变成两个出众的装甲旅，十分适合在巴基斯坦、叙利亚和伊拉克战斗，相比于所有（别的）能够获得同等战斗效果的办法，这个方法更高效。

首相致莫顿少校　　　　　　　　　　　　　1941 年 7 月 6 日

　　为了将来能对那些在法兰西或摩洛哥因怜悯戴高乐而遭维希政府的法院判刑坐牢的年轻的法国人予以关照，请查清楚有没有一份记录了他们姓名的名录。

（即日办理）

首相致帝国总参谋长　　　　　　　　　　　1941 年 7 月 6 日

　　1. 从你和艾登先生接到命令奔赴开罗完成某些使命，其中尤其是要对中东军队内部的组织情况进行考察汇报到现在，已经快六个月了。可我们直到现在，对于具体状况也没多少了解，实在是太可惜了。对于各作战部队的发展状况，陆军部应该有个全盘的认知，与此同时，我要是对这种全局不清楚，也肯定没办法践行我的使命。

2. 让一个师或旅每月汇报他们首要武器的状况，不是什么出格的事情。我无法想象，一个好的师长对于他部队每星期——事实上说每天也行——的武器状况居然会不清楚。

3. 有鉴于数量每天会有很大的变化，我们应该每月汇报，其中含有空军的具体状况。

海宁将军的组织应该清楚所有状况，并且对他们来说，汇报给我们应该问题不大。

你别觉得我们要这个报告，只是想要统计数字，那并不正确。除非对中东所有部队的近况知道得非常明白，否则，国防部或者战时内阁是没办法给出自己的意见或者下任何决定的。若非如此，我们就会接着处在混沌和无序的状况中，这会让我们遇上灾祸。

你若提议在汇报的详细情况上稍稍简练一点，我非常认同，不过我不得不强调，要清楚所有首要情况。

请翻阅 1941 年 7 月 5 日帝国总参谋长的备忘录，里面谈及首相要求拟一份清单，说明中东各个军队武器配备的具体情况。

（即日办理）

首相致陆军大臣   **1941 年 7 月 6 日**

夺取巴尔米拉那场战斗，近卫骑兵队、警卫骑兵队和埃塞克斯义勇骑兵队曾经参加过，为什么没汇报给我知道？很早之前，这些军队就已经因参战被敌人知道了，所以因为军事上的问题，才没将这个有意思的消息告诉英国民众，是说不通的。

如同这样以战斗机密的名义肆意使用新闻检查权，国会和新闻界自然要觉得不快，并且这么做会让更加严重的事情的保密变得更加困难。

首相致粮食大臣   1941 年 7 月 7 日

听说你正将我们对猪肉和奶制品的总需求量的大概数字告知美国相关部门，而且已经让他们制订了一个大规模提高蛋品供给量的方案，我非常开心。我深信自美国进口的粮食总量，要远超出眼下预想的一百三十三万吨。在相应的观察之后，我认为美国因为没有切实的粮食配给制度，肯定能出产更多的粮食输送给我们。（美国猪肉的年产量通常上下有近五十万吨的浮动。）

我深信我们正想方设法从最近的地方获得我们需要的肉类。我们若能适宜地告知阿根廷，且给他们某种承诺，他们可能也可以增加他们肉类的出产。

自然，我们的食用油和油料会尽量从非洲获得，并且运来的方式是通过自中东返回的船舰。我们眼下还不能因为这项输入就派船去印度或者太平洋。

首相致外交大臣   1941 年 7 月 9 日

为让国务大臣知道情况，应把大概意思如下的电文发给他。

这封电文是首相发过来的。亲启密件。电报伊始：两周前来了个使者（我们觉得确实是使者），要帮我们和维希建立往来。我们和他以同等的身份展开协商。他现下给我们发了以下电文，时间是 7 月 5 日：法国政府已经下达如下总令给当茨将军：

"1. 英军夺取叙利亚之后，法国的文臣决不能离开，而且要和自由法国部队携手，继续工作。

"2. 我奉命以最大的诚恳要求你们看重这道命令。你们此次展现出来的友善态度会引发最棒的观感。

"3. 这是我回国之后，我的政府快速给出的首个心愿；这个心愿得到的回应若是不好，对我们日后的行动会造成不利影响。"

此事一定要同你已经了解的正式提出停战的事放在一处考虑。我们的意思是，以如下要点回应贝当和奥吉泽尔的特使：

1. 在叙利亚，英国仅有的要求就是获胜，除此别无所求。

2. 最重要的事是阿拉伯的独立，什么事都不能和这件事相违背。

3. 在当前的状况下，短时间内代表法国在叙利亚的权益的自然是戴高乐。所以他会保持此种状况——以不危害阿拉伯独立为前提，在叙利亚法国拥有一切欧洲国家中最高的权限。

4. 与此同时，一定要竭尽所能缓解戴高乐的拥护者和法国的拥护者间的矛盾。我们都有责任去维持阿拉伯的独立，不过我们觉得这种目标法国是可以有的——两次大战间我们在伊拉克获得的那种身份，战后他们在叙利亚也能拥有。

5. 要记得：等我们获胜（我们肯定能获得胜利）是不会允许阿尔萨斯—洛林或者任何一个法国殖民地和法国割裂的。所以，希望你在我们两国眼下遇到的这种讨厌的逆境中，认真探索前行。

首相致伊斯梅将军   1941 年 7 月 10 日

"landing"（登陆）这个词日后用来特指自海上登陆。一切来自天上的到达，都要用"descents"（着陆）。以后官方函电均用此种说法。

首相致本土部队总司令并致伊斯梅将军转参谋长委员会

1941 年 7 月 10 日

有关防御降落伞的演练

听说攻击会在清晨展开。可是这不代表全部的降落伞和滑翔军队抵达的时间都是清晨。自法国、比利时和荷兰的根据地动员一千架飞机运载士兵，或者等同于这个数的飞机，要用数个小时，起码是四五个小时，这表示近乎要花掉眼下这个季节的全部的夜晚。所以因为路程有限，这些飞机要么晚上一批批地到（在此种背景下，行动起始的时间或许是半夜一点），要么第一批在清晨的时候到，剩下的就在日间的剩余时间接连飞到。若是后一种情形，我们的战斗机将把他们打得七零八落。因此伞兵不会在日间按批次开到。需要关注的是，德国人还一直没有试图在晚上展开过这种着陆。在晚上找到准确的低空着陆点，难度非常大。

1. 这全部的关键问题都一定要和空军参谋部共同协商。若以假的资料和不可能出现的状况为依据，展开这种势必会引发很多动荡的参谋们的演练或者讨论，那什么好处都得不到。"在清晨，有一万两千名伞兵降落。我们如何处理？"这话说起来非常简单，可不认真研究我说的那些调集情况，这话就一点儿价值都没有。

2. 范围稍小的攻击或许更可怕。在之前完全没有迹象的情况下，五百个死士忽然出现在天上。他们或许在白天，或许在太阳刚出来的时候，着陆于政府所在地区的中央或者周边。可是，他们最先要遭遇的情况是被无线电探测器检测到，并且有晚上被截击、白天近乎确定被剿灭的重大风险。可是，突袭在战争中用处极大，因此对此要予以详细分析。若分析之后，觉得有可能，就算只是很小的可能，也不管怎样都得想办法让政府和行政机关的所有核心得到防范这种突袭的安全凭仗。开始的一小时是最关键的一小时，而开始的十分钟又是最关键的十分钟。

3. 我希望本国军队和空军参谋部协商，且将以上问题和提议的具体回答告诉我。考虑两到三天应该就可以了。

首相致本土部队总司令并致伊斯梅将军转参谋长委员会

1941 年 7 月 10 日

为防敌人进攻飞机场，我们在防御上做了战略和战术性质的乔装，这种乔装如今情况怎样？在克里特岛的马里姆机场及其周边炮台得到的教训，有哪个组织正在分析吗？

我们明显可以从下面这两方面采取行动：

1. 为了蒙骗敌人，将假炮放在外边，真的藏起来。一门真的大炮，绝对可以用两到三门甚至更多的假的大炮来遮掩。

2. 让炮兵阵地变幻莫测，让人眼花缭乱，辨不出真假，是最佳的乔装手段。

在攻击前期，限定某些炮台暂不开炮的战术肯定也要研究着。

望下周六交份报告给我。

首相致爱德华·布瑞奇斯爵士　　　　　　1941 年 7 月 11 日

记有那两天讨论生产事项的国会记录，请将其找出，并抄录有关政府一些部的全部段落送往各部，让它们在 7 月 19 日之前做出回应。

另外，请将有关统一调度战事的各段全部摘录出来交给我查看。

在我看来，这里不少论点说得极其正确。

首相致空军大臣　　　　　　　　　　　1941 年 7 月 11 日

尽管敌人以无线电波射束指挥轰炸已经在去年因为我们的扰乱失去了效用，可是他们好像正以改造后的无线电接收器对他们所有的轰炸机进行重新配备，还准备在明年冬天以众多的无线电射束站压制我们的干扰行动。

使用无线电手段自然没办法遏制敌军在明媚的月色中找到和轰击考文垂和伯明翰这类的目标。可在这种时刻我们正常的夜晚防御产生的效果应该是最大的。我们的危险大体就出现于这种云层深厚的黑夜，因此我们应该彻底准备好，去抗击敌人无线电射束指挥的轰击，我们如今已经知道这些射束站的所在地和波长了。

传闻要用的装备和平常商用的没多少差别，因此我们就算不能自己生产，也应该能从美国获取。在秋天以前应该做好全部的准备工作。现在情况如何、敌人的新进展、我们眼下有什么措施能进行迎击，望告之。

首相致粮食大臣　　　　　　　　　　　　　　　1941 年 7 月 12 日

听说相比于你五月份的汇报中谈及的数量，如今在美国"希望获得的"粮食数量已经超出很远了，我很高兴。我清楚，我们计划里的需求总量远多于我们目前"希望获得的"数量。我深信只要将需求详细告知美国，他们是可以也会出产的，或者以某种手段来满足我们急于得到的粮食中的绝大多数。我们若能尽可能地减少运货的路程，那我们需要的船舰就几乎都能解决。

只有一件事让人忧心——你给出的猪肉需求量够吗？我们要是让美国给我们提供牛肉或者羊肉，它会觉得棘手，可提供猪肉，应当能快速提供，而且要是有需要，可以放在没有冷冻装置的船上运进来。

（即日办理）
首相致飞机制造部、查尔斯·克列文爵士、空军大臣、空军参谋长（由伊斯梅将军予以填充或者在一周之内给出相关的进度报告），和彻韦尔勋爵　　　　　　　　　　　　　　　1941 年 7 月 12 日

1. 飞机制造部的各种新计划让我非常忧心，飞机的制造量，就这些计划来看，在以后的十二个月或者十八个月内将停滞不前。自然，新计划的后段将专注于出产新型产品。我曾经提出检验所有类型飞机

需要的工作时间。自然，这么一算，自眼下开始到第十二个月，英国出产的数量大概增加五成。再算上美国的数量，那从飞机数来算也好，从工作时间来算也罢，结果都会增长，而1942年7月的制造量和眼下的比值近乎是1.75:1。

2.在我看来，这并不足够。我们推断德国每月出产的数量是两千一百架，这个数量是我们在1942年7月之前始终要保持的数量，事实上，7月之后也仍会是此数，但这之中不含新产品的计划。我们决不能忽视此种可能，德国人或许会改成用工作时间来计算他们的飞机数，进而获得慰藉。他们在尺寸和质量上或许也会获得相似的改善。总而言之，就我见到的数量而言，未来的十二个月之内，英国和德国的飞机产量好像相差不大。我们若是有所增多，那肯定是因为美国帮我们制造那部分。此外，飞机制造部曾经发出警告，说他们估算的数量或许会降低百分之十五，这点尚未加进去。

3.由于以上情况清除了我们占重大上风的所有可能，因此无法让我们满意。可想要夺取战争胜利又少不了这种上风，所以我希望重新检验这些计划，且让相关的最高权力机构重新考察下述三种扩张举措，还有一切别的能够想到的办法。这三种举措为：

（1）以加快机床使用速度且增加使用时间，或者以在飞机制造部制造范围内采用的一切别的手段，去提高眼下的数量。

（2）建造新的制造厂和配备厂，或者重新启用或彻底使用因疏散而搬空的制造厂。考虑到对于大不列颠的领空，我们不仅白天的控制权越来越强，夜间战斗的设备也得到了发展，如此，这么做或许没错。

（3）为了增加那些通过考核的各种飞机在那个时间段的出货量，要重新划分轰炸机制造方案。

战斗机必须一直想方设法地占据上风，因此设计工作或许要快速改变。不过未来的十二个月里，大多数轰炸机的活动将会在平稳的情形下和中等路程内展开。尽管我们全部的长距离或者高空飞行或者白天战斗需要的轰炸机还得记着进行充分的改善，可是大多数轰炸机将在晚上携炸弹去例如鲁尔地区或者别的周边地区的目标上方抛掷。看上去空军参谋部能将自己的行动分成短程和长途两类，且能以这个作为基础，让部分产量尚未达到顶峰的优秀制品的制造高峰期保持的时间长一些，让数量多一些。比如"布莱克普尔·韦林顿式"远程轰炸机好像就能这么做。这是一种新型轰炸机，它的制造高峰将于11月达到，不过这一水准能够保持的时间只有六个月。假如我们能让高峰期持续十二个月，那么11月之后交付的数量可要高出不少。

4. 评价轰炸机力量的标准为：每个月能对德国、意大利境内的那些可以正常推断的目标抛掷炸弹多少吨。在拟订产量的时候，空军参谋部研究过这一目标吗？出产一种载重更大的新型飞机，带来的成果或者可以更出众。不过，那种只能装两吨炸弹去鲁尔的飞机，还需要继续生产，估计在很长一段时间里我们还不得不依靠它。自然也有别的例子。我想到计划变更得太匆忙会造成严重损害，所以已经告诉飞机制造部按照这点对他们的计划加以重新考虑。

5. 事实上，新计划不但比3月的数量低，与（1940年)10月相比也差得很远。不过不少制造材料已经按照10月的需求进行了储备。所以，要是所有要素都合作得当，数量应该可以提高不少。空军部应该按照两种情形阐述新近这个计划（暂不提计划的扩充）是如何同未来十二个月的飞行员训练相呼应的。计算炸弹、炸药、大炮和所有附属制品的时候，除了要考虑当前的计划，还得结合必需的扩张一起考虑。无论如何，原则上，我们的目标起码是，我们的空军力量到1942年年末将是德国空军的两倍。我们若现在就重新开始用尽全力，此事还有机会。既然如今还没找到别的获胜的办法，那这个办法就是可以找到的最基本的办法了。

首相致空军大臣   1941 年 7 月 16 日

　　国家安全部查证了德国烈性炸弹的威力，结果显示爆炸冲击波带来的破坏远大于弹片带来的，爆炸冲击波可以损毁建筑物等，可弹片遇到的有用目标非常少，尤其是晚上，那个时候大部分人都有掩体。

　　爆炸冲击波的大小和烈性炸药与弹壳的比例成正比。若金属弹壳的质量提高，弹片就会变多。

　　我们通常所用炸弹，它装有的炸药和弹壳的重量比大概是三十比七十。德国人用的比例大一些，大概是五十比五十。这些炸弹除了更能损毁城市，成本也更低。

　　在此种情形下，应该重新研究我们炸弹的炸药和弹壳重量的比例，尤其是因为空军部如今已经提出让极大地提高产量。

首相致空军大臣   1941 年 7 月 16 日

　　望写一份关于盲降设备的简要的报告给我，阐述在配备此种设备上，皇家空军的进程如何。

首相致爱德华·布瑞奇斯爵士   1941 年 7 月 17 日

　　我觉得国会根本不明白，我们因为改善了分配方针，各种优先问题已经处置得越来越好了。针对这一问题，望写一份简要的报告给我，限制在一页之内。实际上，有关优先问题的争论，我感觉如今我们已经很少听见了。它或许偶尔会变成讨论的中心，可照我看，总体而言，万事都得以顺利展开了，对吗？例如，我们曾按照心理因素，十分合宜地改动了将最高优先权分给坦克制造的事。如今，顺序之事已经变成了怎么攻克难题的事。没人能将其他人都排除出去，完全占先。彼此抵触的事情，近来没有出现。望周五之前勇敢地就这一问题给出看法。

首相致伊斯梅将军，转有关各部　　　　　　　　1941 年 7 月 17 日

6 月装载毒气的器具产量降低了，是因为什么？自一千五百吨减少到五百吨，实在让人惊讶，而且这和内阁数个月以来下达的确切的指令是完全相反的。此事是谁管的？一定要竭尽所能地予以切实的努力，而且制造、储存的毒气量要尽量多，并且将毒气放到容器里。

请告诉我：对产量减少负责的人到底是谁？

别人随时都有可能对我们问责。一定要写好报告，好在下周在内阁研究。

首相致内政大臣　　　　　　　　　　　　　　1941 年 7 月 19 日

希望可以记下我的主张——因为阐述看法（艾尔西·奥林小姐由于和两名士兵说，希特勒这个领袖不错，好过丘吉尔先生，被判了五年的徒刑）就被判处徒刑，太重了，毕竟阐述的意见虽残忍，但到底没做阴谋行径。以我们国内的状况来说，不该做这么不合情理的不人道的严重处罚。照我看，如此的举措，只会产生相反的结果。

（即日办理）
首相致第一海务大臣，并致伊斯梅将军转参谋长委员会
　　　　　　　　　　　　　　　　　　　　　1941 年 7 月 20 日

让这艘（格伦式）军舰返国，我是极不赞成的。我们之所以派这三艘军舰绕路好望角开赴中东，是因为想要展开"下颚"计划，并且攻打别的岛屿，当时这样调遣心里十分不情愿。那些突击队员已经零零碎碎地用完了，如今突击队已经遣散。近来的中东政权没显示出有进行共同军事活动的能力。协同作战的统帅尚未确立，只有一个散漫的、用处不大的组委会。可是我们不能说将来就没有展开登陆行动的需要。另两艘"格伦式"军舰正在维修，把这艘撤走大错特错。所以

此事，我希望三军参谋长能进行全盘考虑。

（即日办理）

首相致空军参谋长　　　　　　　　　　　　　1941 年 7 月 21 日

　　按照 3 月宣告大西洋之战开始时下达的指令，空军海防总队获得大量特殊支援。据我所知，为推行这一命令，近来自美国运来的所有 B24 飞行碉堡全都给了空军海防总队。在美国，大家觉得这些飞机是理想的攻击柏林等城市的轰炸机。霍普金斯先生曾针对它们的用处同我咨询过，而且由于我们没有人去操作它们，美国人好像觉得这些飞机被束之高阁了，没派上用场。我正在改变这种观感，可是照我看，通盘考虑，若拿这些轰炸机去轰击德国，就没什么不妥的。另外，空军海防总队已获得"卡塔丽娜式"水上飞机六十五架和一些"森德兰式"水上飞机，并且近来的战绩和美国夺取冰岛（第一海务大臣将同你说明此事）将引发的结果，均会让大西洋之战的形势得到极大的缓解。

　　你的看法如何？望告知。

　　轰炸机司令部总司令他觉得轰炸机不够用，急需扩充。

首相致伊斯梅将军，转参谋长委员会　　　　　1941 年 7 月 23 日

　　我期望可以尽快整顿中东突击队。协同作战的指挥官应该委任莱科克旅长担当，而不是让一个权力很小的军官委员会去管。那三艘"格伦式"运输舰、协同战斗的指挥官及其军队，都该直接让坎宁安海军上将管理，坎宁安海军上将掌控协同作战的所有事务，海上运输也在其中，不过人数不能超出一个旅。这支珍贵的部队，中东司令部将其扔在了一边，的确没有正确使用。

首相致伊斯梅将军   1941 年 7 月 25 日

你运往马耳他的援兵和军用物资的准确数字和具体情况，还有原本驻守在马耳他的部队的力量，请写在一张纸上给我。

首相致雅各布上校   1941 年 7 月 25 日

我们步枪的制造情况请你简要地和我说说。1939 年 9 月的预期如何？结果怎样？因为轰炸被毁的有多少？到 1941 年年末的新预期有多少？

前海军人员致罗斯福总统   1941 年 7 月 25 日

1. 非常感谢你能将坦克的生产计划告知。在即将到来的数个月的紧要时段中，我们的坦克储备能得到此种增多，实在是太好了。有关长期计划，我们所有的经验都显示，武装和装甲更重的车辆对现代战争而言都是必需的，所以我们应该预备减少轻型坦克，转而提高中型坦克的制造量，可是自然不能损害到你的空军计划。

2. 你提议将我们坦克兵团的战士送去美国培训，我觉得这非常有意思。我们正考虑此事，我们的意愿，会及早告知。

3. 我们始终在分析我们的战斗计划，既研究 1942 年的作战，也研究 1943 年的作战。在让首要据点得到安全保证之后，就需要制订最大范围的计划研究获胜所需军力了。归纳来讲，我们的第一目标一定是增强封锁和传播，之后一定要让德国和意大利遭受持续的且越来越强的空袭。只是这些行动或许就能让敌人内部发生动荡或者瓦解。不过还得拟订方案，在时机合适的时候让救援的部队登陆，支援被驯服的民众。为实现这一目标，除了大批坦克，还得有大批可以运载这些部队，且让他们在岸边直接登陆的船舰。你制造的大批商船，要将其中一部分予以必需的改动，让它们可以当作坦克登陆快艇来用，对你们而言，这应该难度不大吧。

4. 这个让德国妥协的归纳性意见，你要是不反对，我们就一定要马上研究如下这两件事：

（1）对于首要的战斗武器，比如飞机、坦克等，我们总共需要的数量，拟订两方都认可的预估数量。

（2）之后研究怎样展开共同生产，好满足这些需要。

5. 我提议我们在伦敦建立的联合参谋部应该尽快将第（1）条运作起来，之后应该让我们的技术权威们去运作第（2）条。

首相致伊斯梅将军与霍利斯上校，转参谋长委员会

1941 年 7 月 26 日

帮国内军队增加大批机动高射炮，尤其是升限小的炮的事，应该予以极大的关注，以便协助野战师战斗，且供应给部队和装甲纵队使用。

德国人总把自己的高射炮放在前边，这非常对。除非有机动的"博福斯式"高射炮保护，否则不该让大军集结或者让他们往前推进。

那二百一十八门炮会这么用吗？若会，我觉得这是个非常正确的措施。若不会，我希望这点三军参谋长能予以考虑。

在别的方面，你们提议的派遣措施，我绝对认可。

首相致粮食大臣   1941 年 7 月 27 日

我知道你正在研究，若一定要推行次要食物限额制，那就选一种有弹性的票券体制，按照此种体制，可用票券在众多类型的货物中选，而且不必去特定的店面登记。尽管不变的限额制可能管起来更容易，不过让消费者有一定的选择权的自由体制好像更好。有时候，通过巧妙的手法，是可以消除个人偏好的。另外，你有更改各种商品价格（既能改钱的数量，也能改票券的额度）的权利，如此，你就能有效地掌

控所需数量了。

所以，你研究之后若觉得势必要增加限制范围，那这种有弹性的票券制看上去还是有不少优势的。我希望时机合宜时，能听见你对此事的看法。

首相致枢密院长、劳工与兵役大臣及陆军大臣

1941 年 7 月 27 日

1. 对于陆军所需而言，两百一十九万五千这个人数确实太少，这已经得到了越来越多的真相的证实；陆军大臣如今正认真分析自己超出部分的需求。

2. 所以，一定要敦促已经接到战时内阁指令、详细考察此事的人力组委会尽快展开工作。我期望已经完成了对首要事实的收集，不用等着给出整体报告就能由枢密院长和相关大臣们磋商，对照人员的总体情况，将陆军超出部分的需求当作紧急事项予以研究，且针对达成这些需求的必需的举措进行汇报。

首相致飞机制造大臣

1941 年 7 月 30 日

惠特尔设计"喷气式"飞机引擎的实验成功了没有？我殷切希望两周内能知道。我期望实验可以成功，不过你曾经和我说过，眼下用的涡轮叶片还能用。我们决不同意因为设计师希望得到别致的改动就延误时间。这些飞机应该尽量在明年夏天敌人或许要发动高空轰炸的时候改成中队。

首相致伊斯梅将军

1941 年 7 月 31 日

我需要大量的有关苏丹港、马萨瓦（正在红海海滨建造着的新口岸）、阿斯马拉、巴士拉、图卜鲁格等地的照片。

8月

首相致枢密院长　　　　　　　　　　　　　　1941 年 8 月 9 日

我听闻有这么一个提议：获得补充分配汽油的车主若没有记录所有里程记录表，就犯了刑事罪。

我们要是将这种错误变成刑事犯罪，进而提高了刑事犯罪的数目，并不明智；这些错误并不会引发民众的愤怒，也不容易让人发现，并且惩处这种错误只不过是随意判罚。将没有里程记录视为刑事犯罪，就是这种行为，尤其事情只牵扯到了我们汽油消耗量的二十五分之一的问题。

我听闻还有一个别的提议——告诉车主，他们要是没备有里程记录表，他们的补充分配量或许会被扣下或者减少。这种方法已经够了吧？

首相致进口管理委员会　　　　　　　　　　　1941 年 8 月 9 日

1. 美国近来交给我们的另一批船舰，我听闻进口管理委员会将研究怎么给它预备装货的事。最重要的是要彻底使用我们得到的所有船舰吨位，不论是从美国哪得到的，或是因为我们的航行情况得到好转而获得的，将物资输送进来，提高我们的战果，且把提高身体素质的和多种的食物带给民众。

2. 船运的货物一定要预备妥当，只要有船就能装载运送，所以应该马上写一份报告，指出，为实现这一目标，已经采用了什么举措去提高我们的订货量以及在众港口周边的货物储备。

3. 我听闻你们提议，今年下半年输入七十四万八千吨软木，四十二万两千吨硬木。在最新一次大西洋会谈中说的数量远比这个少。为什么要输入这么一大批木材？因为我们找到的物资都没它有用吗？你们给农业大臣输入别的货物的机会了吗？比如五十万吨玉米（可以从美国得到），对于保持我们的养鸡量用处极大。

首相致海军大臣、空军大臣和飞机制造大臣　　1941年8月16日

1. 说起来让人伤心。你们看了备忘录就会知道，原本对我们承诺，自4月起，每个月为我们提供二十架"折翼格伦门式"战斗机。可截至目前，我们一架都没拿到，不仅如此，如今只同意我们依照海军大臣7月26日的备忘录①里列出的方案去做。

2. 照我看，最重要的工作是供应六到十二架"格伦门式"战斗机给"胜利"号和"皇家方舟"号。这些飞机更应该为在地中海战斗的一切航空母舰配备。等这些高速的战斗机飞到天上和敌人交火，敌人肯定会非常吃惊，这近乎可以当即让局势得到极大的缓解。

地中海上的一艘航空母舰可以达成的所有别的任务，不管是在重要性上，还是在紧迫性上，都远比不上这个任务——减少敌方的海上轰炸机的攻击。这些战斗机就算只能在距离母舰四五十英里以内飞行，也可以达成所有必需工作。一定要让敌人知道，他们的飞机飞近一艘由航空母舰护航舰受到的损害，和从陆地据点起飞的战斗机给予的攻击差不多一样重。

3. 如今在地中海东面没有航空母舰。所以，眼下不用把"折翼格伦门式"战斗机派过去。应该将总共四十六架"格伦门式"战斗机——原定分给联合王国8、9、10月的限额（共二十二架）和划给中东的9、10月限额的二十四架，全都给联合王国送过去，以便装配我们的航空母舰。对中东的交货问题，以后再考虑。

请每个月针对航空母舰专配"格伦门式"战斗机的进展写份报告交上来。

4. 下一艘"无畏"号新航母，我们什么时候能得到？

---

① 有关"燕子"Ⅱ型飞机的交货备忘录。——原注

5. 现在就应该下达以下指令，只要不是有什么我还没发现的相反的原因。

"9、10 月份的数批共十二架"折翼格伦门式"战斗机，别（再说一次，别）送去中东，应该运去联合王国。"

首相致伊斯梅将军   1941 年 8 月 16 日

突击队

1. 那三艘"格伦门式"军舰，我已经和奥金莱克将军议定，让他们全都留在中东，且尽快改成能够展开两栖战斗的船舰。

2. 改组突击队的时候，应该尽可能使用志愿者，还有那些想离开当前所在军队回归突击队的旧成员（这些人如今散落在所有部队中）。莱科克旅长应该承担指挥工作，出任协同作战指挥官。

3. 奥金莱克将军将直接管理联合战斗指挥官和突击队。我之前说的方法——由海军总司令指挥他们——应该撤销。

（即日办理）
首相致帝国总参谋长和伊斯梅将军转参谋长委员会
                                                1941 年 8 月 19 日

相比于裁撤我们在冰岛的部队，将这个地区变成山地部队的操练基地更重要。你能不将炮队撤离，而是给他们调几门山炮吗？为了能给最多的在雪窖冰天中操练山地战的士兵装备雪橇、雪鞋等物，请拟一个方案给我。眼下已经又来了一些美国人，这就让训练更易于展开了。在我看来，建立这些山地军，是我们体系中的一个首要特点。这一任务，要全力进行。

首相致空军参谋长   1941 年 8 月 19 日

  非常感谢你全面的讲解[①]。因为耽误事的是制度，所以就算驾驶员们有过失，也别指责他们。空军和地面军队的沟通不够紧密有效，显示需要进行大规模的改变。空军部应该以配合的精神完成陆军的需求。因为资源越来越多，空军有达成陆军需求的责任。我期望你能承诺：为消除战争机制中这种可悲的问题，你必定夜以继日地拼搏。我们不用穷究以前，可是陆军部将来若再遭到冷遇，那就得说是空军部的首要责任没得到履行了。

（即日办理）

首相致军需大臣   1941 年 8 月 20 日

  附上彻韦尔勋爵在我的引导下写的（有关毒气和毒气武器的）报告，望你翻看一下。我们必须想到会有大面积的毒气战。它任意时间都有发动的可能。看看以前芥子气制造方面必须承受的惊人的制约。请看对此事的说明。空军部怎么不给二百五十磅的炸弹填充炸药？这种做法看上去最为短视，并且违背了内阁的某些决议，那些决议的大概意思是，应该尽可能制造最多的毒气，且将其装进合适的容器里，或予以储存。

  我要你亲自关注这一新发展。这整件事非常危险和关键。

首相致枢密院长   1941 年 8 月 20 日

  有足够的理由将（车主一定要装备里程记录表）这种附加义务强行加到民众身上？我完全不这么看。需要填写的表格日渐增多，靠这些表格为生的官员日渐增多，可大家的耐心越来越少，这并不奇怪。

---

  ① 说的是对 1941 年 3、4 月第二装甲师在撤出昔兰尼加那段时间的行动的说明。——原注

你要是觉得只有这个办法才能实现你的目标，就将此事呈送内阁吧。

首相致印度事务大臣　　　　　　　　　　1941 年 8 月 20 日

邀请函自然得送，但通常接见昂山的工作要由你去做。

（此处说的是埃默里先生的一份备忘录。这份备忘录提及缅甸的状况，还有缅甸总理昂山想要访问英国。）

首相致第一海务大臣　　　　　　　　　　1941 年 8 月 25 日

日本正在服役的舰队和小型舰队，以及创建时间，还有现在已经建好的船舰，希望你能将它们列在一张纸上交给我。

（即日办理）

首相致农业大臣　　　　　　　　　　　　1941 年 8 月 26 日

我得到消息，说收获很差。如今是什么情况？圣斯威辛节之后已经超过四十天了。若天气好转，你推测会怎么样？唉，我们说得太早了！

首相致生产管理委员会　　　　　　　　　1941 年 8 月 26 日

我很重视大批人员和材料如今仍用在建筑上的状况。建工厂和盖房子的规划每年用掉二百二十五万吨进口原料（铁、钢和木材），雇人七十五万。

如今是否已经是时候不审批所有工厂建造计划了（除特别情况）？眼下处在半停工状况的工厂这么多，在这方面还有继续投钱的必要吗？是不是能把建筑材料用在建造宿舍和文娱场所上，给当前工厂中要加班的人用？

军队提的要求，也应该尽可能地节省。在这些需求上，一不小心就会造成超出当前需求和可用物资的过度消耗。

我坚信可以找出某些方法，让那些浪费进口原料的规划通不过审批。

请告诉我，你们以哪种保障手段保证：

1. 新工厂或建筑项目确实有需要。

2. 这些项目的规划和设计是最节省的。

3. 会彻底使用建筑人员。

首相致空军参谋长　　　　　　　　　　　　1941 年 8 月 27 日

我确实赞成这种意见：空军部以前在达成陆军和海军的特殊需求上，非常严苛且不配合。在战争开始之前，海军顺利从制约中逃离，陆军却仍会觉得空军没有给予应该给予的配合。如果说这是由于扩增皇家空军的最高需求，也不是完全没有道理，可如今既然这种需求已经不是那样不可侵犯了，我希望陆军觉得怒火中烧的问题能得到处理。

通常认为，空军部担心和陆军有特殊关联的武器会造成一个单独的陆军航空部队的出现，是我们没有发展俯冲轰炸机的原因。

以上各种状况均发生于你上任之前，但如今我们仍在承担结果。

首相致外交部　　　　　　　　　　　　　　1941 年 8 月 27 日

暹罗是如何将自己改名"泰国"的？这两个称谓分别有什么历史意义？请以几句话阐明。

首相致伊斯梅将军，转参谋长委员会　　　　1941 年 8 月 27 日

若干方面的痕迹显示，德国人正朝摩尔曼斯克方向前进。看上去我们在发动的那场无用的空袭时，虽然没见到德国的运输舰，可眼下确实有大量的船舰在行进。如今我们应该采用何种措施？在北方，我

们真的任何行动都无法进行了？我们那两支飞机中队什么时候才能到达摩尔曼斯克？海军那边能想办法遏制德国运输舰的调派吗？

首相致财政大臣　　　　　　　　　　　　　　1941 年 8 月 28 日

事实上，我们国内的黄金还有多少，在南非我们又掌握着多少？别担心，我没想同你要。

首相致爱德华·布瑞奇斯爵士　　　　　　　　1941 年 8 月 28 日

1. 将由赫卡特·约翰斯通先生主理一个各部共同委员会，此委员会，由相关单位的代表构成，目标是在眼下敌人空袭较少的时段，拟订一个近乎完备的灯火限制方案，在以下条件中，这一方案可适当放宽：

（1）对战争时期紧急事项需要的车辆的灯火限制予以放宽；

（2）为制造最多的战争物资，对于工厂和港口的灯火限制予以放宽。

2. 这个委员会应当研究的事务里还有：

（1）同意放宽何种车辆的灯具限制；

（2）灯火应该少到什么地步，才能让车辆高速行进；

（3）军需部、飞机制造部和海军部尤其需要放宽灯火限制的专门线路和专门区域有哪些；

（4）若敌人的活动使得原本的限制措施必须在相应地区或者整个国家予以恢复，怎样才能快速复原。

3. 这个委员会得在一周之内交报告给首相。为了民众的权益，望各部通力协作。应该将拟订尽量完备的方案这一任务视为一种技术方面的考虑，且未必要让各部的领导者必须接受。因为总策略的影响，这个计划可送交由战时内阁成员构成的组委会去决断。

（即日办理）

首相致陆军大臣 　　　　　　　　　　　　　1941 年 8 月 29 日

　　我不得不告诉你，（在不列颠的）巡逻坦克的状况必须予以关注。事实上，这周之内，四百零八辆坦克之中，用不了的比可用的多。这个数字还有引发此种状况的体制，明显需要严肃对待。无法用的比例，一周超过一周。

　　请告诉我，这个责任应该让谁来担，你预备怎么处理。

（即日办理）

首相致空军参谋长 　　　　　　　　　　　　1941 年 8 月 29 日

　　白天攻击鹿特丹港的商船和码头时，"伯伦翰式"轰炸机总共十七架，七架被毁，这一损失是极端惨重的。这种损失若出现在攻击"沙恩霍斯特"号、"歌奈森诺"号，或者"提尔皮茨"号，或者某个朝南行进驶抵的黎波里的运输舰队的时候，还算合理，因为不仅毁坏了这些船舶，还实现了一等一的战略目标。可是这种损失对攻击没承担关键供给任务的商船来讲，就不合适了。这个月，我们的轰炸机严重受创，可轰炸机司令部没像从前那般要求扩增。可以多找一些易于攻打的对象，对敌人造成重创之后返回，少选一些会让我们受创的对象。

　　希望能交一份报告告诉我 8 月份被除去的轰炸机（任何原因都好）的总量和飞机制造部上交的轰炸机数，还有生产和输入的数量。

（即日办理）

首相致空军参谋长 　　　　　　　　　　　　1941 年 8 月 30 日

　　有关增强中东夜间战斗的战斗机防御实力这块，发展得怎么样了？我猜我们的新发明他们肯定追不上。不过亚历山大、苏伊士和苏伊士运河这些地方太关键了。

请拟订一份简洁的报告给我。在拟订夜战进击梯形纵队的方案、拟订筹建和供给的一个明细上，派尔将军或许能帮上忙。所有这些都关系重大。务必及早办理。

首相致空军参谋长　　　　　　　　　　　　　1941 年 8 月 30 日

在同俄国的战斗中，德国被毁飞机一千七百架，这个估算数字应该和欣格尔顿针对各个战场的英国和德国的飞机数量对照展开的二次考察的结果，结合到一起分析。

请方便的时候将分析结果告诉我。

首相致空军副参谋长　　　　　　　　　　　　1941 年 8 月 30 日

非常好。

"一切语言都无法表达对攻击鹿特丹和别的目标时展现出的忠实和英勇的称赞。和这些近乎每天都会出现的赫赫战功一比，轻装旅在巴拉克拉瓦的出生入死看上去已经不那么绚丽了。"

请把这些话告知那些轰炸机中队，你若是觉得合宜，也可以公告。①

首相致伊斯梅将军，转参谋长委员会　　　　　1941 年 8 月 30 日

对于我们现在拥有的炸药，虽然我个人是非常满意的，可仍觉得我们决不能安于现状。所以我觉得英国应当依照彻韦尔勋爵提议的方向采取措施，并且应该让约翰·安德森爵士作为内阁里专门负

---

① 此信是对一个有关"伯伦翰式"轰炸机攻击鹿特丹港内船舰的备忘录的回应。——原注

责此事的官员。①

参谋长委员会是什么意思？望告知。

首相致第一海务大臣 1941 年 8 月 31 日

你若觉得没什么不妥，船舰又已经平安回港，就请你将我对上周让如此多的船舰可以穿过德国潜艇尤其密集的地方所显露出的警醒、灵活和系统的机动性给予的恭贺，传达给海军部作战参谋处、贸易处、西部海口总司令、空军海防总队及别的相关部门。

首相致新闻大臣 1941 年 8 月 31 日

1. 我们兴建的压制外国广播的巨型广播站发展得如何了？装配工作延误的时间已经太长了，可是我曾听闻它曾经被给予了最靠前的地位。请再写份简洁的报告给我，别超过半张纸。

2. 在德国拍摄的进攻俄国的视频应该在英国播放，并且还应该给美国送去，我觉得这些十分要紧。怀南特先生绝对支持将视频送去美国。上周我曾经和你说，我觉得最好的方法就是，先把德国这种恶行播放十分钟，再播放大西洋会谈与冰岛这些视频。此事进展如何？

3. 冰岛人是否已经拿到了一份有关它们自身视频的拓版？

9 月

首相致帝国总参谋长 1941 年 9 月 8 日

请写一份阐述延时信管当前状况的简报给我。

德国人在前一次大战结束的时候曾用大批此种信管，让我们用不

---

① 此处说的是初期的研究原子弹的计划，我们给此类研究起的代号叫"合金管"。——原注

了铁路线，并且撤出法国的时候，曾用它布置诡雷①。

持续的时间从几天到几个月不定，如此，变幻的情况始终都在，至于铁路线，一直处在瘫痪状况。听闻它是在一只比烟盒稍大的金属盒中装某种酸性物质，这物质会慢慢侵蚀某条金属线路，进而引发触碰或者打通一个小型的孔道。自然，如今肯定改善了不少地方。

就我们在东方布置的整体状况而言，此类设施，我觉得应该大面积应用。在安纳托利亚、叙利亚、波斯、塞浦路斯等地，我们正兴建机场，而且正在对某些铁道和公路改进和扩充。我们若非后撤不可，那我们应当想方设法让敌人在很长时间内用不了它们。预先铺设地雷，但在上边留一个关闭的窄小的通路，好在不得不为这些地雷安装信管的时候，通过这些通路把合适的信管放进去，是最佳方案。所有机场都应在下面埋上二三十个地雷。等到非撤不可的时候，就能将信管放进去，并抹平地表。危险期必须要起码保持六个月，一英里铁道起码放三四个地雷（不管怎样铁路的前段必须如此），一切桥梁、隧道都要埋置地雷。因为不清楚一条铁道或者公路什么时候会瘫痪所引发的这种莫测的状态，带给敌人的困境甚至超出了一次大范围毁坏引发的。

请告诉我，你是怎么看的。

首相致劳工大臣 1941 年 9 月 8 日

报纸上说，那些所谓的经历了耶和华的人里有不少青壮年，他们没参与战时行动，是真的吗？

---

① 所谓诡雷，是指通过伪装、引诱等手段，在敌人没有防备的情况下引爆地雷，一般以高爆性材料制成。——译注

首相致军需大臣　　　　　　　　　　　　　　1941 年 9 月 10 日

（抄送空军大臣）

在 8 月 29 日的备忘录里，你同我说"杰弗里斯式"炸弹（即马勃菌炸弹）你只能供应一万枚，而五万枚订货生产不出来。

我觉得这是因为炸药不够。听说九枚黏性炸弹的炸药量能够填两枚马勃菌炸弹。所以，我们可以延迟十八万枚黏性炸弹的填充，如此剩下的那四万枚马勃菌炸弹就能拿到了。据我所知，以眼下的制造率来说，这些制造量大概六周就能完成，因此我支持晚些填充黏性炸弹。

迫击炮应该继续如常制造。

（即日办理）

首相致帝国总参谋长　　　　　　　　　　　　1941 年 9 月 10 日

附上的比弗布鲁克勋爵（有关横贯波斯的铁道）的信，望你翻阅。考虑到摩尔曼斯克地区存在危险，我们又有大量货物要运去俄国，还有要一边修建穿过波斯的铁道，一边接着运送货物，难题很多，所以如何尽可能地使用公路运送，好像成了最紧急的问题。我可以给霍普金斯先生发电报，让他调拨需要的卡车、驾驶员和维修师（要是必需）。我深信美国那边用不了多久就能将它们运抵巴士拉。我不清楚公路是什么情况，不过一定要研究这整件事，还有从美国运车过来时修建公路的方案。

如果可能，请明天把你的看法告诉我，好让我可以行动起来。

首相致伊斯梅将军，转参谋长委员会　　　　　1941 年 9 月 12 日

1. 英国的全部陆军（除了在中东的）能没有期限地当成一支以防侵略本国的守军，处在静止、消极的状况中吗？绝对不行。就算全然不考虑军事因素，这种策略也会让陆军身败名裂。这一点不用我多说。

2. 为了便于海外战斗，应该改编为一支等同于六个师的远征军。

3. 只要形势没发生意料之外的改变，让我们能够在西班牙或者摩洛哥建立新的战场，或者侵略马上就要发生，我们就应该尽量在最早的合适的时机解放挪威。

4. 应该拟订一个方案，在我们觉得最合适的地点展开行动。这个方案应该在这个月月末之前送交国防委员会研究。

首相致爱德华·布瑞奇斯爵士和伊斯梅将军　　　1941 年 9 月 13 日

波斯铁道两边的沙普尔港（BandarShahpur）和沙赫港（BandarShah）的确易于弄混。所以，在英国的全部公函交流里，应该将这两个地方叫作里海班达①（BandarCaspian）和波斯湾班达（BandarGulf）。望大体依照这个意思下达指令。

首相致伊斯梅将军　　　　　　　　　　1941 年 9 月 13 日

这份评述（给众自治领总理写的有关整体策略的评述），自然要写得和当前的状况相协调。但我们对波斯的攻占，以及修建一条通向俄国（我们已经和俄国合作了）的通路的重要价值，它一字未提。俄国的前途等到 9 月末或者 10 月中旬再看，就没这么难了。文章中也没说或许会攻打土耳其或对土耳其施压，还有这么做引发的结果。

这份稿件为何写得如此匆忙？如今这样的文章你会让众自治领恐慌、担心。比如，说我们坚守埃及的一个原因，是防范意大利舰队穿过苏伊士运河将英国赶出印度洋。我们坚守埃及若只是因为这个，那我们会觉得十分可惜。

---

① 在波斯语中"班达"是"口岸、码头"的意思。——译注

首相致伊斯梅将军，转参谋长委员会　　　　　　1941 年 9 月 13 日

尽管我们没提出（美国船舰运送支援中东的部队）展开二次航行的要求，可我想让它们来。那些原本就该开赴中东的部队，对他们而言，这极有好处。所有这些都让人分外满意。为澄清、致谢，具体情况如何，我想立刻知晓。请拟一份报告，说明二次航行带来的好处。

首相致新闻大臣　　　　　　　　　　　　　　　1941 年 9 月 13 日

希特勒枪毙挪威的工会成员，且判其他人长期监禁这件事确实应该让它引发更大的震动。工会联合会难不成不该决定给予同情？你怎么不和西特宁沟通，进而引导民众强力抗议？两个受害者的名字应该当作烈士进行宣传。

首相致安德鲁·邓肯爵士　　　　　　　　　　　1941 年 9 月 13 日

按照我的意思，彻韦尔勋爵已经拟订了有关推测进口状况的简报。眼下你们也正在进口管理委员会讨论此项计划。我想拟订的进口估算只能是 1942 年的，因为我在使用日历年。这一估算，我期望最晚能在 11 月做好。在这之间，对战争的第一年和第二年予以对照，对第三年进行推测，是有用的。

无论何时，你都必须记得，我们只要得派远征军出去，就必须拥有大批船舰。请告诉我你的基本意向，彻韦尔教授的报告恰巧可以当作根据。

首相致彻韦尔勋爵　　　　　　　　　　　　　　1941 年 9 月 13 日

我们需要预防 1942 年陆军力量下降，并且要启用必需的保障行动。陆军的武器在将来很长一段时间里都绝对不能作为他用。我已经请求在开赴东方的那两个师之外，再备一支远征军——由六个师构成。至

于这个远征军到底会用在哪儿，得看情况来定。剩下的部队正好足以守护国内的安全。

在提供必要的兵员方面将会遇到巨大的困难。不过我希望可以从大不列颠防空委员会、空袭警备处、空军海防总队和重炮队，以及部分后勤系统中，抽二三十万人出来。在预备工作中，我们将抽出大量人力。眼下数个师有很大的崩溃的危险。

以上准则，请视为对你工作的引导。

（即日办理）

首相致伊斯梅将军，转参谋长委员会   **1941 年 9 月 14 日**

1. 在空军提的条件中能够看出，它在肆无忌惮地使用地勤工作者。如今我们规划到了 1942 年春天，在中东布置八十个空军中队。在那儿，航空地勤已经有四万五千人了，如今又要求加四万人，如此，配备十六架一线飞机的所有中队均有一千余个地面工作者。对于这些体制，明显一定要追查到底，若依照它们当前的规模走下去，我们的战斗努力将遭遇灭顶之灾。

与此同时，截至 12 月末，运输船队里可以运载的空军人数只有两万。

还需要关注的是，从这里调出去的空军中队只有十三支，而非像这些报告里说的十七个。

2. 按照我对总统提的要求，新加的那两个师均要运出去。在中东多布置两个强劲的师，实在是太有吸引力了，否则他怎么可能同意呢。我没办法再跟他提出借船的请求，去运载分遣队。

3. 上述总共六万人。他们要是开赴印度，我们就能建立另外四个师了，因此接下来要开去印度的部队看上去该轮到他们了。相比于野战炮和中型炮（在中东，此类大炮已经供应了不少），自然要先运送反坦克炮和高射炮。陆军那边提议加陆军后勤队一万八千人，并不合理。这支部队的人数都和一个师差不多了，能有什么特殊任务要交给他们？

4. 至于新兵之事，尼罗河集团军近来不曾参战，因此就算出现了一般的因病致损，我也觉得不该让补充首批援军的新兵（也就是基地足量的人员以外增加的十分之一的新兵，或者用以弥补预期另外损耗的新兵）的地位，超过已经完成编制的作战军队的地位。应该等到合适的时候再运送他们。

5. 现在，请拟订一个图表，将眼下据说需要额外增加三万一千个新兵的所有的营或者炮兵团（英国的），当前的人数罗列出来交给我。相比于别的兵种，要先为步兵补充新兵。

6. 前段时间，我曾经拿到一些数字，指出了中东地区作战军队和后勤人员之比。若能将眼下提出的十四万两千人全都运过去，能将这些数字照最新的状况修改吗？

首相致外交大臣　　　　　　　　　　　　　1941 年 9 月 20 日

（抄送空军大臣）

在我看来，我们若在天上撒传单给意大利，尤其说明，数十万意大利人从阳光明媚的家乡被送到雪窖冰天的乌克兰送死这一事实，或许会得到极大的成效。此事望交给政治作战局研究。

为了让空军大臣研究怎么采取措施，这份备忘录的抄件，我已经给空军大臣发过去了。

（即日办理）

首相致霍利斯上校　　　　　　　　　　　　1941 年 9 月 21 日

迫击炮如今正持续不断地交货。在战术运用方面，它们进境如何？为让这种武器运用得以发展，且让各军普及使用，应该马上建一个实验性的迫击炮队或者迫击炮团。这一目标，怎样才能达成？请告诉我你的看法。

首相致空军参谋长　　　　　　　　　　　1941 年 9 月 21 日

我们派去法国天空的战斗机飞行员带的法国钱币够用吗？我听人说，给他们的只有五十法郎。照我看，起码应该给他们拿三千法郎，充当一个飞行员的部分配备，且在轮岗的时候将这些钱一起移交。

首相致帝国总参谋长　　　　　　　　　　1941 年 9 月 21 日

此事，我不准备无视它，或是让它遮掩过去或被忘记。任由六百个德国退伍兵返回维希法国，让德国接着用他们和我们对抗，这已经不再只是个简单警示一下就行的问题。或许要牺牲六百个英国人才能将这些人消灭掉，可是就这么简简单单让他们溜出了我们的指缝。陆军部应该拟一封正式的函件给中东总司令，责问他采用的这一举措，并且说明叙利亚司令部这种保守的做法危及英国权益有多严重。若犯错的是一个低级军官，更要对他进行惩处或者斥责。应该斥责威尔逊将军身边的参谋们，因为他们既没有指出问题，也不清楚状况。威尔逊将军要是觉得犯错的是他自己，那他可以立功赎罪，不过应该让他切实知道此事带来的严重后果。他们应该给出最充足的解释。①

首相致帝国总参谋长　　　　　　　　　　1941 年 9 月 21 日

感谢你。在新近的电文中看见，重新布置前方区域，让前方的军队在敌军再有类似活动时，展开攻势，进行攻击的这项提议，我非常开心。我听闻大概这个月 23 号就能完成此项调动。若这种调

---

①　做出的解释全面分散了责任，使得纪律处罚无法施行。——原注

动现在做是对的，那怎么不早点儿这么办呢？在装甲车手里（没有坦克）敌人失去了十辆坦克等，这就表明原本是能够发起一次大举"抓捕"的。但是，这种机会，或许我们能再有一次。或许没有。命运无法捉摸。

首相致三军参谋长   1941 年 9 月 25 日

送上一份以往十五个月里有关化学攻防战举措的官方沟通信件的梗概，和一份阐述相对关键的毒气武器的储存状况的表格。请告诉我，你们对当前的状况和我们在需要的时候报复德国的办法，满不满意。

因为化学性质发生了变化的原因，保持储量或许有些难度。在通常状况下，若出现损耗，是能够逐渐替换储备的。在这件事上，你有什么看法？望告知。

首相致外交大臣   1941 年 9 月 25 日

那个伊斯兰教义讲解专家所在的地方是德黑兰日本大使馆，这我们如今已经知道了。看上去想办法使他站到我们这边，用处极大。我猜你现在正采取所有行动以防他逃走吧。请尽全力去做。

首相致陆军大臣   1941 年 9 月 25 日

为了让部队在冬天获得娱乐，眼下不少方案正拟订着。在相应的尺度内，他们可以用政府的车去距离最近的稍大的城市。不过这个特殊权利，将领们是没有的。或许能制订方案，让将领们自己承担油费，适宜地使用眼下有的政府车辆。他们里面有不少穷人，没有花钱使用一切别的交通工具的能力，但这是一个他们能够认可的公平的方法。可以让军或者师的参谋来负责车辆的运用。

你的意思如何？望告知。

首相致海军大臣和第一海务大臣   1941 年 9 月 25 日

德国潜艇"格拉夫"号修完，给南斯拉夫海军有什么问题？他们
有一艘潜艇现在全员都到了亚历山大港，可是潜艇的状况太糟，舰队
司令禁止它去海中航行。这些南斯拉夫人，我反倒非常希望他们能操
作一艘俘获的德国潜艇。[①]

首相致工程与建筑大臣   1941 年 9 月 27 日

我还能再住到沃尔默古堡中吗？或者说得更明白一些——战后，
还有谁能住在如此华美的建筑中吗？我对此十分怀疑。在出任五港[②]守
护者这一工作（照我看，这是在吹捧我）的时候，我曾经和国王说过
这件事。由于此地绝对在法国海滨敌人炮火的射击范围内，并且只要
有消息说我在那儿住，这个地方就会被彻底毁掉，所以我明显现在不
愿意在那儿住。在这一背景下，我觉得让工程和建筑部，在战时用他
们觉得对民众最有好处的模式接手，绝对合适。所以，在我没用这个
古堡的时候，或者完全没在它身上获得好处的时候，我希望它和它的
那些花园，能由国家照看。此事战后再重新讨论。

照你看，应该如何处理，望告知。

---

① 指的是一架"亨德森式"飞机于 1941 年 8 月在西部海口一域俘获的德国潜艇。
本书第 141 页可见。——原注

② 指的是多佛、桑威奇、黑斯廷斯、新罗姆尼、海斯这五个英国南海岸的海港。——
译注

（即日办理）

首相致霍利斯上校，转参谋长委员会　　　　　　　　1941 年 9 月 30 日

　　上周考察"无畏"号时，我听闻配给这艘首要战舰的少量"旋风式"战机只是次级的型号旋风 I 号，觉得非常吃惊。我深信这点——派去航空母舰的飞机均为可以承担任务的最出色的飞机，是能够做到的。今年一年的状况明确显示，若自航空母舰上飞出来的战斗机可以是顶级的，原本已经无法参与宏伟的战略型战役的海军是可以重新参战的。航空母舰在选择有合适重量和特性的飞机上，应该享有顶级优先权。[①]

10 月

（即日办理）

首相致陆军大臣和帝国总参谋长　　　　　　　　1941 年 10 月 1 日

　　1. 我们的部队组建的根基这样粗重，导致无法展开有力的海外或是两栖作战；此种危险如今已经日渐增高。装甲师的情况近来已经引起了关注。因为新办法和新需要持续浮现，人员增加的趋向仍将继续。为了确保陆军的速度，一定要时常裁撤才行。

　　2. 因为我们亟待兵力保持战斗部队恰当的力量，所以在后勤上持续节省人员，就成了紧要工作。我正尽全力保持陆军的力量，为了不让大家对陆军极有名望的规模和被逼选择的显著的被动态度，越来越不满，我正在竭力维持陆军的实力。所以我觉得必须敦促陆军部帮忙，并靠你们帮我。

　　3. 为实现这一目标，应该组建一个由了解军队架构的将领构成的

---

　　① 皇家空军那时没有能力抽出相对高级的英国战斗机给海军用。（参见 1941 年 8 月 16 日的备忘录。）——原注

组委会，让这个组委会拟订一个方案，以便在后勤和非战斗军队那边裁撤百分之二十五的人，而且方案必须指出，怎么才能在损失最小的情况下达成这件事。这一工作得在这个月15日之前做完，到了那个时候，国防委员会就会发现，依照提议展开的特殊裁撤任务里，还要做什么事。至于这个组委会的人员，我希望你能和我商讨。由于我清楚想让一个部发起本身的改革难度极高，所以这个组委会若建不成，我就只能呼吁在部之外建一个组委会了。

首相致军事运输大臣　　　　　　　　　　1941 年 10 月 3 日

　　在大西洋战斗委员会下次举行会谈的时候，我希望你能交一份报告，好在会上讨论。报告的内容是：我们眼下依赖的首要港口，若任意一个因为遭到毁坏用不了了，在给替代港口供应设施方面，我们已经获得的工作进展如何？

（即日办理）

首相致霍利斯上校，转参谋长委员会　　　　1941 年 10 月 4 日

　　在 10 月初把将飞机坦克运到阿尔汉格尔斯克之事，引起了我的极大关注。最重要的是马上交货。望立即确定应该提议和筹备的事务，且在周一交一份报告给我。或许得派一支专门的运输舰队。

　　此事的重要性和紧迫性，我如何重申都是应该的。

（即日办理）

首相致陆军大臣　　　　　　　　　　　　　1941 年 10 月 6 日

　　新建立的陆军时事局所采取的方案，让我觉得有点儿担心。这个方案到底怎样，由团级军官们主持的此方面的争论是提高了我们部队

的纪律，还是降低了似的，若缺了这种纪律，我们的部队就不是接受过高强度训练的德国部队的对手。适合指挥战争的才华，未必适合引导此类性质的辩论。这种辩论只能给那些滔滔不绝的专业传播家和挑拨家以机会，不是吗？相比于受过训的教员或者专家们的极富教育价值的演说，它们是完全不一样的。

望对这件事予以考虑，并告诉我你自己的看法。在这之间，这方面的举措请暂时搁置。

前海军人员致罗斯福总统　　　　　　　　1941 年 10 月 8 日

这封电报我是在和怀南特大使谈过之后给你发的，就我国内阁针对一些让我们觉得难做的事磋商的结果予以说明。

小麦会议将在下星期重新开始磋商，下一步要选择哪种程序，我们始终在谨慎考虑。眼下提出的小麦协议将会对战争局势产生的影响，让我觉得十分忧虑。协议草案让人有这么一种感觉——它的目的是逼着欧洲小麦进口国扛起一连串的责任，如此才能在战后马上得到救助，严格制约它们的小麦产出也在这些责任之中，可这种制约对它们的农业系统而言是毁灭性的打击，如此，就将危及很多国家的政治伤口。我们觉得含有此种意向的所有小麦协议都极其危险。纳粹传播机构会从中得到一个武器，这个武器，他们会马上使用起来。它会造成广泛的质疑——战后，美国和联合王国到底会用哪种思想展示它们的力量？而且，眼下期望且用行动让德国落败的欧洲人，会因它感到恐慌和沮丧。所以，在我们看来，必须删掉协议草案里代表英美将插手欧洲农业策略的所有条例。

想让俄国和任意一项协议产生联系，都不是简单的事。在准备小麦会议的时候，俄国还在保持中立。可是以眼下的情形而言，我们觉得不和俄国协商即将签署的或许会对它的权益产生重大影响的协议，或者在它正展开殊死搏斗时，在它最丰饶的麦田尚在战争地区时跟它说这件事，事实上，都实现不了。

我们始终在研究，为了应对这些难题，我们可以给我们的使者们（眼下正在去华盛顿的路上）下达哪些指令，可尚未找到一个既确实合人心意，又和当前的协议草案大纲协调的办法。这个草案自然会有不小的改动，而且我们也意识到了，延长磋商时间有可能引发失败，这是我们竭力避开的。从我们这边讲，我们期待共同设立小麦储备，好帮助战后救援这个提议。协议汇总有些别的重要特色，不会损伤（或者说，能够非常简单地变更提出的形式就不会造成损伤）未参加国的权益，比如例如四个参加协议的出口国有关各自出口量的比的协议，还有有关让仓库"始终保持定值"的款项。

为了给日后产生结论奠定基础，别的存在分歧的政策问题，可以通过会谈进行良性研究；不过，我们若想现在就对这些事务给予切实的定论，我认为，好像想得太肤浅了。不说会影响某些没参会的重要国家这个实际情况，在我看来，想办法将这些事项布置到英美在战后经济全盘问题上展开协作的更广泛的领域中去磋商，好像益处极大。这一磋商，我们希望可以尽快启动，哈利法克斯勋爵将就此给出更全面的说明。

你若是大致认同我的看法，我会按照这一主张交代我们的使团。

首相致陆军大臣和空军大臣　　　　　　1941 年 10 月 8 日

（抄送自治领事务大臣）

现在，我觉得已经是时候建立一个爱尔兰旅，且在皇家空军中建立一个爱尔兰中队了。这些军队我们若是早就建立了，我们肯定已经让他们获得不小的成绩了。飞行员菲纽肯或许是个崇高的人。[1]

请把你的提议告诉我。这种举措日后或许会引发极大的政治改变。

（即日办理）

首相致陆军大臣和帝国总参谋长　　　　　　　1941 年 10 月 9 日

对于建一个爱尔兰旅的事，你的看法如何？望告知。要是有可能，你的计划也请一并告知。

首相致陆军大臣　　　　　　　　　　　　1941 年 10 月 10 日

在报纸上，我见到一些怪异的军事法庭宣判的真实案例。第一个案例，一个军曹当着大家的面，同一个国民自卫军中尉说："你能如何？"还说，"住嘴。"可只是被斥责了。在此种状况下，自然要将他贬成普通士兵。第二个案例，一些战士将军曹称作"三道杠的杂种"被人听见了，却非常光鲜地被释放了，原因是在部队中这句话十分普遍。做证的那个少校说，别人用这句话说他的时候，他通常当没听到。

和这个形成鲜明对照的是，两个加拿大战士从加拿大跑出来，因

---

① 空军中校菲纽肯（曾经得到了殊勋勋章、十字飞行勋章且佩有记功带两条）是爱尔兰人，牺牲时年仅二十一岁。在立过很多次功劳之后，1942 年 7 月，他在一次大举进攻敌人在法国的目标时指挥一个战斗机中队。人们常说，德国空军绝对无法打中他——他的"烈焰式"战斗机确实是被地上的一个特殊机枪阵地打出的子弹击中的。他缓缓飞向大海，镇定地和他的伙伴们交谈。最终，在距离法国海岸十英里的地方，他发出最后的消息，这句话可能是在引擎熄火的时候说的："朋友们，永别了。"在距离海面十英尺的地方，他炸掉了飞机，飞机当即下沉。

菲纽肯时常誓言不当俘虏，可能就是因为这个，他才朝大海飞的，他若是朝陆地飞，活下来的机会是很大的。——原注

为想参加战斗，历经艰难险阻才到了这里，却被判处六十天监禁。

你和陆军部门好像有必要对所有这些给予极其确切的引导。

（即日办理）

首相致空军大臣、军需大臣和飞机制造大臣　　　1941 年 10 月 11 日

"阿尔比马尔式"轰炸机特别委员会的汇报，我已经重新看过了，我觉得有必要给它一个比截至目前已经交给我的更确定、更精确的回复。我想知道，两个军需大臣将给出的证据是什么，尤其是财政上的。还想在空军大臣那边知道：1. 第一批五百架飞机的切实功用是什么？等到明年春天，他能告诉我这种飞机的切实功用吗？它能够轰击德国什么地区？是否只能向法国国内的敌人发起攻击的港口进行轰击呢？2. 不同意公布这项报告的原因是什么？请简要地解释原因。报告里哪些消息对敌人尤其有用？

因此事将在下周三拿出来讨论，我又很可能要亲自关照此次讨论，因此我一定充分了解我的依据。这件事十分紧迫。

首相致军需大臣　　　　　　　　　　　　1941 年 10 月 12 日

你说的有关武器[①]和它配备的信管变体（也就是光电管和无线电）之事，你离开的时候，我曾经研究过。眼下最紧迫的，是给已经部署好的五十门大炮打造防空炮弹。光电管和无线电还处于探索、实验期，不过应该督促抓紧研究；对于海军来说，它们若能得到切实的解决，战略价值极大。

迄今为止，已经展开的所有活动，始终由我全权负责。身为军需

---

① 也就是火箭的代称，不旋转的炮弹 (unrotatedprojectile)。1941 年 12 月 6 日备忘录脚注可见。——原注

大臣，你如果愿意承担所有的研发制造工作，且能从这份备忘录的日期开始履行职责，我会十分开心。由于此事牵涉了海陆空三军，必需的讨论，望你千万予以布置。

首相致印度事务大臣　　　　　　　　　　1941 年 10 月 15 日

我问你：从告知英国驻喀布尔的大使，提议将德国人驱逐出阿富汗这件事那天算起，这个大使发过来的电报，一共多少字？

首相致爱德华·布瑞奇斯爵士　　　　　　1941 年 10 月 16 日

通过无线电对德国人播报互换战俘的种种相关电文的事，谁是责任人？一定要查清此事。这些电文包含道谢的话，且是以直接同敌人交谈的形式说的。这是正规审查，身为国防大臣，我应该拿到汇报。

请拿出调查团成员名录。

（即日办理）
首相致枢密院长　　　　　　　　　　　　1941 年 10 月 17 日

从 3 月到现在，空袭避难所计划推进得非常迅速，尽管计划的数量或许还没达到，但必定远好过去年。考虑到空袭和防空的局势，他们必须做好有助于人员短缺的现状（尤其是陆军）的准备。在这件事上，应该多调些人。在我针对这一问题发备忘录给内政大臣们以前，望你将它加到你的整体方案之中，且拟一份报告给我。

首相致陆军大臣　　　　　　　　　　　　1941 年 10 月 17 日

这种在陆军战士中激励展开政治辩论的体制，我并不支持。和可以在报纸上看到的指导材料相比，你们在简洁的草稿里写的指导将领们的材料，水准差远了。既要研究，又不想出现辩论，真是白日做梦！

只要出现争辩，肯定会危害纪律。"军中无政治"是仅有的完善的准则。

我希望你能尽量快速、恰当地终结这件事，且让相关人员做别的更有好处的事。

（即日办理）

首相致陆军大臣   1941 年 10 月 18 日

1. 在考察利奇蒙混合高射炮队的时候，听说妇女地方协助服务队当前的方针是，不让混合炮队里的服务队成员觉得自己是炮队的一分子，而且不允许她们拥有"炮队集体感"，让我感到十分吃惊。对服务队成员而言，这件事十分难受，让她们感到骄傲的徽章和炮兵标志等被夺走了。有鉴于她们实际上已经承担了炮队的风险和职责，在形式上，将她们驱逐出炮队并不合适。

2. 在当前的局势下，陆军部地方协助服务队本部有很大的机会下达指令，调高射瞄准队里的一个成员去其他军队，如此，炮队就失去了所有的作用。对于此类事项，高射炮队指挥部是没有话语权的。明显，我们正仰仗这些混合炮队为我们防御工作的核心，在这个时候，以上情况应该停止了。

3. 我发现军队里从上到下一般都想将充当炮队队员的为国家工作的女性叫做"炮手"和"皇家炮兵团成员"。留有"地方协助服务队"字眼，并不会引发不同看法。

首相致总督导员   1941 年 10 月 18 日

1. 下院若想举办机密会议展开分组投票，这个工作就只能由它自己来做，除了预备一些统计票数的普通人，还得找一些议员充当文秘，依照分组状况在名录上做标记。这些分组名录将当作特殊文件，交给议长管理。

2. 不过，下院若按照当局或者别的方面的动议，觉得将投票单和提交投票的问题公之于众合乎民众权益，或者因为投票需要得到宪法回应，那，在这一背景下，下院也只能接受，各党领导人经过磋商认定共同把秘密会谈的过程公之于众合乎民众权益这个论调。各党领导人间或者下院挑选出来的议员间的磋商，可依照如下模式展开：一个是必须对上院主张给予不同看法的时候，采用的磋商模式，一个是依照议会条令举行会谈的磋商模式。不过在此种情况下，即将公开的介绍秘密会谈讨论过程的文件，就一定要将其视为法令一般在下院逐字逐句地予以讨论和批准了，与此同时，还要留有改动的全部权利。

3. 这样，作为唯一权力机构的下院，就会在每一阶段控制着它本身的程序，并用多数票来表达它的意愿。我认为采用这种程序，他们会赞成的。

首相致贸易大臣　　　　　　　　　　　　1941 年 10 月 19 日

按照我 9 月 13 日的备忘录，你针对 1942 年的预算给出了清晰且全面的解释。对于小麦和钢的输入，你给我的感觉是信心十足。在石油管理委员会那边，我们也获得了关于石油的十分不错的汇报。进口三千三百万吨的策略，我是支持的，这是我们应该尽全力实现的目标。我极希望能改善肉类的分配量。我希望，我们对俄国的责任，不要在这三千三百万吨的额度内付。在和美国的全部磋商中，我们应当将这个限制量当作输入的起码额度。

眼下，你应该预备一份说明给战时内阁，这份说明经过枢密院长领导的委员会的审核之后，将在 11 月予以研究。

首相致驻喀布尔的英国政府代表　　　　　1941 年 10 月 19 日

在应对驱赶德国人和意大利人这件事上，你采用的办法，我十分欣赏，不过，从9月11日让你来做这一工作开始，到10月17日结束，你已经发了六千六百三十九个密码字过来。发这么多电文需要的人力和财力，以及上级行政机构被这样长的电文压得透不过气的窒息感，值得你想想。我觉得，准确、恳切，并不与简练、沉稳相矛盾。

（即日办理）

首相致劳工大臣　　　　　　　　　　　　1941年10月20日

1. 在我的有关陆军力量的报告（你已经读过了）里，陆军（招募的）的所有人数为二十七万八千人，其中五万用来弥补伤亡。这个数是自当下开始，到1942年6月末为止的九个月的。想让这些数同你定的1942年6月末之前的十二个月的三十五万五千人这个数一致，要怎么做呢？

2. 不能按照皇家空军要求的那般，全部满足他们。在飞行员身后，他们布置了一支日渐庞大的地勤工作队。你是预备压制分解这些需求，还是无奈同意他们要求的数量？在我看来，此处能够减掉五万人。

3. 我的初步意见是在民防上不需要增加人手。怎么得到的这个数？通过检验了吗？民防人员不仅不可以加，我还想在1942年之内再减下去一些。

首相致空军参谋长　　　　　　　　　　　　1941年10月24日

对摩尔曼斯克那两个空军中队的布置，我觉得不合适。我本以为他们会把飞机开到战线南边，在那儿或许能和俄国的空军协同战斗。结果并不是这样，光把人送过去就完了。这两个中队的下一次战斗估计什么时间，在哪儿呢？在俄国人那边，我们犯的最大的错，就是不曾派八个空军战斗机中队过去。这些中队原本应该获得极大的声名，毁掉几架德国飞机，且让所有战线都受到极大的激励。在众多指控中，我认为只有这个说到了关键。

首相致陆军情报局局长　　　　　　　　1941 年 10 月 24 日

我的整体感觉是，（在俄国）两方的战斗强度都降低了，并且相比于一个月之前，每天进行战斗的师的数量也少了很多。你的看法呢？

推测莫斯科地区的冬天什么时候到？

前线有挖壕沟坚守的痕迹吗？

照你看，莫斯科在冬天之前沦陷的可能性大不大？在我看来，肯定性是五五之数。

首相致陆军大臣　　　　　　　　　　　1941 年 10 月 29 日

1. 全部这些事好像在将十分简单的事弄得万分复杂。女性能够加入地方协助服务队，且应该一致带着协助队的徽章。如此就能确保，不管她们身处何地，在薪资、生活等特殊需求上，都可以保持最低标准（由那些筹建地方协助服务队的有身份的女性为她们安排）。不过在她们被调往一个作战军队，事实上，和男性共同承当那支军队势必遭遇的危险和苦难的时候，她们应当彻底成为那支军队的成员。在协助服务队的徽章外，她们还应该配备所有合乎她们级别的军队标志。尽管负责她们酬劳的仍是地方协助服务队组织，却应当将她们视为从地方支援队调过来的，加入作战军队的成员。这并不表示她们法律上的身份发生了变化，也不必交由国会辩论（尽管需要的，事后轻易就能得到国会的认可）。

2. 不同炮队指挥经过磋商，表示决不能随意调离这些女性，在高射炮队里留有大量女性非常重要，因为炮队的工作效率取决于缜密的编组协作，而不是仅仅取决于炮手。有人这么想：我们有支军队名为地方协助服务队，这支军队虽然拥有自己的总司令，可是它的一部分和一些炮队一块儿工作，且时常为炮队提供帮助，这种看法和我们的首要利益是矛盾的，我们的首要利益是用少量的兵力维系众多的高射炮队。

3. 你同我说，在很多事上，我知道的情况并不精确，太好了。我希望可以知道更多的情况。我想在 11 月 4 日周二下午五点召开一个会谈，派尔将军和英国防空委员会的别的官员，还有地方协助服务队的代表们将会参会，希望你和陆军部高级副官也能过来参会。

（即日办理）

首相致帝国总参谋长　　　　　　　　　　　1941 年 10 月 31 日

1. 看见第五十师撤出塞浦路斯，我十分开心，听说第五印度师会抽出一部分人来填充，也让我开心，不过有关将第五十师调去高加索的事，还没有定论。在这之间，它在哪里候命合适呢？

2. 不管怎么样，这些调动不可以损害"十字军战士"行动，望再向我承诺一次。

11 月

首相致海军大臣和第一海务大臣　　　　　　1941 年 11 月 5 日

将我们俘虏的德国潜艇的数量予以公告，让我觉得十分沮丧。在六个月之前，我说不支持公布此项数字。数量太少，把它公布出来，只是在宣告我们对德国潜艇的作战是多么失败。这种披露毫无必要，白白为敌人鼓劲，给友军泄劲。

你们先前知道会这么办吗？

首相致空军大臣　　　　　　　　　　　　　1941 年 11 月 5 日

你对我的备忘录的回复，我已经收到了。

你觉得，这种方法你应该接受（这个方法能让机械师和组装师全力工作，力图拿到各个型号的引擎资格证）。我听闻，就是这种方法使得德国人在保持他们的空军上实现极度的节省。

对于这件事，我请你一定予以更周密的考虑。

首相致海军大臣　　　　　　　　　　　　　　1941 年 11 月 7 日

在我看来，突袭登陆艇二十艘、重型支援舰二十艘和坦克登陆艇一百二十七艘并不够用。这个生产规划一定要和陆军的规划尽量调和。1943 年里或许扼要展开极大规模的武装措施……[1]

3. 若在印度打造一个小规模的浮坞，要用多长时间？它能代替哪些其他建筑？

4. 考虑到"英王乔治五世"号级别的船舰凄惨的遭遇，要是不把"雄狮"号（日后建造的船舰暂且不说）的所有设计，拿给由统领过或者使用过这种船舰的海军将领构成的大会去考察，就动手制造，是不对的。部署三个三联装十六英寸大炮炮塔的方针，我是认可的。1942 年，

---

① 这些评述说的是海军部 1942 年的新船舰制造计划。之后改了很多地方。从下述解说中，可以发现我们努力的强度：

(1) 运输船队护送舰。大概在这个时候订购，在美国传播制造厂正在生产的护航快艇有一百多艘，付货的时间是 1941 年中旬。

(2) 这里首次谈及"鹰"号航空母舰。这艘航空母舰始建于 1942 年年底，估计差不多得用四年的时间才能建成。实际上，直到现在，这艘军舰也没建好。

(3) 配备六英寸口径大炮的巡洋舰。在这些巡洋舰里，有两艘成了英国的"防御"号和"卓越"号。那艘配备八英寸口径大炮的巡洋舰始终没建成。

(4) 驱逐舰。下列驱逐舰要么正在购买，要么处在不同的生产阶段：

类型	购买量	每年完成的数量
舰队驱逐舰	74 艘	8 艘，增加到 15 艘
算进快艇范畴的驱逐舰	50 艘	30 艘
加拿大驱逐舰	4 艘	1943 年年底全部造好
本来是外国的驱逐舰	2 艘	1942 年年初造好

(5) 登陆艇。各个类型登陆艇的生产在未来数年增加都不小。——原注

你要用的装甲板有多少？若设计之事顺利解决，我不反对开始动工修建炮塔、炮架，自然，有个前提条件就是不妨碍坦克制造计划。

5. 请告诉我，将在美国制造一百艘护航舰的情形。

6. 预计 1943 年年末将在德国、意大利、日本造好的那十一艘全新的或者现代化的主力舰，请将其和我们那十一艘各自列一份名录。看上去在任意一艘主舰队造好（也就是 1947 年）之前，战争就宣告结束的可能性很大。我们若是获胜，敌人将被我们除去武装。我们若落败，我们将被敌人除去武装。

7. 至于那艘新航母，一定要按照别的层面研究装甲板和船舶制造工人的需求。要造好这艘船舰，得用多长时间？

8. 打造三艘配备六英寸口径大炮的巡洋舰和一艘配备三联装八英寸口径大型炮塔的巡洋舰，我是支持的。

9. 请简单地同我说说"重型增援舰"的状况。

10. 在制造方案里，你没说驱逐舰。我猜原因是一切船舶制造厂的驱逐舰都被订走了。请写一份报告给我，阐述正在制造的驱逐舰有多少，将它们分为三个级别，且说明所有级别的制造速度。

（即日办理）

首相致伊斯梅将军转参谋长委员会，并致空军参谋长

1941 年 11 月 9 日

让我们将派志愿飞行员和飞机参加陈纳德飞行队（位于中国的国际空军）的准备速度予以提高吧。你有什么提议？望告知。

（即日办理）

首相致空军大臣和空军参谋长　　　　　　1941 年 11 月 11 日

1. 近来，晚间轰炸机和白日战斗机都严重受创。眼下不需要过于催逼战斗机在法国上空发动袭击；每个月大概袭击两次（而非四次），再算上持续的对船舰的攻击，应当够了。尽管可以降低攻击的强度，但应该维持一直攻击的感觉。

2. 曾经有不少次，在内阁里，我反对不恰当地顾及天气状况，就蛮横地在晚上轰击德国。现在轰击柏林，没有任何特殊价值。上周遭遇的损耗最厉害。考虑到美国建造轰炸机的计划没达成，那种强度的损耗，我们是承受不了的。我们不能只因为普通目标，就遭受如同在一个战斗中或者是为了一个关键性的军事目标而自愿蒙受的损耗。没必要一边和敌人战斗，一边和天气战斗。

3. 眼下，战斗机和轰炸机司令部的工作，都是休养生息静待明年春天。

4. 望写一份详细的报告给我，介绍我们轰炸机，在前一次对柏林发动猛攻的那天晚上，遭受的重创。

（即日办理）

首相致空军参谋长   1941 年 11 月 11 日

以生产情况看，飞机持续耗损的状况十分严重。联合王国中，因为敌人的活动，或者因为别的缘由，被清除的所有飞机的数量，请依照类型每周同我汇报。此外，请给我一个明细（尽管这并不紧迫），列出每周损毁但中队自己修不了的飞机。

首相致空军参谋长   1941 年 11 月 11 日

轰炸机指挥部在 10 月前两周中，因为要参加陆军演习撤销了对船舰的轰击，以致在那段时间，敌人没遭到损失，这件事是真的吗？

这种因为演习舍弃战斗的决定，是什么时候下的，谁下的？

首相致印度总督   1941 年 11 月 12 日

1. 在开释剩余甘地主义犯人这件事上，你弄得这么过分，我听说之后，十分震惊。就像你知道的，我一直认为尼赫鲁这种人，不应该像对罪犯那样对他，而应当将他视为被关起来的政治犯，因此我期待所有减轻他的罪名的行为。这次整体开释给我的总的感觉是，在胜利的时候却投降了。开释这些犯人是一种宽容的行为，可毫无疑问会被宣扬成一次甘地党的取胜。尼赫鲁等人会再次犯罪，必然会经历审讯宣判的整个过程。任何一个方面都不会感激你。霍普和哈里特的不同看法，不该草率拒绝。

2. 今天晚上，我在内阁谈及这件事，内阁认为在接到你的正式提议之后，他们必须要有很长时间去研究此事。起码周一之前，我们给不了你答案，因此，我要求印度事务大臣让你将发起动议的时间（17 日）延迟数日。我们不得不静候别国政府的回应时，时常在下院这么做。

（即日办理）

首相致陆军大臣   1941 年 11 月 13 日

附上贝弗里奇有关三军技师做的调查报告的梗概及劳工大臣的信函，望阅览。对陆军部的名声来说，这份报告明显有着最大的杀伤力，因此，在宣布之前，必须让陆军部先给出减小伤害的合适且清晰的建议，和报告一起宣布。

任何人都不曾指望，在架构上，陆军（如今正增长二十倍）和海军（增长不到两倍）效率一样。可你应该追上空军的标准，空军扩充得也非常快。

为了找到一个合适的计划，我提议你组建一个小型的委员会，或许可以让财务秘书来出任主席一职。两周之内写好这份计划，我认可之后，就可以将所有要宣布的文件交给内阁。

（即日办理）

首相致海军大臣和第一海务大臣　　　　　　　1941 年 11 月 14 日

1. 这些真相让我觉得十分忧心：每个月被我们打沉的德国潜艇连两艘都不到，[①] 它们的增长量却接近二十艘。在措施方面，我们的失败十分显眼，让人难过，可这些措施是海军部在战争开始之前曾经鼓吹过的。我推断从战争开始到现在，我们损失的服役中的潜艇，远比敌人损耗的多。

真实数字是多少？望告知。

2. 在我看来，整个形势十分严峻，所以想要在即将到来的某日召开一个特别会议，查验整个问题，且研究在现在的办法之外，是不是还有别的措施。

我们的潜艇追猎舰预计一个月的增量有多少？望告知。总结、查验德国人在培训潜艇人员和别的事情上的一切难题。你们什么时候能筹备好？望告知。

首相致内政大臣　　　　　　　　　　　　　　1941 年 11 月 15 日

我想知道，你在这件事上——让被拘捕的那十二对已经结婚的人关在一块儿，采取了哪些措施。马恩岛如今已经恢复了秩序，有什么特别的理由不让他们过去呢？若不这么做，那在英国，肯定能找到一些监狱，让夫妻获得一定的联系。

在抓到外国人的时候，夫妻都关在一个地方，当真如此？若真是

---

① 战争结束后，经调查发现，德国潜艇这段时间的损失如下：9 月，两艘；10 月，两艘；11 月，五艘；12 月，九艘。这段时间英国损失的潜艇是三艘。——原注

这样，对英国籍夫妻不这样，好像会引起众怒。

对第十八条乙项的抵制情绪十分浓烈，因此若以如此严酷的办法去推行此项条款，我就准备不再全心全意地赞成它了。我们的意思不是囚禁，而是羁押。

奥斯瓦尔德·莫斯利爵士的夫人如今已经坐了十八个月的牢，直到现在都完全没有起诉她的痕迹，而且她和她的丈夫还没在一起。

在被羁押的人里，可以假释一部分吗？或者让一部分人找人担保，然后放了他们，曾经想过这件事吗？

望在下院展开讨论之前，你先和内阁提议。

首相致陆军大臣和帝国总参谋长　　　　　1941 年 11 月 17 日

将九个海滩师或者州郡师放在低于野战师的级别上，此事，好像让人非常失望。它们缺的只是两个皇家工兵连、一个炮兵团，还有档次稍高的运输车而已。望出一个方案，预备在 1942 年 3 月 31 日之前，要是实现不了，就在 6 月末之前，将这些师提到野战师的水准，并且同我说，要加多少兵力和有没有当下就有的设施。

依照卡车等的制造率，用不了多久，就能看到别的运输车了，特别是，若恰当地在陆军的首要部分搜集，会更迅速。

首相致彻韦尔勋爵、爱德华·布瑞奇斯爵士和伊斯梅将军
1941 年 11 月 17 日

我是这个意思：年末之前把 1942 年作战时的预期制造量全部计划好，并且交付内阁审查。海军、陆军、空军以此为目标已经近乎拟订完成的计划，一定要最终确定，紧跟着的，军需部的职责也得拟定。

与此同时，应该审查进口计划（已经按照三千三百万吨的基本量定好计划了）和国内的出产。在二百万吨可用的另外的进口量里，我

提议五十万吨给食物和饲料用，剩下的一百五十万吨为弥补今年的大量消耗给武器用。不过这并不代表让例如木材一类的并非必需的进口物资，提高得太多。侧重点一定要放到更加紧急的战斗努力上。

人员的事是第三个问题，眼下内阁正在予以研究，不过已经讨论得差不多了，用不了多久就能解决。

我认为可以拟一道对上述各点进行简要说明的训令，在 12 月 15 日左右开始传看。在拟好以后，你们或者能先拿给我研究一下。这个训令的篇幅，不要超过我常用的方形白纸的半张大小，且按照去年的模式来拟。

首相致教育大臣　　　　　　　　　　　　　　1941 年 11 月 22 日

在 1941 年的战争状态下，从小学毕业的 15 岁和超过 15 岁的男孩儿数是多少？请交一份简要的报告给我。

在这些男孩儿里，加入了任意一种模式的工业制造或工种的有多少？15 至 18 岁的在兵工厂里工作的男孩儿有多少？加入各类军事化训练机构的有多少？在中学学习或者上了大学的有多少？

我们必须重视对这些男孩儿的教育和培训。不过，同样值得重视的，是空袭警备处、高射炮队等机构急需这些男孩的加入。

首相致第一海务大臣　　　　　　　　　　　　1941 年 11 月 23 日

眼下有关航空母舰的部署计划如何了？自接到这些电报开始到现在，我们的"皇家方舟"号已经没了，不过还有四艘新的不错的航空母舰。这些航空母舰，无论哪艘我都不想让它绕路好望角航行，除非这种航行刚好处在展开势必进行的训练期里。眼下我正关注着地中海的形势变化。自然，要是坎宁安海军上将在地中海中央驻守，或是我们拿下了的黎波里，或是法属北非参战，这样，起码派两艘航母去那儿才有意义。眼下形势如何，我们还看不明白。我猜你会向印度洋和太平洋那边，派一艘旧一点儿的航空母舰吧。

请写一份简要的报告给我。

首相致 K 舰队司令   1941 年 11 月 27 日

热烈祝贺你到马耳他岛开始获得的优异战绩，并且，请你代我告诉各级将士，他们参与战斗获得的那两次战绩——11 月 8 日消灭敌军运输舰队和上周一消灭两艘油船，对于正发生在利比亚的激战起到了十分积极的效用。舰队工作获得了非常大的成效，因为对不列颠和我们的事业有了切实的帮助，相关的一切人员都可以感到骄傲。

首相致伊斯梅将军转参谋长委员会，并致空军参谋长

1941 年 11 月 28 日

（为了给南斯拉夫境内的游击队员提供帮助）我们要做到人的力量可以实现的所有事。针对我们可以做的事，请拟一份报告。

首相致第一海务大臣   1941 年 11 月 28 日

我一直认为这种推测，到 12 月 15 日在北大西洋航行的潜艇会有三十六艘，太多了。[①]我想让你研究起码派十二艘驱逐舰支援地中海的可行性。由于局势会随同利比亚战斗局面的确定而发生改变，所以这些驱逐舰未必要在那儿待多长时间。可在我们顺利俘获敌方战舰这件事上，船舰多，是必备因素，我们也应该获得出众的战绩。

请告诉我，是不是还有什么别的工作可以做。

---

① 战后得到的数字显示，1941 年 12 月平均每天有八艘德国潜艇在北大西洋战斗。另外，每天经北大西洋驶离或开回本国的德国潜艇都有不少。1941 年 11 月被德国潜艇打沉的船舰是六万一千七百吨，自 1940 年 5 月起，这个数是所有月份的记录里最少的。——原注

11 月我们的船被德国潜艇打沉了多少？望告知。

首相致伊斯梅将军   1941 年 11 月 29 日

"西非波兰军官"计划（我自身是十分关注它的）的施行状况，让我觉得不满意。明显需要给奔赴这些热带地区的波兰将士一笔专门的服装补贴。而这几个月却用来讲价了。一开始答应给五镑，最终决定给十五镑。我猜这就是标准的应对这种努力的办法了。

在别的文件里，我曾经说过，应该请两百余名波兰军官报名参加考试。应该每周交一份此事在西非和国内处理进度的报告给我本人。一切故意阻碍的痕迹，只要存在，就同我说，并让你本人在国防部那边展开调查。我问你，陆军部哪个官员负责处理这件事，你应该以时常过问的办法保证他照章做事。

首相致外交大臣   1941 年 11 月 30 日

在我看来，美国眼下应该保持与维希的往来和对北非的供给，且暗中保持一切别的往来，这是最关键的。除非我们知道了利比亚之战的结局和它的反响，否则，就该保持一切联系。想斩断联系，什么时候都行，但想重新建立联系，就很有难度了。

12 月

首相致空军参谋长和战斗机司令部司令   1941 年 12 月 6 日

我们昨天晚上辩论获得的首要结果如下：

1. 只要以往十年或者十二年的天气状况查验结果没有显示 3 月或许比 2 月更合适，"前进"[①] 的启用时间就定在 1942 年 2 月 1 日。若

---

① "前进"：是某种无线电设备的名字；在对德国进行轰击的时候，这种装置可以帮我们的轰炸机确定对方的位置。——原注

显示了，这件事则应当再交我决断。

2. 战斗机的战线应该尽量予以扩展。为实现这一目标，应该将候补的飞行员、飞机编成一些中队，如此，战斗若延迟，就能进行替换了。

3. 可以配一些白日战斗机给晚间战斗机以做测试，如此，若证明实验可行，就能采用使用两种战斗机中队的办法了。

首相致粮食大臣 　　　　　　　　　　　　1941 年 12 月 6 日

在你的各种艰巨任务中，你已经获得了不少的成绩，可是鸡蛋配给方案好像并不在此列。我听见了来自众多方面的指控，并且鸡蛋显然不够用。

农业大臣按照他自己对此事的理解呈了份报告上来，现在给你发过去。

你的方案和策略如何？请简要说明。

首相致军需大臣 　　　　　　　　　　　　1941 年 12 月 6 日

我想在 12 月 11 日周四下午去舒博里内斯，请布置一次用如下种类的 U.P. 武器展开的操演，非常感谢：

1. K 型。

2. L 型 A.D. 装备。

3. J 型 A.D. 装备。

4. 5 英寸 U 型火箭。

5. 3 英寸 U 型火箭。①

---

① K 型：防空火箭。

L 型 A.D. 装置：防范低空飞机的火箭，保护机场及附近区域。

J 型 A.D. 装置：飞机的火箭。

5 英寸 "U 式" 火箭：原本的设计目标是要投射化学战的炸药，不过之后变成了建立地面火网的设施。

3 英寸 "U 式" 火箭：建立防空火网的设施。——原注在我看来，你在 12 月 2 日的备忘录里说的关于顺序之事的意见，在予以决断之前，为对各类武器的优势进行比较，得先对其进行检查，所以我想让你和我一块儿过去。

天气若是不好，自然就算了。

首相致伊斯梅将军　　　　　　　　　　　1941 年 12 月 7 日

在阿比西尼亚的贡德尔和别的地区俘获的意大利步枪，怎么处置的？枪多少？弹药多少？

首相致陆军大臣　　　　　　　　　　　1941 年 12 月 9 日

（亲启）

你给我写的有关地方协助服务队的备忘录，我已经认真研究过了，你说的测试，我非常愿意让其得到一次验证。望你可以找出一些措施，让地方协助服务队里的卓异人员和眼下被迫加入服务队的女性觉得这些炮队有诱惑力。我怕大家出现一种反常的心理状况：不让女性做有性命之忧的工作。我们一定要清除这种想法。另外，在管理地方协助服务队的女性们中间还盛行此种看法——一切事项都不该损害对地方协助服务队的忠实，可炮队的整体感和她们的爱好和意愿并不协调。必须拒绝这种看法。女性管理者的首要工作是薪酬，这才是她们的首要任务。

状况十分不好，也艰苦，而由于大量的人员正被逼（或是或多或少受到些逼迫）加入陆军部的掌控之下，我推测会越来越差。身为国务大臣，你有重大的责任让这些年轻女性不遭遇粗暴的对待。在这件事上，诺克斯夫人及其下属的工作必定有予以称赞的价值，不过要小心，别让她们对炮队欢快积极的生活造成阻碍，或者不让女人们加入炮队，或者像在意地方协助服务队那般积极留意炮队。

你更深入地介绍在现实中你是怎样运用你在备忘录里阐述的准则

的汇报，我十分期待接到。在炮队里工作成绩突出的女性，应该给她们颁发各式小奖品和勋章。

首相致林务委员会主席 1941 年 12 月 9 日

在报纸上，我见到这种报道，为了获得利益，伐木公司正将我们的众多林地残忍地砍伐一空。在适宜地顾及农村的外观的前提下，你有方法能够确保最好的树能够留下一部分吗？我们必须砍很多树，这我是知道的，可是有什么道理不留下相当数量的树呢？

望你以几行的内容告诉我你重新种植的措施。每砍下一棵大树，你肯定要补种两到三棵吧。

首相致粮食大臣 1941 年 12 月 9 日

将糖和巧克力加到按点分配计划之内，你说你原本就非常想这么做，并且想要随后就这么做。可是等到可以推行它们的分配的时候，再这么做，不是更好吗？糖果分配制度，你若当下就施行，那所有的保守力量和简政工作的论调都会枕戈以待，等你日后提及修正意见时将蜂拥而上，一起发动攻击。

听闻在枢密院长的委员会里，人们都表示，相比于我们所有的物品分配，糖果分配是最容易引发违纪行为的。一切会造成对分配规范尊敬之心降低的事情，我们都要抵制。我们若人工创造出一些，法律制止不了，言论也不会予以指责的违法乱纪活动，那，脱离法律制约的习惯就会扩散到会造成损害的别的事情上。

我们已经这么长时间都没推行糖和巧克力的分配了，如此，再延迟一段时间，也不会就过不下去了。我们应该想办法彻底遵循一个准则，即但凡你认为必须将某种重要性稍差的食物划入分配里的时候，就应当将它划进按点分配制中。

（即日办理）

首相致劳工大臣　　　　　　　　　　　　　　1941 年 12 月 10 日

　　我听说你觉得在服兵役方面，议会成员和其他人应该具有一样的义务。我创造的、在上次大战里遵行，在此次大战里也一定要遵行的一个条令即是，把在下院工作当作出任国家最高职责。下院或者上院的所有成员都有自行决定，他要不要做完那一工作或者以一种别的形式去工作的权利。不管什么时候，两院议员只要觉得有政治方面的工作需求，在得到适宜的通告后，就能离开军队或者一切别的模式的服务，好在议会参会。

　　我决不允许违反这一准则。

首相致掌玺大臣和粮食大臣　　　　　　　　　1941 年 12 月 12 日

　　我认为不该在现在宣告这些限量控制。这会让人觉得我们出现了慌乱。因为美国被彻底卷进了战争之中，我们的地位已经有了巨大提升。储藏丰富。我们全都在战斗，他们只是吃得比我们好点儿。

　　在即将到来的以后，我不想看见这种性质的宣告，而且在战时内阁给出最终结论之前，不管是什么决定，再和我商量商量。

首相致帝国总参谋长（艾伦·布鲁克爵士）　　　1941 年 12 月 18 日

　　你的有关建立一个波兰装甲师的机会的备忘录，我已经接到。

　　1. 在我看来，将坦克拨给波兰部队的时间，不该拖到一切英国装甲师都已经全部装备好，而且有大量坦克作为候补的时候。我还当大家都答应先给各个师发基本装备，日后拿到更多坦克再慢慢建立储备力量。在这一基础上，波兰武装应该和英国师同等对待。对这件事来说，以 1943 年 4 月 1 日为限是公正的处置方案，西科尔斯基将军会这么想吗？我认为绝对不会，因此我想让你依照我给出的基础来对我提建议。

2. 为波兰人提供精良的坦克装备，且让他们可以建立一个军团共同作战，这确实可以实现。陆军里一切机构的体系都是一模一样的，这自然方便，不过也不是一定要这样。波兰部队的装备未必要绝对相同，这代表着，英国装甲师增加之后才到达三千五百辆车，他们未必要有。现实解决方案是在将来的六个月里，再给他们二百辆坦克，之后再一点点变成常规的足额编制。整体使用这支波兰部队，而非将坦克元素和别的部分区分开，肯定能实现。

我希望你能给我深入的意见。

首相致陆军大臣   1941 年 12 月 21 日

你有关贝弗里奇的汇报的备忘录，已经接到了。

1. 在贝弗里奇有关三军中的技师使用状况的汇报发布的同一时间里，由陆军部宣布的备忘录，除了一定要比他发布的更真实，还得更精准。

2. 陆军部还得坚定地采用这种态度——他们的工作不是建立一种管理完备的工业机构，而是要建立一种高效的作战机器。所以损害班、排和连凝聚力的所有的事都绝不能做，并且考虑到或许会遭遇侵略，在国内口岸引发陆军编制整体动乱的事，要坚决抵制。

3. 可是一定要明确指出，眼下如何按照各军技师当前的状况去使用他们，还有怎么用他们更合适。对于贝弗里奇汇报稿中会危害到陆军的凝聚力和武装效率的提议，备忘录必须果断地予以驳斥。

4. 但是，这并不代表陆军部能以武装效率为理由遮掩汇报稿中披露的重大缺陷。备忘录应该说明正慎重地努力去改正缺点，而不应该只是一份遮掩的文件。除非陆军部可以切实，而不是空洞地解释自己正在改进，否则，国会和民众是不会安心的。所以，备忘录应该按部就班地，且以普通人容易明白的形式，对汇报稿中的首要条款予以解释。

5. 即：

（1）指出部队里尚未使用的技师的储存量，完全可以满足日后对技术兵种（除了重武器技术兵）的所有需求。

（2）指出通过对不少野战军队的体制的考察，可以实现高效使用技术人员。

（3）指出可以以更加高效的程序去使用部分军队（前线会需要这些军队的，尽管它们眼下还没有参战）的战士的技术。

（4）指出或许会对承担技术工作者考试、再次聚集和分配工作的部门进行重大改组。

（5）指出为了结束当前部门重叠的状况，应该建立一个特殊机械化工程兵项目。

（6）指出新招募的战士，不该被招募到一定的队伍或者某个机构，而应该被招募到整个陆军中。

6. 陆军部的回复若想符合现实，一定要认真地斟酌。你应该建立一个小型的委员会去起草这一回复，我提议财务秘书詹姆斯·格里格爵士和陆军部高级副官可以加入这一委员会。为了在需要的时候适时交付内阁，我希望我能在 1 月 10 日拿到这个回复。

首相致本土部队总司令（帕吉特将军）　　　1941 年 12 月 22 日

1. 这份文件（厄特森－凯尔索将军谈步兵操练）十分值得称赞，我认同里面的每个字。

想到文件里众多睿智、让人振奋的准则，有在你的辽阔的新辖区里推行的可能，我非常高兴。你可以寄望于我在各个层面上为你提供帮助。为防范班、排遭受多余的干涉，或者在不是紧要关头或者收获的时间，让步兵做别的民事活动，我已竭尽所能。尽管我十分支持这样的看法——一个装备优异的步兵营像一群猎犬一般的英勇和富有凝聚力，但也十分期待睿智灵动的那面。除非必需，我期望射击训练不要发生变动，对装备的清洁也不会和有力的野战训练相抵触。

2. 望再交给我一份报告，阐述你是怎样运用这份文件里的部分主张的，且交回原文。这份文件我十分中意。

首相致粮食大臣　　　　　　　　　　　1941 年 12 月 22 日

你有关鸡蛋配给方案的备忘录，已经收到了。

三十七万小养殖户养鸡兴趣浓厚，这件事值得庆贺；在这件事上，我只听到过一种指责，就是没得到足够的激励。把鸡养在后院到底能利用不少食物残渣，所以可以节约粮食。

你的输入限额已经下降至三分之一，你的困境我非常明白。可是我期望你可以把划到计划内的数额运进来，让这种关键的厨房必备动物蛋白保持充足。

首相致帝国总参谋长（艾伦·布鲁克爵士）　　1941 年 12 月 22 日

这个时候还编"龙骑团""骠骑团"和"枪骑团"，这些怪异的代号，实在是太荒谬了。在它们中间，有哪个团配有骑枪、佩剑或者长矛吗？一个都没有，并且按序号已经编了第十八、第二十和第十九骠骑团，还有第五、第二十一枪骑团。确实，按道理应当先把这些古老的兵器再拿起来，之后再次用这些新型的、虚幻的、装模作样的名字。陆军部在这么做的时候想什么呢？你能告诉我吗？

六、首相致澳大利亚政府的电报①

首相致澳大利亚总理　　　　　　　　　　**1941 年 8 月 29 日**

1. 你现在已经担负起了你神圣的职责，请允许我献上最诚挚的期望，愿你成功，且向你做出承诺，我和我的同事会尽全力以我们和孟席斯先生一起做事时的那种友善的精神和诚意与你协作。听说现在孟席斯先生在你的带领下出任国防协调部长一职，真让我们高兴。

2. 我们始终关注着你在这段时间派使者驻守之事在澳大利亚引发的困境。我若是将我们这边的状况还有我们所在的位置告诉你，或者有些帮助。

3. 由威斯敏斯特法规展现出来的 1926 年英帝国会大会声明，自发布到现在，每个自治领政府都和国家政府地位相同，而且都能直接拜见英国国王陛下。眼下，以我为领袖的英王陛下大不列颠和北爱尔兰政府内阁管理着我们自己的议会，而且因为拿到了下院的多数选票，得到了国王的委任。所以除非经历了机构上的更迭，否则不可能让一个管着澳大利亚联邦立法机关的澳大利亚部长变成我们这一体系的一个成员。在上次大战中的史默兹将军这一先例用不到这里，因为他那时是战时内阁中至关重要的一员，国王不是因为他代表了南非或者众自治领的意愿才委任的他，是因为他自身的才华。

4. 可事实上，不管何时，自治领的总理们虽然无法时常或者长时间地出访英国，但一个自治领总理，只要他出访英国，我们总会邀请他和我们一块儿参会，且彻底加入我们的辩论。之所以如此，是因为他是我们自治领姊妹国的政府领袖，和我们一起战斗，而且可以这么

---

① 原书第三卷第 366 页可见。

看：他不仅有按照本国的意愿以自治领的名义讲话的权利，对于辩论中或许会出现的众多分歧，也能发表意见。对我们来说，这是极大的利好条件，并且也增加了行事效率。

5. 在总理之外，自治领的一个部长只是个使者，而非一个领袖，他的地位就完全不一样了。在此次战争中，曾经有不少总理之外的自治领部长，自澳大利亚、加拿大、新西兰和南非来我们这里拜访，我始终预备随时和他们磋商，或者让他们与那些和他们相关的各部大臣维持最紧密的联系。在通常状况下，负责接待他们的是自治领事务大臣和自治领相关高级专员，并为他们提供有利环境，以展开一切势必要进行的工作。据我了解，对于这种措施，所有方面都表示满意。

6. 这种提议——在此次战争时期，所有自治领应该在总理之外有个部长和我们一起参加联合王国的内阁会议，我曾经研究过。从加拿大、南非和新西兰众自治领的众总理那边，我已经收到了他们的意见，这种代表他们不想要，并且觉得我们现在施行的方法非常不错。部分自治领总理所持意见居然是相反的，觉得可以代表他们政府讲话的只能是总理，其他人则不行（除非接到了特殊命令），而且他们或许发觉，他们的部长成了参会的一员所下的决定会危及自己的做事的权限，因为战时，某些决定要下得非常快。

7. 身为联合王国国王陛下的臣子、仆从，在我们这些身处自己国家的人眼里，难题也有不少。我们内阁当前阁员有八个，不少言论表示我们应该在五个人以内。再加四个自治领的使者就要涉及起码得有相同数量的英国大臣离开战时内阁的问题。我们的议会和民主体制，与你们一般，存在一种政治基础。我个人认为，我无法像眼下同我提议的那般同国王陛下提议，在联合王国的内阁中再增加四个自治领部长，这会让我们的人太多，致使工作无法展开，或者把眼前一些同事排除出去，可他们均为所在政治党派的领军者。

8. 你要是想在澳大利亚那边派谁来担当专使，好针对我们协同战斗努力里的一天层面展开磋商，我们自然要拿出非常理解和敬重的立场去迎接他，可是，他不会变成，并且也不可能变成我们政府常规工作里的一个同样的管理者。

9. 他同当前澳大利亚高级特派员还有自治领事务大臣间的是什么样的关系，得由你定。可是，要当成惯长体制让这么一个特使待在这儿，当前高级特派员的职责好像在很大的程度上出现了重叠，而自治领事务大臣和这些高级特派员间的联系，或许也会广泛地被影响到。这样的难题是能解决，可遇到这些难题的机会很大。让高级特派员们每天同自治领事务大臣沟通，这样的工作体系运行得非常好，我坚信剩下的三个自治领将抵制一切改动。

10. 若可以部署，我们自然期待自治领总理们开一个会，不过就像你知道的，在路程漫长和选取时间上，难度极大。你若是想，我们也极愿对建一个帝国战时内阁的事予以研究。不过这样一种有着深远影响的改变，必须按照眼下忠于国王的一干政府的普遍心意予以达成，而非一块一块地实现。

首相致澳大利亚总理   **1941 年 9 月 7 日**

德国部队的推进或许会危及我们在叙利亚和伊拉克的地位：

1. 自安纳托利亚攻击叙利亚；

2. 自高加索和波斯（伊朗）攻击伊拉克；

3. "1." 和 "2." 融合。

自安纳托利亚——土耳其若是不让德国大军借路，那德国定会调集大量空军以控制土耳其，如此，想在不足六周到八周的时间里撤出俄国，且重新武装和聚集到一起，难度就很大了。按照安纳托利亚的气候情况，自12月1日开始到3月末结束，事实上，是没办法展开武装行动的。所以，在我们看来，眼下德国人还无法在土耳其疆界聚集起充足的兵力以夺取那个国家，这得等到很久之后才可以，因此在春天之前，自安纳托利亚攻击叙利亚实现不了。

可是，土耳其要是出人意料地答应德国军队借路，那在年末之前，开到叙利亚疆界的德国师或许有三四个，且按照一个月一个师的速率支援，若那些穿越土耳其领海的航线能用，这支大军可以得到的增援或许会更多。所以，事情的发展大抵得看我们能为土耳其提供多少帮助。关于此事，我们已经交给派到安卡拉驻守的代理，按照如下政策发言：

1. 土耳其若予以反抗，我们会马上派大批军队予以协助。尽管我们在中东的最终目标是消灭德国的非洲武装和夺回昔兰尼加，不过我们希望最晚在12月1日之前能派四个师和起码一个装甲旅去土耳其。空军援助会非常强，所以应该进行筹备以接收空军，这支空军包含战斗机中队八个、陆空联络机中队一个、重轰炸机中队两个和中型轰炸机中队六个。

2. 为捍卫我们自己的部队和指给我们的机场，我们会供应一支强劲的高射炮队，除此，我们将立即专门给土耳其人送一批一百门的3.7英寸高射炮过去。这些高射炮是每个月六门的常规配额之外的。

自高加索和波斯——即就算俄国的瓦解提早降临，德国人也不可能在今年之内自高加索大举攻击波斯和伊拉克。我们在这些区域右翼的安全性因为我们在波斯夺得的掌控权得到了极大的提高。

如今，我们回顾一下我们自己为应对德国的攻击（无论它走哪条路线过来）采取的措施：

第一，我们要帮空军拿到进可攻，退可守的有利条件。所以眼下正选取程序，在这一地区的整个领地，并且在获得土耳其人的认同后，在安纳托利亚改善和增加机场设施。我们在中东的空军将因此得到机动能力。

第二，要改变我们掌控的各个地区整个领地的铁路和公路运输。这一工作正以最高的速度展开。

另外，正选择进程及早改善我们在巴士拉地区的供给设备，建造新的口岸也在其中。如此，计划增派给波斯湾的部队就能获得给养。

西部沙漠——昔兰尼加东部我们一定要及早清剿，这一方面是想守护我们在埃及的根据地，一方面是想维持对地中海东部的掌控。当前，局势如下：

照推测，在昔兰尼加，眼下敌人有德国师两个（一个装甲师、一个轻摩托化师）和意大利师六个（含有摩托化师一个和装甲师一个）。在我们看来，借助这些军队，他们想大举进攻尼罗河三角洲，毫无可能。他们在供给上难度极大，且缺少运输车。另外，他们自意大利运来的很大一块支援的兵力和供应品，正在被我们打沉。可是，他们若能在哈尔法亚—卡普措—拜尔迪耶这条线上设立坚实的据点，并且建立汽车运输队，那还是有机会对希迪拜拉尼进行一次小型攻击的。

我们的目标是，只要有好的时机出现，就发动攻击，不过总司令不想再次冒险，遭遇"战斧"行动那样的失败，或者，除非他有信心，否则不会行动。照他推测，为发动此次攻击，他的装甲兵团起码得有两个装甲师。这些装甲师想准备好，能够参战，得等到11月1日才行，不过，这并不表示，在好时机出现的时候，他不会提早发动攻击。坚守图卜鲁格有多么重要，已经显露得十分明显了。

七、英国派去美国的购物使团①

1941年8月11日首相训令

1. 供英国战斗使用的大量军用和别的物资，我们已经同美国订货了。英国的众部之间，还有英国自己制造和英国向美国购买两者间，在这些军用物资的购买上，已经达成共识。珀维斯先生受命承担最后职责，因此一切不和谐的状况，都可以汇报给他，以期在国防大臣办公室内消化掉。不过现在除了英国的原因，也为了美国军队所需，需要预备的物资更加巨大，尤其是在船舰、轰炸机和坦克上。另外，在抵制希特勒方面，俄国已经成了一个活跃的伙伴，如此一来，我们需要调整英国已下的订单和日后会追加的订单，以支持俄国。从长远看，大规模地建设工厂、增添装备至关重要。

2. 依英国的填充计划而言，重轰炸机和坦克谁更靠前这样的问题用不着想。我们原本以为顺序问题是由时间决定的，但现在，我们认为它是由相同时间内各自配给的数量决定的。

我们的美国同事们若把制造量即将大大提高的前途（通过改善当前工厂的产量也好，通过建立新工厂也罢）告诉我们，并且将他们对区分英美需求的意见告诉我们，我们就能按照以上方针，去解决英国众部之间的配给了。比如，在我们看来，因为重轰炸机的扩充计划对我们来说是必需的，同一时间就将坦克事项全都排除在外，是错误的。在全部计划中，重轰炸机和坦克间的比例设定在六比四，或者六点五比三点五都没有问题，两样的出产可以在相同时间抓紧展开。可以认为这种处理办法最合适。

---

① 原书第三卷第396页可见。

3. 再给我们十五万支步枪，我们是非常期待的。尽管子弹十分短缺，可这些步枪对于给作战机场配备防御人手来说，必不可少。眼下，这些只能用矛、钉头槌和手榴弹当武器的人，起码有十五万。尽管0.300 英寸步枪子弹，在英国十分稀缺，每支步枪连八十余发都分不到，可美国当前的产量正在提高，供应子弹给我们，我们差的五千万发，这个月应该能完全交付，并且日后每个月还将有两千万发到两千五百万发运到。就算只为机场上配备步枪的战士一人十个子弹，也远好过我们眼下被迫采取的临时措施，并且能让我们对身穿制服的所有人下最严苛的命令，让他们战斗到最后，要是相关战士和驾驶员没得到武器，下这种命令也不会非常有把握。

由于过了9月15日，就到了绝对能够进攻的时节了，所以我们期望可以及早拿到这十五万支步枪。我们若告诉罗斯福总统，敌人为便于进攻（眼下还没有这种痕迹），正在荷兰、比利时和法国的口岸活跃地进行大量的筹备工作，我们就能呼吁他们立即将另一批0.300英寸步枪子弹运过来，以作应急之用，这些子弹将来可在我们每月出产的数额中偿清。

4. 看上去，针对俄国重新武装之事，急需马上进行全面分析。英国和美国的军需部经过简单协商之后，应该在莫斯科再开一次会，看上去可以这么做，并且也真的必须这么做。为实现这一目标，也为参加所有必需的前期磋商，首相有意让军需大臣比弗布鲁克勋爵担当英国特使，享有代表英国一切部的权利，他今天应该会到达这里。

八、英美俄三国会议[①]

首相兼国防大臣总令　　　　　　　　　**1941 年 9 月 22 日**

1. 比弗布鲁克勋爵今日的汇报已经对比弗布鲁克—哈里曼协商结果引发的局势进行了介绍。我们一定要注意到，这个诺言：我们将提供部分坦克和飞机给俄国，我们是有责任去践行的，而且在莫斯科会议中，比弗布鲁克勋爵有极大权利来决议拿出物资和别的设备的数量。

2. 一定要对俄国做出承诺，从 1942 年 7 月 1 日开始到 1943 年 6 月 30 日结束，数量必定增多。在这之间，英国战时出产将达到顶点，美国也将步入第三个推进战时出产的年头。别按照对英美制造的积极推断拟定详尽的数值，进而受到限制，是较为聪明的做法。许诺将英国和美国出产数量里的固定百分比拿出来给俄国，也不安全，因为他们或许马上呼吁加量。除非俄国人给出了他们的制造量，否则，我们也别将我们对共同制造的估值透露出去。不过，应该呼吁他们按照他们有坚守可能的后方各条战线的状况，说出他们还剩了多少供应品。对于这些稍远的未来，比弗布鲁克勋爵可以保持积极的论调，以鼓舞俄国人长时间战斗。

3. 应该要求俄国人看见航运遭受的制约，而自各输入口岸运输遭受的限制更应该让他们看到。应该重点告诉他们：全球航运正被飞速毁坏，要做出哪些努力才能让航运得以平复，我们国家的最低需求已经到了不能再低的地步。

4. 激励打开海参崴航线，还有为实现这一目标震慑日本，应该在美国的支持下进行。尤其要重申，要用最大的强度和最大的努力去推

---

① 原书第三卷第 413 页可见。——原注

进从波斯湾到里海的铁路、公路建设。应该说明，横穿波斯的铁路运输的推进和公路的修建，因时间关系，势必受到现实制约。顺着这条通道运送军需物资和运送部队（和他们的食物）间存在的分歧，一定要予以解释。俄国人将按照这两类状况：冬天结冰和敌人或许会采取措施，对阿尔汉格尔斯克的收容量、装置及它同俄罗斯中部铁路的沟通，给出他们自己的推断，这是一定的。

5. 大会一定要以美国不是参战国家为前提。英国人员的压力已经很大了，1942 年以内和 1942 年以后会更大。不算众自治领、印度和各个殖民地获得的支援，我们自身的人员已经都用上了。我们一定要让大型商船队伍持续航行，好得到糊口的粮食。我们一定要捍卫不列颠各岛，使其不受侵略，可德国人任意时刻都能聚集更占上风的兵力来攻击我们。由于敌人随时都能从东边把空军主力迅速调来西边，所以我们还必须防范敌人空军主力发动的危害程度最高的空袭。我们在中东的武装力量，我们一定要予以保持，且坚守一条自里海至西部沙漠的防御线。在 1942 年年内我们期望这条战线能收拢近二十五个师（英国的、印度的和众自治领的），算上在这些不发达地区的需要的特殊后勤工作者和对应的强悍空军，大概有一百万人。为了提供这些部队（大多数得绕路好望角运输），输送非常忙碌，运输船舰的流通又花了很多时间，需要的时候，这些状况也应详细说明。

6. 为守护不列颠众岛，我们配备了一支人数在两百万以上的陆军，还有提供援助的大概一百五十万国民自卫队。我们步枪的数量大概只是三百五十万支，明年以内只能得到大概十万支。这支人数为两百万的陆军，其中，野战军有九十万人，里面有机动步兵师二十个，机动性稍差的州郡师或海滩师九个和装甲师六个（其中编制只有一部分的有三个师），还有陆军坦克旅五个（其中足额编制的只有一个旅）。我们正建设的大型空军需要的人数是近一百万，已经被召进军队的有七十五万。海军已经收纳的水军和陆战队成员有五十万。再算上船舶制造业、飞机制造和军用产品制造业，还有国内的粮食制造和别的民用工业（均已降到最低数量）的需求，可以发现，四千四百万的人口，工作的男性和能够使用的女性劳力已经（或者将要）到顶点了。

7. 在国内野战军之后的一百一十万储备人员里，要是除掉大不列颠空防系统、海岸防御队、北爱尔兰驻防部队、等待挑选的军队和军事训练学校，还有机场和众薄弱环节，就没剩下什么了。

8. 想让国内野战部队的数量超出已经提及的师数（不足四十个师），做不到，并且还得非常努力地去保持国内当前的军力，和提供新兵给中东、印度和别的海外防地，比如冰岛、直布罗陀、马耳他、亚丁、新加坡、中国香港。

9. 英国防范侵略的部队，我们不能让其减少到不足二十五个步兵师和四五个装甲师。一定要看到，敌人借助欧洲首要的东西方向的铁路线运输的部队的速度，远超过我们海外撤回一个师的。所以，能用的海外的师，数量非常有限。

10. 不算预备在1942年年内在中东建立的那二十五个英国师和帝国师，我们能推想的最大的军力就是由六七个师构成、含有两个装甲师的一支远征军。现在正准备着这支部队。就算能调集更多的师，也缺少船舰来运载比这个数更多的部队和保持他们海外的物资。让英国派二三十个师去攻打欧洲西岸或者借助海运送往俄国战斗，与此相关的所有想法，都不现实。这点应该彻底说清楚。

11. 若是可以，我们非常希望在明年春天展开陆地干预。有可能的所有方案都在考虑之中，在俄国前线的南翼和北翼采取措施，也在其中。在北翼，一次长距离的对挪威的攻击将引发剧烈的动乱，而且动乱若成功，瑞典政府及其优异的部队或许将会投向我们这边。这点已经认真讨论过了，不过没发现俄国部队要怎样做才能帮上忙。实际上，俄国若是插手，将无可救药地引发瑞典的抵抗。芬兰就已表明了对立的立场。

12.我们无时无刻不需要抵挡西班牙的抵触情绪和德国人对摩洛哥、阿尔及利亚和西非的侵略。法国人若在非洲进行反抗，我们能够调集当前的部队支援他们。海路对这两种状况而言都不长，和绕路好望角的漫长的路程无从比起。

13.我们将把上面说起的强军布置在中东，俄国南翼。只要剿灭了当前在西部沙漠和昔兰尼加行动的德国和意大利部队，在中东的我方军队就能随心选取行动了。他们若提高给俄国人的支援，在高加索也好，在里海以东也罢，就一定要想到，从波斯湾起的铁路和公路路线会因为供给他们而被堵住。在另一边，若能拉拢到土耳其，则是极大的成就。不仅德国人开赴叙利亚和埃及的道路将被强悍的土耳其部队斩断，还能在十分有利的条件下，保持黑海的防御，进而让高加索的防御获益。土耳其会采取什么措施，这或许要由我们在即将到来的以后，承诺等他参战，我们在部队和现代化装置上为它提供的支援有多大来决定。其中尤其包含机场、坦克、反坦克炮和高射炮等等的支援。应该明确告诉俄国人，这些装备和部队，自然有不小的一部分是从给俄国的支援里拨的，因为我们能够给予的所有的支援就是这些。可是为了将土耳其引诱到我们这边，特别是在即将到来的以后就这么做，英国和俄国这么做——重新分析、改正它们已经议定的方案，是有价值的。

14.我们非常关注波兰和捷克部队在俄国的发展状况（捷克部队非常有限），在装备方面，我们可以提供援助。应该说明的是，在美国，波兰人和捷克人的有些组织较有威信。我们若能从我们自己的装备中，拨出一部分给波兰人和捷克人，将会有不错的收获。

15.俄国人会问你们预备怎么取得胜利，这是毫无疑问的，对此，我们应该这么回答："就像是前一次在德皇制度瓦解之前持续战斗一般，一直打到纳粹制度瓦解。"为实现这一目标，不论我们身处何地，只要战斗条件对我们有利，就同他们战斗。我们将以宣扬的措施让他们受损，以封锁的手法制约他们，特别是，要持续地、残酷地用越来越多的炸弹去轰击他们的母国。前一次大战，我们不清楚如何才能获胜，什么时候才能获胜，可是，因为坚忍不拔，勇往直前，我们平安走出了困境。去年整整一年，我们曾经坚定果决地独自对抗德国和意大利。英国民众剿灭纳粹力量之心毫不动摇。我们在使用"纳粹暴政"和"普鲁士军国主义"这些字眼的时候，并非将其视为拥有血海深仇的一般控诉词汇，而是将其视为要颠覆的目标。我们和俄国人看法相同，都想区别对待德国人，隔离违法的纳粹政权。

16. 美国将如何行事，我们自然无法推断。罗斯福总统及其政府已经通过的那些举措，或许用不了多久就会在任意时刻将美国扯进战争之中，或者是先宣布然后战斗，或许是不宣布直接战斗。要真是这样，我们就能寄希望于在1943年全面进攻德国了。德国的气势和凝聚力要是极大地衰弱，对夺取的欧洲国家的掌控也放松了一些，我们就有机会派大量装甲兵团，同时踏上若干被制服的国家的海岸，且四处发动暴动。英国的参谋们眼下正分析此事的方案。

九、海军在印度洋上的布置

首相致海军大臣和第一海务大臣   1941 年 8 月 25 日

1.用不了多久应该会在印度洋上部署一支起到震慑效用的分舰队。

这种舰队应该由为数不多的最出众的船舰构成。我们只要回想一下我们因为"提尔皮茨"号，德国用来和我们十五六艘战列舰和战斗巡洋舰战斗的仅剩的主力舰，而出现的紧绷的状况，就能发现，在东方海面上，一支悍勇而高速的小型舰队会对日本海军部造成怎样的影响。由于"提尔皮茨"号是仅有的一艘能够防止俄国在那儿占据上风的船舰，所以只要俄国舰队还在，"提尔皮茨"号近乎绝对不会开出波罗的海，但是，若在相当的时限内，作出的安排不会发生变化，那我们就势必要拿"英王乔治五世"号级的船舰两艘和"纳尔逊"号级的船舰一艘给总司令。如此，才能为变故、损坏和放假留下空间。在那片辽阔的海面上，还是应该有一艘航空母舰，（一艘）没有装甲的最合适。

2.最高效的安排是，只要"约克公爵"号解决了制造方面的缺憾，就可以穿过特立尼达岛和西蒙斯敦将其派往东方。它可以和"击退"号或者"威慑"号和一艘高速的航空母舰相会。这支强悍的舰队可以出现在亚丁—新加坡—西蒙斯顿这个三角区。它将会发挥让日本海军行动不了的效果。在开往东方的长远但安全的航行中，"约克公爵"号可以慢慢完成自己的适应过程，国内舰队总司令手里剩下的"英王乔治五世"号级战列舰只有两艘，这两艘战列舰够强了。照我看，相比于将"威尔士亲王"号自它或许会遇见"提尔皮茨"号（虽尽管可能性不大）的区域派走，在资源的运用上而言，这个更经济，也更有效。

3. 我并不支持在现在这个时期派老式"皇家"级战列舰去东方。想在辽远的海面保持拥有大量船舰的舰队，就得派更多的人过去，如此人员配置的问题会变得非常多。另外，老式船舰易于遭到现代化的日本船舰的攻击，他们无论是作战，还是逃走，都力不从心。可是，在护航上，它们或许有效，但这得等我们有航可护时（眼下还确定不了，按照我的意思，甚至不一定有机会）。

4. 不过，原则上，我是支持在10月末，在以上三角区部署一支强悍、高速、高级的分舰队，且既告诉美国人我们要这么做，也告诉澳大利亚人。美国和日本的磋商或许会拖一段时间。眼下美国人说得用九十天，但日本人或许会觉得，一边谈一边看看俄国的形势怎样也不错。

5. 若可以，在地中海窄小的海面上，用装甲的"胜利"号（航空母舰）取代"皇家方舟"号工作，这件事到底是有好处的，并且，我猜你或许想以一艘"纳尔逊"号级的战列舰和"击退"号或者"威慑"号，来强化H舰队。

6. 自然，为了能随时使用（"皇家方舟"号就最合适了），本土舰队总司令或许想要一艘航空母舰。"暴虐"号将必须再次担负起运飞机去塔科拉迪的工作。把"胜利"号放在H舰队中并无不妥。"光芒"号、"无敌"号和"无畏"号（等拿到它们之后），以及"鹰"号和"阿尔戈斯"号，是剩下的，能够满足东方三角区和地中海上的需求的。在年末，你们应该能游刃有余了。

上述各条，你们的看法如何？望告知。

海军大臣致首相   **1941年8月28日**

附上有关主力舰和航空母舰的布置的提议，望一阅：

1. 我们在接到你的备忘录之前，曾经查验过这个问题，接到以后又查验了一次。

2. 你的提议同我们的提议之间的最大区别是"英王乔治五世"号级战列舰和"纳尔逊"号级战列舰的划分。等一艘"英王乔治五世"号级战列舰完成适应过程之后，将其派往印度洋极有好处，这我绝对明白，可是在十分慎重地研究过之后，我认为基于这个备忘录里的原因，不该提出这个提议。

3. 在适应过程没完成以前，不该将"英王乔治五世"号级战舰派去国外，以下是原因：

（1）一艘舰艇在可以随心使用所有必需的训练对象之前，做不了适应性训练。

（2）一艘舰艇若没经历过一个持续的适应性训练期，就无法真的重新获取原本的效力。

（3）舰上配备了繁杂的机械和电气设施，可海员中不足二十一岁、从未去过海上的人占了百分之六十，因此开始时免不了要出现乱用设备的状况。所以，进行适应性训练得在临近船舶制造厂或者包工厂的地方，这十分关键。

4. 糟糕的是，因为不少船舰正在维修或者重组，以致我们无法尽早重新划分主力舰。除非"俾斯麦"号和"提尔皮茨"号不是都在海上，否则，我们必须延迟重装工作。

5. 至于航空母舰的局势，也让人忧心，可是这是因为"光芒"号和"无敌"号在战斗中受创，还有得重新大举改动"暴虐"号和"皇家方舟"号的原因。

主力舰和航空母舰部署情况

注：船舰称谓后边括号里的日期是此舰到达停靠地点的日期。

要实现的最终布置情况

	主力舰	航空母舰
本土舰队	"英王乔治五世"号级两艘（9月3日）	"胜利"号（现在）
	"马来亚"号（9月21日）	"暴虐"号（2月）
H 舰队	"英王乔治五世"号级一艘（12月初？）	"无畏"号（11月）
在地中海的船舰	"伊丽莎白女王"号（现在）	"光芒"号（1月）
	"勇敢"号（现在）	"无敌"号（2月）
	"巴勒姆"号（现在）	
	"沃斯派特"号（1月下半月）	
在亭可马里的船舰	"纳尔逊"号（11月末）	"赫尔米兹"号（现在）
	"罗德尼"号（1月末）	"皇家方舟"号（1942年4月）
	"威慑"号（1月中旬）	"无畏"号（危急关头）
在印度洋运送兵力，为航行护卫的船舰	"复仇"号（9月中旬）	
	"君主"号（11月中旬？）	
	"拉米伊"号（12月中旬）	
	"坚定"号（1月初）	
机动船舰	"击退"号	

草拟里的"最终布置"依托的缘由

本土舰队和 H 舰队（1）由于在大西洋，也只是在大西洋，我们才可能会落败，所以大西洋是重点地区。

（2）除非"提尔皮茨"号不在了，否则，必须要让两艘"英王乔治五世"号级战列舰一块儿行动。

（3）因为速度不一样，一艘"英王乔治五世"号级的战列舰和一艘"纳尔逊"号级的战列舰一块儿行动不合适。

（4）想在任意时间都有两艘"英王乔治五世"号级战列舰可供使用，就一定要确保这样的战列舰在国内的海面上有三艘，这样，哪怕其中一艘被鱼雷、炸弹或水雷炸伤，或者我们需要对舰只进行改装，也能至少保持两艘的战力。

（5）在我们看来，可以将第三艘战列舰划到位于直布罗陀的H舰队中，没必要让这三艘战舰都在斯科帕湾停靠。

（6）"提尔皮茨"号若真的想办法跑出去，能让我们的北大西洋贸易停滞得非常厉害，因此我们一定要逼它及早战斗，与此同时，"英王乔治五世"号级战列舰，不管是哪一艘到时都不能参战。

（7）H舰队里的主力舰不但要能防御空袭，还得速度快。在大西洋上，除了"英王乔治五世"号级战列舰，没有哪种战舰同时满足这两条。

（8）之所以会将"马来亚"号分给本土舰队，原因是在大西洋上，一定要有一艘别的主力舰来完成下列工作：

（a）押运首要的运兵舰队。

（b）危急关头掩护西经26度东边的运输舰队。

（c）需要的时候，协助H舰队在地中海西部战斗。

（9）（a）"皇家方舟"号之所以没在布置中出现，是因为它必须进行改装，得到1942年4月才能使用，由"无畏"号暂代。（b）"鹰"号之所以没在布置中出现，是因为要将它留到在本国海面预备展开"朝圣者"战斗计划［夺取加那利群岛］时再用。

（10）提议将"纳尔逊"号、"罗德尼"号和"威慑"号派去亭可马里或者新加坡，原因如下：

（a）"纳尔逊"号和"罗德尼"号，等到可以建一支东方舰队的时候（这要看何时能调用巡洋舰，特别是驱逐舰），最终将变成这支舰队的一部分。

（b）"纳尔逊"号和"罗德尼"号在东方舰队建成之后，将是"皇家"级战列舰最出色的援助，如此整合到一起，就成了我们拥有的速度最统一的舰队。

（c）除非我们能在远东建一支足够和日本人或许将派去南方的一支实力很强的舰队对抗的舰队，否则，一定要阻止日本在印度洋里展开行动。

我们想通过派主力舰在印度洋为我们的运输舰护航，以抵制日本人派战列舰来这一地区。

我们想通过派一艘战斗巡洋舰和一艘航空母舰去印度洋，以抵制日本人派配有八英寸口径大炮的巡洋舰来这一地区攻击我们来往的船舰。

在我们看来，上面说的战列舰，速度比不上日本装备八英寸口径大炮的巡洋舰，用这么一艘战列舰代替一艘"英王乔治五世"级的战列舰，在安全性的提升方面，解释不了它离开本国海域引发的危害。

（d）若和日本的战争还没开始，那先把"纳尔逊"号、"罗德尼"号、"威慑"号和那艘航空母舰派去新加坡，可能是合适的。所以，如此，它们就能建立一支更加强悍的震慑性舰队。若战争最终发生，它们将只能退去亭可马里。这得看那时的局势。

（e）因为一定要改建"皇家方舟"号，因此在将"无畏"号撤出 H 舰队之前，就派一艘大型航空母舰加入这一舰队，不可能。

（11）提议当下派四艘"皇家"级战列舰去印度洋，原因如下：

（a）北大西洋的护航工作已经用不上它们了。

（b）它们早晚会变成东方舰队的一分子，因此在加入东方舰队之前，让它们留在不会遭遇空袭和德国潜艇攻击的海面上是合适的。

（c）通过它们为运兵舰队护航，可以使巡洋舰短缺的状况得到缓解。

（d）澳大利亚和新西兰有关支援远东的期望，因它抵达印度洋，再算上"纳尔逊"号、"罗德尼"号和"威慑"号，将在很大的程度上达成。

加强印度洋防务的临时部署

在9月3日，"英王乔治五世"号能付诸使用之前，"击退"号一定要留在国内海域。"击退"号将为W.S.第十一号运输舰队护航，之后在10月7日驶抵亭可马里。

首相致第一海务大臣　　　　　　　　　　　　**1941年8月29日**

1. 这一布置确实不正确：在印度洋建立这么一支为数众多、需要消耗大量人员和物资的舰队，可这个舰队的构成要素全都是一些迟缓的、即将报废的或者不是现代化的船舰。它们不但没办法和日本的主力舰队展开舰队战，也没办法独自或者成双地当作攻击舰，震慑日本的现代化高速重型战舰。我们或许是因为局势不得不这么布置，可这种布置原本就没有道理。

2. 可以让四艘"皇家"级战列舰承担护航工作，以便和敌人装备八英寸口径大炮的巡洋舰对抗。不过敌人若因为我们的整体部署能够肆无忌惮地派单艘速度型现代化战列舰展开偷袭，那这全部的老式战舰和它们保护的运输舰队非常简单就能变成牺牲品。以当前的状况来说，"皇家"级战列舰会变成海上棺木的。在印度洋和太平洋，想让"皇家"级战列舰妥当地担负起护航工作，就一定要派一两艘速度型重舰，以使敌人派单艘重型攻击舰出来你却不用担心有危险。对于海军战略方面的切实方针，我们应当三令五申地予以说明，以少量最出色的速度型战舰攻击一支强劲的舰队自然是其中一条。

3. 海军部自身尤其关注"提尔皮茨"号，这表明我在自己的备忘录里唐突给出的布置方案有据可循。"提尔皮茨"号对我们发挥的效力，和一艘"英王乔治五世"号级战列舰即将在印度洋对日本发挥的效力是一样的。它让敌人出现一种难以推断的广泛的恐惧之心，并且马上在各个地方起效。它神出鬼没，直接引发敌人的反响与焦虑。

4. 在海军部看来，只能出动三艘"英王乔治五世"号级战列舰才能压制"提尔皮茨"号这一真相，真实显示了我们新型船舰的设计情况：因为大炮的威力不足和有飞机库在炮郭中间，使得火力降低，所以这些最最新型的船舰明显被认定不足与敌人相同等级的战舰单打独斗。我虽然认可这一点，却认为将三艘"英王乔治五世"号级战列舰留在大西洋上的提议，理由并不充分。因为我想到：（1）眼下我们能够寄希望于美国那边的布置；（2）航空母舰能够应付"提尔皮茨"号那种船舰（它若是冲出来的话），这已经得到了证实。看上去除非俄国舰队没了，否则，"提尔皮茨"号从波罗的海撤走的可能性不大；另外，德国人肯定还记得"俾斯麦"号及其全部物资船的命运。要是派"提尔皮茨"号出来，他们就太蠢了。要是不移动它，那不仅可以绑住我们三艘最强悍最新的战列舰，与此同时，还以掌控波罗的海。所以我认为给大西洋正做着的准备，这样的挥霍，远超过我们从战争开始到现在在别的地方的挥霍。

5. 虽然今天说有点晚，但为了防范空袭，我们仍需给"皇家"级战列舰重新装上甲板，并将其编成航速较低的舰队，重新到地中海穿行，并不定期巡防马耳他岛。这才是对待"皇家"级战列舰的最佳方式。

6. 我必须额外指出一点：日本正忙着中国事项，在这个时候不会和美、英、俄三国眼下建立的共同战线对抗。它有很大的机会和美国展开起码耗时三个月的磋商，在这个时间段内，不会再进行任何入侵活动，或者踊跃加入轴心国。最足以加剧它的踟蹰的就是那支我们说到的舰队的显现，特别是一艘"英王乔治五世"号级战列舰的显现。这确实能变成一种关键性的震慑力量。

十、供应中东的坦克

首相致陆军大臣和军需大臣　　　　　　　　1941 年 7 月 11 日

　　（国内）军队有步兵坦克和巡逻坦克一千四百四十一辆，其中"不适合战斗"的有三百九十一辆。这个数量太多了。我坚信，若可以用和空军去年采取的维修办法相近的办法，这个数量是能够变少的。

　　你们商量一下，告诉我在加快办理此类维修工作方面有什么建议。失去战斗力的坦克的数量必须低于国内全部坦克的百分之十。考虑到筹备工作即将步入高峰期，情况更应该这样。

首相致陆军大臣　　　　　　　　　　　　　　1941 年 8 月 19 日

　　在 1941 年 7 月 15 日（有关国内坦克维修工作）的备忘录里，你提了些需求，这些需求若全部得以实现，日子自然就太棒了。为实现紧急需求，我们自然应当完成所有能够完成的事，可是关键仍在于你们切实的努力和出色的管束。已经一个月了，我们不能用的步兵坦克仍占百分之二十五，而且在四百辆巡逻坦克里，超过一百五十七辆那么多的坦克不适合参战，这让我非常吃惊。对于这种失败，你们会有众多的理由可辨，这我一清二楚，可是失败就是失败。

　　别让大家觉得你自暴自弃了。你的态度要只是给自己找理由，那还有什么改善的指望？

首相致空军大臣　　　　　　　　　　　　　　1941 年 8 月 27 日

　　在 8 月 6 日的备忘录里，你说想要对坦克展开空袭，"杰弗里斯式"炸弹是眼下最有指望的武器，并且听说你已经预订了五万颗，我非常高兴。

据我所知，这种武器是装在一般的轻型炸弹的容器中制成的，因此应当可以马上使用。为马上充分供应"杰弗里斯式"炸弹，我支持晚一些再接着制造黏性炸弹和部分迫击炮弹。看上去在拟好战策，驾驶员也演练过之后，击中的概率有很大机会像初期试验所显示的那般得到极大的提升。我们应该马上获得大批假炸弹以供演练之用，且挑一批飞行员对地面目标多练习几次。若达到了预估的进展，我们就该马上分析能不能及早派军舰穿过地中海将足额的炸弹和受过训的飞行员一块儿送过去。

此外，可以对俄国人能不能马上迅速制成此类炸弹进行探讨，若有这种可能，应将所有详细情况告知他们。

＊　　　＊　　　＊

（即日办理）

首相致军需大臣和帝国总参谋长　　　　　　　　　**1941 年 8 月 27 日**

1. 有时候，我们应该把目光放得长远一点儿。在利比亚，德国人已经在他们的坦克中装备了炮弹为六磅的炮。在我看来，我们绝对应该想到他们会想方设法去毁坏一般的步兵坦克的，在拜尔迪耶等地，这种坦克曾经将意大利部队打得屁滚尿流。德国人手里有些从敦刻尔克拿到的样板，他们也拿到了一些巡逻坦克，因此，想造出些能够打败我方坦克的武器，对他们来说，难度不大。

2. 我现在努力从长远的角度来看我们的事，努力建立派去挪威的山地大军，努力获得在利比亚用坦克突袭敌军的实力。可是很快每个人都会出来制造麻烦，致使三到四个月之后，在我们想将其变成现实的时候，我们就会遇到一贯的无药可救的否决。最晚在 1 月或者 2 月，我们就该起码能将一百辆适于沙漠战的 A.22 型坦克运去战场。想这么做，就要实现适合沙漠战的种种小改变。在对坦克自身进行最终改动时，再进行这些变动，没道理行不通啊。埃及的那些人在实地试验过坦克之前，必定不相信这些坦克适合沙漠战。在国内实现的种种改动可通过飞机运送或者以电报告知。可是我们的做法不是这样，是等到1942年年初才送了两辆坦克过去，让尼罗河当局不屑一顾，之后在试用的时候发现一连串新问题。

3. 我需要实现这些：这种坦克马上就运过去两辆，还有众多熟练工和配件也一起运过去；这些做出的改动应该随时告知这些人，与此同时，还要让他们解决"适于沙漠战"之事，并且随时将改动的成效告知我们。我原本是支持让这两个任务都在国内展开的，可是，若在国内展开，要完成不管怎样都得等到1942年才行，之后，还得在中东再来一次。所以我认为我原本的主张并没有错。

在此事上，望给我提供一些帮助。

除了中东，这些坦克在1942年还预备在哪些地方战斗？

＊　　　＊　　　＊

（即日办理）

首相致伊斯梅将军　　　　　　　　　　**1941 年 10 月 21 日**

以下各条今天晚上开会的时候要用，请及时帮我核实、改正。

1. 中东发过来的电文需要予以解释。

奥金莱克将军说，他想 9 月收到那一百五十辆坦克，可到达的时候已经是 10 月 4 日至 14 日了。事实上，这些坦克运到的时间是 10 月 2 日，比他估计的晚了一天。用了十二天将所有的坦克卸下来。之后如何了？我们得到消息，为了便于改装，让它们适于沙漠战，并且强化前轴，它们得把坦克拆了。如今，我们知道，以车轴来说，并不需要这样做，并且增加适于沙漠战的部件，一两天的时间就能在坦克上全都装完。可是，中东那边怎么做的，我们并不知道。它们确实已经将坦克拆了，而且开始安装车轴了？要真是这样，他们说的得花三周，或许避无可避，尽管不需要这么做。为什么没人和坦克一块儿过去，好将所有的事告诉那儿的人呢？

2.按照其他电文和争论，我知道一个装甲旅或者装甲师想用新车练习发射炮弹和展开联合演练得用一个月。对第二十二装甲旅而言，这到底适用到什么地步？动身的时候，他们已经用这些坦克做了足够的练习。我估计他们会提出必须再做一些沙漠演练的要求，这看上去是有道理的。

3.可是，10 月 14 日才运完这一百五十辆坦克，之后再拿出三周让它们适于沙漠战，这就得耽误到 11 月 7 日了。如此，又怎么布置部队学习这些坦克的操作，还有在司令官的统领下用它们进行演习？这一个月或者稍短的时间，怎么安排的？我们已知的状况（眼下收拢的状况），理由都不充足，就算改进的方案也不完全合适。我们一定要查清楚：（1）在机械上，已经做的，或者正在做的都有什么，还有这一百五十辆坦克里的每一辆当前都是什么情况？（2）有关车轴的电文，陆军部已经发过去了，应对方案发生了什么变化，能减少时间吗？（3）关于第二十二装甲旅的沙漠操练，要多长时间？

所有这些，望予以说明，且把需要的电文写好，以便我今天晚上研究。

首相致伊斯梅将军　　　　　　　　　　　1941 年 11 月 24 日

请写一份详尽的报告，告诉我有关第一装甲师所剩军队的状况。他们什么时间到的？他们的坦克是什么状况？他们在适应沙漠战方面到了什么程度？车轴如何？他们的演练到了什么程度？可以想办法加快练习的速度或者装卸工作的速度吗？

*　　　*　　　*

我将这些具体情况写在这儿是想指出，尽管用了不少的力气，人们也觉得有这个必要，并且也不缺少积极工作的帮手，可要将事情办好，仍旧非常难。

十一、1941年各部大臣委任名录

（名字下方有黑点的为战时内阁成员）

首相兼第一财政大臣 及国防大臣、海军大臣	温斯顿·丘吉尔先生
海军大臣	亚历山大先生
农业和渔业大臣	赫德森先生
空军大臣	阿齐博尔德·辛克莱爵士
飞机制造大臣	（1）比弗布鲁克勋爵 （2）穆尔·布勒勃宗中校（委任于5月1日）
缅甸事务大臣	埃默里先生
殖民地事务大臣	（1）埃德勋爵（到2月4日任期结束） （2）默因勋爵（委任于2月8日）
自治领事务大臣	克莱勃恩子爵
经济作战大臣	休·道尔顿先生
教育委员会主席	（1）沃尔德·拉姆斯伯瑟姆先生 （2）巴特勒先生（委任于7月20日）
财政大臣	金斯利·伍德爵士
粮食大臣	伍尔顿勋爵
外交大臣	安东尼·艾登先生
卫生大臣	（1）尔科姆·麦克唐纳先生 （2）布朗先生（委任于2月8日）
内政大臣国内安全大臣	赫伯特·莫里森先生

印度事务大臣	埃默里先生
新闻大臣	（1）达夫·库伯先生 （2）布伦丹·布雷肯先生（委任于7月20日）
劳工与兵役大臣	欧内斯特·贝文先生
兰开斯特公爵郡大臣	（1）基勋爵 （2）达夫·库伯先生（委任于7月20日）

检查官：

检查总长	唐纳德·萨默维尔爵士
苏格兰检察总长	（1）珀先生 （2）里德先生（委任于6月6日）
副检察总长	威廉·乔伊特爵士
苏格兰副检察总长	（1）德先生 （2）戴维·金·默里爵士（委任于6月6日）
大法官	西蒙子爵
枢密院长	约翰·安德森爵士
掌玺大臣	克莱门特·艾德礼先生
驻中东国务大臣	奥利弗·利特尔顿先生（委任于7月1日）
国务大臣	比弗布鲁克勋爵（5月1日到6月29日）
不管部大臣①	阿瑟·格林伍德先生
主计大臣	（1）兰伯恩子爵 （2）海基勋爵（委任于7月20日）
年金大臣	瓦尔特·沃莫斯里爵士
邮政大臣	W.S.莫里森先生

　　①　不管部大臣：政府中不专管某一部事务的部长级官员，亦称国务大臣。英国内阁设不管部大臣较早，一般是受首相委托，处理某些特殊政务。——译注

苏格兰事务大臣	（1）布朗先生 （2）托马斯·约翰斯顿先生（委任于2月8日）
海运大臣	克罗斯先生（5月1日离职）
军需大臣	（1）德鲁·邓肯爵士 （2）比弗布鲁克勋爵（委任于6月29日）
贸易大臣	（1）利弗·利特尔顿先生
	（2）安德鲁·邓肯爵士（委任于6月29日）
运输大臣	穆尔·布勒勃宗中校（5月1日离职）
陆军大臣	玛杰森上尉
军事运输大臣	莱瑟斯勋爵（5月1日任命）
工程与建筑大臣	里斯勋爵